Das Buch

Seit sechzig Jahren bereist Peter Scholl-Latour die Welt und berichtet von Konfliktherden und Kriegsschauplätzen, Krisenregionen und Aufstandsgebieten. Dabei versteht er es wie kein zweiter, persönliche Erfahrung, tiefes historisch-kulturelles Verständnis und eindringliche Erzählkraft zu verbinden, um aktuelle Brennpunkte der Weltpolitik zu beleuchten und zu einem kohärenten Gesamtbild zusammenzufügen.

Seine jüngsten Reisen in die USA, nach China und Rußland, in den Nahen und Mittleren Osten nimmt Peter Scholl-Latour zum Anlaß für einen sehr nachdenklichen, skeptischen Blick auf den Zustand unserer Welt. Immer wieder beschwört er den Niedergang der europäischen Kolonialreiche herauf, den er an vielen Fronten selbst erlebt hat, wenn er auf die Rolle Amerikas als Weltmacht zu sprechen kommt. Die Vergänglichkeit von Imperien zieht sich wie ein Leitmotiv durch dieses Buch. Auch die Zukunft Europas, dem es an Visionen ebenso fehlt wie am Bewußtsein seiner historischen Identität, betrachtet Peter Scholl-Latour mit wenig Zuversicht.

Mit der ihm eigenen visionären Kraft, mit der er immer wieder kommende Entwicklungen zu erspüren vermag, verweist er auf die neuen Achsen der Macht, die sich von der westlichen in die östliche Hemisphäre verschieben und unser überkommenes Weltbild radikal verändern. Ein faszinierendes Kapitel erlebter Weltgeschichte, erzählt von einem der hellsichtigsten Beobachter unserer Zeit.

Der Autor

Peter Scholl-Latour, geboren 1924 in Bochum. Promotion an der Sorbonne in Paris in den Sciences Politiques, Diplom an der Libanesischen Universität in Beirut in Arabistik und Islamkunde. Seitdem in vielfältigen Funktionen als Journalist und Publizist tätig, unter anderem als ARD-Korrespondent in Afrika und Indochina, als ARD- und ZDF-Studioleiter in Paris, als Programmdirektor des WDR-Fernsehens, als Chefredakteur und Herausgeber des STERN und als Vorstandsmitglied von Gruner + Jahr. Von Peter Scholl-Latour sind in unserem Hause erschienen: *Kampf dem Terror – Kampf dem Islam?* (2002), *Weltmacht im Treibsand* (2004), *Koloß auf tönernen Füßen* (2005), *Rußland im Zangengriff* (2006).

Peter Scholl-Latour

Zwischen den Fronten

Erlebte Weltgeschichte

Ullstein

Besuchen Sie uns im Internet:
www.ullstein-taschenbuch.de

Umwelthinweis:
Dieses Buch wurde auf chlor- und säurefreiem Papier gedruckt.

Ungekürzte Ausgabe im Ullstein Taschenbuch
1. Auflage November 2008
4. Auflage 2008
© für die deutsche Ausgabe Ullstein Buchverlage GmbH, Berlin 2007/
Propyläen Verlag
Umschlaggestaltung: Morian & Bayer-Eynck, Coesfeld
Coverfoto: Hans Scherhaufer
Satz: LVD GmbH, Berlin
Gesetzt aus der Janson
Druck und Bindearbeiten: CPI – Ebner & Spiegel, Ulm
Printed in Germany
ISBN 978-3-548-37234-1

INHALT

VORWORT

Die Thematik dieses Buches wurde durch eine Reihe von Gesprächen vorgegeben, die ich rund um die Welt mit Gero von Boehm
geführt habe. Es ging uns darum, meine Erfahrungen und Erkenntnisse der globalen Zusammenhänge in Politik und Strategie, die ich
in einer Lebensspanne von mehr als 60 Jahren und fast ununterbro-
chener Reisetätigkeit gesammelt habe, summarisch zu erfassen. Dabei handelt es sich mitnichten um eine Biographie, deren Niederschrift ich mir erst antun werde, wenn mein Gesundheitszustand
mich zur benediktinischen Tugend der »stabilitas loci« verurteilt.

Im Alter von 84 Jahren und nachdem ich mit Ausnahme einiger
winziger Eilande im Pazifik und in der Karibik sämtliche Länder
der Welt aufgesucht habe, glaube ich mich als Chronist auf die Aussage Leopold von Rankes berufen zu können: »Der Historiker muß
alt werden«, so urteilte er, »da man große Veränderungen nur verstehen kann, wenn man persönlich welche erlebt hat.« Daran hat
es in meinem Leben wahrlich nicht gemangelt. In diesem Sinne
mache ich mich an eine Veröffentlichung, an einen »Essay«, der
keinen Anspruch auf Vollständigkeit erhebt und bewußt auf die individuelle Beurteilung ausgerichtet ist.

EINE »UNENTBEHRLICHE« NATION

Die Ranch des Präsidenten

Waco (Texas), im April 2007

»Was willst du um Gottes willen in Crawford entdecken?«, hatte mich mein guter Nachbar Bill Polk gefragt, der ein kultiviertes Landhaus in Südfrankreich bewohnt. »Jede Annäherung an die Ranch George W. Bushs wird der Secret Service ohnehin zu verhindern wissen.« Als gebürtiger Texaner, dessen Ahnentafel einen Präsidenten der Vereinigten Staaten aufweist, riet mir Bill, von einem Ausflug in die ländlich-langweilige Abgeschiedenheit des Dorfes Crawford abzusehen. Er ist – um es vornehm auszudrücken – kein Freund des jetzigen Präsidenten. Als emeritierter Professor für Orientalistik der Chicago University und ehemaliger Beauftragter des State Department für heikle Einsätze im »Dar-ul-Islam« hat er eine profunde Kenntnis der arabischen und persischen Mentalität erworben. Von Anfang an hatte er vor einem Irak-Desaster George W.s gewarnt. Unermüdlich versucht er seitdem mit kritischen Studien, E-Mails und Rundschreiben seinen breiten und einflußreichen Bekanntenkreis in den USA im Sinne einer Beendigung dieses unverantwortlichen Abenteuers zu beeinflussen. Sein letztes Buch trägt den programmatischen Titel: »Out of Iraq!«

Wir sind dennoch nach Crawford gefahren. Die Route führt über Dallas – Schauplatz der Ermordung John F. Kennedys und einer Fernsehserie, die ein weltweites TV-Publikum erfreute – zu dem Städtchen Waco, das wegen der religiösen Unduldsamkeit seiner Einwohner einen zweifelhaften Ruf genießt. Waco wird als »Gür-

9

telschnalle«, als »nubble« des amerikanischen Bible-Belt beschrieben, jener breiten Zone in den ehemaligen Staaten der südlichen Konföderation, deren Bevölkerung einer an Fanatismus grenzenden protestantischen Religiosität anhängt. Der »Bibel-Gürtel«, früher einmal im »deep south« als Tummelplatz des Ku-Klux-Klan berüchtigt, hat sich neuerdings in alle Richtungen ausgeweitet und diversifiziert. Die überzeugten Gläubigen dieses nationalistisch geprägten Christentums, das die darwinistische Entwicklungslehre als Teufelswerk ablehnt und die Heilige Schrift, insbesondere das Alte Testament, als wortwörtlich zu befolgende Offenbarung verehrt, sollen – verläßlichen Umfragen zufolge – mindestens ein Viertel, vielleicht sogar ein Drittel der aktiven Wählerschaft der Vereinigten Staaten ausmachen.

In mancher Hinsicht sind diese protestantischen Eiferer ihren radikalen islamistischen Erzfeinden gar nicht so unähnlich. Beide bezeichnet man als Fundamentalisten. So mancher deutsche Orientalist hatte sich aus Naivität oder mangelnder Erfahrung vor Ort an der Tatsache vorbeistehlen wollen, daß der Koran – vom Propheten Mohammed übermittelt, vom Erzengel Gabriel mit der gebieterischen Aufforderung »Iqra'« diktiert – als das ungeschaffene Wort Allahs von Ewigkeit an zu gelten hat, daß kein Iota – besser gesagt kein »alef« – an dieser Verkündung verändert oder relativiert werden darf. Heute hat sich die schmerzliche Erkenntnis durchgesetzt, daß der Begriff »usuliya«, den der Prediger Sayyed Qutb vor seiner Hinrichtung durch den ägyptischen Rais Gamal Abdel Nasser auf die gesamte »Umma« von Senegal bis Indonesien projizierte, einer Vielzahl von wahren »mu'minin« nicht nur die kultischen Riten vorschreibt, sondern auch ihr sittliches Verhalten in allen Bereichen des privaten und öffentlichen Lebens.

Wir haben uns nicht lange in Waco aufgehalten. Die Ortschaft wirkt recht proper, eine moderne »Main Street USA«, die sich durch eine Vielzahl bizarrer Kirchtürme auszeichnet. Die Konfession der Baptisten ist am stärksten vertreten in dieser »Gürtelschnalle« des Glaubens, gefolgt von den Methodisten, denen sich auch Präsident George W. Bush zurechnet. Warum dieser umstrit-

10

tene Staatschef seine abgelegene Farm ausgerechnet in der Umgebung von Waco ausgewählt hat und dort offenbar eine Erholungsstätte sowie eine Klause seiner frömmlerischen Erbauung findet? Der Präsident, der den alkoholischen Exzessen und Rüpeleien seiner Jugend resolut den Rücken gekehrt hat, als der Finger Gottes ihn berührte und ihn als »born again«, als Wiedergeborenen im Heiligen Geist, mit einem unerschütterlichen Sendungsbewußtsein ausstattete, fühlt sich offenbar heimisch in dieser exaltierten Umgebung, in dieser sektiererischen Hochstimmung eines missionarischen Patriotismus.

Das Weekend-Publikum von Waco, das sich in einem mittelprächtigen Hotel zu bescheidener Gesellligkeit zusammenfindet, unterscheidet sich auf den ersten Blick kaum von der genormten und stets geschmacklosen Kostümierung der »American playgrounds«, über die sich die reichlich versnobte Zeitschrift *The New Yorker* seit langem mokiert. Dieses ist »l'Amérique profonde«, wie die Franzosen sagen würden, und die unverbindliche Freundlichkeit erleichtert das Zusammenleben, ehe sie einem auf die Nerven geht. Ebenso wie in Dallas lebt eine große Anzahl mexikanischer Einwanderer in Waco, obwohl sie hier – im Gegensatz zu so vielen anderen Ortschaften in Texas und den übrigen Südstaaten – noch nicht die Bevölkerungsmehrheit ausmachen. Wer etwas auf sich hält, sucht ein mexikanisch gestyltes Restaurant auf, dessen riesiger Gastraum dem Refektorium eines spanischen Klosters ähnelt. Man kann dort zwar dem landesüblichen »junk food« und jenen pampigen Gerichten nach McDonald's-Art entrinnen, die für die angsterregende Verfettung von Jung und Alt verantwortlich sind – nur ein Drittel der zwanzigjährigen Amerikaner wären auf Grund ihres oft grotesken Übergewichts für den Dienst an der Waffe tauglich –, aber die scharfen mexikanischen Gerichte werden in Waco auf den schalen Geschmack der Angelsachsen ausgerichtet und entbehren jeglicher Würze. Trost finden wir allenfalls bei dem Getränk »Margarita«, bei dessen Zubereitung die Bedienung jedoch angehalten werden muß, den bescheidenen Tequila-Gehalt zu verdoppeln oder zu verdreifachen.

So harmlos, wie es sich auf den ersten Blick darbietet, ist das fromme Städtchen Waco allerdings nicht. Man redet nicht gern über die blutige Tragödie, die sich hier im April 1993 abspielte und deren Schatten noch nicht gewichen sind. Wie nicht anders zu erwarten, liegt dem Massaker von Waco, dessen Hintergründe niemals voll geklärt wurden, eine sektiererische Entgleisung zugrunde. Die verschworene, verzückte Gemeinde der »Davidianer« hatte sich dem Prediger David Koresh ausgeliefert, der in seiner ungeduldigen Erwartung des Jüngsten Gerichts und der damit verbundenen Welterlösung durch den Messias seine Gläubigen zum kollektiven Selbstmord aufrief. Seine jenseitige Heilserwartung hatte Koresh übrigens nicht daran gehindert, mit diversen weiblichen Frömmlerinnen ein Dutzend Kinder zu zeugen. Wie auch immer die Konfrontation mit den Ordnungskräften, insbesondere mit dem FBI, verlief, die in den Behausungen dieser seltsamen Heiligen ein ganzes Waffen- und Sprengstoffarsenal entdeckt hatten – am Ende kamen 82 Davidianer im Feuer um. Der grausige Vorgang läßt sich mit jener Suizid-Hysterie vergleichen, die bei Jenseits-süchtigen US-Bürgern im südamerikanischen Guayana gewütet hatte.

Heute verschweigt man diese düsteren Verirrungen des Glaubens. Wir wären nicht in Amerika, wenn nicht ein paar Immobilienspekulanten die Ruinen der Davidianer-Kirche und das weite dazugehörige Areal mit dem Argument aufzukaufen und zu kommerzialisieren suchten, das negative Image dieser Verwüstung müsse exorzisiert werden. Darauf erwiderte einer der wenigen Überlebenden, daß »Gott an einer solchen Desakralisierung der Opferstätte keinen Gefallen findet«.

*

Warum der mächtigste Mann der Welt, der zudem über erheblichen persönlichen Reichtum verfügt, sich diese wenig attraktive Gegend als Erholungsaufenthalt, als »Tusculum« ausgesucht hat, kann auch Steve nicht schlüssig erklären. Steve ist ein ruhiger, selbstsicherer

Mann von etwa vierzig Jahren. Er gehört jener Kategorie von freien Journalisten an, deren es in den USA eine ganze Menge gibt. Sie genießen ihre publizistische Unabhängigkeit, müssen dafür allerdings materielle Unsicherheit in Kauf nehmen. Der Kollege aus Arkansas, der Heimat Bill Clintons, ist ein extrem gut informierter Reiseleiter. In den folgenden Tagen verbringen wir die meiste Zeit im Auto, aber das Fahren scheint Steve, wie die meisten seiner Landsleute, in keiner Weise zu ermüden. Einst saß man im Wilden Westen unverdrossen im Sattel, und diese Freude an der unbegrenzten Fortbewegung zu Pferde hat sich heute auf den fahrbaren Untersatz übertragen. Die streng begrenzte Geschwindigkeit und die vorbildliche Rücksichtnahme im Verkehr – wenn man einmal von New York absieht – lassen Entspannung und Gelassenheit aufkommen.

Steve ist weißer Amerikaner, was in Texas – wo ähnlich wie in den übrigen Südstaaten der USA die mexikanische Zuwanderung rapide zunimmt – durchaus nicht selbstverständlich ist. Aber er zählt nicht zu den WASP, den »White Anglo-Saxon Protestants«, er gehört also nicht jener calvinistisch geprägten Gesellschaftsschicht an, die einst diesem riesigen Land ihre Lebensart und gottgefällige Ideologie vermittelte. Steve ist irischer Abstammung und in einem katholischen Internat aufgewachsen. In seinem heimatlichen Arkansas waren die »Papisten« bis in die jüngste Vergangenheit eine verschwindende und beargwöhnte Minderheit. Inzwischen hat ihre Gemeinde mächtig dazugewonnen. Erst kamen die überwiegend katholischen Flüchtlinge aus Vietnam, und dann fand die massenhafte Einwanderung aus dem nahen Mexiko statt. Seltsamerweise bleiben die Gottesdienste der Asiaten und der »Chicanos« säuberlich getrennt. Schon bei meinem ersten Aufenthalt in den USA, im Sommer 1950, waren mir im nördlichen, damals noch durchaus skandinavisch geprägten Minnesota die riesigen Plakatwände aufgefallen: »Go to church … somewhere! – Gehe sonntags zur Kirche, ungeachtet der konfessionellen Zugehörigkeit!« Daran haben sich wohl auch die Zuwanderer in Arkansas gehalten. Bei aller Distanz, mit der die protestantischen Sektierer den Katholiken begegnen, haben diese an Einfluß gewonnen.

Der französische Aristokrat Alexis de Tocqueville, der bereits im Jahre 1840 nach einem Aufenthalt von nur neun Monaten die immer noch aufschlußreichste und weiterhin gültige soziologische Analyse der »Démocratie en Amérique« verfaßte, war als liberaler Angehöriger einer elitären Oberschicht zu der Erkenntnis gelangt, daß die »Demokratie«, die Herrschaft des Volkes, die – im Gegensatz zu dem von Revolutionen geschüttelten Frankreich – der amerikanischen Staatsgründung gewissermaßen friedlich in die Wiege gelegt wurde, einer auf religiöse Konformität gegründeten Grundstimmung bedarf, um nicht in Anarchie und Verrohung abzugleiten. Die Gründungsväter der transatlantischen Republik, die von Aufklärung und Freimaurerei stark beeinflußt waren, haben zwar die gesetzliche Trennung von Kirche und Staat verfügt, an der quasi sakralen Sonderstellung von »God's own country« jedoch nicht zu rütteln gewagt.

Ich unterhalte mich ausführlich mit Steve über die kollektive amerikanische Psychologie, so sehr diese auch regional variieren mag. Wir gelangen schnell zu dem Schluß, daß der von ihm nicht sonderlich geschätzte Präsident George W. Bush als »Wiedergeborener« und Evangelikaler der breiten gesellschaftlichen Grundstimmung weit besser entspricht als sein Vater, der ihm als Staatsoberhaupt vorangegangen war. In seiner Eigenschaft als Vizepräsident hatte ich Bush senior im Sommer 1983 persönlich kennengelernt. Er war mir als typischer Repräsentant der exklusiven amerikanischen Ostküsten-Aristokratie erschienen, als weltgewandter Gentleman, der sich durch ausgesuchte Höflichkeit Distanz zu seinen Gesprächspartnern verschaffte. Zu jener Zeit, als Ronald Reagan das Land führte, vermied er jeden Fauxpas und jede Eigenwilligkeit, die ihm den angestrebten Einzug ins Weiße Haus nach Ausscheiden des Publikumslieblings aus Hollywood hätten erschweren können.

Da Bush senior als Chef des Nachrichtendienstes CIA internationale Erfahrungen gesammelt und sich im eiskalten Milieu, in den oft zynischen Methoden dieser einflußreichen Schattenorganisation bewährt hatte, dürfte er gegenüber dem Regierungsstil seines Sohnes George Walker, der sich die Allüren eines texanischen Cowboys zulegte und sich – nach Vermeidung der eigenen Wehrpflicht im Vietnam-Feldzug – als »War-President« brüstet, eine zunehmende Entfremdung, ja eine heimliche Abneigung empfinden. Der Vater erinnert sich noch allzu gut an die jugendlichen Ausschweifungen, ja gelegentlichen Skandale, die die Universitätsjahre dieses mißratenen Nachfahren verdüsterten. Um so mehr mußte es ihn schockieren, daß dieser Tunichtgut urplötzlich von einer Art religiösem Wahn überkommen wurde und allen Ernstes behauptete, den Weisungen Gottes zu folgen. Die gegenseitige Alienation ging so weit, daß George Bush II. – in USA nehmen auch bürgerliche Familien monarchisch klingende Numerierungen an – bei seinem Verweis auf die Mahnungen seines »Vaters«, denen er zu gehorchen habe, ausdrücklich betonte, damit sei nicht sein leiblicher Erzeuger, sondern der allmächtige Herrscher im Himmel gemeint.

Ich kann zu dieser Thematik ein Medienerlebnis beisteuern. Während einer internationalen Journalistendiskussion des amerikanischen Nachrichtensenders CNN, bei dem es um das Auseinanderdriften zwischen Amerika und Europa ging, fand ein angesehener britischer Kollege eine plausible Erklärung für diese Entfremdung. In den USA, so argumentierte er, würden am Sonntag achtzig Prozent der Bevölkerung den Gottesdienst aufsuchen, eine spontane Pflichtübung, die bereits Tocqueville vor eineinhalb Jahrhunderten aufgefallen war. In England hingegen sei der Kirchgang am Tag des Herrn auf fünf Prozent, in Frankreich auf ungefähr sieben Prozent der christlichen Bevölkerung abgesunken. In Deutschland verhalte es sich ähnlich. Daraus, so folgerte der Brite, ergebe sich eine zunehmende psychologische Differenzierung, die sich natürlich auch auf das politische Verhalten der jeweiligen, eng verwandten Völker auswirken müsse. Man könnte allerdings einwenden, daß sich – in bescheidenem Ausmaß – neuerdings auch in Frankreich eine gewisse Rückbesinnung auf das Sakrale feststellen läßt und daß in Deutschland das bisher vorherrschende spirituelle Vakuum einer Diskussion über die Zulässigkeit metaphysischer Vorstellungen Platz macht. Diese Wiederentdeckung des Göttlichen, so scheint mir, hat allerdings weniger mit einer Annäherung an das amerikanische Vorbild zu tun als mit der militanten koranischen Frömmigkeit, die in Westeuropa seit dem Entstehen massiver islamischer Ballungszentren die multikulturelle Konfrontation geradezu heraufbeschwört.

An die Ranch des Präsidenten sind wir nicht herangekommen. Die Sicherheitsmaßnahmen sind dort diskret, aber intensiv. Unsere Präsenz ist den Wachhabenden längst gemeldet worden. Vermutlich werden sogar unsere Gespräche im Auto abgehört. Im Umkreis dieses riesigen landwirtschaftlichen Areals darf nur extrem langsam gefahren werden, und Anhalten ist verboten. Am Ende stoßen wir auf eine rot-weiß gestreifte Barriere, wo ein athletischer, mit schwerkalibriger Pistole bewaffneter Zivilist, ein Agent des Secret Service, uns bereits erwartet und energisch, aber ohne jede Aufregung zur Umkehr auffordert. Wie es im geräumigen Landhaus der Familie Bush junior aussieht, wo die sympathisch wirkende First Lady Laura, eine ehemalige Lehrerin, das Regiment führt, läßt sich ungefähr vorstellen, wenn man sich die Geschmacksrichtung und Möblierung der Ewing-Familie aus der Fernsehserie »Dallas« ins Gedächtnis ruft. Bei einer anderen, anspruchsvolleren Spezies der amerikanischen Geld-Aristokratie, die in Deutschland unter dem Titel »Denver-Clan« auf den Bildschirm kam – auf Englisch hieß sie weit treffender »Dynasty« – ging es vermutlich verschwenderischer und protziger zu als in der rustikalen Freizeitkulisse des heutigen Präsidenten.

Noch nie in der Geschichte der USA, so lautet die häufige Kritik, habe ein amerikanisches Staatsoberhaupt die Schaltzentrale des Weißen Hauses in Washington so konsequent gemieden und die Staatsgeschäfte so sträflich vernachlässigt. Aber George W. mißt seinem Verharren im »einfachen Leben« von Crawford, wo er mit Holzhacken, Traktorfahren und Fischfang Abstand zu seinen präsidialen Belastungen hält, wohl eine ganz andere mythische Bedeutung zu.

Weiße Kreuze und Gelbe Rose

Gibt es das Dorf Crawford überhaupt? Da sind ein paar bescheidene, kümmerliche Häuser billigster Bauart um eine vage Straßenkreuzung gruppiert. Von der Weltpresse ist diese Ortschaft nur am Rande wahrgenommen worden, als hier eine gewisse Cindy Sheehan mit anklagenden Plakaten auftrat, den Präsidenten für den sinnlosen Tod ihres Sohnes im Feldzug »Iraqi freedom« verantwortlich machte und ihn wie eine Erinnye verfolgte. Es gibt ein Wort für Waisen und Witwen, aber eine Bezeichnung für die Mutter eines toten Sohnes gebe es nicht, so lautet die Klage im Theaterstück von Tennessee Williams: »Suddenly, Last Summer«. Die wackere Cindy hatte ein kleines Fähnlein von Leidensgefährtinnen um sich geschart. Irgendwo am Rand der Siedlung Crawford entstand ein kleines Camp – zwei Zelte und ein Lagerraum –, um die wenigen aktiven Kriegsgegner zu beherbergen. Cindy selbst hat einige Tage lang die Presse beschäftigt, ist mehrfach im Fernsehen aufgetreten. Eine nennenswerte Protestwelle hat sie nicht ausgelöst. Etwa hundert kleine weiße Kreuze, mit den Namen gefallener GIs beschriftet, sind als Zeichen der Trauer aufgereiht. Auch zwei Davidsterne und sogar ein islamischer Halbmond sind darunter und verweisen auf einen Konflikt, den niemand mehr mit dem Wort »Freedom« assoziieren möchte.

Durch wiederholtes Hupen hat Steve vier unentwegte »Peaceniks« aufgescheucht, die an dieser Stelle eine symbolische Totenwache halten. Wir kommen schnell und zwanglos mit diesen robusten Gesellen ins Gespräch, die längst begriffen haben, daß die Welle der Entrüstung, ja des Aufruhrs, die Amerika anläßlich des Vietnam-Debakels erschüttert hatte, dieses Mal ausgeblieben ist. Im Gegensatz zu so manchen »Friedensbewegten« in Europa, die die ganze Traurigkeit der Welt auf ihren schmächtigen Schultern tragen, handelt es sich bei diesen dezidierten Bush-Gegnern um ländliche, proletarische Typen, die gut in eine Novelle John Steinbecks passen würden. Der Älteste erinnert mit seinem weißen Bart, der das Gesicht einrahmt, ein wenig an den ehrenwerten SPD-Politiker Erhard Eppler, den man zur Zeit des Vietnam-Krieges auf Grund seiner pietistischen Grundhaltung als »Pietkong« verspottete. Dieser betagte Gefährte Cindy Sheehans, der auf das übergroße Photo ihres Sohnes zeigt – die Umrisse von Irak und Afghanistan, in schwarzer Farbe skizziert, bilden eine Art Trauerflor –, strotzt noch vor Kraft. Er selbst hat in Vietnam gedient.

Ob sie denn irgendwelchen Überfällen oder Bedrohungen durch die örtliche Bevölkerung ausgesetzt seien, fragt Steve, zumal Crawford, im Herzen des sogenannten »Bush-Countrys« gelegen, wild entschlossen hinter seinem Präsidenten steht. Doch zu ernsten Zwischenfällen ist es nicht gekommen. Vielleicht ist dieser kleine Trupp der Kriegsgegner zu unbedeutend, um eine zornige oder gar brutale Reaktion zu provozieren. Immerhin ist selbst in diesem Bezirk des Bible-Belt, der auf der politischen Landkarte der USA in der dunkelroten Farbe der Ultrakonservativen dargestellt wird, ein Abbröckeln der bellizistischen Begeisterung an kleinen Symptomen festzustellen. Die Sticker mit dem »Commander in Chief«, die früher auf keiner Windschutzscheibe fehlen durften, sind relativ selten geworden.

Die vier jovialen Männer des fingierten Friedhofs setzen – im Hinblick auf die Präsidentenwahl des Jahres 2008 – ihre verfrühten Hoffnungen auf den demokratischen Politiker Al Gore. Er ist als Künder von Ökologie und Klimaschutz zu hohem Ansehen gelangt. Eines wird hier deutlich: Die Rettung der Natur, die Verseuchung der Atmosphäre, die Pollution und der Klimawandel – das haben wir nicht erst in dem verlorenen Nest Crawford entdeckt – sind zu einem großen, publikumswirksamen Thema der bevorstehenden Kampagne geworden. Ein Umweltbewußtsein, das in Deutschland längst vorhanden ist und dort zuweilen skurrile Blüten treibt, drängt sich allmählich in das Bewußtsein der Massen, kündigt eine psychologische Umkehr an, die sich auch auf die industriellen Strukturen der USA auswirken, vielleicht sogar neben kontroversen Debatten am Ende auch kreative Impulse auslösen könnte.

Der Hüne Bob erwähnt am Rande, daß er aus politischer Überzeugung gelegentlich ein paar Nächte im County-Gefängnis verbracht habe. Doch, so gesteht er strahlend, dafür sei er selbst verantwortlich gewesen. Er besuche nämlich jede Kundgebung, an der etwa der ultrareaktionäre Vize-Präsident Dick Cheney, der »Mann mit dem schiefen Mund«, wie er ihn nennt, teilnimmt, um durch Randale und Entfalten beleidigender Spruchbänder zu stören.

»For me it's real fun«, bestätigt er. Worauf es denn zurückzuführen sei, daß ausgerechnet die Ortschaft Crawford, die infolge der Niederlassung des Präsidenten in einer benachbarten Ranch das Wohlwollen und die Förderung der Behörden genießen müßte, einen so dürftigen, geradezu armseligen Eindruck macht, frage ich und erhalte die Antwort, daß in dieser Gegend – im Gegensatz zu den meist opulenten Bezirken von Texas – die Kategorie der »armen Weißen« stark vertreten bleibe. Dort, wo die Behausungen vollends verwahrlost sind, handele es sich allerdings um die Siedlungen von »African Americans«, von Schwarzen, die trotz Aufhebung der Segregation und Gewährung von Civil rights an die Nachkommen der Sklaven weiterhin im materiellen und sozialen Abseits lebten.

Warum George Bush nicht mit relativ geringem finanziellen Aufwand dafür gesorgt hat, daß seine kleine Wahlheimat in Texas ein freundliches Gesicht erhielt, daß zumindest die Holzhäuschen frisch gestrichen und an Stelle der Gerümpelhalden gepflegte Rasenflächen entstanden, läßt sich wohl dadurch erklären, so meint Steve, daß der Präsident seinen Besitz stets nur im Hubschrauber aufsucht und die lokale Realität überhaupt nicht zur Kenntnis nimmt. Das entspräche übrigens der autistischen Veranlagung dieses Mannes, seinem Unvermögen der Wahrnehmung unerfreulicher Wirklichkeit, wie sie ja auch in der Behandlung der großen nationalen Anliegen zu beobachten sei. Da hatte sich »Lady Bird«, die Frau des Präsidenten Lyndon B. Johnson, von einer ganz anderen, positiven Seite gezeigt. In die grüne Eintönigkeit ihrer texanischen Heimat, in der ihr Mann viel glaubwürdiger verwurzelt war als der aus dem Nordosten zugezogene George W., hatte sie beiderseits der Highways die Bepflanzung weiter Flächen mit »blue helmets« genannten Blumen angeregt und der spröden Natur zu farbigem Liebreiz verholfen.

Dem glühenden Patriotismus der Einwohner von Crawford, dem bedingungslosen Engagement für die Republikanische Partei ihres »Kriegspräsidenten« hat diese mangelnde Anteilnahme offenbar keinen Abbruch getan. Über der Tankstelle, der ein bescheidenes Restaurant angeschlossen ist, sowie über dem Souvenir- und Trödelladen, die als einzige Gebäude überhaupt zu erwähnen sind, wehen gleich mehrere Stars and Stripes. Die Ziegelmauern sind mit patriotischen Graffiti und Glorifizierungen der US-Streitkräfte bepinselt. Recht bemerkenswert ist der im Stil eines alten Wildwest-Saloons gebaute einstöckige Curio-Shop, der knallrot angemalt und fast ausschließlich der Verherrlichung des Staatschefs gewidmet ist. Über dem Eingang steht der seltsame Name »The yellow rose of Texas«. Da stapeln sich Tassen und Teller mit dem Porträt des großen Mannes. Ein besonders resoluter Citizen hat den verachteten »Peaceniks« das kleine weiße Kreuz weggenommen, das dem Andenken seines eigenen, in Bagdad gefallen Neffen gewidmet war, und es in diesem Sammelsurium von Geschmacklosigkeiten aufgestellt. Überragt wird das Photo des toten Soldaten in Uniform durch einen gigantischen ausgestopften Grizzlybär.

Die Ranch des Staatschefs wird als »Western White House« gefeiert, und alle möglichen Stickereien und Nippes tragen der nationalen Hochstimmung Rechnung. Den grotesken Höhepunkt dieses Kitsches bildet eine schwarz bekleidete Puppe von etwa fünfzig Zentimeter Größe, die den Präsidenten recht naturgetreu darstellt. Durch Knopfdruck kann man sie zum Sprechen bringen. Es erklingt die authentische, wenn auch akustisch verzerrte Stimme des Mannes, der sich seinerzeit unter dem Motto »Mission accomplished« auf einem Flugzeugträger vor der kalifornischen Küste als Sieger im Irak-Feldzug feiern ließ. Beim Erneuern der Batterie muß der schwarze Anzug etwas angehoben werden, und darunter kommt eine Unterhose im Design der »Stars and Stripes« zum Vorschein. Auf dem Karton, in den die Puppe eingepackt ist, entdeckt der verblüffte Kunde die Inschrift »Made in the People's Republic of China«.

In Erinnerung an die Zeiten, als »in Arizona und Arkansas noch früher mal der Rote Mann saß«, wird der Eingang zur »Gelben Rose« von einem lebensgroßen Indianer aus Holz mit Federschmuck, Kriegsbemalung und Tomahawk bewacht. Von den »Rothäuten« ist in Texas fast keine Spur mehr zu finden. Im Zuge der Indianerkriege des 19. Jahrhunderts wurden sie, darunter viele Apachen, in die trostlosen Reservate von Oklahoma zwangsumgesiedelt, wo sie an Seuchen und Alkohol zugrunde gingen. Während mich Steve neben dieser Holzfigur, die an die imaginäre Welt Winnetous und den sehr realen Untergang des Häuptlings Geronimo anknüpft, photographiert, kommt mir absurderweise der Gedanke an den Pariser Nachtclub »Crazy Horse« an der Avenue Georges V. in den Sinn. Das Lokal war nach einem kriegerischen Ureinwohner Amerikas benannt, aber auf der Bühne produzierten sich, spärlichst bekleidet, die schönsten Mädchen der Seine-Stadt. Ich habe das »Crazy Horse« in den sechziger und siebziger Jahren ziemlich häufig aufgesucht, denn als Studioleiter von ARD und dann ZDF oblag es mir, prominente deutsche Besucher aus Politik und Wirtschaft zu dieser ästhetischen und harmlosen Vergnügung einzuladen. Das »Crazy Horse« war von den Exhibitionen heutiger Gogo-Girls meilenweit entfernt. Um dem Lokal einen Hauch von Wildwest zu verleihen, waren die Wände mit Originalplakaten und Preislisten aus dem 19. Jahrhundert beklebt. Eines davon hat sich mir eingeprägt: »The only good Injun is a dead Injun«, hieß es dort – »Der einzige gute Indianer ist ein toter Indianer«. Ich nehme an, der Spruch wurde aus Gründen der »political correctness« entfernt.

Ob die biederen Einwohner von Crawford, die täglich an dem seltsamen, etwas makaber wirkenden Museum der »yellow rose of Texas« vorbeigehen, überhaupt wissen, was es mit dieser »gelben Rose« auf sich hat? Der Ausdruck geht auf die erste Hälfte des

19. Jahrhunderts zurück, als Texas – ehemals spanischer Kolonial-besitz, dann Nordostprovinz der Republik Mexiko – sich für kurze Zeit als selbständiger Staat behauptete. Das war die epische Zeit des Forts »Alamo«, das in der Geschichte der USA – mit Davy Crockett in der Rolle des Leonidas – als eine Art Schlacht an den Thermopylen gefeiert wird. Die Verteidiger von Alamo sind im Kampf gefallen, »wie das Gesetz es befahl«. Aber als der mexika-nische General Santa Anna weiter nach Norden vorrücken wollte, stieß er auf die Kavallerie-Einheiten der »United States of Ame-rica«, der »Estados Unidos del Norte«, wie man südlich des Rio Grande heute noch sagt. Wenn die »Reconquista« des Generals Santa Anna scheiterte, so war das angeblich einer bildschönen Mu-lattin, einer Prostituierten aus New Orleans zu verdanken, die dem mexikanischen Feldherrn ins Bett gelegt wurde und ihn so zu fes-seln verstand, daß er seine militärischen Pflichten vergaß und die Entscheidungsschlacht verlor. Die Mulattin lebt im Volksmund als »yellow rose of Texas« weiter, doch die Huldigung an ein farbiges Freudenmädchen läßt sich wohl schlecht vereinbaren mit der tris-ten, oft heuchlerischen Prüderie, die sich des »Bibel-Gürtels« be-mächtigt hat.

Aus Verehrung für George W. Bush, der mit seiner Vergangen-heit als Trunkenbold auf göttlichen Wink gebrochen hat, wird in Crawford natürlich kein Alkohol ausgeschenkt. Also bestellen wir Coca Cola zum Hamburger, nachdem man uns in der Garagen-Kneipe einen Plastiktisch zugewiesen hat. Auch hier geht es hoch-patriotisch zu. Hinter meinem Stuhl hat man die ganze Bush-Dynastie – Vater George, Mutter Barbara eingeschlossen – als überlebensgroße Pappfiguren aufgestellt. Die Stimmung in dem schäbigen Lokal ist hemdsärmelig. Mir fällt auf, daß unter den Gäs-ten, aber auch bei der Bedienung kein Mexikaner oder Schwarzer zu entdecken ist. Zwei blonde Mädchen in Jeans servieren mit der landesüblichen Freundlichkeit.

Als wir versuchen, den Koch und vermeintlichen Besitzer – ein Mann von geradezu grotesken Ausmaßen, gewaltigen Fettpolstern und Oberarmen wie Schinken – zu einer harmlosen politischen

Aussage zu bewegen, erhalten wir einen negativen Bescheid. Das Fast-food-Restaurant, die Garage, die »Gelbe Rose von Texas« sowie eine ganze Kette von Gaststätten in der weiteren Umgebung seien der Besitz eines reichen, hochangesehenen Mannes, der das Privileg besitzt, unmittelbarer Nachbar des Präsidenten und einer seiner engen Vertrauten zu sein. Billy Johnson, so heißt diese gewichtige Persönlichkeit, halte sich zur Zeit in Houston auf. Steve, der wirklich »a man for all seasons« ist, findet schnell die Telefonnummer und Adresse heraus. Er vereinbart mit Billy Johnson für den kommenden Abend ein Treffen in der südtexanischen Metropole Houston.

Auf der Rückfahrt zu unserer nächtlichen Bleibe in Waco werden wir unversehens von den Ausläufern eines Tornados eingeholt, der – wie wir später erfahren – über Fort Worth bei Dallas seine volle Kraft entfaltet und über die uniformen Häuserzeilen mit Hagelkörnern im Format von Billardkugeln niedergeht. Das matte Blau des Frühlingshimmels verdunkelt sich schlagartig zu höllischem Schwarz. Furchterregende Wolkenmassen ballen sich, jagen wie ein Heer von Gespenstern über die Ebene, wecken apokalyptisches Ahnen menschlicher Vergänglichkeit. Es wird Zeit, daß wir von der Straße wegkommen, meint Steve, denn wenn uns der Orkan erfaßt, würde er das Auto von der Asphaltbahn fortfegen. Irgendwie genieße ich dieses unheimliche Schauspiel. Die maßlose Entfesselung der Elemente steht in so krassem Gegensatz zur krampfhaften Harmlosigkeit, hinter der die hier lebenden Menschen Zuflucht vor ihren psychischen und materiellen Problemen suchen. Es offenbaren sich plötzlich düstere Urgewalten, denen die kontinentale Masse zwischen Atlantik und Pazifik ausgesetzt bleibt.

*

Nach Europa zurückgekehrt, erfahre ich, daß das Antikriegsmemorial, die Gedenkstätte, die Cindy Sheehan ihrem Sohn und den Gefallenen von »Iraqi freedom« am Rande von Crawford gewidmet hat, nicht mehr existiert. Die verzweifelte Mutter, die den Tod ihres Sohnes Casey nicht verwinden kann, bietet die zwei Hektar Land, die sie für 50 000 Dollar erwarb, zum Verkauf an. Sie hat sich nicht nur finanziell ruiniert, sie ist auch zu der Erkenntnis gelangt, daß ihr Friedensaktivismus nichts bewirkt. »Good bye, America!« schreibt sie in einer pathetischen Verzichtsbotschaft. »Casey ist für nichts gestorben.«

Houston, im April 2007

Die Begegnung mit Billy Johnson, die am Abend des folgenden Tages nach endlosen Autostunden durch eintönige Weide- und Ackerlandschaft stattfindet, ergänzt und überhöht zugleich die widersprüchlichen und oberflächlichen Impressionen, die uns das Provinznest Crawford bescherte. Die gepflegten Avenuen, die Parkanlagen und stilvollen Hochhäuser von Houston gehören einer anderen, opulenten und herrschaftsbewußten Welt an. Jetzt bewegen wir uns im »land of plenty«. Nach einigem Suchen finden wir im Stadtviertel der reichen Leute die aufwendige Villa des Herrn der »Gelben Rose«. Die Wohnhalle, in der uns Johnson empfängt, imponiert durch ihre Ausmaße, erschreckt jedoch durch die Geschmacklosigkeit der Möblierung. Die Neonbeleuchtung trägt dazu bei, diesen tief gestaffelten Raum in eine komfortable Gruft zu verwandeln. Zwei ältere, kränkelnde Damen lächeln uns bei unserer Ankunft zu und verlassen den Raum.

Wir haben alle Muße, uns unserem Gastgeber zuzuwenden, der es übrigens versäumt, irgendwelche Getränke anzubieten. Alkohol ist in diesem Haus ohnehin verpönt. Der Mann tritt ganz anders auf, als ich ihn mir vorgestellt hatte. Seinen Wohlstand, der auch für amerikanische Verhältnisse beachtlich ist, hatte er – aus einfachsten Verhältnissen stammend – durch ausgeprägten Geschäftssinn und unermüdliche Tüchtigkeit erworben. Billy Johnson ist Inhaber eines der größten Dachdecker-Unternehmen der USA. Angesichts der Vielfalt der Tornados und anderer Naturkatastrophen, die in weiten Landstrichen die Dächer der oft zerbrechlichen Häuser wie Herbstlaub hochwirbeln, ist das wohl ein extrem einträgliches Business.

Das übergroße Bild des Präsidenten, des Nachbarn von Crawford, prangt an einem Ehrenplatz über dem Kamin. Johnson, der uns anfangs mit instinktivem Mißtrauen gemustert hat, was man ihm bei den Usancen heutiger Journaille gar nicht verübeln sollte, mag sechzig Jahre alt sein. Irgendwie wirkt er geschrumpft. Seine vom Wetter gegerbte Haut spannt sich wie auf dem Kopf einer Mumie. Unser Kameramann erkennt mit scharfem Blick, daß an diesem spröden Antlitz Liftings vorgenommen wurden, Verjüngungsprozeduren, denen sich amerikanische Männer, vor allem wenn sie im unerbittlichen beruflichen Wettbewerb stehen, häufig unterziehen. Im Gegensatz zu den Leuten von Crawford brennt der Dachdecker geradezu darauf, seine politische Überzeugung, natürlich ein glühendes Bekenntnis zu George W. Bush, vorzutragen.

Zu diesem Zweck hat er den schwarzen »Stetson«, den typischen Texanerhut, aufgesetzt, der in Reichweite liegt. Die breitkrempige Kopfbedeckung verleiht diesem erfolgreichen Repräsentanten des »American dream« das Aussehen eines Magiers. Ein weißer Medizinmann ergreift hier das Wort. Man werfe dem »Commander in Chief« in den gehässigen Blättern der Ostküste oft vor, er vernachlässige infolge seiner ausgedehnten ländlichen Erholungspausen in Crawford die Geschäfte des Staates, er verfalle sogar in Lethargie, wie an jenem fürchterlichen Schicksalstag »Nine Eleven« des Jahres 2001, den man hier »nine one one« nennt, als ihn die Kunde von der Katastrophe des World Trade Center beim Märchenerzählen in einer Schulklasse überrumpelte und vorübergehend zu lähmen schien. Die Wirklichkeit verhalte sich jedoch ganz anders.

Bevor er fortfährt, richtet sich Johnson mit einer pointierten Frage an uns: »Ist Deutschland eine Demokratie?« Da kann ich antworten, daß Deutschland in der Tat ein zutiefst demokratischer Staat sei, und mit gleichem Nachdruck hinzufügen, daß Deutschland diese Demokratie den Amerikanern verdankt, die das Dritte Reich Hitlers zerschlugen und – die Bundesrepublik West – vor der

Unterdrückung durch den sowjetischen Kommunismus Josef Stalins bewahrten.

Das scheint unseren Interviewpartner zu befriedigen. Was nun den Präsidenten der USA betrifft, der eventuell zum Vernichtungsschlag gegen die Islamo-Faschisten des Iran ausholen müßte, wenn die Aufrechterhaltung des Friedens das erfordere, so fährt er fort, so habe er aus unmittelbarer Nähe feststellen können, wozu er seine angebliche Freizeit auf der Ranch von Crawford nutzt. Im Kontakt mit der Natur – sei es beim Angeln oder beim Beschreiten seiner Äcker – offenbare sich dem Staatsoberhaupt der Wille Gottes. »Sie werden George W. Bush und seine Politik erst begreifen, wenn Sie seine Entscheidungen im Zusammenhang mit der Inspiration des Heiligen Geistes deuten.« Unter seinem schwarzen Zaubererhut erscheint uns Billy Johnson jetzt befremdlich, fast entrückt, ein wenig beängstigend sogar. »God bless America«, verabschiedet er sich von uns, und wir wiederholen den Segensspruch mit ehrlicher Überzeugung.

Imperialer Abgesang

Washington, im April 2007

Unser Schicksal heißt Amerika. Deshalb ist die Mutmaßung darüber, ob die USA den Höhepunkt ihrer Weltgeltung überschritten haben und nunmehr den unerbittlichen Gesetzen von »decline and fall« ausgeliefert sind, keine unziemliche Dreistigkeit. In den Medien der Vereinigten Staaten, mehr noch in den dort erscheinenden wissenschaftlichen Veröffentlichungen, wird diese Frage längst leidenschaftlich diskutiert. In Deutschland hingegen klingt sie bei den meisten Politikern und Publizisten wie Gotteslästerung.

Aus gutem Grunde habe ich diese Rundum-Skizzierung unseres Erdballs in Texas begonnen. In Crawford, wo Präsident George W.

Bush sich am liebsten aufhält, bietet sich kein sonderlich attraktives Bild von »God's own country«, das gebe ich gern zu. Deshalb hatte es sich günstig getroffen, daß ich unmittelbar vor meinem diesjährigen Aufbruch in die Neue Welt in Südfrankreich mit einer Gruppe von Texanern ganz anderen Formats zusammengetroffen war. Es handelte sich um Männer mittleren Alters, deren Familien seit Generationen in Geschäft und Politik reüssierten, um junge lebhafte Frauen, die akademische Grade erworben hatten und durchaus nicht den Eindruck von »desperate housewives« vermittelten.

Natürlich ging es bei unseren Gesprächen um George W. Bush. Die Persönlichkeit eines jeden amerikanischen Staatschefs hat spätestens seit Ende des Zweiten Weltkriegs auch für die Gestaltung unseres Kontinents eine so eminente Bedeutung gewonnen – manchmal erscheint er wichtiger als der jeweils amtierende Regierungschef der eigenen Nation –, daß man sich als Europäer durchaus befugt fühlt, an den Debatten über Wohl und Wehe der großen transatlantischen Hegemonialmacht teilzunehmen. Die anwesenden amerikanischen Freunde entsprachen der Grundstimmung, die sich inzwischen, nach vielfältigen Irrungen, bei der überwältigenden Mehrheit ihrer Landsleute durchgesetzt hat. Sie machten George W. Bush dafür verantwortlich, daß er ihr Land mit trügerischen Argumenten in das fatale Unternehmen »Iraqi freedom« gezerrt hatte und daß die US-Army im heillosen Morast Mesopotamiens versackt. »The making of a quagmire«, so hatte mein eben verstorbener Freund David Halberstam seinerzeit das Vietnam-Abenteuer bezeichnet, auf das John F. Kennedy sich einließ.

Unsere Runde kam auf die überflüssige Wiederbelebung des Kalten Krieges zwischen Washington und Moskau zu sprechen, die zu diesem Zeitpunkt die außenpolitische Debatte anheizte. Man amüsierte sich über eine Karikatur der *International Herald Tribune*, die sich schwerlich in einer deutschen Veröffentlichung wiederfinden ließe. In der Position einer streng rügenden Lehrerin saß dort die US-Außenministerin Condoleezza Rice dem russischen Präsidenten Wladimir Putin gegenüber, der – etwas zusammengeschrumpft – auf einem riesigen Ölfaß thronte. Aus dem Mund der beiden Kontrahenten kam die identische Sprechblase: »Get used to it: you're not a great superpower any more – Gewöhnt euch daran: Ihr seid keine große Supermacht mehr!«

Auf meinem Flug von Nizza nach New York saß ich neben einem robusten Amerikaner – etwa 65 Jahre alt –, der immer noch eine beachtliche physische Kraft ausstrahlte. Auf der langen Strecke kamen wir unweigerlich ins Gespräch. Es stellte sich heraus, daß ich es mit einem Vietnam-Veteran zu tun hatte, der bei den Green Berets gedient hatte. Diese Elitetruppe, die in Fort Bragg ausgebildet wurde und aus der die weit weniger qualifizierten »Special Forces« hervorgegangen sind, waren von Präsident Kennedy als erste Vorhut nach Saigon in Marsch gesetzt worden. Ich erzählte ihm von meinem Gespräch mit einem jungen Offizier seiner Truppe im Jahr 1965, den ich bei Tay Ninh im Grenzraum Kambodschas angetroffen hatte. Entgegen der Siegesstimmung, die weltweit vorherrschte, als die ersten massiven Kontingente der US-Marines in Danang an Land gingen – im Laufe des Konflikts wurde die Zahl der GIs auf eine halbe Million aufgebläht –, hatten die Außenseiter der Green Berets von Anfang an ihre Skepsis geäußert. »Ein Elefant kann keine Ameisen zertrampeln«, hatte der Leutnant von Tay Ninh damals gesagt.

Jedesmal, wenn ich auf ehemalige US-Soldaten stoße, die zwischen dem 17. Breitengrad und der Halbinsel von Camau gedient haben, kommt ein Gefühl von Kameradschaft und gegenseitigem Verständnis auf. So war es auch dieses Mal. Die Erwähnung meiner Einsätze in Reisfeld und Dschungel im engen Verbund mit den Marines, den Green Berets oder den Soldaten der »First Cav« hat mir sogar im Disput mit kriegslüsternen Neokonservativen in ihren Washingtoner Think tanks stets zum Vorteil gereicht.

Der ehemalige Captain Charles, so stellte er sich vor, machte aus seinem Herzen keine Mördergrube. »In Washington haben die Neo-Cons und die gefügigen Militärs des Pentagon offenbar nichts aus dem Desaster in Südostasien gelernt«, hob er an. Wir erinnerten uns an den oberkommandierenden General Westmoreland, der im persönlichen Kontakt durch seine Höflichkeit und Offenheit angenehm auffiel, der aber ähnlich wie heute General Petraeus in Bagdad vorgab, durch massive Verstärkung seiner Bodentruppen die Situation, die sich für die US-Army negativ gestaltete, in den Griff zu bekommen. Sogar der Vergleich zwischen dem damaligen Secretary of Defense, Robert McNamara, einem engen Vertrauten John F. Kennedys, und dem unheilvollen Verteidigungsminister Donald Rumsfeld, der von George W. Bush viel zu spät seines Postens enthoben wurde, drängt sich auf. Auch McNamara war besessen von der Idee, mit modernster Technologie die todesmutigen, im Partisanenkampf perfekt geschulten Kriegshaufen des Gegners zu zermalmen. Doch nicht einmal der als Nachschubschiene des Vietcong unentbehrliche Ho-Tschi-Minh-Pfad wurde durch die Bombenteppiche der B-52 lahmgelegt. Robert McNamara hat in hohem Alter sein strategisches Versagen reumütig gebeichtet. Auf eine ähnliche Klarstellung von Seiten Rumsfelds werde man wohl vergeblich warten, meinte Charles.

Auf Grund meiner Erfahrungen im französischen Indochina-Krieg hatte ich das amerikanische Engagement in Vietnam stets mit erheblichen Zweifeln begleitet. Ich war mit den GIs immer wieder im Feld, seien es die Marines am 17. Breitengrad, die First Cav in Zentralannam, die Green Berets am Rande der Schilfebene oder die Paratroopers bei Dak-To am sogenannten »Hamburger Hill«, und ich habe mich stets hervorragend mit ihnen verstanden.

Meinen Nachbarn im Flugzeug sprach ich offen auf die Schwierigkeit an, mit den amerikanischen Soldaten im Irak einen ähnlich engen Kontakt herzustellen wie mit den Dschungelkämpfern von Vietnam. Sollte ich mich in Bagdad von der US-Army etwa »embedden« lassen, das heißt einer strikten Kontrolle und Zensur unterwerfen? Die Behauptung gewisser Kreise, der Vietnamkrieg sei von Amerika verloren worden, weil die Medien – zum ersten Mal beteiligte sich das Fernsehen ausführlich und drastisch an der Berichterstattung – die Moral der »Heimatfront« untergraben hätten, ist seit dem Debakel in Mesopotamien, das einer Informationssperre unterliegt, als absurde Ausflucht widerlegt worden. Der

Ex-Major Charles war sich durchaus bewußt, daß die Folgen eines militärischen Fehlschlages an Euphrat und Tigris weit schlimmer sein würden als damals in Vietnam, wo Amerika trotz höherer Verluste und schmerzlichem Prestigeverlust in seinen geostrategischen Interessen kaum tangiert wurde.

Wir sprachen über die Ausweitung des Konflikts im Irak zu einem interkonfessionellen Bürgerkrieg zwischen Sunniten und Schiiten, eine historische Auseinandersetzung, die auf den Raum zwischen Afghanistan und Libanon übergreift, und an der gemessen die temporäre Präsenz der US-Streitkräfte in Bagdad eines Tages als Episode erscheinen dürfte.

Wenige Tage vor meinem Aufbruch in die USA hatte ich an einer Studiensitzung des Deutsch-Niederländischen 1. Korps der NATO in der Nähe von Münster teilgenommen. Vom holländischen Befehlshaber dieser Eingreiftruppe des Bündnisses war ich zu einem Referat über »Counter-Insurgency«, die Bekämpfung revolutionärer Aufstände, eingeladen worden. Ich hatte folgendes Thema vorgeschlagen: »The dilemma of counter-insurgency: search and destroy or clear and hold.« Beide Formen der Kriegführung waren bereits gegen den Vietcong angewandt worden, doch schon damals war klar, daß sie sich gegenseitig ausschlossen. Wer auf die Formel: »Aufstöbern und Vernichten« zurückgreift, verursacht zwangsläufig und wahllos hohe Verluste unter den Zivilisten, »collateral dammages«, wie das heute im Stile Orwells heißt. Beim abendlichen Briefing der Presseoffiziere in Saigon kamen täglich beim »body count« eindrucksvolle Zahlen von getöteten Gegnern zustande, die – wenn sie überhaupt stimmten – eine Mehrzahl von Nicht-Kombattanten auflisteten. Ähnlich geschieht es ja heute bei den »Erfolgsmeldungen« aus Süd- und Ostafghanistan. Mit »search and destroy« schürt man den Haß und die Wut der Gesamtbevölkerung, man solidarisiert sie mit den Aufständischen.

Um die Alternative »clear and hold« zu praktizieren – das heißt in etwa: ein weites Territorium wird besetzt und langfristig befriedet – muß zunächst bei den Einheimischen eine Besänftigung der Gemüter stattfinden. Der angelsächsische Ausdruck dafür lautet: »to win hearts and minds«, man muß die Herzen und die Gemüter gewinnen. In Vietnam hat das nicht funktioniert. Im Irak wurde durch ein unvorstellbares psychologisches Fehlverhalten der Besatzungsmacht die Chance vertan, eine anfangs bei vielen Arabern vorhandene Versöhnlichkeit gegenüber den GIs zu nutzen, die als Befreier vom Joch Saddam Husseins willkommen waren. Seitdem herrscht dort – mit Ausnahme des Kurden-Gebiets im Norden – eine abgrundtiefe Feindschaft gegen die ungläubigen, verfluchten Besatzer, die ich in dieser Intensität in Vietnam nie wahrgenommen hatte.

Bei einem anschließenden Sonderzirkel über »Intelligence« schockierte ich auf der NATO-Tagung von Münster vielleicht den einen oder anderen hochrangigen Offizier, als ich den Schluß nahelegte, daß die beste Art, »hearts and minds« zu gewinnen, darin bestehe, den Krieg zu gewinnen, »to win the war«. Dem steht jedoch die kategorische Feststellung des Vorsitzenden des amerikanischen Senats, Harry Reid, entgegen, der verkündete: »The war is lost« – der Krieg ist verloren. Welcher deutsche Journalist würde eine solche Aussage wagen, ohne seinen Job zu riskieren?

Um es vorwegzunehmen: Bei meinem jetzigen Aufenthalt in den USA sollte ich immer wieder feststellen, daß das Thema Irak – im Gegensatz zur einstigen Massenerregung der Vietnamkriegsgegner – keinen leidenschaftlichen Protest, sondern eine Art Ratlosigkeit, ein großes Staunen über das eigene Versagen ausgelöst hat. Mit diesem Ausmaß an dilettantischer Vorbereitung der Kampagne, mit einer so schamlosen, gezielten Irreführung der öffentlichen Meinung hatte niemand gerechnet. Es gibt keine plausible Erklärung für die sukzessiven strategischen Fehlentscheidungen, die Verzettelung der Einsätze im Gespensterkrieg gegen die »Kräfte des Bösen«, vor allem für das Festhalten an einer erwiesenermaßen verpfuschten Globalpolitik. Es gibt keine Rechtfertigung für die Preisgabe, die Verleugnung jener sittlichen Werte, die der amerikanischen Demokratie und Justiz bislang zu höchstem Ansehen verholfen haben. War das alles auf die mystische Grundstimmung eines »Commander in Chief« zurückzuführen, der allen Anfechtungen zum Trotz eine göttliche Mission zu erfüllen glaubte?

Diese patriotische Berufung auf den Allerhöchsten ist in der Geschichte Amerikas ja nicht neu. Nur hatte sie sich bisher nicht in einer solch Negation der Wirklichkeit, in einer quasi-schlafwandlerischen Selbstgerechtigkeit geäußert wie bei George W. Bush. Man kann gewiß auf den Präzedenzfall des Präsidenten Woodrow Wilson verweisen, der nach dem Eingreifen der USA in den Ersten Weltkrieg sich ebenfalls von Gott inspiriert fühlte, als er seine 14 Punkte wie die Gesetzestafeln einer neuen demokratischen Weltfriedensordnung hochhielt. Wilson hatte auf den Zynismus und den tradierten Machtinstinkt seiner europäischen Verbündeten, des Franzosen Clemenceau zumal, mit Entrüstung reagiert. Dem Völkerbund, der durch Wilson höchstpersönlich ins Leben gerufen wurde, traten die USA nie bei. Stattdessen zog sich dieser gescheiterte Friedensstifter aus Übersee auf die selbstgefällige Sonderstellung des Isolationismus zurück, in der Amerika bis zur Wahl Franklin D. Roosevelts verharren sollte.

Das Irak-Desaster überschattet mehr, als man zunächst erwartet hatte, die bereits angelaufene Propagandaschlacht der nächsten Präsidentenwahl im November 2008. Selbst Senator John McCain, ein anfangs aussichtsreicher Kandidat der Republikaner, hat sich in einen patriotischen Übereifer und in dramatische Durchhalteparolen verrannt. Als ich vor drei Jahren ein langes Gespräch über Vietnam mit ihm führte, wo er nach seinem Abschuß als Pilot der US Air Force im sogenannten »Hilton-Hotel« von Hanoi langjährige Kerkerhaft und grausame Folterung erlitt, hatte er noch die Unfähigkeit des damaligen amerikanischen Oberkommandos beklagt, aus den Lektionen des französischen Indochina-Krieges zu lernen. »Unsere Generale hätten 1965 gut daran getan, das Buch ›Street withhout joy‹ zu lesen«, sagte er bei unserem Treffen. Aber im Wettkampf um den Einzug ins Weiße Haus tut sich McCain neuerdings als Hardliner hervor und hält verzweifelt Ausschau nach einem Silberstreifen am dunklen Himmel Mesopotamiens.

Bei den Demokraten streiten die Anwärter auf die Präsidentschaft über einen halbwegs plausiblen Abzugstermin der US-Truppen aus Bagdad. Aber wie die Preisgabe der amerikanischen Machtstellung in dieser strategisch und ökonomisch unverzichtbaren Region gesichtswahrend vollzogen werden soll, dazu macht niemand konkrete Vorschläge. In Vietnam war es sehr viel leichter, in den Song »bring the boys home« einzustimmen und die lokalen Verbündeten von Saigon ihrem traurigen Schicksal, der brutalen Unterwerfung durch Hanoi, auszuliefern.

Beim Festival von Cannes im Jahr 2004 hatte der leidenschaftliche Kriegsgegner Michael Moore mit seinem Film »Fahrenheit Nine-Eleven« die erfolgreichste Dokumentation aller Zeiten vorgeführt und dafür die »Goldene Palme« erhalten. Ich habe diese Produktion als grobschlächtige Pöbelei empfunden, die auf jede analytische Deutung verzichtet. Ich verstehe auch, daß ein patriotischer Amerikaner zutiefst schockiert ist über die Aussage des Superstars Sharon Stone, die – wie sie selbst zugibt – im »goldenen Ghetto« lebt. In einer Konversation mit dem schillernden französischen Modephilosophen Bernard-Henri Lévy verstieg sie sich zu der Behauptung: »Als Mutter hat für mich jedes getötete irakische Kind soviel Bedeutung wie tausend tote Amerikaner.« Ohne es zu ahnen, parodierte die Filmdiva damit jenen Bomberpiloten der US Air Force, der seinerzeit vor laufender Kamera erklärte, daß für ihn der Heldentod eines amerikanischen GI tragischer sei als die Vernichtung von tausend irakischen Zivilisten. Am Ende seiner langatmigen Recherche »American Vertigo« gelangt Bernard-Henri Lévy zu dem Fazit, Sharon Stone habe die »Dimension düsterster Infantilität und polymorpher Perversion« aufgespürt, die die wahren Schlüssel zur Persönlichkeit von George W. Bush seien. Auf dieses Niveau wollen wir uns nicht begeben. »Ce qui est excessif ne compte pas« hatte schon Talleyrand gesagt, »Was exzessiv ist, zählt nicht«.

Immerhin erscheint BHL – unter dieser Abkürzung wird der französische Philosoph in den Pariser Salons gefeiert – als typischer Repräsentant jener fast einstimmigen Kaste deutscher und französischer Intellektueller oder Literaten, die im Jahr 2003 als Befürworter des Feldzuges »Iraqi freedom« auftraten und einem blinden Bellizismus huldigten. Die geistige Elite Europas, wie Gustav

Seibt mit einem interessanten Bezug auf Max Weber im Ersten Weltkrieg feststellt, hat sich als ignorant und konformistisch erwiesen. Ernst Jünger, der sich in solchen Situationen auskannte, hätte diese Schreibtischhelden von 2003 als »Kriegslustige« verspottet. Wenn Seibt jedoch die »immerwährende Frage« aufwirft, was man aus der Geschichte lernen kann, so sei er auf den sich anheizenden Konflikt in Afghanistan verwiesen, vor dem die deutsche Politik und Publizistik – ungeachtet ihrer blamablen Einschätzung von Bagdad – krampfhaft die Augen verschließt und alle Warnungen von sich weist.

Hat George W. Bush den allmählichen Niedergang der »Hyperpower« Amerika eingeleitet, oder signalisiert er lediglich eine Zwischenphase nationaler Dekadenz vor einem neuen kraftvollen Aufbruch? Diese bange Frage stellt sich diesseits und jenseits des Atlantik. Auf Capitol Hill werden die Tage gezählt, die George W. bis zum Ausscheiden aus seinem Amt noch verbleiben. Amerikaner und Europäer können unterdessen nur zum Himmel beten, daß diesem »War-President«, wie er sich selbst nennt, durch eine sich versteifende Opposition im eigenen Congress und beim eigenen Volk die Mittel versagt werden, im Namen von »freedom and democracy« weiteres Unheil zu stiften und sich auf zusätzliche kriegerische Abenteuer einzulassen.

Der Vorwurf des Antiamerikanismus wird mir auch bei Erscheinen dieses Buchs nicht erspart bleiben. Was nutzt es da, wenn ich meine ehrliche Sympathie für die USA beteuere? Meine wiederholte Feststellung, daß Amerika Fleisch von unserem Fleisch, Geist von unserem Geist ist, daß umgekehrt das heutige Europa ohne den Ansporn, die Belebung, ja Befruchtung durch die Neue Welt in Technik und Kultur um vieles ärmer wäre, wird kurzerhand als apologetische Anbiederung verworfen. Es gehört schon ein gerüttelt Maß an Infamie dazu, mit dem Keulenargument des Antiamerikanismus von den eigenen fundamentalen Fehleinschätzungen abzulenken, die in den deutschen Medien längst nicht abgeklungen sind. Sollte man sich nicht endlich die Frage stellen, ob die wahre Solidarität, die sinnvolle Partnerschaft mit Washington darin bestände, krasse Fehlentwicklungen und dilettantische Unbesonnenheit der dortigen Administration unverblümt aufzudecken, anstatt auf das eigene Urteil zu verzichten und klägliche Unterwürfigkeit zu bekunden? »Feigheit vor dem Freund« kann ebenso verächtlich sein wie Feigheit vor dem Feind.

*

Wer eine Periode von siebzig Jahren Geschichte erlebt hat, neigt zu dem Schluß, daß sich die imperialen Abläufe beschleunigt haben. Liegt es daran, daß am Anfang meiner Wahrnehmung der Untergang eines »tausendjährigen Reiches« stand, das nach der lächerlich kurzen Zeitspanne von zwölf Jahren im Führerbunker von Berlin den eigenen Dämonen, den Rachegeistern eines bluttriefenden völkischen Wahns erlag? Ich habe diese Schicksalsstunde im letzten Fetzen Groß-Deutschlands verbracht, der noch nicht von den Alliierten besetzt war. Die Nachricht vom Tod des »Führers« wurde von der lokalen Parteizeitung im österreichischen Graz mit einem riesigen schwarzen Trauerrand abgedruckt. Am Tag der bedingungslosen deutschen Kapitulation konnte ich von der Höhe des dortigen Gau-Krankenhauses den mustergültig geordneten Rückzug der SS-Division Wiking beobachten, die ihre Stellungen in Westungarn räumte, die Flucht in Richtung Kärnten antrat, um sich dort von den Briten der 8. Armee entwaffnen zu lassen und nicht in die Hände der Russen zu fallen.

Von dem Flecktyphus, mit dem ich mich im Gestapo-Gefängnis von Wien infiziert hatte, war ich unter der fürsorglichen Pflege der Nonnen vom Orden des Heiligen Vinzenz von Paul, die damals noch ihre prächtigen weißen Flügelhauben trugen, halbwegs genesen. Ich konnte also mit dem Gefühl, dem Tod gleich mehrfach entronnen zu sein, auf das denkwürdige Schauspiel blicken, wie die Elitetruppe des Dritten Reichs, die mit der Hymne »Wenn alle untreu werden, so bleiben wir doch treu« angetreten war, um ganz Europa der erbarmungslosen Herrschaft des Hakenkreuzes und seiner Bonzen zu unterwerfen, zum Symbol der Auflösung wurde.

In der Division Wiking dienten vorzugsweise Freiwillige aus den skandinavischen Ländern.

Die ganze Waffen-SS setzte sich bei Kriegsende – wenn man die sogenannten Volksdeutschen aus Polen, dem Balkan und dem Elsaß, die teilweise zwangsrekrutiert wurden, hinzurechnet – aus mehr Ausländern als Reichsdeutschen zusammen. Bei den Fremdenlegionären, die ich in französischer Uniform ein knappes Jahr später in Indochina antreffen sollte, befanden sich nicht wenige französische Freiwillige der SS-Division Charlemagne, die – soweit sie überlebt und sich keiner Verbrechen schuldig gemacht hatten – dank einem diskreten Gnadenerlaß de Gaulles ihre nationale Rehabilitierung durch fünfjährigen Einsatz in der »Légion étrangère« erdienen konnten. Deren Devise lautete »Honneur et fidélité« – »Ehre und Treue«. Die Ideologen antiwelschen Germanentums, die in den Schulbüchern der dreißiger Jahre Karl den Großen als »Sachsenschlächter« geschmäht hatten, mußten am Ende ihrer geistigen Verirrung zur Kenntnis nehmen, daß die Waffen-SS, die auf dem Balkan über eine albanische Truppe »Skanderbeg« und eine muslimisch-bosnische Einheit »Handjak« verfügte, auf die Franzosen der Division »Charlemagne« zurückgriff, um im Herzen Berlins das Vorstürmen der Roten Armee auf den Führerbunker zu verzögern. Der letzte Soldat, der in der U-Bahn-Station Stadtmitte nach Abschießen von acht sowjetischen Panzern mit dem Ritterkreuz ausgezeichnet wurde – so besagt die Legende –, sei ein Sohn Galliens gewesen, der beim verzweifelten Versuch, zusätzlichen Waffenruhm zu erringen, kurz danach im russischen Feuer starb.

In Graz war es weniger heroisch zugegangen. Während aus dem Rundfunkgerät immer wieder das Deutschlandlied in der elegischen Urfassung Haydns erklang und Trauermärsche sich bemühten, den letzten Nostalgikern des Dritten Reiches eine Art Götterdämmerung vorzugaukeln, entdeckte ich auf der Ausfallstraße nach Westen kompakte Trupps von Krim-Tataren, die auf Seiten der Wehrmacht gekämpft hatten. Bei Erreichen der provisorischen Demarkationslinie in Kärnten sollten diese Angehörigen einer mongolisch-türkischen Rasse von den Briten eingesammelt und den vorrückenden Sowjets als Landesverräter ausgeliefert werden.

Der Tag nach dem Abrücken der »Wikinger« gehört zu meinen eindringlichsten Erinnerungen. Bei Nacht hatte die Rote Armee von der Steiermark Besitz ergriffen. Es war eine seltsame Heerschar, die auf der weiten Wiese unterhalb des Gau-Krankenhauses von Graz kampierte. Die Russen waren auf ein paar brüchigen Lastwagen, vor allem aber auf einer Vielzahl von Panje-Wagen eingerückt. Sie lagerten in ihren erdbraunen Uniformen wie eine Horde asiatischer Eroberer. Eine der Vinzentinerinnen, die zur Beschleunigung meiner Genesung mir stets ihr eigenes Abendessen geopfert hatte, nähte mir eine blau-weiß-rote Kennung auf die Jacke. Mit meinem kahlgeschorenen Häftlingskopf beeindruckte ich wohl in ausreichendem Maße die Angehörigen einer französischen »Kommandantura« in Graz, ein Sammelsurium von überaus zwielichtigen Fremdarbeitern, möglicherweise ehemaligen Kollaborateuren, die sich durch rote Halstücher oder Parteiabzeichen als Kommunisten zu tarnen suchten. Ohne Problem stellten sie mir provisorische Personalpapiere als »Résistant« aus. In dieser Eigenschaft konnte ich auch meinen Krankenpflegerinnen einen gewissen Schutz gewähren. Schon am Nachmittag dieses chaotischen ersten Besatzungstages wurde ich in eine städtische Festhalle eingeladen, wo das dröhnende Orchester der Roten Armee eine Stalin-Hymne intonierte, die die Verhängung einer neuen Zwangsherrschaft über Osteuropa ankündigte.

*

Die Vergänglichkeit der Imperien hat mein ganzes Leben begleitet, mich zum Gefährten des Rückzugs gestempelt. Mit welcher Begeisterung, ja einem gewissen Neid, hatte ich in jenem Mai 1945 die britischen Soldaten der 8. Armee bewundert, die nach ihrem Siegeszug durch Tripolitanien und Italien im österreichischen Kärnten eingerückt waren. Mit ihren tadellos gebügelten Khaki-Uniformen, den bunten Baretts und Feldzeichen, mit ihrer spontanen

Hilfsbereitschaft, die sie unserem Trupp von reichlich verlotterten Überlebenden gewährten, erschienen sie uns nach den stets mißtrauischen und ungepflegten Russen als Erzengel einer strahlenden freiheitlichen Welt. Das stolze »Empire« hatte dem Dritten Reich mit unsäglicher Verbissenheit getrotzt und der angeblichen Luftüberlegenheit Hermann Görings in der »Schlacht um England« standgehalten. Großbritannien sonnte sich im Mai 1945 im Gefühl von »power and glory«. Der Territorialbestand der viktorianischen Ära schien in seiner weltumspannenden Ausdehnung erhalten zu bleiben.

In Wirklichkeit war zu jenem Zeitpunkt das Schicksal des britischen Weltreichs bereits besiegelt und Albion auf die Rolle einer Mittelmacht reduziert. Winston Churchill mußte mit tiefer Verbitterung zusehen, wie die ihn ablösende Labour-Regierung bei aller persönlichen Unzulänglichkeit den globalen »wind of changes« rechtzeitig wahrnahm und der neuen, schnöden Realität Rechnung trug. Durch die schrittweise, kampflose Preisgabe fast sämtlicher kolonialer Besitzungen ersparte sich London jene endlosen, verlustreichen, verzweifelten Rückzugsgefechte, mit denen Franzosen, Holländer und Portugiesen ihren längst verlorengegangenen Anspruch auf Weltgeltung krampfhaft zu behaupten suchten.

Die Niederländer mußten relativ bald dem indonesischen Nationalismus Sukarnos weichen und ihr südostasiatisches Inselreich räumen. Die endgültige französische Niederlage in Indochina registrierte ich in jener unerträglich schwülen Monsunnacht des Juli 1954, als ich – im Reisfeld südlich von Hanoi mit französischen Kolonial-Infanteristen kampierend – beim letzten intensiven Beschuß durch die Nordvietnamesen in Deckung ging. Seit dem Desaster von Dien Bien Phu waren sich die Krieger Ho Tschi Minhs ihrer Überlegenheit voll bewußt. Bei Anbruch des Tageslichtes versammelten sich die Offiziere des RICM, des im Ersten Weltkrieg höchst dekorierten französischen Regiments, mit Grimm und Erbitterung vor dem Radiogerät. Sie lauschten der Stimme der Sprecherin, die die Stipulationen des eben abgeschlossenen Waffenstillstandes verlas. Der Verzicht Frankreichs auf Indochina kam für viele dieser

Troupiers der endgültigen Trennung von einer geliebten, exotischen Mätresse gleich. Als ich mich von dem bulligen Commandeur dieser Einheit verabschiedete, um über die verminte Laterit-Piste nach Hanoi zurückzufahren, sagte er resigniert: »In Nordafrika werden wir uns bald wiedersehen.«

Bei diesem Rückblick taucht auch die flüchtige Vision des gestrandeten japanischen Kaiserreichs auf. Als das Commando Ponchardier als erste französische Einheit in Cochinchina gegen die schlecht bewaffneten Freischärler-Haufen der vietnamesischen Kommunisten vorging und auch jene kuriosen Sekten Cao Dai und Hoa Hao niederkämpfte, die mit den Japanern paktiert hatten, kam es stets dann zu eigenen Verlusten, wenn ein paar versprengte Angehörige der gefürchteten japanischen Feldgendarmerie, der Kempetai, sich mit den annamitischen Aufständischen verbündeten. Diese Kempetai-Angehörigen wurden als Kriegsverbrecher gesucht und hatten sich der Kapitulation des Tenno verweigert. Die Masse der im Süden Vietnams verbliebenen japanischen Militäreinheiten unterwarfen sich jedoch dem Befehl des britischen Generals Gracey, der ihnen sogar die Infanteriewaffen beließ, um das Aufkommen von Bürgerkrieg und Chaos einzudämmen. Noch sehe ich die erstarrten Soldaten aus dem Reich der aufgehenden Sonne, die weiterhin vor ihren Unterkünften mit aufgepflanztem Bajonett Wache hielten und die fremden Vorhuten aus Gallien mit der bei ihnen üblichen Verbeugung grüßten.

Später, im März 1946, als ich an der Landung im nördlichen Hafen Haiphong teilnahm, stieß das französische Expeditionskorps auf die Präsenz der chinesischen Kuomintang-Armee des Marschalls Tschiang Kai-schek, die nach der Niederlage Japans mit amerikanischer Zustimmung den Norden Indochinas besetzt hatte. Die Nationalchinesen wollten sich ihre Kriegsbeute nicht entreißen lassen. Da diese verwilderte, stets plündernde Soldateska nicht in der Lage war, die Küstenbatterien zu bedienen, hatte sie japanische Kriegsgefangene an die Kanonen gesetzt, um das Feuer auf die französische Landungsflotte zu eröffnen. Das Gefecht war schnell beendet. An den folgenden Tagen war ich beeindruckt von der Disziplin der kaiserlichen Armee Nippons, deren Einheiten sich in exakten Karrees an den Hafenkais aufbauten, während ihre kleinwüchsigen Offiziere wie gestiefelte Kater die Einschiffung ihrer Soldaten auf riesigen amerikanischen Frachtern mit dem Ausdruck zu Tode betrübter Samurai überwachten. Das Reich der Aufgehenden Sonne hat diese in seiner langen Geschichte einmalige Demütigung mit bemerkenswertem Fleiß und angespannter Energie überlebt. Aber die kühne Vision einer gebieterischen japanischen Ordnungsmacht im Großraum Ostasiens und des Pazifischen Ozeans, die dem General Tojo vorgeschwebt hatte, wurde nach 1945 allenfalls durch ökonomische Expansion ersetzt.

Bei unserer Begegnung in Washington hatte mich Senator McCain gefragt, zu welchem Zeitpunkt ich begriffen hätte, daß der französische Indochina-Krieg verloren war. Das geschah nicht, solange ich Uniform trug. Beim Einsatz macht man sich keine solchen Gedanken, zumal die Chance bestand, daß Ho Tschi Minh am Ende doch irgendeinen Kompromiß innerhalb der vagen »Union française« akzeptieren würde. Doch als ich 1951 als Kriegskorrespondent nach Hanoi zurückkehrte und von General de Lattre de Tassigny zum Diner eingeladen wurde, hatte die Volksbefreiungsarmee Mao Zedongs die Grenze Tonkings erreicht. Die französischen Außenposten Langson und Caobang waren unter schweren Verlusten überrannt worden. Das neue »Corps de bataille« des Viet Minh wurde nur mit extremer Anstrengung durch de Lattre in der Schlacht von Vinh Yen zurückgeworfen. Ich fragte den Oberbefehlshaber, der ohne jede Illusion seine Mission in Fernost angetreten hatte, was im Falle eines rotchinesischen Vordringens geschähe. »Dann können wir froh sein, wenn wir in Haiphong unsere Schiffe erreichen«, lautete die Antwort. De Lattre konnte sich offen ausdrücken. Er wußte, daß er wenige Monate später an Krebs sterben würde. Aller Vernunft zum Trotz zog sich der Indochina-Einsatz noch mehr als drei Jahre hin. Ganze Jahrgänge von Saint Cyr wurden der Ignoranz und der Verblendung der Politiker der Vierten Republik geopfert.

Der französische Algerienkrieg, der am Totensonntag 1954 mit einer Reihe spektakulärer Überfälle begann und acht Jahre dauern sollte, ist in seiner strategischen und politischen Fehlentwicklung den überwiegend sozialistischen Regierungen in Paris anzulasten. Selbst der damalige Innenminister und spätere Präsident François Mitterrand betätigte sich als Befürworter einer schonungslosen Repression. Als de Gaulle nach dem »Pronunciamento« der Generale von Algier im Mai 1958 die Macht übernahm, standen 500 000 französische Soldaten, überwiegend Wehrpflichtige, zwischen Oran und Constantine. Die militärische Situation hatte sich in einer Weise stabilisiert, die für die amerikanische Kriegführung im Irak mehr Aufschlüsse bieten könnte als der ständige Rückblick auf das eigene Versagen in Vietnam.

Wie war diese relativ wirksame Armeekontrolle, diese »Pazifizierung«, der sich nur zwei traditionelle Bastionen der Rebellion in der Kabylei und im Aurès-Gebirge entzogen, zustande gekommen? Gegen die sogenannte »Armée des frontières« des Oberst Boumedienne, die – mit sowjetischen Waffen ausgerüstet – jenseits der tunesischen Grenze auf ihre Stunde wartete, war die »Ligne Morice« ausgebaut worden, ein effizientes Sperrsystem, das sich nach Süden bis in die Sahara verlängerte. Sie entsprach ungefähr den Sicherheitsanlagen, die Israel heute am Jordanufer gegen feindliche Infiltration aus Osten abschirmen.

Im undurchdringlichen Gassengewirr der Kasbah, dem Araberviertel von Algier, wurden der zentrale Herd des Widerstandes und die Brutstätte des Bombenterrors, der die Europäerviertel damals heimsuchte, durch eine Säuberungsaktion der französischen »Paras« ausgeschaltet. Die Jagd auf Untergrundkämpfer und das Aufspüren ihrer Sprengstoff-Laboratorien gingen mit harten Verhörmethoden einher, etwa der »baignoire«, der »Badewanne«, eine bewährte Gestapo-Methode, die von den Amerikanern später unter dem Namen »water boarding« übernommen wurde. Es kam auch zur Tortur der »gégène«, zum Versetzen von Elektroschocks. Vorher war eine extrem präzise »quadrillage« durchgeführt worden, die Aufteilung der Kasbah in ein klar gegliedertes, numerisches System von Durchsuchungs- und Überwachungsbezirken. Zu jener Zeit stieß ich auf einige Offiziere, die gleichzeitig mit mir in Indochina gedient hatten, und ich beglückwünschte mich dazu, nicht in der Armee verblieben zu sein. Ich wäre vermutlich im 3. Fallschirmregiment des Colonel Trinquier, der in Saigon als Hauptmann mein unmittelbarer Vorgesetzter war, zum Zeugen dieser fatalen, für Täter und Opfer entehrenden Form der Partisanenbekämpfung geworden. Die »bataille d'Alger« ist von dem italienischen Regisseur Pontecorvo wahrheitsgetreu nachgestellt worden. Dieser Spielfilm wird den amerikanischen Offizieren in ihren Lehrkursen als Anschauungsunterricht über erfolgreiches Vorgehen von Besatzern im »asymmetrischen Krieg«, wie es heute heißt, vorgeführt.

Am Ende triumphiert bei Pontecorvo natürlich die »Nationale Befreiungsfront«, Algeriens, wie das ja auch tatsächlich geschah. Aber diese Wende zugunsten der Aufständischen wurde erst möglich, nachdem de Gaulle offiziell die »Front de Libération«, die »Befreiungsfront«, aufgefordert hatte, in eine »paix des braves«, einen »Frieden der Tapferen«, einzuwilligen. Mit dieser Konzession hatte der legendäre Gründer der Fünften Republik zu Beginn des Jahres 1961 den Putsch jener empörten französischen Generale ausgelöst, die zu Recht darauf verwiesen, daß sie ihre Aufgabe der »pacification« weitgehend bewältigt hatten und sich nun um ihren Erfolg betrogen fühlten.

Die tragische Entwicklung in Nordafrika sollte sich jeder westliche Staat vor Augen halten, der in der islamischen Welt in ein kriegerisches Abenteuer verstrickt wird. Selbst temporäre militärische Fortschritte, auf die man heute im Zweistromland ohnehin vergeblich wartet, brächten keine Besänftigung der politischen Antagonismen und überbrücken nicht den psychologischen Abgrund, die religiöse Antinomie, die durch die Brutalität der Kampfhandlungen zusätzlich aufgerissen werden. Charles de Gaulle war nie der Illusion einer »Algérie française« erlegen, obwohl ihm deren leidenschaftliche Befürworter zur Macht verholfen hatten: die Million Europäer, die in den nordafrikanischen Départements lebten, sowie ein Offizierskorps, das von einem geographisch verzerrten Frankreich zwischen Dünkirchen an der flandrischen Kanalküste und Tamanrasset im Herzen der Sahara träumte. Viele Militärs, die in ihren »sections administratives« die Gleichstellung der muslimischen Eingeborenen und deren Assimilation als »Français à part entière« betrieben, glaubten ernsthaft an diese Schimäre und bemühten sich, durch Sozialarbeit, Bau von Schulen und Sanitätsstationen in den entlegenen »Mechtas« die Voraussetzungen für eine Akkulturation zu schaffen. Natürlich haben die ehrlich gemeinten Absichten keinen Stimmungsumschwung bei der zutiefst im jungen algerischen Nationalismus und dem altvertrauten Islam wurzelnden Bevölkerung bewirkt. Immerhin könnte aus diesem mißlungenen algerischen Experiment eine nützliche Lektion abgeleitet werden für jene gutwilligen Soldaten der NATO, die sich an die Hoffnung klammern, durch aktive Verbesserung der Lebensbedingungen in Irak oder Afghanistan »hearts and minds« der Einheimischen zu gewinnen.

De Gaulle hatte von Anfang an von der Idee einer Integration Algeriens ins französische »Mutterland« nichts gehalten. Er berief Paul Delouvrier, einen seiner frühen Getreuen aus der »Résistance« gegen die deutsche Besatzung, zum »Délégué Général« von Algier. Delouvrier hat mir sein entscheidendes Gespräch mit dem General geschildert. Er hatte geglaubt, sich diesem Auftrag, der ihm widerstrebte, entziehen zu können, indem er einwarf: »Mon Général, ich muß Ihnen gestehen, daß ich kein dezidierter Gegner der algerischen Unabhängigkeit bin.« – »Et moi donc«, hatte de Gaulle majestätisch und gebieterisch reagiert: »Ich doch auch nicht!« Wie recht er hatte!

Am Ende von vier weiteren verworrenen Jahren französischer Repression im Maghreb traf er die schmerzliche, aber notwendige Entscheidung, das bislang französische Nordafrika den algerischen Nationalisten zu überlassen, die eigene Armee über das Mittelmeer zurückzubeordern sowie 1,2 Millionen Algier-Franzosen zur Preisgabe ihres Besitzes und zur Flucht in die entfremdete »Métropole« zu zwingen. Heute drängt sich jedem Beobachter die Feststellung auf, daß die acht Millionen »Musulmans«, die Algier damals zählte, in den vergangenen 50 Jahren zu einer Masse von mehr als 30 Millionen angeschwollen sind. Hätten die Phantasten der »Algérie fran-çaise« sich durchgesetzt und den Nordafrikanern die vollen Rechte französischer Staatsbürger gewährt, müßte die Fünfte Republik nicht drei oder vier Millionen maghrebinische Immigranten als voll gül-tige »Citoyens« behandeln, wie das heute der Fall ist, sondern inner-halb eines Territoriums zwischen Dünkirchen und Tamanrasset 35 bis 40 Millionen algerische Koran-Gläubige. Es gäbe dann keine französische Nation mehr, die diesen Namen verdient.

Auch hier ergibt sich ein aktueller Bezug: Sollten die unverzag-ten Befürworter einer maßlosen Erweiterung der Europäischen Union den Beitritt der Türkei – heute 70 Millionen Menschen, in 20 Jahren mindestens 100 Millionen – gegen den Willen der eige-nen Wählermehrheit durchsetzen und womöglich ein paar Anrai-nerstaaten des Mittelmeers oder des Kaukasus zusätzlich assoziie-ren, dann würde das numerische Gewicht des Kontinents kippen. Europa verlöre seine kulturelle und religiöse Identität. Das Abend-land würde Bestandteil des Morgenlandes, zumal bei vielen Ara-bern der heimliche Wunsch überlebt, eines Tages »El Andalus« – damit ist auf Arabisch ganz Spanien gemeint – dem »Dar-ul-islam« wieder einzuverleiben.

Von Frankreich als Großmacht zu sprechen macht keinen Sinn mehr, nachdem Hitler dem greisen Marschall Pétain im Sommer 1940 einen Waffenstillstand diktierte, der einer Kapitulation nahe-kam. Der Gnadenstoß wurde den verspäteten Imperialvorstellun-gen Englands und Frankreichs versetzt, als die Verbündeten der »Entente Cordiale« im Herbst 1956 die militärische Okkupation des Suezkanals unternahmen, um den ägyptischen Präsidenten Ga-mal Abdel Nasser in die Knie zu zwingen. Der »Rais« von Kairo hatte mit ungeheurem propagandistischem Widerhall in der arabi-schen Welt den Suezkanal verstaatlicht und dessen ausländische Manager und Lotsen des Landes verwiesen. Mit der Suez-Expedi-tion bezweckte Premierminister Anthony Eden den Zugang der britischen Flotte zum Indischen Ozean offen zu halten, während die Franzosen der ständigen Unterstützung des algerischen Auf-standes durch Kairo ein Ende setzen wollten.

Die Aktion wurde dilettantisch geplant und halbherzig ausgeführt. Sie wäre auf Dauer ohnehin am Widerstand der ägyptischen Massen gescheitert. Aber es kam viel schlimmer. Die beiden wirklichen Supermächte – USA und Sowjetunion, die sich im Kalten Krieg als Gegner gegenüberstanden –, wollten keine eigenwilligen Initiativen zweitrangiger Staaten, keine spätkolonialistischen Extravaganzen dulden, die im ganzen Orient einen Flächenbrand des Aufruhrs zu entfachen drohten. Es war die gemeinsame ultimative Aufforderung Dwight D. Eisenhowers und Nikita Chruschtschows, die der frankobritischen Landung bei Port Said ein jähes Ende bereitete und den unrühmlichen Rückzug erzwang. Chruschtschow hatte Paris und London sogar mit Atombomben gedroht.

Dieses Fiasko am Suezkanal, dessen Vorbereitung und dessen kläglichen Ausgang ich aus Khartum im Sudan und aus Beirut im Libanon, also aus unmittelbarer Nachbarschaft beobachten konnte, ist nicht nur für die arabisch-islamische Welt zu einer historischen Wende geworden. In Suez ging die »Entente Cordiale« endgültig zu Bruch. London und Paris leiteten völlig konträre Konsequenzen aus der amerikanischen Beistandsverweigerung und der sowjetischen Erpressung ab. Großbritannien verzichtete von nun an auf eine von Amerika unabhängige Außenpolitik und auf jeden Anspruch »East of Suez«. Diese einseitige Ausrichtung auf die Führungsrolle der USA sollte im jüngsten Irak-Krieg in der blamablen Gefügigkeit des britischen Premierministers Tony Blair gipfeln, der in der eigenen Presse als »Pudel« des Präsidenten George W. Bush verhöhnt wurde. Die Franzosen hingegen sahen sich in ihrem atavistischen Mißtrauen gegenüber den »Anglosaxons« bestätigt. Unmittelbar nach Suez wurde an der Seine die nationale Verselbständigung gegenüber der Atlantischen Allianz postuliert. Unter dem sozialistischen Regierungschef Guy Mollet wurde sogar die Planung einer unabhängigen französischen Nuklearwaffe eingeleitet. Charles de Gaulle ließ sechs Jahre später die erste Atombombe Frankreichs in der Sahara explodieren.

Wenden wir uns am Ende dieser europäischen Tragödie des erzwungenen Rückzugs auf den eigenen Kontinent den Portugiesen zu. Paradoxerweise haben sich diese allerersten Entdecker und Kolonisatoren in Übersee am hartnäckigsten an ihre ausgedehnten afrikanischen Besitzungen geklammert. Auch nach dem Tod des unnahbaren, tugendhaften Diktators Oliveira de Salazar, der sein verarmtes Land am atlantischen Rand Europas mit Hilfe seiner Geheimpolizei PIDE in strenger Zucht hielt, waren die Regierungen von Lissabon nicht bereit, das Erbe Heinrich des Seefahrers und Vasco da Gamas auf dem schwarzen Kontinent der Rebellion der Eingeborenen auszuliefern.

In den frühen sechziger Jahren war ich zugegen, als die Verstärkungen aus dem Mutterland im Hafen Luanda zu den trutzigen Klängen des Marsches »Angola é nossa – Angola gehört uns« an Land gingen. Zehn Jahre später behaupteten sich die lusitanischen Garnisonen noch im Dschungel von Cabinda und in den Sümpfen von Bissau. Aber da wußten die von Tropenkrankheiten ausgezehrten Offiziere längst, daß sie auf verlorenem Posten standen. Die Nelken-Revolution des Jahres 1974 hat Portugal endlich von seiner erdrückenden kolonialen Hinterlassenschaft erlöst. In die verlassenen Positionen der ausgelaugten Helden eines anachronistischen Camões-Epos drängten sich jetzt die knallharten Interessen der internationalen Erdöl- und Diamantentrafikanten, die unersättliche Profitgier eines global operierenden und oft kriminellen Kapitalismus.

Wer kann sich heute noch vorstellen, daß im 16. Jahrhundert der Herzog von Albuquerque im Namen der lusitanischen Krone mit ein paar hundert portugiesischen Seeleuten und Soldaten den Indischen Ozean beherrschte, daß er zwischen Mombasa im heutigen Kenia und Macau in Südchina, zwischen Bahrein und Timor seine Stützpunkte ausbaute und mit seinen Karavellen den maritimen Handel dominierte? Im indischen Hafen Goa residierend, hatte dieser auf sich selbst gestellte, unerbittliche Gouverneur den Kontakt zum fernen »Cipango«, zu Japan, hergestellt. Die heutigen Potentaten der im Geld schwimmenden Emirate am Persischen Golf sollten zumindest einen Blick auf jene gewaltige Festung von Hormuz werfen, die der Stratege Albuquerque präzis an jener Meerenge, am Nadelöhr zum Indischen Ozean ausbaute, der im Zeichen der jüngsten Konfrontation zwischen den USA und der Islamischen Republik Iran eine entscheidende strategische Bedeutung zufällt. Für Portugal bleibt immerhin der Trost, daß seine transatlantische Expansion in den Weiten Brasiliens weiterlebt. Dort könnte unter der trügerischen Devise »ordo e progresso« – Ordnung und Fortschritt – in nicht allzu ferner Zeit ein ökonomischer Gigant, gestützt auf seine vielrassige Menschenmasse, den Anspruch auf Weltgeltung erheben.

Das Schicksal der sich selbst auflösenden Sowjetunion, die »größte Katastrophe der Gegenwart«, wie Wladimir Putin sagt, müßte diese lückenhafte Aufreihung von Machtverlusten und Einflußverzicht Europas auf den aktuellen Stand bringen. Doch mit Rußland möchte ich mich erst am Ende dieses Essays in einer illusionslosen Zustandsbeschreibung unseres eigenen Kontinents befassen. Wie hatte de Gaulle im Sommer 1964 den verdutzten Sowjet-Apparatschiks entgegengerufen: »Vive l'Europe de l'Atlantique à l'Oural – Es lebe Europa vom Atlantik bis zum Ural!«

Die Chinesen in New York

New York, im April 2007

Mag sein, daß andere europäische Einreisende in die USA höchst unerfreuliche Erfahrungen mit den Einwanderungs- und Zollbehörden machen. Ich kann mich auch dieses Mal nicht beklagen. Die Abfertigung ist zügig und freundlich. Ähnliches soll mir übrigens ein paar Wochen später in Israel passieren, das ebenfalls im Ruf steht, langwierige und peinliche Kontrollen vorzunehmen. Diese Kulanz ist um so bemerkenswerter, als mein Paß mit verdächtigen Visen der Islamischen Republik Iran, des Irak, Afghanistans und Syriens vollgestempelt ist. Ein zusätzlicher positiver Eindruck stellt sich ein, als ich im Verbindungszug, im »air train« des Flugplatzes John F. Kennedy, als einziger Weißer des Waggons in eine abenteuerlich kostümierte Gruppe von Afroamerikanern der Hip-Hop-Generation gerate. Die jungen Leute sind mir spontan und höflich bei der Beförderung meines schweren Gepäcks behilflich. Das mag an meinem hohen Alter liegen, aber ich bezweifle, daß ich in Europa einen ähnlichen Vorzug genossen hätte.

Ein grauer, kühler Himmel hängt über New York. Ich lasse mich im Mietwagen durch die Metropole fahren, die mir dank eines halbjährigen Aufenthalts im Winter 1952 recht vertraut ist. Das erste Mal hatte ich hier im Sommer 1950, also vor 57 Jahren, meinen Fuß auf den Boden der Neuen Welt gesetzt. Meine Wahrnehmung der Monster-Siedlung am Hudson River hat sich seitdem gründlich verändert. Aus dem ausgepowerten, zerstörten Europa kommend, waren mir die Steinschluchten zwischen den Wolkenkratzern, die himmelstürmenden, babylonischen Türme des triumphierenden Kapitalismus wie eine faszinierende Wunderwelt, wie der grandiose Treffpunkt einer ganz anders gearteten menschlichen Gattung erschienen. Mich überkam damals das Erstaunen eines Provinzlers, der unversehens in eine Kapitale versetzt wird, die alle anderen Siedlungen buchstäblich in den Schatten stellt. Aber ich will mich nicht in Banalitäten verlieren und Dinge beschreiben, die inzwischen Millionen von Besuchern, Touristen, Geschäftsleuten aus der Alten Welt vertraut sind. Nur ein paar Eindrücke will ich punktuell festhalten, die sich von meinen früheren Beobachtungen unterscheiden.

Vor allem drängt es mich, die Verwüstungen zu besichtigen, die der mörderische Anschlag auf das World Trade Center am Schicksalstag Nine Eleven des Jahres 2001 angerichtet hat. Die Fahrt dorthin führt durch die Stadtteile Queens und Brooklyn. Mir fallen die ausgedehnten Areale der Friedhöfe auf, deren sich die hemmungslose Grundstücksspekulation noch nicht bemächtigt hat. Die weißen Grabsteine von Queens sind vielleicht die angemessene Einstimmung für den Besuch einer Stätte des Grauens, wo ein paar fanatische Gotteskrieger des Islam das Goldene Kalb der Neuzeit symbolisch zu zertrümmern glaubten. Liegt es am Schmuddelwetter? Die gigantischen Steilwände der City sind in eine Art grauen Trauerflor gehüllt, und auf den Menschen, die sich wie ein zielloser Strom von Insekten vor diesem surrealistischen Dekor bewegen, lastet das depressive Gefühl einer kollektiven Vereinsamung.

Seit Nine Eleven sind sechs Jahre verflossen. Wo einst die beiden Skyscraper des Welthandelszentrums ragten, dehnt sich heute eine leere, freudlose Fläche, die mit Holzplanken abgeschirmt und von ein paar Ordnungshütern bewacht wird. Über diesem Vakuum, das sehr banal wirkt und kein Gespür des Entsetzens aufkommen läßt, weht eine große amerikanische Flagge. Aber die ist in den USA ja überall anzutreffen. Ich bin überrascht, wie alltäglich sich dieser Schauplatz einer angeblich historischen Wende darbietet. Ein Abgrund tut sich hier nicht auf. Der Wiederaufbau, der theoretisch bis 2010 abgeschlossen sein soll, verzögert und verschleppt sich auf Grund juristischer Streitereien der Immobilienbesitzer und der Versicherungsgesellschaften. Über »ground zero«, wie dieser Ort treffend benannt ist, scheint weiterhin ein Fluch zu liegen.

Bei den Feuerwehrleuten, die am 11. September zu retten suchten, was zu retten war, aber auch bei den Arbeitern, die mit dem Aufräumen der Trümmer und des Mülls beschäftigt wurden, haben sich ernsthafte Gesundheitsschäden, Vergiftungssymptome durch Asbest und andere Schadstoffe eingestellt, die die Betroffenen auf unzureichenden Schutz durch Gasmasken und Spezialkleidung zurückführen. Ihre Klagen vor den zuständigen Gerichten haben bisher wenig Gehör gefunden. Michael Moore hat dieses Versagen der amerikanischen Behörden genutzt, um einen neuen anklagenden Film unter dem Namen »Sicko« zu produzieren, der auf dem diesjährigen Festival von Cannes präsentiert wurde. Es geht darin um die skandalösen Mißstände in der amerikanischen Krankenversorgung, aber vor allem um das Leiden eines Dutzends Verseuchungsopfer von »ground zero«, denen in Ermangelung adäquater Gesundheitsfürsorge durch die US-Behörden ausgerechnet auf Kuba, der Insel Fidel Castros, kostenfreie medizinische Betreuung und Pflege gewährt wird.

Manches Rätsel bleibt noch ungelöst angesichts der Präzision, mit der die arabischen Piloten zwei schwere Passagiermaschinen an ihrem Ziel zerschellen und explodieren ließen. Daß dieses Verbrechen, das ein hohes Maß an technischer Koordination und eine ganze Serie günstiger Zufälle voraussetzte, überhaupt reüssieren konnte, erschient weiterhin verwunderlich. Die Erwartung, daß die Katastrophe von »ground zero« nur der Auftakt einer ganzen Serie von apokalyptischen Heimsuchungen wäre, die über die USA hereinbrächen, hat sich nicht bestätigt. Der »dies irae« hat sich in den vergangenen Jahren nicht wiederholt, was nicht allein der erhöhten Wachsamkeit der amerikanischen Behörden zu verdanken ist. Daß weitere Anschläge bevorstehen – etwa eine radioaktive oder bakterielle Verseuchung –, die namenlose Panik in der Bevölkerung auslösen würden, ist nicht auszuschließen. Die zuständigen Sicherheitsdienste, deren Überwachungsmethoden sich ständig perfektionieren, gestehen ihr Unvermögen ein, eventuelle Verschwörungsnetze zu orten und die Psychologie der potentiellen Racheengel eines pervertierten »Jihad« zu begreifen, die sich der westlichen Rationalität verweigert.

Bemerkenswert ist ebenfalls die exakte Durchführung dieser Selbstmordmission. Unter dem Anprall der beiden Flugzeuge sind die monumentalen Wolkenkratzer beinahe senkrecht in sich zusammengesackt, wie das bei der sorgfältig vorbereiteten Sprengung eines abbruchreifen Hochhauses geschähe. Die Umgebung blieb weitgehend verschont. So fällt mir in unmittelbarer Nachbarschaft des zerstörten Business-Kolosses das unversehrte, neugotische Gemäuer von Saint Paul's Chapel auf, das mitsamt dem idyllisch wirkenden Friedhof nicht den geringsten Schaden erlitten hat. Früher spottete man über die winzigen, ja niedlichen Ausmaße der New Yorker Gotteshäuser, die durch die hoch aufgeschossenen Betonklötze der Großbanken und anderer Tempel hemmungsloser Profitsucht schier erdrückt wurden. Selbst die Saint Patrick-Kathedrale an der Fifth Avenue wurde auf die Dimension eines Riesenspielzeuges reduziert. Doch heute geht von diesen bescheidenen Kirchen und Kapellen eine seltsame Weihe, eine Botschaft des

Trostes aus. Die Kathedralen sind gewissermaßen zu Tabernakeln geschrumpft, wo das Allerheiligste einer neu erwachten Frömmigkeit überlebt, wo der zunehmenden seelischen Ratlosigkeit und der Einsamkeit des Einzelnen ein Ort der Zuflucht erhalten bleibt.

*

Mein Fahrer, der nach Aussehen und Akzent zu urteilen dem indischen Subkontinent entstammt, meidet auf unserer stundenlangen Rundfahrt – aus welchem Grund auch immer – die Fifth Avenue, in deren Boutiquen sich der Luxus der ganzen Welt entfaltet. Auch die Appartment-Burgen der Reichen und Schönen am Central Park und die neuen Nobelviertel der East-Side läßt er links liegen. So rollen wir endlos über den Broadway und die Avenue of the Americas, bleiben im Stau der numerierten Seitenstraßen stecken. Immerhin hat er mich auf der Hinfahrt an einen Aussichtspunkt gesteuert, wo sich das vertraute Bild der Battery und das immer noch verheißungsvolle Symbol der Freiheitsstatue vom bleiernen Firmament abhebt.

Ich bin sicher, daß New York weiterhin eine der erstaunlichsten Schöpfungen des menschlichen Genius bleibt, so wie ich das empfand, als ich im Winter 1952 ein halbes Jahr am Madison Square Garden in einer sehr bescheidenen Bleibe untergekommen war. Aber einiges von diesem Glorienschein ist verblaßt. So einzigartig und originell sind die Trutzburgen des Kapitalismus nicht mehr, an deren Spitze sich nach der Vernichtung des World Trade Centers wieder das Empire State Building behauptet. Zwar hat Bürgermeister Rudolph Giuliani die Kriminalität drastisch reduziert und den Einwohnern ein Maß an Sicherheit verschafft, auf das niemand mehr zu hoffen wagte. Man denke nur an die Horrorfilme, die eine von der Außenwelt hermetisch abgeschottete Insel Manhattan vorführten. Extravagante Gangs lieferten sich dort blutrünstige Schlachten, und brutale Gewalt setzte jedes Gesetz außer Kraft. Natürlich blüht weiterhin das Drogengeschäft, und die Prostitution ist von ihrem früheren Paradeplatz der 42nd Street in diskretere Winkel abgedrängt. Aber die Metropole am Hudson River hat sich, wie manche Alteingesessene meinen, einer überbetonten, wenn auch ziemlich heuchlerischen Sittlichkeit verschrieben. So knüpft das extrem rigorose Rauchverbot bereits an jene »Prohibition« der zwanziger Jahre an, die den Verkauf und Genuß von Alkohol unter strenge Strafen stellte, aber eine höchst einträgliche Kriminalität der »bootlegger« begünstigte. New York sei langweilig geworden, so lautet die Klage der hier einst zahlreich vertretenen Lebenskünstler.

Vor allem hat die Megapolis ihre Einmaligkeit eingebüßt. Sie hatte einst die Skyscraper und die protzige Skyline erfunden. Seitdem hat das Modell zahlreiche Nachahmer gefunden bis in das Bankenviertel von Frankfurt am Main. Die höchsten Büro- und Wohntürme der Welt werden zur Zeit mit einem Aufwand von Gold und Marmor sondergleichen in den Wüstensand der Golf-Emirate und weit in das Wasser des Persischen Golfs hineingerammt. Dort wird in skandalöser Verschwendungssucht eine Rekordstruktur von 701 Metern Höhe von Angehörigen der Sippe Osama Bin Ladens in den Himmel getrieben. Sogar die malaisische Hauptstadt Kuala Lumpur beteiligt sich an diesem Wettbewerb und hat mit ihren Petronas-Towers von 452 Metern eine Weile vorne gelegen.

Der wirklich ernst zu nehmende, bedrohliche Rivale New Yorks reckt sich jedoch am Ufer des Flüßchens Wangpo im Mündungsgebiet des Jangtsekiang. Die Handelsmetropole Shanghai imponierte einst mit ihrer Wasserfront des »Bund«, die im kolonialen Jugendstil entstanden war. Heute erscheinen diese Relikte der »Internationalen Konzessionen« zwergenhaft, werden erdrückt durch den Surrealismus des Oriental Pearl Tower und des im Pagodenstil gipfelnden Jin-Mao. Demnächst soll Pudong noch durch ein Weltfinanzzentrum von knapp 500 Meter Höhe gekrönt werden. Mit ihren schwindelerregenden Stahl- und Glaskolossen hat dort die Volksrepublik China – selbst auf die Gefahr hin, gegen die konfuzianische Grundregel der Harmonie zwischen Himmel und Erde zu verstoßen – zum konkurrentiellen Überholungssprung gegen

Manhattan ausgeholt. Die Architekten Chinas gehen in ihrem urbanistischen Größenwahn jedoch nicht so weit, daß sie die geomantischen Gesetze chinesischer Baukunst verletzen und die Ruhe der wundertätigen Drachen stören würden, die trotz Mao Zedong und Kulturrevolution weiterhin im Untergrund dieses zu beispielloser Dynamik erwachten Imperiums schlummern. Seit sogar in Kasachstan die Monstergebäude der neuen Hauptstadt Astana aus dem spröden Steppenboden wachsen, ist die Skyline von New York eben nur noch eine unter vielen.

Am Times Square habe ich das Auto verlassen und bin zu Fuß weitergeschlendert. Dieser berühmte Knotenpunkt am Broadway hat viel von seiner berauschenden Dynamik verloren. Am meisten vermisse ich den riesigen Indianerkopf, der weit aus der Häuserfront herausragte und aus dessen unförmiger Pfeife stets der Tabakrauch eines kommerziellen »Kalumet« hervorquoll. Wer würde es heute schon wagen, eine solch obszöne Reklame für den krebsfördernden Tabakkonsum auszustellen, so spektakulär für das Laster des Rauchens zu werben? Aber auch in anderer Hinsicht ist es schäbiger geworden am Times Square. Das zentrale, schmale Gebäude, das dem Platz wohl seinen Namen verlieh, ist durch eine grauenhafte Reklametafel von oben bis unten verstellt. Ob sich hier überhaupt Journalisten treffen, wie das früher der Fall war?

Das Gemisch der Rassen ist noch vielfältiger geworden. Die Amerikaner rein europäischen Ursprungs wurden längst in die Minderheit gedrängt. Daran können die traditionellen Ballungszentren von Italienern, Iren, Polen oder Juden nichts mehr ändern. Das schwarze Bevölkerungselement hat offenbar stark zugenommen. Die Zahl der »Latinos«, der »Hispanics« – wie man die spanisch sprechenden Menschen unterschiedlichster ethnischer Herkunft bezeichnet –, war an der Westside dank der frei einwandernden Puertoricaner schon immer beachtlich. Jetzt hat sie sich prozentual massiv gesteigert.

Die wirkliche Überraschung erwartet mich jedoch, eine Meile entfernt, in Chinatown im Umkreis der Bowery. »Es gibt inzwischen vier expandierende Chinesenviertel in New York«, hatte mich der dunkelhäutige Fahrer belehrt; »wenn sie sich weiter vermehren, bilden sie demnächst mit den Juden den stärksten Anteil der Einwohnerschaft unserer Stadt.« Das war natürlich eine glatte Übertreibung, aber ich bin doch zutiefst verblüfft, als ich mich im weiteren Umfeld von Mott-Street in eine einheitliche asiatische Umwelt versetzt sehe. Das selbstbewußte Auftreten der Chinesen verdrängt die Erinnerung, daß ihre Vorfahren zur Zeit der Erschließung des Westens als erbärmlich entlohnte Schwellenarbeiter beim Bau der großen Eisenbahnstrecken zum Pazifik fast zu Tode geschunden wurden. Ihre Großeltern hatten – von der weißen »Herrenrasse« mißachtet – den mühsamen sozialen Aufstieg als bescheidene Betreiber von Wäschereien und Eßlokalen begonnen. Diese Zeiten sind längst vorüber. In New York und mehr noch an der Pazifikküste hat sich ein spezifisch chinesischer Kapitalismus entfaltet, eine in sich geschlossene Geschäftswelt, deren undurchdringliche Strukturen oft unter der Aufsicht traditioneller Geheimgesellschaften, der »Triaden«, operieren. Die besten Absolventen an den Spitzenuniversitäten in den USA kommen aus China oder Indien. Im Gegensatz zu einst kehren die meisten Elitestudenten aus der Volksrepublik, mit hohem technischem Wissen ausgestattet, in ihr Mutterland zurück.

Die Straßen in Chinatown waren schon immer neben lateinischen Beschriftungen mit chinesischen Ideogrammen kenntlich gemacht. Heute fällt diese Exotik stärker ins Auge. Das gilt auch für die beiden Bronzedenkmäler, die irgendwelche hohe Mandarine oder Dichter in fernöstlicher Tracht darstellen. Ein mehrstöckiges Gebäude weist sich auf Englisch und Chinesisch als »Buddhistischer Mahayana-Tempel« aus. Schon seit der legendären »Reise nach Westen«, die der fromme Mönch Xuanzang in Begleitung des »Goldaffens« unternahm, hatte sich die buddhistische Lehre des »Großen Fahrzeugs«, die eine Vielzahl synkretistischer Abweichungen erlaubt, als Volksreligion im ansonsten streng konfuzianisch ausgerichteten Reich der Mitte etabliert. Die Proportionen der Chinatown von New York haben sich gründlich verschoben seit den fernen Tagen, da ich hier als Tourist nach exotischen Kuriositäten suchte. Heute fühlt man sich als Weißer fast wie ein Eindringling innerhalb der kompakten gelben Menschenmasse.

Mögen die übrigen Rassen und fremden Einwanderergruppen bei aller Unterschiedlichkeit und trotz der oft noch gesonderten Wohngegenden ein spontanes Bekenntnis zum amerikanischen Patriotismus ablegen, die Stars and Stripes hissen und einen unbändigen Stolz empfinden, »US-Citizens« zu sein. Die Einwanderer aus dem Reich der Mitte bleiben sich der Einzigartigkeit ihrer Kultur und der eigenen Bräuche auf herausfordernde Weise bewußt. Hier haben sich, über den ganzen nordamerikanischen Kontinent verstreut, kompakte Gemeinschaften gebildet, die gewiß den »American way of life« akzeptieren, aber neuerdings eine Attitüde zur Schau tragen, die sich weder mit der Wunschvorstellung des »melting pot«, des Schmelztiegels, auf Dauer vereinbaren läßt, noch mit der Formel des »salad bowl«, der Salatschüssel, wie man die gelungene Integration inzwischen bescheidener umschreibt.

Die europäischen China-Experten haben jenseits des Pazifik in der Volksrepublik eine wachsende Amerikanisierung konstatiert, auf die Anziehungskraft von Coca Cola, McDonald's, Blue Jeans und bei den Karaoke-Veranstaltungen auf die Beliebtheit amerikanischer Songs verwiesen. Die demographische Expansion, die kommerzielle Dynamik verlagern sich jedoch eindeutig nach Asien. Da werden die China-Viertel in den USA bereits zu Vorposten chinesischer Tüchtigkeit, ja, chinesischer Macht. Stimmt die Behauptung, die wirkliche Loyalität dieser sich mysteriös vermehrenden Bevölkerungsgruppe gelte in erster Linie immer noch dem fernen Imperium ihrer Ahnen? Jedenfalls weiten sich die Chinatowns zu wirtschaftlichen Einflußzonen aus. Der Erwerb von Immobilien durch Sino-Amerikaner hat mächtig um sich gegriffen. Ihre undurchdringliche Sippensolidarität, die alle Einwanderungsbeschränkungen zu überwinden scheint, verfügt vor allem in Kanada mit Schwerpunkt Vancouver über ein weit geöffnetes Einfallstor. Da findet angeblich eine territoriale Verselbständigung statt, wie sie keine andere Nationalität beanspruchen kann und möchte. Sollte es eines Tages wirklich zur fatalen Kraftprobe zwischen den beiden Giganten auf den entgegengesetzten Ufern des Pazifischen Ozeans kommen, so fürchten manche Panikmacher bereits, stände Peking im Herzen der USA – von Los Angeles bis Boston – eine fünfte Kolonne zur Verfügung, von der die islamistischen Terrorgruppen weit entfernt sind.

Unabhängig von dieser imaginären Extremsituation ist eine Tatsache unbestritten: Fast alles, was der US-Bürger zur Deckung seiner täglichen Bedürfnisse und seines Konsums bedarf, trägt inzwischen das Label »made in China«. Noch sind es überwiegend Billigprodukte von bescheidener Qualität, die in den zahllosen Ramschläden »from coast to coast«, aber auch in den gigantischen Malls angeboten werden. Wenn es sich hingegen um exklusive Produkte der Luxusbranche handelt, ist das Ursprungsland meist in Westeuropa zu suchen. Das beklemmende Außenhandelsdefizit der USA im Austausch mit der Volksrepublik ist Gegenstand unzähliger Kommentare.

Mir drängt sich dabei ein Gespräch auf, das ich erst vor einem Jahr mit zwei hohen chinesischen Beamten und guten Bekannten aus Bonner Tagen in einem Pekinger Restaurant führte. China hatte gerade einen für die amerikanische Firma Boeing überaus günstigen Vertrag über den Kauf einer ganzen Flotte von Passagierflugzeugen abgeschlossen. »Warum ziehen Sie das US-Angebot vor und geben der europäischen Airbus-Produktion, die durchaus gleichwertig ist, keine faire Chance?«, hatte ich gefragt. Die Antwort war aufschlußreich: »Sie wissen doch, wie immens hoch das Ungleichgewicht der Handelsbilanz zu unseren Gunsten ist. Wir sitzen auf einem Hort von Währungsreserven in Höhe von einer Billion Dollar, in Amerika würde man von einer Trillion Dollar sprechen. Aber was haben die Amerikaner uns schon anzubieten, das wir nicht ebenso gut und viel preiswerter herstellen – mit Ausnahme natürlich der Erzeugnisse der Hochtechnologie, die auf der Embargoliste stehen? Wir kaufen Boeing, weil uns die USA mit nichts anderem beliefern können, und versuchen, auf diese Weise eine bescheidene Kompensation zu leisten.«

»Great little man from Missouri«

Am gleichen Abend bin ich zum Times Square zurückgekehrt. Wie ein Einheimischer habe ich mich an die Theke eines Fast-Food-Restaurants gesetzt. Zur Coca Cola bestelle ich einen Hamburger mit »french fries«. Der Ausdruck »freedom fries«, den ein Washingtoner Senator als Zeichen des Vorwurfs gegen die perfiden Franzosen einführen wollte, um sich für deren Weigerung, am Irak-Krieg teilzunehmen, zu rächen, ist inzwischen der Lächerlichkeit anheimgefallen. Aufs Geratewohl beginne ich mit meinen Nachbarn am Tresen ein Gespräch über die Lage in Bagdad. Die Forderung nach schleunigem Abzug aus dem Irak überwiegt bei weitem. Aber diese Akzeptanz der Niederlage klingt ebenso muffig und resigniert wie die seltenen Versicherungen, man könne immer noch einen Sieg in Mesopotamien erringen.

Im Sommer 1950 hatte ich auf ähnliche Weise mit Zufallsbegegnungen während der endlosen Reise mit dem Greyhound-Bus von New York nach Chicago Sondierungen über den eben ausgebrochenen Koreakrieg vorgenommen. Eine Woche zuvor war der nordkoreanische Diktator Kim Il Sung mit dem Segen Stalins zum Angriff gegen die südliche Republik von Seoul angetreten, die unter dem vagen Schutz Amerikas stand. Die Medien aller Welt berichteten über das rasante Vordringen der Nordkoreaner auf das letzte, inzwischen durch amerikanische Marines verstärkte Bollwerk des Widerstandes in Pusan am äußersten Rand der Halbinsel.

1950 war ich beeindruckt von der trotzigen Gelassenheit, die meine Mitreisenden nach Illinois zur Schau trugen. Es waren ja erst fünf Jahre vergangen, seit die USA nach der Niederwerfung des Großdeutschen Reiches auch das kriegerische Inselimperium Japan in die Knie gezwungen hatten. Die amerikanischen Soldaten hatten sich mit bemerkenswerter Bravour geschlagen. Mit ihrer ungeheuerlichen industriellen Leistungsfähigkeit hatte die Neue Welt für ihre Kämpfer Myriaden von Bomberstaffeln und zahllose »Liberty Ships« gewissermaßen aus dem Hut gezaubert. Die Atombomben von Hiroshima und Nagasaki bildeten den dröhnenden Schlußakkord, den furchterregenden Gongschlag, der diesem weltumspannenden Siegeszug ein abruptes und aus damaliger Sicht erlösendes Ende setzte. Sofort fand ein unglaublicher Umschwung statt.

In Europa, in Westdeutschland zumal, wo die GIs als tolerante, mit allen Gütern der Erde gesegnete Besatzer auftraten, wurde die pro-amerikanische Gesamtstimmung durch ein Gefühl der Dankbarkeit gestärkt. Durch die bewaffnete US-Präsenz war man vor dem Vorrücken der Roten Armee und den Schrecken des Stalinismus bewahrt worden. Da mochten die Kabarettisten zwischen Hamburg und München ihr Lied anstimmen: »Wir sind die Eingeborenen von Trizonesien«, in Wirklichkeit war man heilfroh, überhaupt davongekommen zu sein. Ein Glücksgefühl des Überlebens unter den Fittichen eines neuen Hegemon aus Übersee machte sich breit, gepaart mit einem geradezu frenetischen Willen zum Wiederaufbau, von dem sich die heutige Generation gar keine Vorstellung machen kann.

Für Japan, das 1945 die erste fürchterliche Niederlage seiner langen Geschichte erlitt, wirkte sich das geschmeidige Taktieren des Tenno segensreich für das zutiefst verstörte Inselvolk aus. General MacArthur, der Triumphator des Pazifik-Krieges, besaß die politische Klugheit, die Institution des Chrysanthementhrons beizubehalten, obwohl Kaiser Hirohito ein gerüttelt Maß Verantwortung für die herrische Aggressivität Nippons getragen hatte. Die Autorität des Tenno, das hatte der »Shogun« MacArthur erkannt, war allein in der Lage, den besiegten und verzweifelten Samurai ein neues gesellschaftliches Ziel zu setzen. Ohne die zügige Entfaltung einer sensationellen wirtschaftlichen Umorientierung wäre Japan möglicherweise ins Chaos abgeglitten. Seinen weiblichen Untertanen gab der Kaiser sogar die diskrete Weisung, sich den barbarischen Eroberern mit allen verfügbaren Reizen zu widmen und dort eine hautnahe Verbindung zu knüpfen zwischen zwei Kulturkreisen, wie sie konträrer nicht sein konnten.

Nur fünf Jahre waren seit diesem glorreichen Höhepunkt amerikanischer Machtentfaltung und amerikanischen Heldentums verflossen, und schon wieder sahen sich die GIs im Sommer 1950 gezwungen, gegen eine neue asiatische Herausforderung Front zu machen. Harry S. Truman, der als Vizepräsident völlig unvorbereitet die Nachfolge des legendären und plötzlich verstorbenen Franklin Delano Roosevelt antrat, erteilte den Befehl, die koreanische Halbinsel um keinen Preis dem kommunistischen Aggressor zu überlassen.

In jenem dramatischen Sommer 1950 habe ich die bravouröse Kampfbereitschaft bewundert, mit der die amerikanischen Streitkräfte – gestützt auf die breite Zustimmung des Volkes und der Medien – sich einem neuen Waffengang stellten, dessen globale Proportion damals noch gar nicht zu erkennen war. Die schöne Friedenshoffnung von 1945 war allzu schnell verflogen. Schon ging in Washington die düstere Ahnung um, das bezwungene Japan sei in Fernost durch einen Gegner ganz anderen Formats, durch den zum Kommunismus bekehrten Koloß China, abgelöst worden.

Im Korea-Feldzug schlug die Stunde des Ersatzpräsidenten Harry S. Truman. Die Nachbarn meiner Schwester in ihren kleinen Villen von Edina, einer Suburb von Minneapolis, hatten keine hohe Meinung von diesem »Krawattenhändler« aus Missouri, der ihrem konservativen Temperament so gar nicht zusagte. Aber wenn ich auf meine ersten Erfahrungen mit dem politischen Leben in den USA zurückblicke, erscheint mir Truman – rein äußerlich betrachtet der typische »Babbitt« – als eine der großen Persönlichkeiten des 20. Jahrhunderts.

Über Roosevelt, als dessen Vize er unauffällig amtiert hatte und von dem er wohl wegen seiner vermuteten Bedeutungslosigkeit berufen worden war, hatte ich im fernen Europa sehr widersprüchliche Beurteilungen vernommen. In unsren Seminaren über Zeitgeschichte an der Pariser Fondation des Sciences Politiques genoß dieser Sproß einer der ältesten holländischen Gründerfamilien der

Ostküste – die Nazis hatten sich mit ihrer Zwangsvorstellung »Sind die Roosevelts Juden?« lächerlich gemacht – vor allem als Künder des New Deal hohes Ansehen. Mit der Hinwendung zum »deficit spending« der Keynes-Schule und zu einer Form des staatlichen Dirigismus, dessen spektakulärste Verwirklichung die »Tennessee Valley Authority« war, hatte er die USA aus ihrer fürchterlichen Wirtschaftsdepression nach dem schwarzen Börsen-Freitag von 1929 mühsam herausgeführt. Bei seinem Vorgänger Hoover hatte es noch – ungeachtet der ansteigenden Flut von Bankrott, Arbeitslosigkeit und nacktem Elend – hartnäckig gelautet: »Business as usual; prosperty is around the corner – Macht eure Geschäfte wie üblich, der Wohlstand wartet gleich um die Ecke.«

Was die außenpolitische, die wirklich historische Bedeutung Roosevelts betraf, so war man in unserem Institut für politische Wissenschaft in der Rue Saint-Guillaume bereits geteilter Meinung. Zweifellos war es Roosevelt, der den Nationalsozialisten mit instinktivem Widerwillen und Verachtung begegnete, zu verdanken, daß die US-Navy schon ein Jahr vor der Kriegserklärung, die Deutschland aussprach, auf Seiten der britischen Atlantik-Konvois aktiv wurde. Der Überfall der Japaner auf Pearl Harbour verschaffte ihm die ersehnte Gelegenheit, mit diesem bedrohlichen Imperium abzurechnen, das seinen Führungsanspruch über ganz Ostasien anmeldete. Gegenüber Josef Stalin jedoch, den er als »Uncle Joe« völlig falsch einschätzte, legte Roosevelt, vor allem in der letzten Phase seiner Präsidentschaft, als er physisch und mental geschwächt war, eine unbegreifliche Nachsicht an den Tag und ließ sich auch durch Winston Churchill nicht umstimmen.

Von den Franzosen hielt Roosevelt überhaupt nichts. Den General de Gaulle verspottete er als eine Wiedergeburt der Jungfrau von Orléans und versuchte ihn durch den unbedarften General Giraud aus der sich anbahnenden Neugründung der französischen Republik herauszuhalten. Nach Kriegsende hätte er die Entsendung eines französischen Expeditionskorps nach Indochina im Namen seines vehementen Antikolonialismus wohl zu verhindern gewußt. Aber auch die Deutschen hätten von diesem kränkelnden

Staatschef nichts Gutes zu erwarten gehabt. Auf dem Boden des zertrümmerten Dritten Reichs wäre es zumindest zeitweise zu einer Koordinierung der amerikanischen und sowjetischen Besatzungspolitik gekommen. Der Morgenthau-Plan, die beabsichtigte Umwandlung Deutschlands in ein Agrarland, war damals noch nicht ad acta gelegt. Harry S. Truman hingegen, der während der Konferenz von Potsdam den Platz seines überragenden Vorgängers einnahm, machte sich von Anfang an keine Illusionen über den brutalen Expansionswillen des Kreml.

Mir bleibt aus der letzten Phase des Zweiten Weltkrieges in Erinnerung, daß die Nazi-Propaganda der schwer geprüften deutschen Bevölkerung weismachen wollte, das plötzliche Ableben des eingefleischten Hitler-Gegners im Weißen Haus sei mit dem Tod der Zarin Elisabeth II. von Rußland zu vergleichen, die den endgültigen Sieg über das Preußen Friedrichs II. schon in Händen hielt. Da wurde sie vom Tod hingerafft. Den Thron von Sankt Petersburg bestieg ein schwächlicher Nachfolger, dessen Bewunderung für den »Alten Fritz« und den soldatischen Drill von Potsdam keine Grenzen kannte. Seine in Preußen eingefallenen Kosaken kommandierte er über die Grenze zurück. Das Hoffen der deutschen Nationalsozialisten auf eine Wiederholung dieses »Wunders des Hauses Brandenburg« war ein verzweifeltes Hirngespinst.

*

Die deutschen Fremdenlegionäre, die im Winter 1950 in Marseille einschifften, um vier Wochen später in Indochina an Land zu gehen, gaben sich teilweise der naiven Vorstellung hin, ihr wirkliches Ziel sei nicht Saigon, sondern Wladiwostok. Washington habe erkannt, daß man der bolschewistischen Gefahr im Verbund mit den Westeuropäern, vor allem unter Beteiligung kriegserprobter Soldaten von Wehrmacht und Waffen-SS, durch eine Zangenbewegung begegnen müsse. Das war reine Phantasterei. Doch sehr bald sollte Harry S. Truman, der in seinem früheren Leben nicht nur Konfektionsware in Kansas City verkauft, sondern auch als Hauptmann der Artillerie im Ersten Weltkrieg gedient hatte, jene grandiosen Entscheidungen treffen, die Amerika und Westeuropa zusammenschweißen würden. Es entstand der Marshallplan für den wirtschaftlichen Wiederaufbau des alten Kontinents. Der Atlantikpakt schlug eine stählerne Brücke über den Ozean und enthielt bereits »in nuce« die Wiederaufrüstung der Bundesrepublik Deutschland. In jenen Nachkriegsjahren förderte Washington mit viel Takt und Klugheit die Versöhnung der europäischen Völker, insbesondere der Deutschen und der Franzosen. Amerika genoß als wohlwollender Hegemon die breite Sympathie der Massen zwischen Rhein und Elbe. Angesichts der bedrohlichen Präsenz sowjetischer Stoßarmeen im Raum von Magdeburg und am Fulda-Gap besaßen die Westdeutschen überhaupt keine Alternative. Sie suchten Schutz unter den mächtigen Schwingen des amerikanischen Adlers. Diese bereitwillige und heilsame Unterordnung wirkt im Unterbewußtsein Germaniens bis heute fort. Winston Churchill seinerseits fand sich in seiner grimmigen Beurteilung der Deutschen bestätigt: »Either you have them at your feet or at your throat – Entweder sie liegen euch zu Füßen oder sie gehen euch an die Gurgel.« Aber gerade dieser Nachkomme des Herzogs von Marlborough hatte als erster in einer sensationellen Rede den Ausdruck »Eiserner Vorhang« geprägt und einen kontinentalen Zusammenschluß Europas angeregt, von dem er das atlantisch orientierte Albion wohlweislich ausnahm.

Vielleicht beschäftigen wir uns heute über Gebühr mit der Rolle des US-Präsidenten George W. Bush im Zusammenhang mit einem durch ihn beschleunigten Niedergang der globalen Bedeutung Amerikas. Wir sollten jedoch festhalten, daß – jenseits aller soziologischen und makroökonomischen Wandlungen, die so vielen modernen Denkschulen zufolge den Gang der Geschichte bestimmen – herausragende Persönlichkeiten, ob es sich nun um Heilsfiguren oder um Ausgeburten des Grauens handelt, entscheidende Wirkung ausgeübt haben. Sehen wir einmal von der Wiederholung ausgelaugter Betrachtungen über die Monstererscheinungen Hitler und Stalin ab. Wie hätte Großbritannien reagiert, wenn anstelle Winston Churchills ein Befürworter des »appeasement«, der Beschwichtigung, als Prime Minister im Amt gewesen wäre? Vielleicht hätte er dem Dritten Reich einen Kompromißfrieden konzediert, nachdem Hitler als Geste seines guten Willens dem britischen Expeditionskorps im Kessel von Dünkirchen erlaubt hatte, unter geringen Verlusten die Küsten Englands zu erreichen. Die Anglophilen waren ja stark vertreten in der engsten Umgebung des »Führers«. Er selbst hatte irgendwo in »Mein Kampf« vermerkt, daß er lieber noch die Briten als Kolonialmacht über Indien herrschen sehe als irgend jemand sonst.

Wie wäre der Zweite Weltkrieg verlaufen, wenn anstelle Roosevelts, der schon vor Beginn der offiziellen US-Teilnahme auf einem Schlachtschiff im Atlantik an der Seite Churchills das Lied anstimmte: »Onward christian soldiers!«, ein zur Neutralität neigender Präsident im Weißen Haus regiert hätte? Angesichts der desaströsen Entwicklung in Europa hätten unter einem anderen Staatschef die populären Thesen des Isolationismus in den USA zum Zuge kommen können. Zu diesem Thema hatte ich im August 1950 bei meiner ersten großen Auslandsreportage in Amerika folgende Meinung in einem Zeitungsartikel vertreten: »Der Zusammenbruch der isolationistischen Strömungen in den USA, die im Mittelwesten besonders tief wurzelten, war nicht etwa die Folge einer neuen außenpolitischen Reife, sondern das Resultat der großen Wirtschaftskrise zu Beginn der dreißiger Jahre. Der letzte Farmer in Wisconsin begriff allmählich, daß der Absatz seiner Ernte von der weltweiten Konjunktur abhängig war. So wie die landwirtschaftliche und industrielle Überproduktion Amerika im Innern den Weg eines gemäßigten Dirigismus – siehe New Deal – und eine tastende Umverteilung des Volksvermögens wies, schrieb sie der amerikanischen Außenpolitik einen expansiven Aktivismus vor.«

Verweilen wir noch ein wenig bei Harry S. Truman. Nach der Aggression des kommunistischen Diktators Kim Il Sung hatte er den Fehdehandschuh ohne Zögern aufgenommen und die US-Marines in das Hafen-Réduit von Pusan geschickt. Unter dem Befehl MacArthurs setzte sich eine vernichtende amerikanische Gegenoffensive in Gang, die die nordkoreanischen Divisionen durch ihre materielle Überlegenheit erdrückte, ja weitgehend auslöschte. Ich weiß nicht mehr, ob es in jenen kritischen Tagen war, als ich einen Auftritt Harry S. Trumans persönlich beobachten konnte. Es war irgendeine Kundgebung der Demokratischen Partei, die im New Yorker Stadtteil Harlem stattfand. Das Publikum war ausschließlich schwarz. Auf der Rednertribüne hätte man den schmächtigen Präsidenten mit der randlosen Brille und dem breitkrempigen Hut, wie man ihn im Mittelwesten trug, für einen Büroangestellten halten können. Etwas Spießerhaftes hat ihm stets angehaftet, und er hat sich nicht dagegen gewehrt. Doch als er jetzt zu sprechen begann, trat seine wahre Natur zutage. Dieser unscheinbare, kleine Mann war ein Kämpfer. Er verstand es sehr wohl, auf seine fremdrassige Zuhörerschaft einzugehen, sie zu erheitern und seine innenpolitischen Gegner mit hartem Biß zu verwunden.

Die wirkliche Bewährung als Staatsmann erbrachte Truman auf dem Höhepunkt des Korea-Konflikts. General MacArthur hatte wieder einmal seine strategischen Gaben bewiesen, als er im Rücken der geschwächten Nordkoreaner bei Inchon ein kühnes Landungs- und Umzingelungsmanöver durchführte. Jetzt war für die amerikanischen Divisionen, die inzwischen massiv verstärkt und durch eine weltweit gefächerte Koalition unter der blauen Fahne der Vereinten Nationen unterstützt wurde, die Bahn frei für die Rückeroberung der südkoreanischen Hauptstadt Seoul sowie für den weiteren Vormarsch nach Norden. Die Besetzung der total zerstörten kommunistischen Kapitale Pjöngjang war nur eine Etappe beim Vordringen der US-Army in Richtung auf den Yalu-Fluß, das heißt auf die Grenze der roten Volksrepublik China. Diese war erst ein Jahr zuvor von Mao Zedong auf dem Platz des Himmlischen Friedens in Peking feierlich ausgerufen worden.

Es geschah, womit niemand gerechnet hatte. Das schlecht bewaffnete Massenheer der sogenannten chinesischen »Freiwilligen« stürmte bei klirrendem Frost im Winter 1950 mit seinen »human waves« zum Gegenangriff vor. Es gelang der menschlichen Flutwelle unter furchtbaren eigenen Verlusten, die amerikanische Infanterie weit nach Süden zurückzuwerfen, vorübergehend sogar

Auf seiner Farm in Texas sucht George W. Bush nicht nur körperliche Entspannung, er glaubt dort auch die göttliche Inspiration für sein Handeln zu finden.

Das einzig nennenswerte Gebäude in Crawford ist ein Souvenirshop, in dem der Präsident seiner immer noch zahlreichen Anhängerschaft als sprechende Puppe angeboten wird. Das Produkt ist Made in China.

COASTING.
The old horse was too slow for Uncle Sam.

Schon zur Zeit des Präsidenten Theodore Roosevelt (1901–09) machten die Karikaturisten auf die weltumspannenden imperialen Absichten der Vereinigten Staaten von Amerika aufmerksam.

Als General Douglas McArthur in Korea auf das chinesische Massenheer Mao Zedongs stieß und die eben gegründete Volksrepublik China mit Atombomben niederringen wollte, stellte sich Präsident Truman diesem Vorhaben mit einer Energie entgegen, die ihm niemand zugetraut hätte.

Der religiöse Fundamentalismus war im sogenannten Bible Belt der USA stets eine beachtliche politische Kraft. Er hat in den vergangenen Jahren noch an Bedeutung gewonnen. In den Megachurches feiern die Gläubigen ihre patriotische Frömmigkeit.

Auf 13 Millionen illegale Fremdarbeiter werden die in den USA lebenden Mexikaner geschätzt. Sie bekennen sich zu ihrem neuen Vaterland, aber die ursprüngliche ethnisch-konfessionelle Substanz der Vereinigten Staaten könnte dabei verloren gehen.

Die territoriale Expansion der USA hat sich im 19. Jahrhundert weitgehend auf Kosten Mexikos vollzogen.

Die Revolutionäre und Landreformer Zapata und Pancho Villa werden in Mexiko weiterhin als Helden nationaler Emanzipation – auch von den USA – verehrt.

THE CHINESE AT SAN FRANCISCO.

Als armselige und ausgebeutete Kulis wurden die Chinesen im 19. Jahrhundert in den USA rekrutiert. Sie arbeiteten vor allem als Schwellenleger für die transkontinentale Eisenbahn.

Aus verachteten Exoten haben sich die in Amerika lebenden Chinesen zu einer selbstbewußten und wohlhabenden Gemeinde entwickelt. Die Chinatown von New York dehnt sich ständig aus.

Zumindest in der Karikatur der »International Herald Tribune« begegnen sich Wladimir Putin und Condoleezza Rice bereits als gleichberechtigte Rivalen.

Seoul einzunehmen. Erst südlich des 38. Breitengrades wurde der überstürzte Rückzug unter Aufwand aller verfügbaren Kräfte und durch intensiven Abwurf von Napalm zum Stehen gebracht. In dieser regionalen Schlachtenfolge erkannte Douglas MacArthur offenbar die Chance, das Rad der Geschichte zurückzudrehen. Für ihn ging es nicht mehr um die Halbinsel Korea oder um die Wiederherstellung des territorialen Status quo ante. Er verfügte jetzt über ein Argument, den bisher geographisch begrenzten Waffengang zu einer gigantischen Aktion gegen die Volksrepublik von Peking auszuweiten. Der amerikanische Oberbefehlshaber in Fernost war gewillt, den fatalen Rückschlag wettzumachen, den die USA erlitten hatten, als die national-chinesischen Streitkräfte des mit Washington verbündeten Marschal Tschiang Kai-schek mitsamt dessen Kuomintang-Regime durch die Volksbefreiungsarmee Mao Zedongs aufgerieben und vom Kontinent verjagt wurden. Mit Atombomben sollte das Reich der Mitte, das sich dem Marxismus-Leninismus verschrieben hatte, zur Räson gebracht werden. Tschiang Kai-schek, der mit den Trümmern seiner Armeen auf Taiwan Zuflucht gefunden hatte, würde weiter südlich zur Rückeroberung des Festlandes antreten.

Zu jener Zeit gingen die amerikanischen Diplomaten wie auch die außenpolitischen Experten in den europäischen Hauptstädten davon aus, daß zwischen den kommunistischen Regimen Moskaus und Pekings eine unverbrüchliche ideologische Solidarität und eine koordinierte Strategie der Welteroberung existierten. Die fundamentalen Gegensätze zwischen diesen beiden Giganten, die binnen Kurzem zur Aufkündigung der militärischen und wirtschaftlichen Zusammenarbeit führen, ja in blanken Haß umschlagen sollten, wurden zu jener Zeit nicht erkannt.

Im Frühjahr 1951 war ich als Begleiter von zwei französischen Offizieren mit einem Partisanentrupp von Gebirgs-Thai im äußersten Nordostzipfel Indochinas in Richtung auf die Grenze der chinesischen Provinz Yünan geritten. Es galt, einen Haufen Kuomintang-Krieger, die sich noch gegen die roten Sieger aus Norden stemmten, mit leichten Waffen zu versorgen. Dabei hatte ich auf chinesischem Boden einen Ausflug zum Hauptquartier dieser verwahrlosten und räuberischen Horde unternommen, die angeblich noch unter dem Befehl Tschiang Kai-scheks stand. An dieser Stelle wurde mir drastisch vor Augen geführt, daß die französische Präsenz in Fernost nur noch kurz befristet war. Aber auch ich war im verlorenen Posten von Ban Nam Kum vor allem beeindruckt von dem Gedanken, daß sich jenseits des Grenzflüßchens im Hochland von Tonking eine kompakte kommunistische Landmasse erstreckte, die über die Weiten Asiens und Osteuropas bis zur innerdeutschen Spaltungslinie an der Elbe reichte.

General MacArthur hat seine kühnen Ambitionen, die zwangsläufig in einen endlosen Abnutzungs- und Erschöpfungskrieg auf dem asiatischen Kontinent sowie in eine furchterregende Konfrontation mit der sich zur Atommacht entwickelnden Sowjetunion geführt hätten, nicht in die Tat umsetzen können. Harry S. Truman brachte den Schneid auf, dem Kriegshelden die Stirn zu bieten. Er bestätigte die Oberhoheit des amerikanischen Präsidentenamtes über jeden Militär, auch wenn es sich um ein Publikumsidol wie MacArthur handelte. Nach einem dramatischen Treffen auf der Pazifikinsel Wake wurde der General aller seiner Ämter, die er in Tokio ausübte, enthoben. Nicht nur in seiner fernen Heimat, auch im besetzten Japan genoß dieser Prokonsul ein fast mythisches Ansehen. Es war ein faszinierendes und verwirrendes Schauspiel, als Hunderttausende von Japanern sich am Flugplatz von Tokio versammelten, um dem scheidenden Feldherrn, der Nippon besiegt und dann wie ein Shogun regiert hatte, eine respektvolle letzte Huldigung zu erweisen.

Truman hatte mit seinem Beharrungsvermögen und seiner Courage eine Katastrophe unvorstellbaren Ausmaßes vermieden. Vor allem hatte er die zutiefst demokratische Natur des amerikanischen Staatswesens unter Beweis gestellt, der jede Form von Bonapartismus oder »Caudillismo« fremd ist. Dafür wurde der Präsident jedoch schlecht belohnt. Sein Ansehen bei den eigenen Landsleuten sackte auf einen nie erreichten Tiefpunkt ab. In den USA hatte längst die polemische Debatte eingesetzt, die damals das politische Leben vergiften sollte. Es ging um die Anklage: »Wer hat China verloren?« Um den republikanischen Senator Joseph McCarthy geschart, prangerten die entfesselten »Patrioten« den Landesverrat der linken Intellektuellen und Beamten an, die mit der Machtergreifung Mao Zedongs angeblich sympathisierten. Sie deckten Verschwörungen auf, die den Sowjets sogar zum beschleunigten Bau von Atombomben verholfen hätten.

Eines muß man der Bush-Administration zugute halten: Ihre flagranten Verstöße gegen die Menschenrechte, ihre antiterroristische Stimmungsmache, ihre strikten Überwachungsmaßnahmen, die in ihrer technischen Perfektion von den Betroffenen oft gar nicht wahrgenommen werden, haben längst kein vergleichbares Klima der persönlichen Bedrohung und der Angst aufkommen lassen, wie das zur Zeit der hysterischen Kommunistenjagd in den frühen fünfziger Jahren der Fall war. Heute läßt sich in den Vereinigten Staaten unbeschwert leben. Die Meinungsäußerungen sind vielfältig und oft kritisch. Die Karikaturen, die den »Kriegspräsidenten« porträtieren, können boshafter nicht sein. Die Kritik an der Regierung und ihrer Serie gravierender Irrtümer schlägt hohe Wellen. In mancher Beziehung ist der politische Konformismus, die Ausrichtung auf die Durchhalteparolen aus dem NATO-Hauptquartier in der deutschen Berichterstattung ausgeprägter als in führenden amerikanischen Medien.

Im Herbst und Winter 1952/53 hatte ich in New York zahlreiche freundschaftliche Kontakte zu sogenannten »Liberals« unterhalten, fortschrittliche junge Leute, die sich der nationalistischen und chauvinistischen Stimmungsmache nicht fügen wollten. Vaterlandsverräter oder schlechte Patrioten waren sie mitnichten. Diese Kategorie moderater Intellektueller und Publizisten, es waren auch ganz gewöhnliche Geschäftsleute darunter, sah sich den bösartigen Verdächtigungen und Schnüffeleien des FBI ausgesetzt. Bei manchem wurde dadurch ein traumatischer Angstzustand ausgelöst. Damals verließ eine Reihe deutscher Intellektueller – Thomas Mann an der Spitze – beinahe fluchtartig die Vereinigten Staaten, die ihnen während der Nazizeit Asyl und Schutz geboten hatten. In den Restaurants oder Bars von New York drehte man sich vorsichtig um, wenn das Gespräch politisch wurde. Man musterte die Nachbarn am Nebentisch, um sich zu vergewissern, daß dort nicht die massive Gestalt eines FBI-Agenten lauschte. Die Emigranten aus dem Dritten Reich nannten das den »deutschen Blick«. Diverse Verdächtige wurden in den Selbstmord getrieben. In diesem Zusammenhang sei das Schicksal Ernest Hemingways erwähnt, der sich in der manischen Vorstellung, er sei Opfer einer akuten Verfolgung durch die Geheimdienste, eine Kugel in den Kopf schoß.

Wohl oder übel wird man in den USA auch als Ausländer in die innenpolitische Debatte einbezogen. Der Wahlkampf um die Präsidentschaft hatte im September 1952 seinen Höhepunkt erreicht. Zwei grundverschiedene Männer standen sich gegenüber: Adlai Stevenson für die Demokraten, Dwight D. Eisenhower für die Republikaner. Obwohl die Chancen des ruhmreichen Anwärters Eisenhower wesentlich besser waren als die des hochgebildeten, etwas gehemmt wirkenden Intellektuellen Stevenson, ließ ich mich von der Stimmung meiner Umgebung hinreißen und optierte für den demokratischen Kandidaten aus Chicago. Als ich ihm jedoch auf der Großkundgebung im Madison Square Garden lauschte, wo der letzte grandiose Auftritt mit ungeheuerlichem Zirkusaufwand, mit dröhnenden Zustimmungschören die Kampagne abschloß, ahnte ich, daß Stevenson – gerade weil Eisenhower gelassen, unpolemisch und unmilitärisch auftrat – die Partie bereits verloren hatte.

Am Wahltag kam es dann, wie es kommen mußte. Ich verfolgte in einem speziell für die schreibende Presse eingerichteten Zentrum am Times Square die Verkündung der Resultate über Rundfunk und auch schon über Fernsehen. Mich überkam, jung und unerfahren wie ich war, eine ehrliche Enttäuschung und die Befürchtung, nun würden erst recht die inquisitorischen Kräfte der Intoleranz die Oberhand gewinnen. Stevenson selbst hatte nicht mehr an seinen Sieg geglaubt. Einer Anhängerin, die ihm versicherte, alle intelligenten Amerikaner würden für ihn stimmen, hatte er geantwortet: »Thank you, Madam, aber was ich brauche, ist eine Mehrheit.«

Ich hatte mich gründlich getäuscht. Wäre Adlai Stevenson gewählt worden, hätten seine Gegner mit infamer Intrige versucht, ihn als einen Komplizen der Kommunisten, zumindest als einen »appeaser« darzustellen. Falls der Demokrat versucht hätte, den endlos verschleppten Waffenstillstand in Korea, der zwischen US-Offizieren auf der einen, ihren chinesischen und nordkoreanischen Todfeinden auf der anderen Seite mit steinernen Mienen ausgehandelt wurde, durch eine resolute Kompromißentscheidung zu beenden, wäre er unter dem Vorwurf unpatriotischen Verhaltens, ja sogar des Verrats an der Armee unter Beschuß geraten. Bei Eisenhower, so stellte sich bald heraus, war alles ganz anders. Dem Sieger der Schlacht in der Normandie gelang es ein paar Monate nach seinem Amtsantritt, den immer noch andauernden Kämpfen nördlich und südlich von Seoul ein Ende zu setzen und eine Armistice-Linie mit den Chinesen zu vereinbaren, die ungefähr dem damaligen Frontverlauf in der Nähe des 38. Breitengrades entsprach. Ike, wie seine Fans ihn nannten, hatte schon während des Zweiten Weltkrieges einer beachtlichen Vermittlungskunst und diplomatischer Gaben bedurft, um seine Koalition, vor allem mit dem schwierigen Briten Montgomery, zusammenzuhalten und zu motivieren.

Was nun die Hetzjagd auf linke Staatsfeinde und die unerträgliche Atmosphäre des Argwohns betraf, die durch Senator McCarthy geschürt und von zahlreichen Politikern – darunter der spätere Präsident Nixon – verantwortet wurde, so setzte Eisenhower dieser Selbstzerfleischung der Nation ein Ende. »No nonsense«, schien seine Devise zu lauten. Die Gemüter beruhigten sich viel schneller als erwartet. Ob Ike ein großer Präsident war, soll hier nicht erörtert werden. Am Ende seiner Amtszeit unterlag er einem fatalen Irrtum. Die Tatsache, daß die chinesische Dampfwalze, kaum bewaffnet und ohne Rücksicht auf eigene Verluste, die sieggewohnten Divisionen MacArthurs am Yalu überrannt und weit nach Süden abgedrängt hatte, mußte dieser Stratege als unerträgliche nationale Demütigung empfunden haben. Von der Fehleinschätzung ausgehend, es bestehe eine revolutionäre und ideologische Identität zwischen Moskau und Peking, hatte der neue Präsident eine beängstigende Domino-Theorie entworfen. Er hegte die Befürchtung, daß von Vietnam aus, wo der Störenfried Ho Tschi Minh bereits das pro-amerikanische Regime von Saigon ins Wanken brachte, die rote Weltrevolution auch auf Thailand und Burma, ja – wer weiß – auf den indischen Subkontinent übergreifen würde.

Diese Vorstellung wurde von John F. Kennedy übernommen und später in einer Fernsehansprache, unter ausdrücklichem Hinweis auch auf die Gefährdung Indiens, der Bevölkerung nahegebracht. Entgegen einer ganzen Serie von Veröffentlichungen und Filmen trägt die »Camelot«-Figur Kennedy die Hauptverantwortung für das progressive Engagement der USA in Südostasien. Gewiß, die massive Bombardierung Nordvietnams und die Landung zahlreicher US-Divisionen im Süden vollzog sich erst unter dem Nachfolger J. F. K.s, aber Vizepräsident Lyndon B. Johnson, der nach dem Mordanschlag von Dallas das höchste Amt übernahm, war sich seiner außenpolitischen und strategischen Inkompetenz bewußt. Er stützte sich für die Zielsetzung und die militärische Ausführung des Konflikts in Indochina auf die angeblich höchstqualifizierten Mitarbeiter und Vertrauten seines Vorgängers, »the best and the brightest«, wie David Halberstam sie ironisch beschrieb, und trat damit den Weg in die Niederlage an.

Die »grausame Wahrheit« der Neo-Cons

Washington, im Mai 2007

Für Meditationen über die Zukunft der Vereinigten Staaten von Amerika eignet sich die beschauliche Atmosphäre Washingtons weit besser als das hektische, quirlige New York. Im Umkreis der Privilegierten von Manhattan konzentriert sich alles auf Business, auf ostentativen Reichtum, auf Wall Street und Glamour. Die Metropole am Hudson entspricht weiterhin dem ernüchternden Bild, das der Erfolgsschriftsteller Tom Wolfe in »Bonfire of the vanities«

entworfen hat, Scheiterhaufen oder – wie der Übersetzer meinte – »Fegefeuer der Eitelkeiten«. Am Ufer des Potomac hingegen verspüre ich – das mag sehr persönlich klingen – eine gewisse Distanz zu den Dingen.

Man hat mir dieses Mal im luxuriösen Hotel Hay Adams die Suite 808 zugewiesen, deren Fenster sich unmittelbar auf die Kolonnadenfront des Weißen Hauses öffnet. Bei der Betrachtung der Residenz des mächtigsten Mannes der Welt, die mir zu Füßen liegt, fällt mir nicht nur die traditionsreiche Bescheidenheit dieses klassizistischen Gebäudes auf. Auch die Sicherheitsmaßnahmen entsprechen bei weitem nicht der exzessiven Anforderung, mehrere tausend Polizisten zu mobilisieren, kurzfristige Unterkünfte in gesperrte Festungen zu verwandeln, die sich bei Auslandsbesuchen des jetzigen US-Präsidenten ins Absurde steigern und die örtliche Bevölkerung gegen ihn aufbringen.

Ob George W. Bush, der seine Soldaten in verlustreiche Kriege und oft in den Tod schickt, als »Commander in Chief« nicht ein Minimum an Risiko auf sich nehmen könne? Fast jedes Mal, wenn ich diesen Einwand vortrug, stieß ich auf die Entgegnung: »Um Gottes willen, stellen Sie sich vor, George W. würde getötet. Sein Nachfolger wäre dann automatisch Vizepräsident Dick Cheney, der allerschlimmste Brandstifter und Kriegshetzer, der Mann, der mit allen Mitteln versucht, einen ›preemptive strike‹ gegen die Islamische Republik Iran zu führen und sich in jungen Jahren dem Wehrdienst in Vietnam mit der Bemerkung entzog, er hätte wichtigere Dinge zu tun.« Im übrigen solle ich mich im Room 808 keinen falschen Vorstellungen hingeben. Das Weiße Haus werde von einer Serie von Scharfschützen bewacht, die permanent im Anschlag lägen und auch jede meiner Bewegungen verfolgten.

Ich genieße den imponierenden Ausblick. Jenseits des Präsidentenpalastes ragt der Obelisk wie ein gezücktes, gigantisches Schwert. Auf Capitol Hill – der Bezug auf die imperiale Größe des alten Roms war von Anfang an evident – verfärben sich die riesige Kuppel und die weißen Repräsentationsbauten im Schein der sinkenden Sonne. Am Potomac blühen die Kirschbäume. Über dem nahen Dulles-Airport starten und landen die Flugzeuge in dichter Folge. Wie silberne Fische glitzern sie am rötlichen Abendhimmel. Warum habe ich mich stets wohl und entspannt gefühlt, wenn ich mich im District of Columbia aufhielt? Vermutlich, weil das unerbittliche politische Geschäft, das hier hinter einer trügerischen Fassade der Freundlichkeit betrieben wird, weil die Intrigen und Konspirationen der politischen Klasse mich nur als Zeitzeugen und Beobachter berühren.

Der Wahlkampf für die Berufung eines neuen Präsidenten im November 2008 ist bereits angelaufen. In den Lagern der Republikaner und der Demokraten findet die erbarmungslose Ausscheidung der Kandidaten statt. Ich wäre ein Narr, wenn ich mich bereits auf einen Favoriten festlegte. Das Hauptthema dieser Kampagne ist aufschlußreich. Lange hat die Bush-Administration sich bemüht, den abscheulichen Krieg im Irak in den Hintergrund zu drängen. Das ging so weit, daß man die Särge der Gefallenen zwar in die Flagge der »Stars and Stripes« drapierte, aber die Öffentlichkeit von dem makabren Anblick ihrer Heimführung fernhielt. Tote oder verwundete Amerikaner waren in keiner Fernsehreportage zu entdecken. Der Heldentod wurde verbal gefeiert und gleichzeitig als publizistisches Tabu behandelt.

Seit dem spektakulären Abriß der gigantischen Statue Saddam Husseins vor dem Palestine-Hotel von Bagdad haben sich Ernüchterung und Überdruß eingestellt. Dieser Feldzug, der – wie man endlich feststellt – auf Lug und Trug gegründet war, gerät in Mißkredit. Nach seinem zweiten »Term« als Staatschef kann George W. Bush nicht mehr gewählt werden, aber es muß ihn schmerzhaft treffen, daß seine Aktion »Iraqi freedom« von der großen Mehrzahl seiner Mitbürger nunmehr vehement verworfen wird. Der Krieg im Mittleren Osten beherrscht die Nachfolgediskussion. Das Datum eines zwangsläufig unrühmlichen Abzugs der US-Army aus Bagdad ist zu einem giftigen Zankapfel geworden. Die Furcht vor dem Terrorismus wird zwar in regulären Abständen durch Aufdeckung gescheiterter Attentatsversuche neu geschürt, aber seit Nine Eleven steht sie nicht mehr im Vordergrund, es sei denn eines Tages und völlig unerwartet stellte sich eine neue Katastrophe ein.

Hingegen hat die Ökologie Einzug in die politische Diskussion gefunden. Der Klimaschutz wird wider Erwarten von breiten Bevölkerungsschichten ernst genommen. Auch die Republikaner müssen sich dieser Problematik stellen. Al Gore, der demokratische Gegner George W.s bei der vorletzten Wahl, der extrem knapp nach einer manipulierten Stimmenauszählung in Florida unterlag, hat mit seinem Buch und mit seinem prämiierten Film »An inconvenient truth – eine unbequeme Wahrheit« großes Echo und leidenschaftlichen Disput ausgelöst. Für Europäer, die in Fragen der Ökologie den ständigen Mahnungen der Untergangsexperten ausgesetzt sind und bereits an der Stichhaltigkeit einer durch Menschenhand verschuldeten globalen Erwärmung unseres Planeten Zweifel hegen, klingen die Enthüllungen Al Gores nicht sonderlich aufregend. Doch in den USA ist ihm zweifellos ein Treffer gelungen.

Seit im Irak die Stunde der Wahrheit schlug, haben sich in Washington einige Gewichte verlagert. Die Ideologie der Neo-Konservativen, ein rüder und elitärer Herrschaftsanspruch, der sich in den Tugendmantel amerikanischer Weltbeglückung hüllt, ist aus der Debatte verdrängt worden. Die Wortführer dieser bizarren Doktrin, die sich unter anderem auf Plato und Machiavelli beruft, sind von der Bühne verschwunden. Fukuyama hat sich selbst und seine unsinnige These vom »Ende der Geschichte« widerrufen. Der stellvertretende Verteidigungsminister und spätere Weltbankpräsident, Paul Wolfowitz, ein rabiater Kriegstreiber, hat sich mit einer blamablen Begünstigung den Strick selbst gedreht. Die Namen Richard Perle, Irving oder Bill Kristol haben keinen Klang mehr, und der UN-Botschafter John Bolton wurde von seinem Posten abberufen.

Der aus Deutschland ausgewanderte Vordenker dieser Schule, Leo Strauss, der Mitte des vergangenen Jahrhunderts an der University of Chicago lehrte, wird als Pate der Neo-Cons immer wieder zitiert. Er hatte tatsächlich Gedanken vertreten, die sich in der irakischen Kriegführung der Bush-Administration wiederfinden. »Philosophen«, so sprach Leo Strauss, »verfassen einen esoterischen Text für die Massen und einen exoterischen für jenen winzigen Kreis von Eingeweihten und Erwählten, die die grausame Wahrheit vertragen.« In dieser Anleitung zur Irreführung der öffentlichen Meinung spiegelt sich das Lügengewebe, das für die Rechtfertigung des Irak-Feldzugs herhalten mußte. Was ist als Leitschnur amerikanischer Diplomatie und Strategie an die Stelle dieser extravaganten Vorstellungen getreten? Bei der unberechenbaren Geistesverfassung des amtierenden Präsidenten bleibt die Frage offen und beunruhigend.

Auch die in Europa hochgerühmten amerikanischen Vorbilder des »investigative journalism«, die beiden Enthüllungsreporter Woodward und Bernstein, haben einen Teil ihres Ruhmes eingebüßt. Die Quelle ihres Berichts – »deep throat« genannt –, die den Watergate-Skandal aufdeckte und Präsident Nixon zur Abdankung zwang, wurde nämlich als hoher Beamter der Central Intelligence Agency identifiziert, der sich in seinem Karriere-Ehrgeiz übergangen fühlte. Woodward brachte zudem bei Ausbruch des Irak-Krieges ein schönfärberisches Buch heraus und stellte dabei seine berufliche Kompetenz in Frage. Unangetastet bleibt hingegen das Ansehen von Seymour Hersh, der als Mitarbeiter der liberalen Zeitschrift *The New Yorker* die grauenhaften Kriegsverbrechen von My Lai in Vietnam und von Abu Ghraib im Irak bloßstellte. Heute versucht er mit der Publikation von Geheimplänen des Weißen Hauses – darunter Präventivschläge gegen die iranischen Nuklearanlagen – solche Absichten zu durchkreuzen. Als Informanten, so meinen Insider, kämen nur einige Generale des Pentagon in Frage, die ihrem Land ein zusätzliches, unkalkulierbares Risiko, eine neue Demütigung ersparen wollen.

Eine Amtsenthebung George W. Bushs ist im Congress nie ernsthaft erwogen worden. Das liegt vielleicht an der Furcht vor Dick Cheney. Rückblickend muß jedoch festgestellt werden, daß eine solche parlamentarische Sanktion nach der flagranten Desinformation und Täuschung, deren sich die jetzige Administration schuldig machte, weit plausibler erschiene als die Maßnahmen, die im Jahr 1974 gegen Präsident Nixon verfügt wurden. Dem war die

Abhöraffäre in Watergate zum Verhängnis geworden. Niemand wollte sich daran erinnern, daß Richard Nixon das Verdienst für sich beanspruchen konnte, die Beziehungen zum China Mao Zedongs normalisiert zu haben. Er war es auch, der dem Vietnamkrieg – wenn auch unter Aufopferung des südvietnamesischen Verbündeten und nach Auslieferung Kambodschas an die Roten Khmer – mit Hilfe Henry Kissingers ein Ende setzte.

Völlig absurd erscheint in diesem Zusammenhang die Kampagne, die gegen Bill Clinton vom Zaun gebrochen wurde, nachdem er sich im »oval office« mit Monica Lewinsky vergnügte. Clinton genießt neuerdings wieder eine beachtliche Popularität. Viele Amerikaner sehnen sich nach ihm zurück. Dabei verdrängen sie allerdings den Gedanken an Clintons Balkan-Feldzug, den die Skeptiker als »Madeleine Albright's war« bezeichnen und der damaligen Außenministerin anlasten. Die endlose Bombardierung der wehrlosen Republik Serbien, die systematische Vernichtung ihrer wirtschaftlichen Infrastruktur hätten bei den Europäern weniger Zustimmung und mehr Abscheu erregen sollen. Die Liebesspiele des Romeo im Weißen Haus wurden durch das »impeachment«-Verfahren in unerträglicher Weise aufgebauscht. Amüsante Parallelen ergaben sich allerdings zu dem politischen Fiction-Film »Wag the dog«, wo ein imaginärer Balkankonflikt inszeniert wird, um von einem präsidentiellen »Vaudeville« abzulenken.

Was mich bei dem diesjährigen Aufenthalt in den USA wirklich interessiert, liegt auf einer anderen Ebene. Die Entfremdung Amerikas gegenüber Europa wird durch die Zuwendung eines großen Teiles seiner Bevölkerung zum protestantischen Fundamentalismus vertieft. Der politische Einfluß der Evangelikalen auf den Congress und das Weiße Haus dürfte mit dem Abgang George W. Bushs keineswegs abbrechen. Ein anderes Problem, das jedem US-Bürger auf den Nägeln brennt, ist die massive Immigration aus Süden. Offiziellen Statistiken zufolge leben etwa 13 Millionen »Hispanics«, die illegal über die Grenze kamen, auf dem Boden der Vereinigten Staaten. Der Streit über Toleranz oder Abschiebung dieser potentiellen neuen Bürger erhitzt die Gemüter auf Capitol

Hill. Um diesen beiden Kernfragen – Fundamentalismus und Immigration – näher zu kommen, habe ich von Washington aus die Reise nach Süden, nach Texas, angetreten.

»In God we trust«

Houston, im Mai 2007

»Make sure that you have a smile on your face – Achte darauf, daß stets ein Lächeln in deinem Gesicht strahlt«, so lautet die Botschaft, die Reverend Joel Osteen seinen 16 000 Gläubigen in der »Megachurch« von Houston zuruft. Er versichert den andächtigen Zuhörern, Gott werde dafür sorgen, daß es den Seinen an nichts fehle, wenn sie seine Gebote gehorsam befolgen. Die Menschen lauschen gebannt. Der »Pastor« entspricht gar nicht der Vorstellung, die man sich von einem Prediger im Bible-Belt macht, mit stahlblauem Blick und weißer Mähne. Osteen wirkt beinahe schmächtig in seinem schwarzen Anzug, dem weißen Hemd und der dezent bunten Krawatte. Die Haare sind dunkelbraun gefärbt. In dem sympathischen Gesicht dürfte mindestens ein Lifting vorgenommen worden sein. Er sieht fast südländisch aus und erinnert mich ein wenig an den früheren französischen Kulturminister Jack Lang. Die Mega-Kirche ist in einem früheren Basketballstadion untergebracht, einem klotzigen, überdachten Monstrum, das den vielfältigen Tätigkeiten von »Lakewood Church« als Sammelpunkt dient. Joel Osteen hält keine Brandreden und droht den Zuhörern nicht ständig mit dem Zorn Gottes. Er distanziert sich bewußt von jenen Haßorgien, in denen sich der berühmte und berüchtigte Reverend Jerry Falwell gefiel. Falwell ist in diesem Jahr an einem Herzversagen gestorben. Aber seine Verfluchungen hallen bei den protestantischen Fundamentalisten bis heute nach. Falwell bekämpfte die »civil rights«, die den Schwarzen gewährt wurden. Die Aids-Seuche bezeichnete er als »Strafe des gerechten Gottes«, mit der er die Homosexuellen heimsuche. Noch 1999 befürchtete er, daß der Antichrist bereits unter uns weile, und zwar in Gestalt eines nicht identifizierten Juden.

Die Verwünschungen und Verbalexzesse gehören nicht mehr zum Repertoire einer neuen Generation von »Preachers«, zumindest nicht in den großen Städten. In den ländlichen Gemeinden des »deep South« hingegen dürften manche Angehörige der weißen Unterschicht insgeheim den düsteren Zeremonien, den brennenden Kreuzen und weißen Kapuzen des Ku-Klux-Klan nachtrauern. In Lakewood Church geht es zuversichtlich und fröhlich zu. Der redegewandte Mann in Schwarz verfügt offenbar über ein beachtliches Charisma. Die Augen der Anwesenden hängen an seinen Lippen. Er preist die guten Taten und verspricht göttliche Belohnung. Hysterische Ausbrüche finden nicht statt, aber wenn die Frommen das Lied anstimmen »My soul I surrendered – Meine Seele habe ich dem Herrn ausgeliefert«, geht eine Art Trance durch den Raum und erfaßt vor allem die Farbigen. Die Afro-Americans geben den Rhythmus für die Choräle an und wiegen sich dazu wie im Tanz. Das ist ja das Bemerkenswerte an dieser Veranstaltung: Die Masse teilt sich ungefähr in drei ähnlich starke Gruppen auf: Die meist bürgerlich auftretenden Weißen, eine Großzahl Latinos, die man der katholischen Kirche abspenstig gemacht hat, und ein Drittel Afroamerikaner, deren starke Präsenz ich in diesem Umfeld nicht erwartet hätte.

Steve, der unseren Ausflug nach Lakewood Church organisierte, warnt mich vor verfrühter Euphorie. »Bei den kleinen Leuten dauern die rassischen Vorurteile an«, meint er. Die Katholiken, die »Papisten«, wie man sie früher schmähte, seien für die protestantischen Fundamentalisten akzeptabler geworden, seit der gemeinsame Kampf gegen Abtreibung, Schwulen-Ehe, Stammzellenforschung und sexuelle Libertinage sie in ein gemeinsames Lager einreihte. Was die Juden betrifft, die bei den bigotten Eiferern besonders unbeliebt waren, zumal sie sich für die Bürgerrechte der Schwarzen ins Zeug legten, hat sich ein sensationeller Wandel vollzogen. Niemand will sich heute an die drei jüdischen Anwälte erinnern, die seinerzeit in Little Rock als »nigger-lover« ermordet wurden. Schon auf der Fahrt nach Houston hatte ich mich bei Steve erkundigt, wie es um das ambivalente Verhältnis der Evangelikalen gegenüber dem Staat Israel bestellt sei.

Die puritanischen Pilgerväter, die als erste in der Gegend von Massachusetts siedelten, hatten sich stärker auf das Alte Testament bezogen als auf das Neue. Sie schwärmten von der Gründung eines »neuen Zion« auf dem Boden Nordamerikas. Zum Judentum bestand bei den angelsächsischen Calvinisten stets eine besondere Beziehung. In England reicht der Wunsch, das »erwählte Volk« möge in das Gelobte Land zurückkehren, von Cromwell bis Balfour. In den Vereinigten Staaten hatte Präsident John Adams schon im Jahr 1819 für die Gründung eines Staates der Juden in Palästina plädiert. Seltsam berührt hingegen die Tatsache, daß in den USA unserer Gegenwart eine Vielzahl fundamentalistischer Protestanten im Exodus der Juden, in der »Aliya«, die unentbehrliche Voraussetzung für die Ankunft des Messias sehen und für die Gründung des Reiches Gottes auf Erden. Bei den »born again«, den »Wiedergeborenen im Glauben«, zu denen auch George W. Bush zählt, ist diese mythische Vorstellung wohl am stärksten verankert.

Nur so läßt sich die vorbehaltlose Solidarisierung der Evangelikalen mit Israel und ihre Abkehr von dem bei ihnen einst weitverbreiteten Antisemitismus erklären. Ob denn die Amerikaner mosaischen Glaubens diesen plötzlichen Sympathiebekundungen ihrer früheren Verleumder vertrauen könnten, ob sie sich nicht bewußt seien, daß in der Vorstellung der protestantischen Eiferer der Messias in Gestalt Jesu Christi auftreten würde und daß die Kinder Israel spätestens zu diesem Zeitpunkt sich zur Lehre des Nazareners bekehren müßten, frage ich. Natürlich wüßten sie das, antwortet Steve, aber die Juden seien klug genug, diese chiliastische Stimmung als Garantie für den Bestand des Staates Israel zu nutzen.

*

Als ich zum ersten Mal von Nord nach Süd durch die Staaten reiste, war alles noch ganz anders. Damals setzten sich die jüdischen Intellektuellen von B'nai Brith mit großem Idealismus für die Rechte der Schwarzen ein. Die »Negroes«, wie man sagte, haben ihnen diese Fürsprache später schlecht gedankt. Die Wortführer von »black power« und vor allem die »black Muslims« ergehen sich häufig in antisemitischen Tiraden. Im Sommer 1950 war ich schockiert von der Diskriminierung der Schwarzen, von der rigorosen Rassensegregation, die an der Staatsgrenze von Oklahoma einsetzte. Die Farbigen wurden auf die hinteren Sitzreihen unseres Busses verwiesen. Die Toiletten waren getrennt für Weiße und Schwarze. Von gemeinsamen Schulen war zu jener Zeit in den Südstaaten nicht die Rede. Deshalb blicke ich in der Megachurch von Houston mit Verwunderung auf die zahlreichen Afro-Americans, die sich inmitten der Weißen und der Mexikaner durch ihre kraftvollen Stimmen, durch den angeborenen Sinn für rhythmische Bewegung hervortun.

Bei den exaltierten protestantischen Sektierern der Südstaaten hatte sich, wie Samuel Huntington bestätigt, schon sehr früh die calvinistische Lehre vulgarisiert und vergröbert. Paradoxerweise wurden im »deep South« die christlichen Kultformen von der innigen, einfältigen Frömmigkeit der afrikanischen Sklaven beeinflußt, die in den Negro-Spirituals ihren schönsten Ausdruck findet. Eben brandet in Lakewood Church eine Hymne auf, die in der endlos wiederholten Lobpreisung der Größe Gottes – »Our God is great« – der islamischen Takbir-Akklamation »Allahu akbar« gar nicht so fremd ist.

Reverend Osteen tritt stets in Begleitung seiner Frau Victoria auf, die sich auch als Predigerin an die Gemeinde wendet. Wie eine bibelfeste Betschwester sieht sie nicht aus. Selbstbewußt ergreift Victoria das Wort. Sie ist etwas größer gewachsen als ihr Mann und eine »American beauty«, blond, blauäugig und wohlproportioniert. Die fromme Dame wirkt überaus sexy, und man könnte sie sich – mit sündiger Phantasie – auch als spärlich bekleidete »table dancer« in einer Bar des »french Quarters« von New Orleans vorstellen. Victoria spielt ihre Rolle mit Routine. Bei mir stellt sich Erstaunen und Widerwillen ein, als sie an den Altar tritt, Hostie und Kelch emporhebt und eine Parodie der Wandlung, der Transsubstantiation vornimmt. Im Anschluß an diesen Frevel wird den Anwesenden die Kommunion in Form winziger Hostien und eines Fingerhuts süßen Weines gereicht. Wir werden in dieses Zeremoniell einbezogen.

Natürlich geht es auch und vor allem um Geld in dieser riesigen Gemeinde. Schon beim Betreten der ehemaligen Basketballhalle wurden uns Formulare in die Hand gedrückt, die neben ein paar Bibelzitaten nachdrücklich zu großzügigen Spenden auffordern. Nicht auf die Höhe der Gabe, sondern auf die Höhe des geleisteten Finanzopfers komme es an, so man Gottes Segen gewinnen wolle. Es würden auch Aktien, Versicherungen und jede Form von brauchbaren Gegenständen für karitative Zwecke entgegengenommen. Damit auch die mexikanischen Teilnehmer am Gottesdienst ihr Scherflein entrichten, werden sie auf Spanisch mit folgender Weisung angesprochen: »Dies ist der wichtigste Schritt bei Deiner Bereitschaft, Gottes Aufruf zu folgen und durch gute Taten diese Absicht zu beweisen. Sei schweigsam und bete zum Herrn. Frage Gott, welche Gabe er von Dir erwartet.« Wer eine Summe von 2500 US-Dollar und mehr stiftet, so heißt es weiter, könne eine Erwähnung seines Namens oder des Namens eines Angehörigen auf der speziellen Ehrentafel beanspruchen.

Ein wirtschaftliches Imperium ist in Lakewood entstanden. Das Ehepaar Osteen verfügt über Radio- und Fernsehstationen und wird deshalb als »Televangelisten« gelegentlich kritisiert. Der Spendenkatalog ist sorgfältig aufgeschlüsselt. Jeder darf entscheiden, ob seine Stiftung – jenseits des vorgeschriebenen »Zehnten« – dem »fondo para construcción« oder der Missionsarbeit zugute kommen soll. Wie hatte mir ein illusionsloser jüdischer Emigrant, der dem Dritten Reich entkommen war, in New York versichert: »Im deutschen Reich trugen die Soldaten den Spruch ›Gott mit uns‹ auf dem Koppel ihrer Uniform. In Amerika findet man die nationale Devise ›In God we trust‹ auf der Rückseite der Dollarnoten.«

Ist die schöne Victoria ein Engel auf Erden oder eine Wiedergeburt der bösen biblischen Königin Jezabel? Bei so viel kommerzieller Cleverness stellt sich unweigerlich üble Nachrede ein. So berichtet die *Washington Post* über einen peinlichen Zwischenfall. Bei einem Flug zum Wintersport in Colorado habe die Predigerin auf ihrem Sitz erster Klasse eine Spur von Schmutz entdeckt. Sie forderte die Stewardeß auf, unmittelbar die Reinigung vorzunehmen. Da diese mit dem Einchecken der Passagiere voll beschäftigt war, reichte sie Victoria eine Serviette mit der Bitte, sich selbst zu helfen. Dabei stieß sie jedoch angeblich auf hysterischen Widerspruch. Zwischen den beiden Frauen kam es zu einem Handgemenge, so daß der Pilot Mrs. Osteen befahl, das Flugzeug mitsamt ihrem Mann Joel und ihren beiden Kindern sofort zu verlassen. Die tugendhafte Familie charterte unverzüglich einen Privatjet in Richtung Colorado.

Nach dem Gottesdienst hat Steve ein Interview mit dem Prediger vereinbart. Der Reverend antwortet mit dem üblichen Formelkram, so könnte man meinen. In Wirklichkeit offenbart sich hier ein Einschnitt, die Hinwendung der Fundamentalisten zu mehr Liberalität. Mit einer ganzen Reihe junger Geistlicher haben die Evangelikalen neue, versöhnliche Akzente gesetzt und dadurch zusätzliche Gefolgschaft gewonnen. Die gemäßigten Pastoren legen Wert auf die Betreuung der Armen und Kranken sowie in wachsendem Maße auf die Themen Umweltschutz und Klimawandel. Sie halten an den sittlichen Geboten der Bibel kompromißlos fest, aber verdammen nicht gleich jeden Homosexuellen zur Höllenqual. Seit meinen früheren Aufenthalten in den USA hat sich eine schwer zu analysierende Umschichtung vollzogen. Damals machte der Ku-Klux-Klan noch Schlagzeilen. Es bedurfte des Einsatzes von Nationalgarde und sogar Armee, um den krassen Exzessen der Rassisten im »deep South« ein Ende zu setzen. »Machen Sie sich dennoch keine Illusionen«, warnt Steve. »All diese Geistlichen haben Bush gewählt und fahren trotz des Irak-Desasters weiterhin auf seinem Kurs. Da ich aus Arkansas stamme, weiß ich, wovon ich spreche. Der Präsident, der den ›civil rights‹ in den sechziger Jahren zum Durchbruch verhalf und energisch gegen die schändliche

Entrechtung der ›Nigger‹ vorging, hieß weder Eisenhower noch Kennedy. Es war der urwüchsige Texaner Lyndon B. Johnson, der diese historische Tat vollbrachte. In meinen Augen wiegt diese Leistung schwerer als das klägliche Scheitern in Vietnam, das man Johnson stets anlastet.«

Auf die Wählerschaft der Evangelicals, deren Zahl auf sechzig bis achtzig Millionen geschätzt wird, kann kein Präsidentschaftskandidat mehr verzichten. Der »tiefe Süden«, der seit dem Sezessionskrieg und der Sklavenbefreiung durch den Republikaner Abraham Lincoln fast hundert Jahre lang stets für demokratische Kandidaten optierte, wandte sich erst der »Grand Old Party« und deren Elefantensymbol zu, als der Demokrat Lyndon B. Johnson die Rassenschranken manu militari niederriß. Kein Anwärter auf das Weiße Haus kann jedoch den kompakten Block der ultrareligiösen Traditionalisten vernachlässigen, die an der wörtlichen Bibelauslegung festhalten. In der Vorstellung borniertter Interpreten der Heiligen Schrift wurde die Welt vor etwa sechstausend Jahren in sechs Tagen von Gott geschaffen. Auf plumpe, fast karikaturale Weise wird dieses Bekenntnis zum »Kreationismus«, der nur den Buchstaben der Genesis gelten läßt, durch die Schaffung eines aufwendigen »Jurassic Parks« in Petersburg, Kentucky, illustriert. In einer musealen Reproduktion des Paradieses auf Erden treten Adam und Eva in Lebensgröße auf. Die ersten Menschen sind idyllisch von Exemplaren der heute existierenden Tierwelt umgeben, und sogar ein paar Dinosaurier neigen sich ihnen friedfertig und fürsorglich zu.

Die gesellschaftliche Umgestaltung der USA im vergangenen halben Säkulum hat Wunder bewirkt. Wer hätte sich vor 57 Jahren vorstellen können, daß eine ganze Reihe von Schwarzen zu Spitzenfunktionen in der Administration oder im militärischen Oberkommando aufrücken würde, wie das heute der Fall ist? Gewiß, es gab damals die sogenannten »wonder negros«, die Akzeptanz in der gehobenen Gesellschaft fanden. Dazu gehörten die großen Saxophonisten und Soul-Sänger wie Louis Armstrong oder einige Filmstars wie Sidney Poitier. Im Ersten Weltkrieg waren separate

Neger-Regimenter unter dem Befehl von weißen Offizieren an die Front gerückt. Spätestens seit dem Vietnam-Einsatz hat das Pentagon eine Gleichstellung der Rassen befohlen und durchgesetzt. Bei Ausbruch des ersten Feldzuges gegen Saddam Hussein griff Bush senior zur Führung der Operation auf den General Colin Powell zurück, einen dunkelhäutigen »Joint Chief of Staff«, dessen Vater als Plantagenarbeiter auf Jamaica gelebt hatte.

Von dem Südstaatler Bill Clinton heißt es, er sei farbenblind, so zahlreich sind seine afroamerikanischen Freunde und Gönner. Dem derzeitigen Präsidenten George W. Bush junior muß das hohe Lob gespendet werden, daß er bei der Auswahl seiner engsten Mitarbeiter jedes rassische Vorurteil von sich weist. Seine Vertraute, die hochgebildete Afroamerikanerin Condoleezza Rice wurde auf den Posten der nationalen Sicherheitsberaterin und dann der Außenministerin berufen. Einen sensationellen Gipfel erzielte die Emanzipation der Farbigen, als Barack Obama, der Senator von Illinois, in die Spitzenriege der demokratischen Präsidentschaftskandidaten aufstieg. Bei vielen Weißen stößt dieser elegante und sprachgewandte »Negro« auf Zustimmung. Anders verhält es sich seltsamerweise bei manchen alteingesessenen Schwarzen, den Urenkeln der Sklaven, die den aus Kenia stammenden Obama als privilegierten Eindringling ablehnen.

Ein Freund Steves, der in Houston als Anwalt arbeitet und sich uns nach dem Gottesdienst zugesellt, dämpft meine Begeisterung. Er verweist auf einen Zwischenfall in der Medienwelt, der in diesen Tagen Schlagzeilen macht. Ein überaus beliebter und erfolgreicher Rundfunkmoderator namens Don Imus hat einen Riesenskandal ausgelöst, als er mit seinen mehr oder weniger witzigen Blödeleien am Mikrofon das Rassentabu verletzte. Die überwiegend schwarzen Basketballspielerinnen der Rutgers-University von Virginia hatte er als »nappy-headed hos«, als »kraushaarige Nutten« bezeichnet. Damit entfesselte er einen Orkan des Protestes bei den afroamerikanischen Interessenverbänden und bei der Antidiffamation League. Wirklich verhängnisvoll für Don Imus wirkte sich die Reaktion der großen Werbegesellschaften aus, die dem

Sender NBC, bei dem Imus auftrat, die Aufträge entzogen und der Empörung ihrer Kundschaft Rechnung trugen. Das Schicksal des Radio-Stars war damit besiegelt. Es half ihm wenig, daß er die schwarzen Radaubrüder der Hip-Hop-Szene und die Provokateure des sogenannten »Gangster Rap« als Entlastungszeugen zitierte. Bei den Exhibitionen dieser Gruppen ist es nämlich üblich, daß die schwarzen Schreihälse sich gegenseitig als »Nigger« oder »Hos« beschimpfen und vor keiner Unflätigkeit zurückschrecken.

Die »black community« der USA hat sich weit entfernt von jener weihevollen Stimmung, von der schönen Geschlossenheit, die ihren Kampf um Menschenwürde verklärte, als Martin Luther King unter Tränen der Rührung verkündete: »I have a dream«. Damals rühmte man sich als »black and proud«, redete von »black consciousness«, und es hieß »black is beautiful«. Seitdem hat sich eine verzweifelte Clique junger schwarzer Chaoten mit ihrer Subkultur des Hip Hop durchgesetzt. Ihr Slang ist schwer verständlich, und das Wort »Amerikkka« schreiben sie mit drei K wie Ku-Klux-Klan.

Am Abend vor der Weiterreise nach El Paso an der Grenze Mexikos nehme ich mit Steve das Gespräch über eine scheinbar konträre Entwicklung wieder auf: Die unduldsamen moralischen Postulate der Evangelikalen gehen einher mit zunehmender rassischer Toleranz. Es wäre auch zutiefst ungerecht, den Reverend Joel Osteen mit jener Kategorie heuchlerischer Preacher-Gestalten zu vergleichen, die Sinclair Lewis einst in seinem Roman »Elmar Gantry« geißelte. Auch die peinlichen Enthüllungen des Reporters Frank Rick in der *International Herald Tribune* sollte man nicht überbewerten. Dieser »investigative journalist« mokiert sich darüber, daß Ted Haggard, der Vorsitzende der National Association of Evangelicals, »Gott in den Armen eines männlichen Prostituierten sucht«, daß die Tochter des Vizepräsidenten Dick Cheney, eine bekennende Lesbierin, im Verbund mit ihrer Lebensgefährtin alle moralischen Werte, denen die Freunde ihres ultrakonservativen Vaters anhängen, über den Haufen wirft und »ein adoptiertes Kind mit zwei Mommies« aufzieht.

Diese bizarren Einzelfälle ändern nichts an den jüngsten Umfrageergebnissen, wonach 87 Prozent der amerikanischen Bevölkerung niemals einen Zweifel an der Existenz Gottes zulassen würden. Sensationell klingt vor allem die statistisch fundierte Entdeckung, daß die meisten Evangelikalen eher eine Frau, einen Schwarzen oder einen Schwulen im Weißen Haus akzeptieren würden als einen Atheisten. Wann die religiöse Obsession, die in diesem Ausmaß früher nicht wahrnehmbar war, überhand genommen hat? Um das Jahr 1990, so behaupten gewisse Soziologen, habe die spirituelle Umkehr, eine politisch-gesellschaftliche »Desäkularisierung« der USA eingesetzt. Sie stellen einen Zusammenhang her zwischen dem Triumph des gottesfürchtigen Amerika über die atheistische, in sich selbst zerbrechende Sowjetunion. Auf den Untergang dieses »Empire of Evil«, wie Ronald Reagan zu sagen pflegte, folgte der strahlende Sieg, den der Vater des jetzigen Präsidenten über den babylonischen Tyrannen Saddam Hussein 1991 davontrug. Der Segen des Allmächtigen ruhte offensichtlich auf der »City on the hill«, von der Pilgerväter predigten. Die einzig verbliebene Supermacht wurde über alle anderen Nationen erhoben und jener »manifest destiny« gerecht, die ihr bereits die Gründerväter des nordamerikanischen Staatenbundes zugewiesen hatten.

Der Fluch der »Gefiederten Schlange«

Ciudad Juarez (Mexiko), im Mai 2007

Die Kulisse eines Wildwestfilms: Eine durstige Ebene mit spärlicher Vegetation dehnt sich, so weit das Auge reicht. Graues, zerzaustes Gestrüpp quält sich aus dem Sand. Nur Kakteen und Zwergpalmen überleben. Spitze Hügel zeichnen sich in der Ferne vom gelben Himmel ab. Zur Vervollständigung des Bildes fehlt der unermüdliche Pistolenheld zu Pferde und eine Horde Indianer in Kriegsbemalung.

Knapp zehn Kilometer von der Stadt El Paso entfernt beginnt der US-Staat New Mexico. Dorthin sind wir aufgebrochen, um den Grenzverlauf zu inspizieren, der in westlicher Richtung durch das Rinnsal des Rio Grande del Norte markiert ist. Diese Übergangszone zwischen dem angelsächsisch und dem spanisch geprägten Teil Nordamerikas ist mir nicht unbekannt. Auf einer Busreise von Minneapolis nach Mexico-City im Sommer 1950 hatte ich südlich von San Antonio einen kurzen Aufenthalt in Laredo und Nuevo Laredo eingelegt. Die erste Ortschaft liegt noch auf dem Territorium der »Estados Unidos del Norte«, wie die südlichen Nachbarn die USA nennen. Nuevo Laredo gehört zu den »Estados Unidos de Mexico« gleich jenseits des Wasserlaufs, der bei den Latinos nicht Rio Grande, sondern Rio Bravo heißt.

Als ich vor mehr als einem halben Jahrhundert an dieser Stelle nach Süden strebte, tat sich mir jenseits der »frontera« ein krasser Kontrast zum angelsächsischen »way of life« auf. Ich wurde in eine armselige Exotik versetzt, eine zutiefst katholische, spätkoloniale Rückständigkeit, deren Buntheit man sich heute kaum vorstellen kann. Die Masse der Bevölkerung in der mexikanischen Nordostprovinz Nueva Leone setzte sich aus reinen Indios oder aus Mestizen zusammen, Menschentypen, nach denen man nördlich der Grenze vergeblich Ausschau gehalten hätte. Offenbar war die rüde Maxime der nordamerikanischen Wildwestpioniere vom »good Indian and dead Indian« bei den Spaniern längst nicht mit der gleichen Konsequenz praktiziert worden. Der Name des Bischofs Las Casas, der bei der spanischen Krone immer wieder vorstellig wurde, um seine indianischen Schützlinge vor den Ausschreitungen und Massakern der iberischen Kolonisatoren zu schützen, sei in diesem Zusammenhang lobend erwähnt.

Eine andere kirchliche List zum Schutz der Indios ist weniger bekannt. Als der Streit noch im Gange war, ob die Ureinwohner Amerikas als vollwertige Menschen eingestuft werden sollten und somit der Bekehrung zum Christentum würdig wären, hatte ein

Kleriker die Marien-Vision von Guadalupe – die Mutter Christi war dort einem schlichten indianischen Bauern erschienen – benutzt, um die Auserwähltheit der Eingeborenen als Kinder Gottes zu belegen. Nicht umsonst ist die Virgen de Guadalupe bis heute die Schutzpatronin Mexikos.

Von einem Besuch in Laredo hatten uns amerikanische Freunde in diesem Frühjahr 2007 dringend abgeraten. Die Stadt hat sich angeblich zu einer Hochburg des Verbrechens und des Drogenschmuggels entwickelt. Diverse Rauschgiftkartelle sollen sich dort bis aufs Messer bekämpfen. Auch auf dem südlichen Ufer könne von Idylle nicht mehr die Rede sein. Also haben wir beschlossen, die Stadt El Paso als Ausgangspunkt unserer Recherchen zu wählen und die jenseits des Rio Bravo befindliche Ciudad Juarez einzubeziehen. Auch diese Gegend ist mir nicht fremd. Im Februar 1990 hatte ich nach einer Tournee durch Mittelamerika in Los Angeles ein komfortables Automobil gemietet. Über Palm Springs, Phoenix und Tucson war ich in El Paso angelangt.

Von dieser Reise bleibt mir aus Arizona eine flüchtige Entdeckung haften: Ein Wegweiser hatte die Ortschaft Apache angezeigt, eine armselige Ansammlung verlassener Farmhäuser. Südlich davon öffnete sich eine öde Schlucht mit Dorn-Akazien und Kakteen. In dem trostlosen Flecken Apache waren unbehauene Steine zu einem bescheidenen Denkmal aufgeschichtet. Eine Plakette signalisierte den Ort, wo der letzte kämpfende Indianerhäuptling, der legendäre Geronimo, vor der Übermacht der Weißen die Waffen strecken mußte. Mit dieser Kapitulation war die endgültige Unterwerfung der Eingeborenen Nordamerikas besiegelt.

Unser Begleiter Steve hat mich zwar darauf verwiesen, daß den Nachkommen der Ureinwohner von Texas und Arizona, die während der Indianerkriege nach Oklahoma deportiert wurden und dort mehrheitlich an Hunger, Seuchen und Alkohol eingingen, neuerdings in ihren Reservaten zu einer originellen Chance des Überlebens, ja der Bereicherung verholfen worden sei. Den letzten Indios wurde dort von den Behörden die Lizenz zum Betrieb aufwendiger Spielcasinos gewährt. Doch auch in diesen Schutzzonen ist die Wirklichkeit ernüchternd. Ich erzähle Steve von einer Erfahrung aus dem Sommer 1992. Bei Ausflügen durch den nördlichen Bundesstaat Minnesota – an der Grenze Kanadas gelegen – war ich auch zum »Mystic Lake« gefahren. Dort hatte sich ein kleines Reservat der Sioux erhalten. Die Indianer hatten ihre Steuerprivilegien und das von Regierungsseite neuerdings bekundete Wohlwollen genutzt, ein kleines Las Vegas nach Minnesota zu verpflanzen, so hatten mir Nachbarn versichert. Daß ihnen auch das »Feuerwasser«, der Alkohol, »tax-free« geliefert wurde, war wohl eine bedauerliche Fehldisposition.

Die Sonne war durch den grauen Regenhimmel gebrochen, als wir den »mystischen See« erreichten, der sich hervorragend als Ferienressort geeignet hätte. Stattdessen verunstaltete ein abscheulicher Kasinobetrieb die finnisch anmutende Landschaft. Indianer waren kaum zu sehen. In Erinnerung an den Roten Mann, der vor hundert Jahren fast ausgerottet wurde, war eine der Spielhöllen im Stil eines riesigen Wigwams aus Beton errichtet worden. Bereits zur Mittagszeit parkten Hunderte von Autos und Touristenbussen vor dem Eingang des weit verstreuten Amüsierzentrums. Bingo war Trumpf. Die ältere Generation, aus ihren Seniorenheimen herangekarrt, lieferte sich den »one-armed bandits« aus.

In den Prospekten wurde stolz verkündet, daß in »Mystic Lake« mehr als tausend »video and slot machines«, 75 »blackjack tables« und zahllose andere Spielautomaten für den Kunden bereitstünden. An der Erweiterung des Etablissements wurde eifrig gearbeitet. Bei den wenigen Croupiers oder bewaffneten Ordnungshütern mit bronzefarbener Haut und Schlitzaugen wußte ich nie so recht, ob es sich um Indianer oder um Filipinos handelte. Dieser Jahrmarkt des Geldes war 24 Stunden geöffnet und warf angeblich enorme Profite ab. Ob tatsächlich die »native americans« vom stolzen Stamme der Sioux die Hauptnutznießer des Rummels waren, wage ich zu bezweifeln. Von ihrer kulturellen Substanz war nichts übriggeblieben. Das bescheidene Geschäft, das »Indian crafts and memorabilia« anbot und von einer Weißen geführt wurde, verließ ich fluchtartig.

In El Paso haben wir uns in einem neuen Hotel einquartiert, dessen Architekt auf die bizarre Idee verfallen war, den Baustil der buddhistischen Klosterburgen im Himalaya-Königreich Bhutan nachzuahmen. Wenn die Sonne sinkt, schweift der meditative Rundblick von der flachen Dachterrasse auf die mexikanische Nachbarprovinz Chihuahua. Jenseits des Rio Grande gehen im chaotischen Häusergewirr von Ciudad Juarez die ersten Lichter an. Diese ursprüngliche Missionsstation wurde – wie das Denkmal vor der bescheidenen Kolonialkirche dort in Erinnerung ruft – im Jahre des Herrn 1659 von dem Franziskanermönch García de San Francisco gegründet. An dieser Schnittstelle der Kulturen läßt sich der hemmungslose Ausdehnungsdrang ermessen, der das Entstehen der United States von Anfang an begleitete. Welcher Europäer weiß schon, daß die US-Territorien Texas, Neu Mexiko, Arizona, Kalifornien, Utah, Nevada und Colorado dem jungen mexikanischen Staat, der sich erst 1821 aus dem spanischen Kolonialreich gelöst hatte, durch einen Eroberungsfeldzug der Yankees entrissen wurden und daß die US-Marines, wie ihre flotte Hymne heute noch bekundet, vorübergehend in »the halls of Moctezuma« kampierten?

Keine Region eignet sich wohl besser, um über die Brüchigkeit imperialer Anmaßung zu sinnieren. Wer heute das Modewort »Globalisierung« in den Mund nimmt, sollte daran denken, daß schon der Habsburger Kaiser Karl V., der auch Mexiko zu seinen weltweiten Dependenzen zählte, ein Reich sein eigen nannte, »über dem die Sonne nicht unterging«. Für eine Gleichschaltung der Geister sorgte damals die von tiefem Glauben getragene Zwangsmissionierung der katholischen Mönche und Priester. Zu ihnen gesellte sich die militärisch strukturierte »Societas Jesu«. Unter deren Leitspruch »omnia ad majorem Dei gloriam« arbeiteten die Jesuiten bis an den fernen Hof des Kaisers von China darauf hin, den ganzen Erdball zur größeren Ehre Gottes umzugestalten.

Die spanische Geschichtsschreibung hat vergeblich versucht, jener »legenda negra« – der schwarzen Legende – entgegenzuwirken, die vor allem von angelsächsischer Seite gegen die Kolonisationsmethoden der »Katholischen Könige« vorgetragen wurde. Es waren bestimmt keine zart besaiteten Menschenfreunde, die im Gefolge von Cortez und Pizarro zur fieberhaften, mörderischen Goldsuche in einen Erdteil aufbrachen, den sie noch für eine Verlängerung Asiens hielten. Diese spanischen Abenteurer waren karge, primitive Menschen, denen im Leben nichts geschenkt worden war und die deshalb auch gegenüber den Eroberten keine Milde walten ließen. Sie waren überdies verankert in einer christlichen Glaubensgewißheit, die man heute als fanatisch bezeichnen würde. Die mächtigen Skulpturen der Azteken, diese riesigen Dämonen aus Stein, die wir mit staunender Bewunderung betrachten, mußten ihnen als bluttriefende Höllenfratzen erscheinen, ganz zu schweigen von den kannibalischen Kulthandlungen zu Ehren der Gefiederten Schlange, in denen sie das Werk Satans witterten. Es fällt leicht, den Stab über die Conquistadores zu brechen, aber ich zögere, mich diesem Pauschalurteil anzuschließen.

*

Die »Latinos« Mittel- und Südamerikas – vor allem die Mexikaner – seien nun einmal nicht geschaffen für die parlamentarische Demokratie, sie taugten nicht für dynamische Marktwirtschaft; dieses Argument ist in Washington immer wieder vorgetragen worden. Es diente als Rechtfertigung kriegerischer Eroberung, als Vorwand politisch-ökonomischer Bevormundung und einer permanenten Einflußnahme, die immer noch bis Chile und Argentinien ausgreift. Selbst in Paris hatte mein Professor für »Sciences Politiques«, André Siegfried, das normale Regierungssystem der lateinamerikanischen Staaten – zumindest bis zum Zweiten Weltkrieg – als »dictature tempérée par le coup d'état« beschrieben, als Diktatur, die in mehr oder weniger kurzen Abständen durch einen Staatsstreich gemäßigt werde.

Seit Proklamation der Monroe-Doktrin im Jahr 1823 wachten die USA eifersüchtig darüber, daß jede spätkoloniale Einflußnahme der Europäer in der Neuen Welt verhindert wurde. So hatte Washington den mexikanischen Präsidenten Benito Juarez – einen reinen Indio, nach dem die Stadt am Rio Bravo benannt ist – tatkräftig unterstützt, als er sich nach 1861 dem französischen Expeditionskorps Napoleons III. mit seinen Guerilleros entgegenstellte. Die Franzosen hatten den Habsburger Großherzog Maximilian als Kaiser von Mexiko inthronisiert. Dieses unsinnige Unternehmen war von Anfang an zum Scheitern verurteilt. Maximilian wurde von seinen rebellischen Untertanen erschossen.

Benito Juarez blieb ein Sonderfall. Nach dem Sturz dieses volksnahen Autodidakten kamen als führende Politiker und Feudalherren wieder die Repräsentanten der alteingesessenen spanischen Oberschicht zum Zuge. Aus dieser Zeit ist vor allem die endlose Militärdiktatur des General Porfirio Díaz zu erwähnen, der Mexiko zwischen 1877 und 1911 mit eiserner Hand niederhielt. Am Ende wurde sein Zwangsregime durch den Aufstand der Pächter und verarmten Bauern indianischer Abstammung beseitigt, an deren Spitze sich Pancho Villa und Zapata als pittoreske Volkshelden profilierten. Mexiko hat davon nicht profitiert, sondern versank in einen endlosen Bürgerkrieg. Von Porfirio Díaz stammt übrigens die resignierte Klage: »Pobre Mexico, tan lejos de Dios y tan cerca de los Estados Unidos – Armes Mexiko, so fern von Gott und so nah an den Vereinigten Staaten!«

In den Jahren 1964 und 1965 war ich im Gefolge Charles de Gaulles – beginnend mit Mexiko – durch eine Vielzahl lateinamerikanischer Länder gereist. Es ging dem Präsidenten der Fünften Republik gewiß nicht darum, das klägliche Abenteuer Napoleons III. zu wiederholen, doch auf jeder Station rief er die Nachfolgestaaten des spanischen und des portugiesischen Weltreiches auf, sich aus der »Hégémonie« des Nordens zu lösen. Der Empfang war insgesamt freundlich, aber das Resultat blieb mager. De Gaulle konnte sich schwerlich in Buenos Aires mit jenen Nachzüglern des Peronismus anfreunden, die ihn mit dem Sprechchor: »de Gaulle – Perón, un solo corazón – de Gaulle – Perón, ein einmütiges Herz!« hochleben ließen.

Bei dieser Gelegenheit hatte ein französischer Diplomat mich auf eine Karikatur aufmerksam gemacht, die etwa auf das Jahr 1900 zurückgehen mochte. Die Zeichnung sollte die robuste Expansionspolitik des US-Präsidenten Theodore Roosevelt in der Karibik und im Pazifischen Ozean skizzieren, die nach dem Motto vorging: »speak softly and carry a big stick – Sprich sanft und trage einen dicken Stock bei dir!« Da wurde Uncle Sam dargestellt, der seinen ermatteten Gaul an einen Zaun angepflockt hatte, um auf ein damals hochmodernes Vehikel, ein Fahrrad, umzusatteln. Die Räder bestanden aus den zwei Hälften des Erdballs. »Das alte Pferd ist zu langsam geworden für Uncle Sam«, stand darunter zu lesen, während im Hintergrund die gekrönten Häupter des alten Europas dem sportlichen und hemdsärmeligen »newcomer« und Rivalen mit bösen Ahnungen und mit Entrüstung zusahen.

Ein paar Anekdoten will ich – unter Verzicht auf chronologischen Ablauf – aneinanderreihen. Sie mögen dazu beitragen, das stets schwierige Verhältnis Washingtons zu seinen Nachbarn, Klienten und Protegés zu illustrieren.

Komplotte zwischen Haiti und Feuerland

El Paso (USA), im Mai 2007

An subversiven Aktionen und Komplotten der US-Geheimdienste und der mächtigen amerikanischen Wirtschaftskonzerne hat es südlich des Rio Grande nie gemangelt. Bei meiner ersten Lateinamerika-Tournee im Jahr 1953 wurde ich Augenzeuge eines Putschversuchs in Guatemala. Nach intensivem Feuergefecht war ein erster Anlauf, den reformerischen Präsidenten Jacobo Arbenz zu stürzen, gescheitert. Arbenz, ein Offizier Schweizer Abstammung, hatte sich der Ausbeutung seines Zwergstaates durch die »United Fruit Company« und die damit verbundene politische Bevormundung zur Wehr gesetzt. In Washington wurde er umgehend als Kommunist diffamiert, und damit war sein Schicksal besiegelt. Wenig später fiel er dem Überfall einer reaktionären Söldnertruppe zum Opfer, die vom US-Kapital angeheuert worden war. Die erdrückende Monopolstellung der »United Fruit« und ihr damaliger Protektoratsanspruch über ganz Mittelamerika und Kolumbien sind übrigens von dem großen Schriftsteller Gabriel García Márquez eindringlich geschildert worden.

Im Herbst 1971 war ich von Montevideo nach Santiago de Chile geeilt, um den Besuch des Revolutionsveteranen Fidel Castro bei seinem neuen Verbündeten, dem Präsidenten Salvador Allende, nicht zu verpassen. Den beiden Gegnern des amerikanischen »Imperialismo« schlug die brausende Huldigung der Massen entgegen. Aber kurz nach diesem Fest der Verbrüderung holte die Armee der Republik Chile, die bislang in dem Ruf stand, jede Absicht eines »Pronunciamiento« weit von sich zu weisen, unter General Pinochet zum Putsch aus, um das Abgleiten Chiles in den Linksextremismus zu verhindern. Henry Kissinger soll bei der Vorbereitung dieses Komplotts eine gewichtige Rolle gespielt haben. Jedenfalls fand die kurze Präsidentschaft Allendes unter den Granaten seiner eigenen Streitkräfte ein jähes und blutiges Ende. Er selbst hatte in der Casa La Moneda den Tod gesucht. Ein Jahr später sollte mir der neue Staatschef Pinochet, der seine sozialistischen und kommunistischen Gegner mit äußerster Härte verfolgte, in einem Interview versichern: »No hay presos politicos – Es gibt hier keine politischen Gefangenen.«

Trotzdem stellte mir das chilenische Militär in Punta Arenas einen Hubschrauber zur Verfügung, um – ohne Kamerateam wohlweislich – die inhaftierten Linksoppositionellen in ihrem Konzentrationslager auf der Insel Feuerland aufzusuchen. Hinter Stacheldraht standen diese Männer vor den Baracken aufgereiht. Vom Südpol wehte ein eisiger Wind. Unter der Flagge ihrer Republik stimmten die »presos politicos« die Nationalhymne ihres Vaterlandes an, deren Schlußrefrain ihrer verzweifelten Situation so pathetisch entsprach: »El asilo Serás de los libres o la tumba de la oppression – Du, Chile, wirst die Zufluchtsstätte der Freien sein oder das Grab der Unterdrückung!«

Kurz vor dem prekären Verbrüderungsfest Fidel Castros und Salvador Allendes hatte ich mich in Uruguay aufgehalten. Dort hatte die marxistische Umsturzbewegung der Tupamaros die kleine Republik am Rio de la Plata durch hemmungslose Agitation und gezielten Terror in die totale Anarchie gestürzt. Die prächtigen Jugendstilfassaden von Montevideo waren zu erstarrten Kulissen einer erloschenen Gespensterstadt geworden. Doch nichts stimmte bei dieser Pseudorevolution angeblicher Trotzkisten oder Maoisten. Ihr Aktionismus wurde im wesentlichen von schwärmerischen Intellektuellen und Salonkommunisten dirigiert. Da gab eine kleine Schicht privilegierter Abkömmlinge europäischer Kolonisten den Ton an, und es klang grotesk, wenn diese Tupamaros sich auf Túpac Amaru, den Anstifter eines rein indianischen Volksaufstandes in Peru, beriefen, der im sechzehnten Jahrhundert nach der Niederschlagung einer Eingeborenenrevolte durch den spanischen Vize-König in Cuzco gefoltert und enthauptet wurde.

Ähnlich verhielt es sich ja auch mit dem heroischen, aber dilettantischen Versuch des Argentiniers Che Guevara, des engsten Gefährten Fidel Castros, der einer großbürgerlichen Familie von Buenos Aires entstammte. Der Che hatte tatsächlich geglaubt, die trägen, mißtrauischen Indios des bolivianischen Flachlandes mit seiner Theorie des Klassenkampfes zu beglücken, sie für den kontinentalen Befreiungskampf aller Lateinamerikaner gegen US-Kapitalismus und Imperialismus mobilisieren zu können. Im mißtrauischen Umfeld der von den Weißen stets übervorteilten Ureinwohner war er von Anfang an zum Untergang verurteilt.

In Nicaragua war ich in den achtziger Jahren zugegen, als das sozialistische Regime der Sandinisten durch die aus Honduras einrückenden »Contras« systematisch destabilisiert wurde. Die Kriegshaufen der Contras wurden von dem damaligen Botschafter Ronald Reagans in Tegucigalpa, John Negroponte, angeworben und ausgerüstet. Unter George W. Bush sollte Negroponte zwanzig Jahre später in Bagdad amtieren und dann als stellvertretender Secretary of State Karriere machen. Für den Dokumentarfilm, den ich damals dem Überlebenskampf der Sandinisten widmete, hatte ich deren Devise als Titel gewählt: »Hier ergibt sich keiner! – Aqui no se rende nadie!« Die Sozialisten von Managua sind seinerzeit beseitigt worden, aber heute ist es dem prominentesten Sandinistenführer, Daniel Ortega, gelungen, auf ganz legale Weise die Regierung Nicaraguas zu übernehmen. Seine unveränderte ideologische Ausrichtung bekräftigte er 2007 durch einen Besuch am Krankenbett Fidel Castros.

*

Gehen wir noch einmal in das Jahr 1953 zurück. Ich hatte – ganz auf mich selbst gestellt – das in meinen Augen schönste und interessanteste Land Südamerikas, die Republik Kolumbien, kreuz und quer im Autobus durchquert und reiste als einziger Weißer unter Cholos und Indios. Kolumbien wurde – wie das seit dem Abschütteln der spanischen Kolonialherrschaft zu Beginn des neunzehnten Jahrhunderts üblich war – von der »Violencia« gebeutelt. Diese mörderische Gewalttätigkeit tobte sich in unablässigen Bürgerkriegen zwischen Konservativen und Liberalen aus, zwischen zwei Cliquen von gesellschaftlich Privilegierten der sogenannten »Rosca«, die, klerikal oder freidenkerisch ausgerichtet, sich im wesentlichen dadurch unterschieden – so spottete man in Bogotà –, daß sie zu unterschiedlichen Zeiten den Gang zur Sonntagsmesse antraten.

Trotz dieser extrem konfusen Situation hatte ich vor fünfzig Jahren keine Minute um mein Leben oder um die bescheidene Geldsumme gebangt, die ich bei mir trug. Als ich hingegen im März 1992 die Fahrt von Cartagena de Indias an der karibischen Küste ins Hochland von Bogotà antrat, mußte ich auf das Schlimmste gefaßt sein. Selbst im Herzen der Hauptstadt waren politische und kriminelle Entführungen zur Regel geworden. In Kolumbien war die unerbittliche Fehde der Drogenkartelle entbrannt. Die Verrohung der Sitten war total. Um den massiven Kokainschmuggel in Richtung Kalifornien und Florida einzudämmen, wetteiferte die »Drug Enforcement Agency« der USA mit der CIA und intervenierte permanent mit speziell ausgebildeten Sonderkommandos. Washington geriet zwangsläufig in das Räderwerk der internen machtpolitischen Verfeindungen Kolumbiens und in die offene Konfrontation mit den Guerilleros der »Fuerzas Armadas Revolucionarias«.

Dennoch schätze ich Kolumbien als Land von hohem intellektuellem Niveau. Vor allem mit den Professoren der dortigen Jesuiten-Universität ließen sich aufschlußreiche Gespräche führen. Die Patres der Societas Jesu beobachteten die in ihrer Heimat verwurzelte »Violencia« mit großer Gelassenheit, bestätigten diese blutigen Exzesse doch ihre Vorstellungen von der Welt als einem »Tal der Tränen«. Eine größere psychologische Distanz zur nordamerikanischen Vorstellung der »pursuit of happiness« läßt sich kaum vorstellen. Von den Folgen des II. Vatikanischen Konzils zeigten sich diese Theologen nicht sonderlich beglückt. Mit dem Verzicht auf die grandiose Feierlichkeit der herkömmlichen römischen Liturgie habe die Kirche bei den einfachen Leuten, vor allem bei den Indios, einen Teil ihrer magischen Anziehung, ja Zauberkraft, verloren. Nun solle man sich im Vatikan nicht darüber wundern, wenn mehr und mehr Gläubige der ärmsten Schichten sich den ekstatisch ausschweifenden »Happenings« zuwendeten, die von den amerikanischen Sekten als Gottesdienst inszeniert und mit finanziellem Anreiz ausgestattet wurden. Die Jesuiten von Bogotà bedauerten zutiefst – bei allem Gehorsam gegenüber dem Heiligen Stuhl –, daß die sukzessiven Päpste der Neuzeit die »Befreiungstheologie«, die dem Katholizismus in Lateinamerika bei den verelendeten Massen ein immenses Betätigungsfeld erschlossen hätte, in Bausch und Bogen verworfen hatten und statt dessen mit Keuschheitsforderungen an die Gläubigen herantraten, die der sexuellen Veranlagung und dem Macho-Gehabe dieses Kulturkreises in keiner Weise genügten.

Für die akademischen Kleriker Bogotàs entsprach der Zerfall der Imperien einer gottgewollten Ordnung. »Potentes deposuit de sede et exaltavit humiles – Die Mächtigen stößt Er vom Throne und erhöht die Demütigen«, so beteten sie ja einst, ehe die starke Sprache der Psalmen und das Lateinische der Anpassungssucht der römischen Kurie zum Opfer fielen.

Bei den Historikern Kolumbiens vernahm ich die These, daß der Niedergang der spanischen Weltgeltung keineswegs auf die Vernichtung der »Armada« Philipps II. durch die englische Flotte zurückzuführen sei. Die unersättliche Gier nach Gold, die das Denken der Conquistadores von Anfang an getrübt hatte, die Überschwemmung der europäischen Märkte mit den Edelmetallen aus der Neuen Welt seien den Erben des Carlos Quinto zum Verhängnis geworden. Dadurch war jede wirtschaftliche Fortentwicklung zur Moderne auf der Iberischen Halbinsel versperrt, ja erstickt worden. Der spanische Thron sei am Ende der Rache des El Dorado erlegen, dessen filigrane Darstellung auf einem goldenen Floß im »Museo del Oro« von Bogotá erhalten bleibt. Ähnlich, so meinten die hochgebildeten, aber in diesem Punkt voreingenommenen Latinos, könnte es eines Tages auch den Gringos Nordamerikas ergehen. Die seien in den Bann des »Schwarzen Goldes«, des Petroleums geraten und hätten dessen Fluch auf sich genommen. Sehr bald werde sich herausstellen, daß die Konzerne der weltweiten Energiewirtschaft, daß die Finanzmanipulationen der texanischen Ölgiganten nicht geeignet seien, eine globale oder gar dauerhafte »pax americana« abzustützen.

Virulenten Haß auf die Yankees habe ich in den diversen Kapitalen des lateinamerikanischen Subkontinents nur selten angetroffen. Bei aller Abneigung gegen die Gringos ist man irgendwie zusammengerückt. Wer von den kleinen Leuten südlich des Rio Grande ersehnt nicht eine Aufenthalts- oder eine Arbeitsgenehmigung in den USA? Die Nordamerikaner sind für sie ja nicht mehr die gleichen Geld- und Machtprotzen von einst, die mit ihrer protestantisch-angelsächsischen Arroganz die »Hispanics« als Menschen minderer Gattung einstuften. Es kommt eine vage Wahrnehmung auf, dem gleichen amerikanischen Kontinent anzugehören. Dazu gesellt sich die Gewißheit, daß bei aller wirtschaftlichen und militärischen Präponderanz Washingtons die unaufhaltsame Wucht der demographischen Umschichtung sich zu ihren Gunsten vollzieht. »Früher empfanden wir uns als mißachtete Fremde in den USA«, vernahm ich häufig. »Heute sind unsere Artgenos-

sen, unsere Verwandten, unsere lateinischen Brüder bis in die
höchsten Staatsämter und militärischen Kommandozentralen zahlreich aufgerückt, daß das Gefühl einer ethnisch-konfessionellen
Ausgrenzung allmählich abflaut und schwindet.«

*

In den vergangenen drei Dekaden haben sich in Mittelamerika, in
der traditionellen Einflußsphäre der USA, diverse tragikomische
Pannen ereignet. Ich greife nur ein paar Fälle auf. So kam es bei der
gewaltsamen Beseitigung Manuel Noriegas, des Präsidenten von
Panama, durch den Einsatz regulärer US-Truppen im Umkreis des
Kanals zu einem unbeschreiblichen Durcheinander und zu Verlusten durch »friendly fire«. Die Aktion gipfelte in der Belagerung der
Apostolischen Nuntiatur, wohin sich Noriega, ein extrem erfolgreicher Drogentrafikant und früherer Agent der CIA, geflüchtet
hatte. Um den gestürzten Staatschef von Panama zu entnerven,
veranstalteten die amerikanischen Spezialisten der psychologischen
Kriegführung mit überdimensionalen Lautsprechern einen so unerträglichen Lärm, schalteten Musik und verbale Drohungen auf
solche Stärke, daß Noriega, dem der Vertreter des Papstes ohnehin zum Einlenken riet, sich seinen Verfolgern ergab.

Selbst in der frankophonen Inselrepublik Haiti, wo amerikanische Truppen schon im frühen zwanzigsten Jahrhundert versucht
hatten, Demokratie und Marktwirtschaft einzuführen, sollte Bill
Clinton eine peinliche Schlappe erleiden. Zwar gelang es den US-
Marines im Nu, den durch einen Militärcoup verjagten Präsidenten Jean-Bertrand Aristide, einen windigen, abtrünnigen Priester,
der als Freund der USA galt, in seinem weißen Kuppelpalast von
Port-au-Prince wieder zu installieren. Aber kaum hatte er sein Amt
angetreten, verfiel er den politischen Bräuchen dieses kleinen Inselstaates, in dem sich afrikanische Magie und »black mischief«
paaren. Plötzlich erwies sich Aristide als kaum gemilderte Wiedergeburt seines Vorgängers François Duvallier, »Papa Doc« genannt,
der als »Baron Samedi«, als Satansverkörperung des haitianischen

98

Vaudou, panisches Entsetzen unter seinen Landsleuten verbreitet hatte. Am Ende rief Clinton die UNO zu Hilfe und versuchte, durch Einsatz von Blauhelmen der Anarchie Herr zu werden. War es ein Zauberfluch »Papa Docs«, daß der brasilianische Kommandeur der UN-Friedenstruppe in Port-au-Prince Selbstmord beging?

Im Jahr 1967, als die »Tontons Macoute« des Baron Samedi noch ihren Terror ausübten, war ich von Präsident François Duvallier in seinem Amtszimmer zu einem ausführlichen Gespräch empfangen worden. Aus welchem Grund auch immer, begrüßte mich der klein gewachsene Staatschef, dessen tiefdunkle Haut mit seinem kurz geschnittenen weißen Borstenhaar kontrastierte, mit großer Herzlichkeit. Er dedizierte mir sein »Rotes Buch«, eine wirre Niederschrift seines Regierungskonzepts wie folgt: »Au Professeur Scholl-Latour« – den Titel besaß ich damals noch gar nicht –, »Représentant de la France éternelle – Repräsentant des ewigen Frankreich«. Anschließend lud er mich ein, bei der für diesen Tag anberaumten Pressekonferenz auf einer erhöhten Tribüne neben ihm Platz zu nehmen. Jedesmal, wenn ein Journalist aus den USA eine Frage stellte, beugte er sich zu mir und flüsterte: »Ce qu'ils sont bêtes, ces Américains!« Wenn ein Latino sich zu Wort meldete, tuschelte er: »Ce sont tous des valets des Américains – Das sind doch alles Knechte der Nordamerikaner.«

*

Erwähnen wir noch die idyllische Karibikinsel Grenada. Ich hielt mich Ende 1983 mit Eva zum Urlaub auf Guadeloupe auf, als Ronald Reagan die militärische Erstürmung Grenadas befahl. Dieser Blitzangriff sollte verhindern, daß Fidel Castro, der seinerzeit mit 30 000 kubanischen »Freiwilligen« auf Seiten der Kommunisten Angolas im afrikanischen Bürgerkrieg engagiert war, über eine zusätzliche Zwischenstation für seine Truppentransporte verfügte. Die angreifenden US-Soldaten, so berichtete mir der kreolische Fischer, auf dessen Kahn ich zur Bestandsaufnahme an den Ort der Kampfhandlung tuckerte, seien in Grenada nicht etwa auf den Widerstand kampferprobter kubanischer »Internacionalistas« gestoßen, sondern auf die Gegenwehr einer Schar meist angegrauter Bauarbeiter. Sie waren mit der Verlängerung der Rollbahn beschäftigt und für alle Fälle mit Kalaschnikows ausgerüstet worden. Trotzdem taten sich die GIs schwer, diese unprofessionelle Gegenwehr zu brechen. Als die Aktion stoppte, erzwang General Abizeid, ein Offizier libanesischer Herkunft, der zwanzig Jahre später den Oberbefehl im Irak ausüben sollte, die Entscheidung, indem er einen überdimensionalen Bulldozer wie einen schweren Panzer zur Niederkämpfung der improvisierten Schützennester der Kubaner einsetzte.

Fidel Castro soll seine »Helden von Grenada« nach der Rückkehr auf die Zuckerinsel mit Orden und Ehrungen überhäuft haben. Seit dem Debakel der Schweinebucht, wo im Frühjahr 1961 John F. Kennedy auf Anraten der CIA eine Rückeroberung Kubas durch bewaffnete Exilanten und Regimegegner leichtfertig eingeleitet hatte und diese Desperados im überlegenen Feuer ihrer Gegner im Stich ließ, war dies der größte Erfolg des »Lider Maximo« in seiner endlosen Frontstellung gegen die Yankees. Allen Sanktionen und sogar Mordanschlägen zum Trotz hat sich Fidel, ein reinblütiger Gallego übrigens, mit seinem marxistischen Regime in Sichtweite Floridas behauptet. Ich muß gestehen, daß mir der kommunistische »Hidalgo« von Kuba nicht sonderlich imponierte. Sein theatralischer, endloser Redeschwall, dem ich auf einer Großkundgebung in Havanna stundenlang ausgeliefert war, hatte mich in keiner Weise beeindruckt. Dieser Don Quixote der Neuen Welt hat wohl zu viele Windmühlen ramponiert, zu viele Rosinanten lahmgeritten.

Ist wirklich eine neue Ära angebrochen, seit authentische Söhne des amerikanischen Kontinents, reinblütige Indios, hier und dort die Regierung übernahmen und mit populistischen Verfügungen die trügerische Gunst der Massen gewannen? Ich denke natürlich an Hugo Chavez, den Präsidenten von Venezuela, dessen Bedeutung nicht so sehr an der eigenen politischen Begabung oder an der Ausstrahlung seines wenig profilierten Landes zu messen ist, sondern an dem Petroleumreichtum, über den er verfügt und den er als Waffe gegen die USA einsetzt. Ob der stämmige Oberstleutnant Hugo Chavez sich auf Dauer gegen die lebhafte innere Opposition behaupten kann, ob er, wie so mancher progressistische Politiker vor ihm, nicht doch durch die Manipulationen der amerikanischen Geheimdienste zu Fall gebracht wird, bleibt dahingestellt. Venezuela ist keine Insel wie Kuba, und der Ankauf russischer U-Boote gewährt dem starken Mann von Caracas noch keine Überlebensgarantie.

Weit prekärer ist die Situation des Präsidenten Evo Morales in Bolivien. Dieser Indio vom Volk der Aymara, der sich auf die Gewerkschaft der Grubenarbeiter stützte, gerät nicht nur in die Schußlinie Washingtons. Er löst auch bei seinen unmittelbaren Nachbarn Unwillen aus. Das brasilianische Kapital reagiert nervös auf die Serie von Verstaatlichungen, die in La Paz verfügt wurde. Noch liegen die Krisenpunkte Caracas und La Paz – aus Washington betrachtet – relativ weit ab. Sie drängen sich nicht vorrangig in die politische Wahrnehmung der Parlamentarier von Capitol Hill. Die Alarmsignale würden hingegen grell leuchten, falls in Mexiko, in unmittelbarer, symbiotischer Nachbarschaft der USA, ein neuer Zapata, ein neuer Pancho Villa das darbende Millionenheer der »Indigenes« in revolutionäre Wallung brächten.

Immerhin hat ein recht burlesker Stil Eingang in die Diplomatie der Hispanics gefunden, als unlängst Hugo Chavez die Rednertribüne der Vereinten Nationen betrat. Vor ihm hatte George W. Bush von der gleichen Tribüne eine Rede gehalten, was den Venezolaner veranlaßte, mit der Gestik eines Exorzisten aufzutreten und sich zu bekreuzigen. Die Präsenz des US-Präsidenten an dieser Stelle, so teilte er den teils entrüsteten, teils belustigten UN-Delegierten mit, habe einen teuflischen Geruch von Schwefel hinterlassen.

Der zerbrochene Schmelztiegel

Puerto Palomas (Mexiko), im Mai 2007

In El Paso haben wir einen zusätzlichen Mitarbeiter namens Rafael angeworben. Von Geburt ist er Mexikaner, hat jedoch die US-Citizenship erworben und spricht – neben Spanisch – das Englische mit einem breiten texanischen Akzent. Auch er betätigt sich als freier Journalist und sogenannter »fixer«. Rafael ist ein gut informierter, aber etwas bizarrer Mann. An seinem amerikanischen Patriotismus läßt er nicht rütteln. Auf seine frühere Heimat jenseits des Rio Grande blickt er mit Ärger und Verzweiflung. Jedesmal, wenn ich ihn nach den dortigen politischen Zuständen befrage, wechselt er das Thema, oder er stellt die Behauptung auf, nicht auf die Regierungsentscheidungen, die am Zócalo von Mexiko getroffen würden, komme es für dieses Land von immerhin hundert Millionen Menschen an, sondern einzig und allein auf die Forderungen und Launen Washingtons. Der mexikanische Präsident sei eine Puppe, deren Fäden der US-Botschafter ziehe. Zu heldenhaften Volksaufständen wie zu Zeiten Zapatas sei den Leuten südlich des Rio Bravo die Courage abhanden gekommen.

Rafael verfügt über eine interessante Physiognomie. Der nach oben spitz zulaufende Schädel, die zum Schnabel gebogene Nase hätten in ein aztekisches Tempelrelief gepaßt, wo die Priester der Gefiederten Schlange ihren menschlichen Opfern bei lebendigem Leibe das Herz aus der Brust rissen. Für diesen Kollegen, der zwischen zwei Welten hin und her schwankt, besteht kein Zweifel an der Allmacht der »Estados Unidos del Norte«. Daran würde sich auch in absehbarer Zukunft nichts ändern. Unser amerikanischer Freund Steve ist da viel skeptischer. Er nimmt eine zunehmende Emanzipation Lateinamerikas wahr und befürchtet, daß infolge der strategischen Schlappen im Orient und der Fehldispositionen der Bush-Administration rund um den Erdball die Abneigung der Latinos, ihr atavistischer Widerwille gegen die Gringos neue Impulse erhalten und zum offenen Antagonismus ausarten könnten. Der durchschnittliche US-Bürger sei sich der Ungewißheiten, die ihm aus Süden drohen, erst sehr spät bewußt geworden.

Warum wir in die mexikanische Grenzzone der USA aufgebrochen sind? Die Erklärung liegt auf der Hand. Sogar in den Provinzblättern von Minnesota und Wisconsin macht das Thema der ungezügelten, unkontrollierbaren Massenimmigration der »Chicanos« Schlagzeilen. Im Congress wird über die negativen Auswirkungen, die von vielen geforderte Behinderung dieser Völkerwanderung, aber auch über die Notwendigkeit, durch großzügige Einbürgerung den unhaltbaren Zustand zu normalisieren, pausenlos diskutiert. In der Kampagne der bevorstehenden Präsidentschaftswahl steht das Thema Immigration unmittelbar nach dem Irak-Krieg auf Platz zwei. Zeichnet sich, wie Samuel Huntington in seiner Studie »Who are we? – Wer sind wir?« behauptet, eine existentielle Bedrohung der nordamerikanischen Gesellschaftssubstanz ab? Droht hier eine ethnisch-kulturelle Mutation, ein verhängnisvoller und irreparabler Identitätsverlust der Nation? Das angelsächsisch-protestantische Erbe George Washingtons, Thomas Jeffersons, Abraham Lincolns wäre in spätestens einem Jahrhundert durch eine undefinierbare Mischkultur verdrängt.

Steve hatte während unserer Zwischenstation in Dallas eine Zusammenkunft konspirativer Art arrangiert. Es ging uns darum, einen aufgeschlossenen und mitteilsamen Mexikaner zu treffen, der sich aktiv für seine illegal in die USA eingesickerten Landsleute einsetzt. Unsere Suche endete in einem ziemlich trostlosen Viertel dieser texanischen Boom-Metropole. Es war Nacht, und die leeren Straßenzüge wirkten noch desolater im kalten Licht der Neonröhren. Hier müsse der Treffpunkt sein, meinte Steve, und stoppte den Wagen an einer Tankstelle. Am frühen Morgen würden sich an dieser Stelle die Gesetzlosen von jenseits des Rio Grande sammeln und geduldig darauf warten, daß ein ortsansässiger Unternehmer oder Farmer anhielt, um billige Arbeitskraft anzuheuern. Die Chicanos, wie die Mexikaner sich selbst nennen, verfügen außerhalb ihrer Bereitschaft, jede Tätigkeit auszuüben, für die die US-Bürger sich zu gut sind, über keinerlei soziale Absicherung. Sie müssen schuften, um zu überleben, und sind zwangsläufig einer rauhen Ausbeutung ausgesetzt. Dennoch müssen ihnen die Estados Unidos del Norte wie ein Paradies vorkommen, gemessen an der Misere und der Hoffnungslosigkeit ihrer Heimat.

Schließlich traf Pedro Martinez ein. Er sah wie ein mediterraner Europäer aus und hatte im mexikanischen Monterrey Jura studiert. Nach einigem Zögern lud er uns in seine karge Unterkunft ein. Die kleine Wohnung war äußerst dürftig möbliert. Aber bei vielen alteingesessenen weißen Arbeitern in den USA, so hatte ich festgestellt, sah es ja nicht viel anheimelnder aus. Auf einer Kommode stand das Foto einer attraktiven, schwarzhaarigen Frau mit zwei aufgeweckt blickenden Kindern. »Ich kämpfe darum, meine Familie nachkommen zu lassen«, sagte Martinez. »Wenn mir dieser Wunsch erfüllt wird und ich meine Kinder auf eine gute Schule schicken kann, will ich alle Beschwernisse gern in Kauf nehmen.« Ob er denn nicht befürchte, von der Polizei aufgegriffen und über die Grenze zurückgeschickt zu werden, fragte Steve. Die Gefahr sei relativ gering, meinte er. Wenn die Einwanderungsbehörden eine konsequente Abschiebung der gesetzwidrigen Latinos dekretieren und anwenden würden, hätten sie viel zu tun. Die Gesamtzahl der sogenannten Hispanics in den USA werde auf etwa vierzig Millionen beziffert. Darunter befänden sich schätzungsweise 13 Millionen Gesetzlose, eine Quote, die von der Border Police noch höher veranschlagt wird. Pro Jahr kämen etwa 800 000 Chicanos auf irgendwelchen Schleichpfaden hinzu.

Pedro Martinez war ein belesener Mann. Er kannte Samuel Huntington und dessen Zwangsvorstellungen einer unvermeidlichen amerikanischen Identitätskrise. »Wir wissen ja, daß die Anglo-Amerikaner uns nicht mögen, aber sie brauchen uns. Ohne unsere Arbeitskraft würde ihre Wirtschaft zusammenbrechen. Es sind ausgerechnet die Großindustriellen und Kapitalisten, die auf unser Niedriglohnpotential nicht verzichten wollen. Deshalb geht im Congress der Riß quer durch die beiden großen Parteien, die Republikaner und die Demokraten, wenn über neue Immigrationsgesetze debattiert wird. Nicht nur die Liberalen oder die konservativen Kapitalisten der USA plädieren für eine Amnestie der ›illegal immigrants‹ und wollen ihnen zumindest die ›green card‹ nicht vorenthalten.«

Welchem Staat denn seine Loyalität gehöre, fragte ich. In vorzüglichem Englisch bekannte Martinez, daß er vor allem Amerikaner sei, ob Nord- oder Südamerikaner, darauf käme es doch nicht an. »Ich bin und bleibe Mexikaner und Katholik, aber ich wäre im Falle meiner Einbürgerung ein gesetzestreuer US-Citizen und im Notfall auch gewillt, meine patriotische Pflicht als Soldat zu erfüllen.« Unterdessen würden er und seine Schicksalsgenossen jedoch darunter leiden, daß sie nach Verrichtung ihrer Gelegenheitsarbeit in eine Art Anonymität zurückfallen und von den White Anglo-Saxon Protestants (WASP) systematisch ignoriert würden. Ob er an den »American dream« glaube, an die Verheißung dieses selbstgerechten Landes, jeder Einwanderer könne es mit Fleiß und Sparsamkeit zu Wohlstand für sich, zumindest aber für seine Kinder bringen? »Nein«, entgegnete Martinez, »für uns gibt es keinen amerikanischen Traum, und wir wären schon zufrieden, wenn die Gesetzgeber in Washington darüber wachten, daß unser Leben hier nicht zu einem ›American nightmare‹ wird.« Er kannte die arrogante Aussage Huntingtons, »wenn die Hispanics am ›American dream‹ teilhaben wollen, müssen sie ihn auf Englisch träumen«. Dazu wäre er gern bereit, sagte der Mexikaner, aber die »Suche nach Glück«, die den US-Bürgern durch ihre Verfassung verordnet sei, lasse sich wohl schlecht mit der von Grund auf tragischen Gemütsverfassung der Chicanos vereinbaren und mit einer katholischen Jenseitigkeit, die noch auf die spanische Kolonisation zurückreiche.

Im übrigen sei der Strukturwandel bereits voll im Gange, fuhr er fort. In fünfzig Jahren wären die Amerikaner rein europäischen Ursprungs in die Minderheit gedrängt. Spätestens bis dahin hätten die Latinos die Mauern ihrer sozialen Ausgrenzung gesprengt. In dieser Hinsicht sei übrigens den Präsidenten Bill Clinton und George W. Bush keinerlei Vorwurf zu machen. Ihnen sei es zu verdanken, daß mehr und mehr Amerikaner lateinamerikanischen Ursprungs zu höchsten Positionen aufrückten. Man denke nur an den General Ricardo Sánchez, der die US-Army im Irak befehligte, oder an den Attorney General, Alberto Gonzalez, der eine ganz spezielle Förderung durch den jetzigen Staatschef genießt, allerdings wegen seiner umstrittenen Amtsführung in Mißkredit geriet.

Unser Gewährsmann war noch auf einem Schlauchboot und dann schwimmend über die zeitweilig angeschwollenen Wasser des Rio Bravo nach »God's own country« gelangt. Er gehörte also zu den authentischen »wet-backs«. Auf die Frage, ob der Ausbau des Sperrgürtels, die Errichtung eines hohen Drahtzauns, ja von Betonmauern den menschlichen Zustrom nicht drastisch reduzieren würden, antwortete er mit einem mokanten Lächeln. »Das mag zwischen San Diego und Tijuana wirksam sein, aber die Grenze erstreckt sich über mehr als 3000 Kilometer. Die Chicanos sind extrem einfallsreich. Auf allzu rigorose Methoden, etwa auf den Gebrauch von Schußwaffen, wird die US-Border Police gern verzichten.« Von blindwütigen Hetzjagden nehme man Abstand. Innerhalb dieser Truppe gebe es zu viele frisch naturalisierte Mexikaner, und vor allem werde Washington sich davor hüten, mit der unberechenbaren großen Föderation in der unmittelbaren südlichen Nachbarschaft einen ernsten Konflikt vom Zaun zu brechen. Martinez hatte noch nicht erfahren, daß diverse Präsidentschaftskandidaten den Arbeitgebern in den USA mit empfindlichen Strafen drohten, falls sie weiterhin illegale Latinos beschäftigten.

*

Vor dem Einschlafen habe ich im Hotelzimmer eine Studie der amerikanischen Wissenschaftlerin Tamar Jacoby zur Hand genommen. Der Titel lautet: »Die Wiedererfindung des Schmelztiegels«. – »Präsident George W. Bush und Senator Edward Kennedy, zwei zutiefst verfeindete Politiker, sind überzeugt, daß die Immigration aus Lateinamerika alles andere als eine Gefahr oder eine Krise heraufbeschwört«, stellt Jacoby fest. »Diese Einwanderer sind ein Geschenk für die Vereinigten Staaten, denn sie bescheren uns eine neue Vitalität, eine Öffnung, einen Optimismus, die unentbehrlicher Bestandteil unseres nationalen Charakters sind.« Als Beispiel nennt die Autorin den Sektor der Gastwirtschaft, der 12,5 Millionen Menschen beschäftigt. Ohne die Einwanderer und ihren Arbeitswillen müsse dieser Berufszweig binnen kurzer Zeit verkümmern. Ähnliches gelte für das Baugewerbe. Die neuen Immigranten würden sich gründlich von den in Amerika geborenen Arbeitern unterscheiden. Etwa ein Viertel von ihnen sei beruflich besser ausgebildet, ein anderes Viertel hingegen weniger. Insgesamt seien die Illegalen jünger und beweglicher. Sie arbeiteten härter und länger. Wenn man diese Fremden ausschlösse oder gar vertreibe, käme es zum Erliegen ganzer Produktionszweige.

Die Argumentation Tamar Jacobys zugunsten der Einwanderer stützt sich ausschließlich auf ökonomische Argumente. Sie zitiert Statistiken und Wachstumsraten, vertritt eine rein materielle Denkweise. Und dennoch klingt es recht naiv, wenn diese Dozentin zu dem Schluß gelangt, die »immigrants« könnten die Vereinigten Staaten mit Erneuerung und frischen Impulsen aufladen. Dank ihrer Energie, ihrer harten Arbeit und den altüberlieferten Werten, denen sie weiterhin anhängen, würden sie ihrer neuen Heimat zu Auftrieb und Wohlstand verhelfen. »Wenn der Zustrom sich positiv für die Wirtschaft auswirkt – das ist zweifellos der Fall –, dann wäre es sinnvoll, ihn noch wirkungsvoller einzuordnen«, lautet die Conclusio. Wie sagte einst Charles E. Wilson, der Verteidigungsminister Dwight D. Eisenhowers und ehemalige Generaldirektor von General Motors: »What is good for General Motors is good for the United States – Was für den gewaltigen Automobilkonzern General Motors gut ist, das ist auch gut für die Vereinigten Staaten.« Wer konnte damals ahnen, daß der Gigant General Motors um das Jahr 2000 in einer finanziellen Krise stecken und zum Sorgenkind der Nation würde?

*

Rafael hat die Führung übernommen. Wir rollen nördlich der Grenze in Richtung Westen und erreichen nach ein paar Minuten das Territorium des US-Staates New Mexico. Wir wollen südlich von Deming eine Patrouille sogenannter »Minutemen« filmen. Dabei handelt es sich um eine Freiwilligen-Miliz, um »Vigilantes«, die sich die Aufgabe gestellt haben, illegale Chicanos abzufangen oder zumindest dem nächsten Posten der Border Police zu melden. Dieser kleine Trupp von »Vaterlandsverteidigern« – ausschließlich weiße Südstaatler – lebt unter zwei Zelten und einer Baracke wie Camper. Ringsum dehnt sich die monotone Ebene mit grauem Busch- und Dornengewächs.

Der Auftritt der Minutemen ist betrüblich und erheiternd zugleich. Ein Dutzend Männer im Greisenalter haben sich da unter der landesüblichen Baseballkappe zusammengetan und wären weit besser in einem Sanatorium untergebracht. Einer von ihnen ist halb gelähmt, ein anderer auf ein Atemgerät angewiesen. Jeder leidet an irgendeinem Gebrechen. Betreut werden sie von drei älteren Damen in Tarnuniform. Der schnurrbärtige Anführer, in jüngeren Jahren vielleicht Sergeant bei der Marine-Infanterie, ist noch beweglich. Er klettert auf seinen Landrover und späht mit dem Fernglas nach armseligen Mestizen aus, als müsse er jeden Moment mit dem Ansturm der galoppierenden Indianer Geronimos rechnen.

Diese Patrioten beschimpfen George W. Bush, der für eine moderate, ja großzügige Immigrationspolitik plädiert, als einen Verräter an der heiligen Sache. »Die kriminelle Einwanderungswelle der Mexikaner stellt für unser Land eine größere Gefahr dar als der Irak-Krieg«, beteuern sie. Jeder Mensch wisse doch, daß die Hispanics nicht tauglich sind für Demokratie, für Freiheit und ordentliche Verhältnisse. »Das politische und wirtschaftliche Chaos, die bodenlose Korruption, in denen sie jenseits der Grenze leben, wollen sie jetzt auch zu uns importieren.«

Wir halten uns nicht lange bei diesen Sonderlingen auf und biegen nach Süden ab. Die Ortschaft Columbus in New Mexico soll während des endlosen mexikanischen Bürgerkrieges vor etwa hundert Jahren von dem abenteuernden Revolutionär Pancho Villa vorübergehend »erobert« worden sein. Einen großen Verlust hätten die USA nicht erlitten, wenn dieser trostlose Flecken wieder an

Mexiko zurückgefallen wäre. Zu erwähnen ist dort lediglich eine Art Drugstore, wo neben abscheulichem Fraß auch ausgestopfte Klapperschlangen als »Curios« angeboten werden. Die Reptilien kriechen hier wohl scharenweise im Sand. Von Cowboyromantik ist kein Hauch zu spüren. Davy Crockett erschiene in Columbus wie eine Figur von einem anderen Stern. Die einheimischen Weißen dieser Barackensiedlung leiden an Fettleibigkeit und an einer mentalen Trägheit, die den Besucher, der mit ihnen verhandeln muß, zur Verzweiflung treibt.

Als ich Rafael erzähle, wir hätten auf einen Besuch in Laredo wegen der dort grassierenden Kriminalität der Narkotrafikanten verzichtet, reagiert er mit schallendem Gelächter. »Sie wissen wohl nicht, wie es in Wirklichkeit in Ciudad Juarez, der mexikanischen Zwillingsstadt von El Paso, aussieht«, belehrt er uns. Er entwirft ein düsteres Bild von der mexikanischen Polizei im Grenzgebiet und speziell in Ciudad Juarez. Nachdem Staatspräsident Felipe Calderon etwa dreihundert hohe Beamte der offiziellen Agentur zur Bekämpfung des Rauschgifthandels wegen Korruption entlassen mußte, wurde die Aufgabe den Militärs übertragen. Aber die Armee kann die 420 000 Polizisten Mexikos nicht ersetzen, die bei einem kümmerlichen Monatsgehalt im Gegenwert von 270 Euro zur Bestechlichkeit verurteilt sind und im äußersten Fall sogar um die Sicherheit ihrer Familien fürchten müssen, falls sie sich dem Druck der Drogenkartelle widersetzen. Von den 5000 Beamten der mexikanischen Parallelorganisation zum nordamerikanischen FBI könne man sich bestenfalls auf 180 verlassen, so erfährt man in einem offiziellen Bericht. Die 35 000 Soldaten wiederum, die zur Eindämmung der »Narcos« aufgeboten wurden, ständen bei der Bevölkerung in einem üblen Ruf nach diversen Fällen von Plünderung und Vergewaltigung.

»Viva Maria!«

Der Übergang nach Mexiko bei Columbus verläuft problemlos, fast unauffällig. Nach ein paar Kilometern jenseits des Drahtzauns, der etwa drei Meter hoch ist und nicht sonderlich abschreckend wirkt, finden wir uns in einer Ortschaft wieder, die ihre Trostlosigkeit hinter dem hübschen Namen »Puerto Palomas« zu verbergen sucht. Natürlich gruppiert sich Palomas, wie die spanische Kolonialverwaltung das vorschrieb, um eine Plaza de Armas mit der alles beherrschenden Kirche und der Residenz des Alcalde. Das sind hier recht klägliche Gebäude. In deren Umkreis leben ärmliche Mestizen. Bei unserer Ankunft sammelt sich ein Rudel ausgemergelter Menschen auf dem ausgedörrten Rasen vor der Kirche. Sie warten auf die Gelegenheit, an eine Lücke in der Absperrung nach Norden transportiert zu werden.

An Palomas gemessen, ist Ciudad Juarez eine pulsierende, dynamische Großstadt, wenn ich dort auch mit Betrübnis feststellen muß, daß die kunstvolle Herstellung von Fabelwesen, Märchenfiguren und seltsamen Tieren aus Silberdraht sowie andere handwerkliche Fertigkeiten, die uns vor zwanzig Jahren erfreuten, durch kitschige Massenproduktion verdrängt wurden. In Ciudad Juarez habe ich nicht weit von der kleinen Kolonialkirche aus dem siebzehnten Jahrhundert eine farbenprächtige, naive Wandmalerei entdeckt. Sie verherrlicht das Wunder von Guadeloupe und stellt eine in greller Pracht thronende Himmelskönigin dar. Aus ihrer segnenden Hand richtet sich das Licht der Gnade wie ein Laserstrahl auf einen andächtig knienden Indio. Nicht weit davon breiten sich allerdings die protestantischen Sekten aus, die, von den Evangelikalen in den USA unterstützt, dem angestammten Katholizismus das Feld streitig machen. »La Bibla es la verdad; leela! – Die Bibel ist die Wahrheit; lies sie!« heißt es in den Werbesprüchen.

Den ungelenken Graffiti, die auf die morschen Mauern von Las

Palomas gesprüht wurden, fehlt es an Phantasie. Unter einer plumpen Abbildung der Gottesmutter entziffere ich die Inschrift: »Viva Maria!« Warum muß ich da plötzlich an den vergnüglichen französischen Film denken, der Brigitte Bardot und Jeanne Moreau als Sängerinnen eines Pariser Tingeltangels darstellt? Die beiden Damen »de petite vertu« waren ins Hochland von Mexiko verschlagen worden. Nach einer Serie von absurden Abenteuern verwandelten sie sich dort in die Heldinnen eines Volksaufstandes der armen Bauern und Mestizen gegen ihre feudalen Ausbeuter und deren Soldateska. Vor allem das blonde Sex-Idol Bardot, die in dem Film Maria hieß, stellte seine Schönheit in den Dienst der Revolution. Sie bewährte sich als unwiderstehliche Amazone und zog mit den Guerilleros unter dem Kampfruf »Viva Maria« von Sieg zu Sieg.

Die traurige Wirklichkeit von heute sieht leider anders aus. Die hageren, verhärmten Gestalten, die auf der Plaza de Armas kauern, schildern ihre Verzweiflung. Sie sprechen alle ein sehr passables Amerikanisch. Das deutet darauf hin, daß sie mehrere Jahre im »Gelobten Land« USA als Illegale verbracht haben. Natürlich wissen diese »Misfits«, daß der intensive Kokainschmuggel in dieser Zwischenzone von einer mächtigen Drogenmafia betrieben wird. Doch sie distanzieren sich heftig von den Verbrechern. Sie wollen mit redlicher Arbeit Geld verdienen, um ihre Familien zu ernähren. Fast jeder hat Verwandte in den Estados Unidos del Norte. Eine ausgezehrte Passionaria erzählt von ihren Angehörigen, die im US-Staat Utah irgendwie untergekommen sind. Immer wieder ist ihr Versuch gescheitert, sich zu ihnen durchzuschlagen.

Zumindest in einem Punkt muß man Huntington recht geben. Er unterscheidet in seiner Denkschrift zwischen der mexikanischen Einwanderungswelle von heute und den früheren Immigrantengruppen aus aller Welt. Letztere mögen zwar häufig eine Art folkloristische Anhänglichkeit an die alte Heimat bewahrt haben, die enge Sippenverflechtung und individuelle Beziehung zu den zurückgebliebenen Verwandten jenseits des Ozeans geht jedoch verloren. Bei den Chicanos hingegen, die aus unmittelbarer Nähe eindringen, reißt die Nabelschnur nicht ab. Die Familiensolidarität und die Blutsbande beiderseits des Rio Grande bleiben voll erhalten.

In Palomas haben wir vergeblich auf den Bus gewartet, der das Häuflein Hungerleider an einem ungewissen Durchlaß im Grenzzaun absetzen soll. Für die beruflichen Passeure, die so etwas ermöglichen, muß eine Summe von mindestens 3000 US-Dollar aufgebracht werden, und wer besitzt die schon? So fahren wir südlich der Demarkationslinie mit unserer Erkundung des Terrains fort. Es geht über eine miserable Piste mit tiefen Schlaglöchern. Zwischen armseligen Behausungen tauchen alte Frauen und verwahrloste Kinder auf. Jede Art von Abfall, Fäulnis und Müll wurde hier abgeladen. Das Schicksal hat es nicht gut gemeint mit den nördlichen Außenbezirken der Provinz Chihuahua.

Nach langem Suchen entdecken wir zwischen den elenden Bretterbuden von Chepa ein knallrot gestrichenes und relativ ansehnliches Backsteinhaus. Der weißhaarige, dunkelhäutige Mexikaner, der uns dort empfängt, unterscheidet sich von seinen gestrandeten Landsleuten durch Selbstbewußtsein, ja eine gewisse Würde. Er nennt sich Pepe, und Rafael zweifelt nicht daran, daß sein roter Bau den Ungesetzlichen als Zwischenstation und Orientierungspunkt dient. Am Eingang lauern sechs junge, kräftige Männer, keine Mestizen, sondern reine Indios. Aus ihren Augenspalten mustern sie uns argwöhnisch und geben keinen einzigen Laut von sich. Dem Typus nach handelt es sich um Nachkommen der Mayas aus dem tiefen Süden, von der Halbinsel Yukatan oder der unruhigen Gebirgsprovinz Chiapas. Pepe gibt sich als Schleuser zu erkennen. Die Mayas lauschen ihm mit starren Bronzegesichtern, als er ihnen das Terrain und die Durchschlupfmöglichkeiten erklärt. Dann packen sie ihr ärmliches Bündel auf die Schulter und verschwinden in der abendlichen Öde. Wir schauen ihnen lange nach.

Über das trübe, betonierte Rinnsal des Rio Bravo geht es bei Ciudad Juarez nach Texas zurück. Die Zollstation mutet seltsam an. Es wehen dort zwar die unterschiedlichen Landesflaggen – »Stars and stripes« im Norden, die grün-weiß-rote Trikolore mit dem Adler,

der eine Schlange in den Krallen hält, im Süden –, die Kontrollbe-
amten tragen auch jeweils andere Uniformen, aber die ethnische
Zugehörigkeit zur spanisch-indianischen Mischrasse ist bei fast allen Beamten die gleiche. Entlang der endlosen »Frontera« zwischen Tijuana im Westen und Matamoros im Osten vollzieht sich
keine spektakuläre Invasion. Eine schleichende Osmose findet
statt, und da versagen alle Blockaden.

Seit meiner ersten Mexiko-Reportage im Sommer 1950 hat sich
eine demographische Verlagerung sondergleichen vollzogen, die –
wie die intoleranten Minutemen vielleicht zu Recht behaupten –
für das Schicksal der USA weiterreichende Folgen haben könnte
als die kriegerische Expedition George W. Bushs in Mesopotamien. Rafael, der uns mit seiner Geschwätzigkeit und seinen abscheulichen Tischmanieren allmählich auf die Nerven geht, äußert
immerhin einen interessanten Gedanken: »Die Welt von morgen,
die Kulturen von morgen, werden das Produkt einer globalen eth-
nischen Mélange sein – wie das in Brasilien bereits spektakulär der
Fall ist. Sie werden sich wundern, welche Dynamik und Durchset-
zungskraft von diesen buntgescheckten Kreuzungsprodukten in
Zukunft ausgehen werden.«

Der Captain der Border Police, der uns am Vortag in seinem
Büro von El Paso freimütig »gebrieft« hatte, vertrat natürlich eine
andere Auffassung. Der sympathische Mann – blond und blauäugig – unterschied sich eindeutig von seinen olivenhäutigen Untergebenen. Washington habe neue Kredite bewilligt, um die Kontrolle zu verschärfen, aber irgendeine Form der Legalisierung der
eingewanderten Chicanos sei längst fällig. Es erscheint ihm auch
wenig sinnvoll, daß man immer wieder ein paar arme Teufel verhaftet, sie zwei Tage lang in eine Zelle sperrt und wieder zurück-
schickt, es sei denn, sie würden als Rauschgiftkuriere dingfest gemacht. Dann müßten sie mit harten Strafen rechnen. Den Angaben
des Offiziers zufolge, der übrigens von den weißen Minutemen
überhaupt nichts hält, ist die Stadt El Paso zu 77 Prozent von Latinos bevölkert. In Südkalifornien, in Arizona, Neu Mexiko und in
weiten Teilen von Texas würden sie bereits die Mehrheit ausma-

chen, ganz zu schweigen von den Kubanern in Florida, die sich in kompakten, relativ wohlhabenden Gruppen eingelebt hätten und entscheidenden Einfluß auf die dortigen Wahlergebnisse ausübten. Bis in die Nähe von Kanada seien die Mexikaner bereits vorgedrungen.

In der Zeitschrift *Foreign Affairs* zitiert Tamar Jacoby einen hohen Beamten der Grenzpolizei wie folgt: »Wie ständen wir denn da, wenn ein neuer Terroranschlag vom Ausmaß des 11. September 2001 stattfindet und wir hier der Routine nachgehen und langweilige Wache schieben? Was passiert, wenn die wirklichen Verbrecher, diese ›Bastarde‹ von Terroristen sich in Arizona einschleichen? Wir können sie nicht aufspüren, weil wir mit der Jagd auf harmlose Kerle beschäftigt sind, die sich danach sehnen, als Müllarbeiter oder als Rasenpfleger bei uns zu arbeiten. Für den wirklichen Job, die Identifizierung von gefährlichen Staatsfeinden, bleibt da gar keine Zeit übrig.«

Die Nächte sind freudlos in El Paso. Da wird man nicht einmal von den »carteristas«, den hochprofessionellen Taschendieben bedrängt, die in Ciudad Juarez am hellichten Tage ihr Unwesen treiben. Um nach Einbruch der Dunkelheit ein akzeptables Speiselokal zu finden, müssen wir nach New Mexico herüberwechseln. Der Besitzer des Restaurants ist naturalisierter Chicano, und die überaus muntere Bedienung setzt sich ebenfalls aus Latinos zusammen, legale oder illegale, wer weiß das? Es werden ziemlich extravagante Gerichte gereicht. Mich frappiert die Emsigkeit, der berufliche Ehrgeiz, die schnelle Auffassungsgabe dieser Neubürger aus dem Süden. Der Abend gipfelt in der improvisierten Vorführung eines »Flash-Dance«, die uns die temperamentvolle Kellnerin aus reiner Freude an rhythmischer Bewegung zum Nachtisch serviert.

Noch blicken die alteingesessenen Texaner der weißen Unterschicht, die sich ihrer Zugehörigkeit zur Kategorie der WASP brüsten, mit Herablassung und verächtlicher Distanz auf die arbeitswütigen Zuwanderer. Aber allmählich merken diese Nostalgiker der »white supremacy«, daß ihre selbstzufriedene Inkompetenz, ihre rassischen Vorurteile, ihr evangelikales Gefühl der Auserwähltheit mit einer neuen Sorte von Allogenen konfrontiert sind, die sich nicht so leicht domestizieren läßt wie die schwarzen Nachkommen der Sklaven oder die zum Untergang verurteilten Apachen. Es ist ein seltsames Phänomen, daß die Mestizen oder Hispanics, die plötzlich in den USA allgegenwärtig sind, eine Entwicklungsfähigkeit und eine Tüchtigkeit an den Tag legen, zu denen sie sich in ihrer Heimat südlich des Rio Bravo unter der Fuchtel der eigenen Oligarchie und der dortigen Feudalstrukturen nie aufraffen konnten.

Was es denn mit der Befürchtung auf sich habe, daß islamistische Terroristen die durchlässige Südgrenze der USA für ihre mörderischen Zwecke nutzen, frage ich Steve. Der will das Problem nicht herunterspielen. Ob die Zahl der Korangläubigen in den USA drei oder sieben Millionen beträgt, habe angeblich niemand feststellen können. Gewisse US-Behörden bemühen sich wohl recht verdienstvoll um eine begrenzte Integration. Ich erinnere mich, bei der Einfahrt nach New York in Queens eine stattliche Ausbildungsstätte für muslimische Vorbeter und Imame gesichtet zu haben. Von einem Verbot des Tschadors in den Universitäten oder Amtsstuben ist in den Vereinigten Staaten nicht die Rede. So kommt es, daß die Töchter des frommen türkischen Partei- und Regierungschefs Erdogan – überzeugte Kopftuchträgerinnen –, denen der Zugang zu den kemalistisch und laizistisch ausgerichteten Hochschulen ihrer Heimat verwehrt bleibt, nach Amerika reisen, um dort völlig unbehelligt und mit verhülltem Haupt ihrem Studium nachzugehen.

Es wäre jedoch ein Wunder, wenn in der Folge von Nine Eleven keine heimliche oder offene Diskriminierung stattfände. Vor allem bei den afroamerikanischen Konvertiten zur Religion des Propheten bricht gelegentlich Aufsässigkeit und Renitenz durch. Antisemitische Stimmungsmache ist dort anzutreffen. Selbst in den gemäßigten Glaubensverbänden der Muslime wird die Frage diskutiert, ob das Treuegelöbnis zu den »United States« und das Bekenntnis zu den ethischen Werten des Westens mit ihrer religiösen Überzeugung zu vereinbaren sei. Unterordnung und Gefolgschaft – so lehre der Koran – seien ja einzig und allein Allah und seinem Propheten geschuldet. Das FBI registriert aufmerksam, so bemerkt Rafael, daß die jungen Korangläubigen mit dem Extremismus der »Gotteskrieger« weit stärker sympathisieren als die ältere Generation. Aus einer Umfrage geht hervor, daß die Muslime der USA den Krieg im Irak von Anfang an im Verhältnis sechs zu eins heftig abgelehnt haben.

Am Ende unserer texanischen Reise hat uns also doch noch der arabische Orient und der »Kreuzzug« des amerikanischen Präsidenten gegen den »Islamo-Faschismus« eingeholt. Von dieser Obsession kommt Amerika offenbar nicht los. Am letzten Abend bin ich auf den Balkon meines Hotels getreten. Über mir leuchtet in schöner Klarheit die Sichel des Halbmonds, des »Hilal«, am mexikanischen Himmel. Eine Szene hat sich mir in dem armseligen Flecken Chepa eingeprägt und bleibt mir haften. Da reitet nicht – wie John Wayne das eindrucksvoll in seinen Filmen vorführt – der gealterte, aber unbezwungene Westernheld auf den roten Ball der untergehenden Sonne zu, sondern ein kleiner Trupp indianischer Fährtensucher schwärmt lautlos und geschmeidig in der Dämmerung aus. Sie suchen ihr Glück und eine neue Existenz in jenem riesigen Land, das nach der Unterwerfung des Häuptlings Geronimo geglaubt hatte, mit den »Rothäuten« endgültig aufgeräumt und am Rio Bravo den Siedlungsraum des Weißen Mannes für alle Zeiten abgesteckt und gesichert zu haben.

GOTTES IST DER ORIENT

و لله المشرق

(Sure 2, Vers 115)

Verlorene Heilsbotschaft

Tiberias, im Mai 2007

Der See Genezareth hat seine Weihe bewahrt. Das Boot, in dem wir über die glatte, bleiche Flut gleiten, ist dem Prospekt zufolge dem Fischernachen des heiligen Petrus nachgebaut. Aber der muß viel bescheidener gewesen sein, wenn ihm der biblische Sturm so stark zusetzte. Dem Rummel des Touristenverkehrs, der sich der Stadt Tiberias mit häßlichen Hotelfassaden und einer meist aus Amerika angereisten Kundschaft bemächtigt hat, sind wir entronnen. Uns fällt auf, daß die wundersame Entstehungsgeschichte der Christenheit sich im Umkreis dieses Meeres von Galiläa abgespielt hat, während Jerusalem, Festung und Tempelberg Davids auf den schroffen Höhen von Judäa vor allem Schauplatz der Passion und des Kreuzestodes auf Golgatha war. Ein riesiges Weihwasserbecken sei dieser See Genezareth, scherze ich, wo ein paar hebräische Fischer ihren Messias erkannten und den Grundstein für ihre überragende Weltreligion legten. »Tu es Petrus« klingt es bei jeder Papst-Inthronisation, »auf diesem Felsen werde ich meine Kirche bauen ... et portae inferi non praevalebunt in eam.«

Immer wieder kommt die Heiligkeit zu ihrem Recht. Hier liegt Capharnaum, wo der römische Centurio um die Heilung seines Knechtes flehte. Auf dem nahen Berg Tabor wurde Jesus vor seinen Jüngern verklärt und sprach mit den Propheten. An diesem hügeligen Ufer vollzog sich die wunderbare Vermehrung von Brot und Fisch. Vor allem wurden hier die Seligsprechungen verkündet, jene Botschaft – Lobpreisungen der Müden und Beladenen, der Gequälten und Geknechteten, der Armen im Geiste –, die die Lehre des Nazareners von allen anderen Bekenntnissen unterscheidet. Die Bergpredigt am See Genezareth enthält jedoch – allen gut gemeinten Fehldeutungen moderner Schwärmer zum Trotz – kein politisches oder gesellschaftliches Projekt, sondern weist den Weg in ein erlösendes Jenseits.

Wir sind nicht zur religiösen Erbauung oder als Pilger ins Heilige Land gekommen. Wir suchen die politisch-strategischen Realitäten von heute zu sondieren. So wage ich die Frage, ob George W. Bush bei seinem Glauben an die eigene Wiedergeburt im Dreifaltigen Gott nicht gelegentlich gut daran täte, die Ermahnungen Christi zu Mäßigung und Demut zu beherzigen. Selbst in der milden Abendstunde von Galiläa kommen wir nicht umhin, der ernüchternden Gegenwart Rechnung zu tragen. Angesichts der Verstrickung der führenden christlichen Supermacht in einen Schicksalskampf gegen die »Kräfte des Bösen« richtet sich der Blick unvermeidlich auf jene weit gestreckte Region zwischen dem »Fluß Ägyptens und dem Euphrat«, die dem Erzvater Abraham einst verheißen wurde.

Wer in Mesopotamien Krieg führt, bewegt sich unweigerlich im Schatten des babylonischen Großkönigs Nebukadnezar und des Propheten Daniel. Wer nach einer – wie auch immer gearteten und sich stets verweigernden – Lösung für das Heilige Land sucht, wird in Gaza auf den letzten vernichtenden Kraftakt des hebräischen Helden Samson verwiesen oder auf jene Machpela-Höhle von Hebron, wo Abraham oder Ibrahim von seinen Söhnen Isaak und Ismail zu Grabe gelegt wurde. Von diesem »Gottesfreund«, wie die Araber ihn nennen, heißt es in der Heiligen Schrift, daß er »ein Fremder blieb im Land der Philister«. In Tiberias sind wir schließlich nur eine halbe Autostunde von jener Ebene von Armageddon entfernt, wo laut Offenbarung die letzte Entscheidungsschlacht zwischen Gut und Böse den Weg frei machen soll für die Parusie des Messias. Wer sollte das besser wissen als die frömmelnden Evangelikalen in den USA? Bei allen Analysen zeitgenössischer

Vorgänge im Raum zwischen Marokko und Pakistan, der von Condoleezza Rice in grober geographischer Verzerrung »the Broader Middle East« genannt wird, verlieren wir uns in der Nacht der Geschichte und im Zauber der Mythen.

Trotzdem hüte man sich, wie das allzu oft geschieht, die revolutionären Abläufe, die sich in Mashreq und Maghreb abspielen oder ankündigen, auf den Existenzkampf zwischen Juden und Arabern zu reduzieren, sich der Nabelschau anzuschließen, die – wie die Israeli selber sagen – jede ihrer weltpolitischen Betrachtungen beeinflußt. Ich gebe zu, daß das arabische Wort für Palästina, »Filistin«, biblische Reminiszenzen geradezu heraufbeschwört und die Schaffung eines arabischen Teilstaates im Heiligen Land mit bösen Ahnungen belastet. Über den See Genezareth schweift der Blick auf das Bollwerk der Golan-Höhen im Osten, die vom Staat Israel 1967 erobert und seitdem sogar offiziell annektiert wurden. Dennoch weiß man in den Ministerien und Stäben von Jerusalem, daß irgendeine Form von Friedensregelung mit Damaskus, wie sie bereits mit Kairo und Amman erzielt wurde, die Rückgabe dieses strategischen Bergmassivs voraussetzt. Die Verhandlungen darüber waren unter der ultrakonservativen Regierung Netanjahu relativ weit gediehen.

Im Sommer 1951 habe ich zum ersten Mal auf den Golan-Höhen gestanden. Deren karges, vulkanisches Weidegelände unterschied sich kraß von den Feldern und Gärten, die damals schon unter der Pflege der zionistischen Kibbutzim in der Senke des Huleh-Sees aufgeblüht waren. Die Gründung des Staates Israel und der vergebliche Ansturm der überlegenen arabischen Armeen gegen die schlecht bewaffneten, aber todesmutigen Milizen David Ben Gurions lagen nur drei Jahre zurück. Die syrischen Offiziere, die mich in ihre vordersten Betonbunker begleiteten, blickten mit ohnmächtiger Wut auf den neuen, expansiven Nachbarn, dessen wirtschaftliche und militärische Kraft sich nunmehr ungehemmt entfalten würde. Die syrischen Befestigungen entstanden übrigens in Zusammenarbeit mit einer Beratergruppe ehemaliger deutscher Wehrmachtsoffiziere, die zum Teil auf abenteuerlichen Fluchtwegen aus ihren Kriegsgefangenenlagern in die arabische Levante entronnen waren. Weder die Amerikaner noch die Franzosen störten sich zu jener Zeit an der deutschen Präsenz in Damaskus. Der Kalte Krieg hatte sehr früh auf den Nahen und Mittleren Osten übergegriffen. Die US-Diplomatie duldete eher eine ohnehin prekäre Einflußnahme von Überlebenden des Dritten Reichs in Syrien als eine Präsenz der Sowjetunion, die sich dort wenige Jahre später etablieren sollte. Den Franzosen ging es vor allem darum, dem britischen Erbfeind im Orient einen Streich zu spielen, hatten diskrete Pariser Dienststellen doch sogar dem Groß-Mufti von Jerusalem, Amin el Husseini, dem London als Kriegsverbrecher und Verbündeten Hitlers nachstellte, auf Umwegen erlaubt, in seine arabische Heimat zurückzukehren.

Erst nachträglich habe ich festgestellt, in welchem Ausmaß meine erste Orientreise, die sich fast über ein halbes Jahr erstreckte, mit Ereignissen koinzidierte, die das Schicksal dieser Region bis auf den heutigen Tag bestimmen. Der Staat Israel befand sich in einer Phase sieghafter und begeisterter Konsolidierung, so daß ich ihm – nachdem ich das Jerusalemer Mandelbaum-Gate im Wagen des französischen Generalkonsuls durchquert hatte – eine längere Zeitungsreportage unter dem Titel »Sparta im Heiligen Land« widmete. Sämtliche Zeitungsartikel, die ich 1951 zwischen Istanbul und Schiras, zwischen Erzerum und Amman verfaßte, habe ich dreißig Jahre später in mein Buch »Allah ist mit den Standhaften« integriert, ohne ein Wort daran ändern zu müssen.

Als ich mich gegen Ende dieser Tournee in Ost-Jerusalem aufhielt, das zu jener Zeit dem Königreich Transjordanien einverleibt war, lastete eine unerträgliche Atmosphäre der Angst und Anspannung auf den arabischen Händlergassen der Stadt Davids. Eine Woche zuvor war König Abdullah I., ein enger Verbündeter Englands, dem Anschlag eines palästinensischen Fanatikers unmittelbar am Eingang der El Aqsa-Moschee zum Opfer gefallen. Der isolierte Attentäter wollte den Haschemiten-Erben dafür strafen, daß er mit Israel Verhandlungen über eine ökonomische Symbiose der beiden Staaten aufgenommen und mit Golda Meir, die – als Beduinin verkleidet – nach Amman gekommen war, bereits vereinbart hatte, daß Haifa den

Jordaniern als Transithafen zur Verfügung stände. Von diesem Tag an konnte von einer wirtschaftlichen Integration Israels in das muslimische Umfeld, von industrieller Zusammenarbeit, die speziell den Arabern zugute gekommen wäre, nie mehr ernsthaft die Rede sein. Selbst der sehr viel später erfolgte Friedensschluß des Judenstaates mit Ägypten und Jordanien würde an dieser gegenseitigen Abkapselung kaum etwas ändern.

Die Tränen des Mohammed Mossadeq

Auch Persien, das ich vor 56 Jahren zum ersten Mal bereiste, bot in jenen Tagen ein faszinierendes Bild. Dieses weitgestreckte Land, das in einer Art afghanischer Rückständigkeit verharrte, hatte es gewagt, unter Führung des Ministerpräsidenten Mohammed Mossadeq das britische de facto-Protektorat abzuschütteln und den Petroleum-Giganten »Anglo-Iranian Oil Company«, der fest unter englischer Regie stand, mit einem Federstrich zu nationalisieren. Mossadeq war eine eher weinerliche, kränkelnde Erscheinung, jede Heldenpose war ihm fremd. Er stützte sich auf die kleine politische Gruppe des Nationalen Blocks und hatte in den Augen seiner Landsleute ein unglaublich kühnes Wagnis auf sich genommen. Das »perfide Albion« stand damals bei den Persern im Ruf, mit imperialistischem Instinkt sämtliche Bereiche des staatlichen und wirtschaftlichen Lebens mit seinen Agenten durchdrungen zu haben. Dem »Intelligence Service« wurden geradezu diabolische Fähigkeiten angedichtet.

Der unscheinbare Intellektuelle Mossadeq, dem Gerücht zufolge ein naher Verwandter der früheren Khadjaren-Dynastie, war ein extremes Risiko eingegangen. Vorübergehend hatte er sogar den jungen, unerfahrenen Schah Mohammed Reza Pahlevi, der schon als Kind von der kolossalen Kosakenstatur seines Vaters, des Gründers der Dynastie, erdrückt worden war, ins Exil getrieben. Die britische Regierung – durch den Zweiten Weltkrieg geschwächt und von wirtschaftlichem Niedergang gezeichnet – war sich bewußt, daß man mit der Royal Navy allein die persische Karte nicht mehr zum eigenen Nutzen wenden konnte. Um Mossadeq zu stürzen und seine nationalistische Aufsässigkeit, die auf andere Regionen des Orients überzugreifen drohte, einzudämmen, bedurfte es der Intervention der »amerikanischen Vettern«. Den Iran-Experten des MI-6 fiel es leicht, ihre Kollegen der Central Intelligence Agency zu überzeugen, daß die Aufsässigkeit Mossadeqs am Ende der Sowjetunion zugute käme. Wenige Jahre zuvor hatte Moskau ja noch versucht, in Täbris und in Mahabad eine aserbeidschanische und eine kurdische Republik von eigenen Gnaden aus dem iranischen Staatsverband herauszulösen. Mossadeq, so wurde suggeriert, sei ein verkappter Kommunist.

Aus heutiger Sicht ist es erstaunlich, wie unbehelligt und ungefährdet ich mich zu jener Zeit in dem brodelnden persischen Umfeld bewegen konnte. Der amerikanische Geheimdienst, unter regionaler Anleitung eines Urenkels des Präsidenten Theodore Roosevelt, hatte seine Umsturzvorbereitungen weit vorangetrieben. Eine monarchistische Offiziersclique unter Führung des Generals Zahedi hielt sich bereit. Unter der Hand wurden die halbkriminellen Gangs von Teheran aufgewiegelt. Besondere Unterstützung fand das subversive Manöver bei den populären Kraftprotzen der »Zurkaneh«, bei den Keulen schwingenden Gymnasten, die ihre Übungen mit dem Gesang des Heldenliedes Schahnameh begleiteten. Sogar bei einflußreichen schiitischen Klerikern fanden die Agenten aus den USA Zustimmung. Im Umkreis des Ayatollahs Kashani unterstellten die Mullahs dem Nationalisten Mossadeq die Absicht, eine laizistische parlamentarische Republik zu gründen, die mit ihren eigenen heimlichen Träumen vom islamischen Gottesstaat nicht zu vereinbaren wäre. Im Untergrund agierte bereits eine Extremistengruppe, die unter dem Namen »Fedayin Islam« für diverse politische Morde verantwortlich zeichnete. Kurzum, in diesem Hexenkessel widerstreitender Verschwörungszellen reiste ich recht ungestört und friedlich quer durch das Land. Niemand drohte damals mit Geiselnahmen oder Selbstmordattentaten. Die Welt war primitiver, wenn man so will, aber sie war irgendwie gesitteter, rechtschaffener als heute.

Ich hatte Persien längst den Rücken gekehrt, als die systematische Aufstellung von Schlägertrupps durch Kermit Roosevelt, vor allem die systematische Bestechung politischer und militärischer Schlüsselfiguren zugunsten des Staatsstreichs ihr Ziel erreichte. Nach heftigen Straßenkrawallen in Teheran wurde Mossadeq seines Amtes enthoben und vor Gericht gestellt. Der junge, verängstigte Schah kehrte in seinen Palast zurück. Mit den hohen Militärs vereinbarte Washington eine enge Zusammenarbeit und versprach ihnen, das Kaiserreich Iran mit modernstem Kriegsmaterial zu beliefern und als Verbündeter der USA zur dominierenden Kraft in der gesamten Golfregion aufzuwerten. So geschah es. Persien wurde zum Garanten der »pax americana« und zog – auch das muß erwähnt werden – reichen Vorteil für das eigene Staatsbudget aus den sprudelnden Ölquellen Khusistans.

Im Volk ist dennoch die bewundernde Erinnerung an den auch vor Gericht stets schluchzenden Regierungschef Mossadeq lebendig geblieben. Seine säkularen Vorstellungen einer modernen Republik stellte er unter den Scheffel. Dabei war er klug genug, dem Tribunal, vor das er gezerrt wurde, von den Engeln Allahs zu erzählen, die ihm im Traum erschienen seien und ihm den Widerstand gegen die imperialistischen Ungläubigen befohlen hätten. Mohammed Reza Pahlevi wiederum, der seine eigene Unsicherheit durch einen äußerst autoritären Regierungsstil zu kompensieren suchte, wachte argwöhnisch darüber, daß von Seiten der schiitischen Geistlichen, die er als »schmutzige, stinkende Turbanträger« beschimpfte, kein Widerstand gegen seine kemalistisch geprägten Reformpläne aufkam. Später gipfelte die sogenannte »Weiße Revolution«, die der Schah anordnete, in einer verdienstvollen Emanzipationsbewegung zugunsten der persischen Frauen. Niemand schenkte hingegen dem grimmigen Mullah Ruhollah Khomeini gebührende Aufmerksamkeit. Dieser schiitische Prediger hatte in der Heiligen Stadt Qom für Unruhe gesorgt, als er die amerikanische Protektoratsmacht als »großen Satan« verfluchte. Die

Pahlevi-Dynastie, dieses Instrument frevelhafter Abkehr vom wahren Islam, bekämpfte er mit jener unermüdlichen Kraft, die ihm die koranische Tugend des »Sabr«, der standhaften Geduld, verlieh.

Abkehr von Atatürk

Wenden wir uns der Türkei zu, die ich ebenfalls im Sommer 1951 von West nach Ost durchquerte. Im fernsten Anatolien, auf der beschwerlichen Schotterpiste zwischen Erzerum und der persischen Grenze, gesellte sich mir ein grauhaariger, distinguierter Brite zu, der damals schon für die Zugehörigkeit der Türkei zu Europa plädierte. Lord Kinross entsprach dem Typus des gebildeten, unermüdlich reisenden Sohn Albions aus bester Gesellschaft, der Spionage als eine Art Gentleman-Sport betreibt. In dem Bus voller türkischer Offiziere, die aus dem Urlaub in ihre tristen kurdischen Garnisonen zurückkehrten, erzählte er von seinem Buchprojekt. Nicht »Klein-Asien – Asia Minor« solle dieser Vorposten westlicher Zivilisation in Zukunft heißen, sondern »Klein-Europa – Europe Minor«. Er konnte sich auf eine Sentenz des Gründers der Republik, Atatürk, stützen, der zufolge es auf der Welt nur eine für alle gültige »civilisation« gebe – den französischen Begriff würde man im Deutschen mit »Kultur« übersetzen –, nämlich die europäische. An die USA und den American way of life hatte dieser herrische Staatsmann, der im Ersten Weltkrieg die britischen und australischen Alliierten bei Gallipoli abgewehrt hatte, noch gar nicht gedacht. Offenbar sind nicht nur die Imperien ständiger Abnutzung und allmählichem Zerfall ausgesetzt. Auch die Kulturen verblassen in Windeseile. Als Europäer kann man nur mit Wehmut feststellen, wie unzeitgemäß, ja absurd das kemalistische Bekenntnis zum Vorrang Europas und zu den unvergleichlichen Vorzügen des Abendlandes aus dem Munde eines orientalischen Staatsmannes heute klingen würde.

Eine laizistische Republik hatte Kemal Pascha, genannt Atatürk, in den versteppten Weiten Anatoliens ausgerufen. Mit den Überlieferungen des Osmanischen Reiches und dem Serail von Istanbul vollzog er den radikalen Bruch. Den letzten Sultan Abdelmajid hatte er als weltlichen Herrscher abgesetzt und wenig später, am 9. März 1924, seiner geistlichen Würde als Kalif beraubt und ins Exil geschickt. Die islamische Welt muß seitdem ohne einen »Statthalter« Allahs auf Erden auskommen, wobei zu berücksichtigen ist, daß die Usurpation dieses Titels durch den osmanischen Sultan Selim I., den man den Grausamen nennt, und die Weitergabe an seine Erben von weiten Teilen der »Umma« nie anerkannt wurde.

Mit der Losung »Glücklich, wer von sich sagen kann, daß er ein Türke ist«, hatte Kemal Pascha den türkischen Patriotismus, ja Nationalismus zur obsessionellen Grundlage seiner Republik gemacht. Die starke kurdische Bevölkerungsgruppe in Ostanatolien, angeblich Abkömmlinge der Meder und deshalb der persischen Ethnie weit näher verwandt als den turanischen Stämmen, wurde kurzerhand zu »Berg-Türken« gemacht. Ihr wurde offiziell jede völkische Eigenart abgesprochen. Den Islam erklärte Atatürk zum ideologischen Todfeind. Neben dem Begriff der Nation, der aus dem Westen importiert und mit der reinen koranischen Lehre nicht vereinbar ist, gründete Atatürk seine Republik von Ankara vorrangig auf das Gebot der »Laizität«.

Diese Abkehr vom Religiösen wurde zur Zeit meiner ersten Türkei-Reise – obwohl der »Ghazi« Atatürk einige Jahre zuvor gestorben war – mit rigoroser Konsequenz weitergeführt. Die meisten Moscheen waren geschlossen, die Hodschas strenger staatlicher Kontrolle unterworfen. In den großen Städten waren keine verschleierten Frauen anzutreffen. Nur auf dem Land erhielt sich eine begrenzte Toleranz. Koranschulen waren in der Regel untersagt, und wenn schon zu Allah und seinem Propheten gebetet wurde, dann mußte das auf Türkisch und nicht auf Arabisch stattfinden. Der Ruf des Muezzin war in der ganzen Republik verstummt. Auch die im Westen oft überschätzten und schwärmerisch verklärten Sufi-Orden, die »Tarikat«, fanden keine Gnade vor den säkularen

Gerichten. Mohammed sei ein »verlogener, räuberischer Beduine« gewesen, soll Atatürk geäußert haben. Man stelle sich vor, welchen Tumult eine solch frevelhafte Äußerung heute in der ganzen islamischen Welt vom Maghreb bis Indonesien auslösen würde, wenn schon ein paar dümmliche Karikaturen aus Dänemark eine globale Massenhysterie verursachten. Der »Ghazi«, wie Kemal Pascha sich nennen ließ, stützte sich auf eine Einheitspartei, die auf ihn eingeschworen war. Der wirkliche Kern der Republik und ihrer säkularen Zwangsverordnungen war jedoch von Anfang an die Armee. Deren Generale halten bis auf den heutigen Tag an dem politischen, zutiefst areligiösen Erbe Atatürks fest und stellen sich in einem letzten Aufbäumen der wiedererstarkten Kraft des Islamismus entgegen.

Seit 1951 hat in Kleinasien ein bemerkenswerter Aufschwung stattgefunden. Die türkische Wirtschaft, die – ganz auf den Staat ausgerichtet – zur Zeit des Kemalismus stagnierte, hat sich unter den Nachfolgepräsidenten, darunter auch Generale, so dynamisch entwickelt, daß sie in mancher Hinsicht mit Europa Schritt halten kann. Das arme, rückständige Agrarland von einst blickt heute voll Stolz auf eine breite, relativ wohlhabende Mittelschicht und eine Modernisierung, die auch auf das ferne Anatolien übergegriffen hat. Dabei ist folgende Feststellung zu treffen: Der ökonomische Fortschritt, der regional an ein Wirtschaftswunder grenzt, verläuft zwar parallel zur parlamentarischen Auflockerung und zur Entfaltung widerstreitender politischer Parteien. Auch eine gewisse Liberalisierung des Geisteslebens und die Meinungsvielfalt der Presse sind nicht abzustreiten. Doch das verblüffende, gesellschaftlich relevante Phänomen, mit dem die wenigsten gerechnet hatten, ist die Rückbesinnung Anatoliens und sogar der alten osmanischen Metropole Istanbul auf die islamische Gläubigkeit.

In keinem anderen Land des Orients hallt heute die Stimme des Muezzin so gebieterisch über die Dächer. Der Koran wird längst nicht mehr auf Türkisch gebetet, auch wenn die Einführung der lateinischen Schrift nicht rückgängig gemacht werden kann. Die Verschleierung der Frauen – in den ländlichen Bezirken ohnehin weit verbreitet – hat auf die Städte übergegriffen, wo sie zur Zeit noch mit provozierenden Miniröcken und modischer Extravaganz auf seltsame Weise einhergeht. Die Koranschulen sind überall vertreten. Die diversen religiösen Bruderschaften, Derwisch-Orden oder Tarikat – von der arabischen Vokabel »tariq«, der Weg, abgeleitet – blühen in aller Öffentlichkeit auf. Diese Rückkehr zum Islam hat sich schrittweise und ohne großes Spektakel vollzogen.

Eine schleichende Hinwendung zur koranischen Gläubigkeit, die von den meisten ausländischen Beobachtern nicht wahrgenommen wurde, hatte sich in den Agrarbezirken ohnehin längst eingestellt. Dort war es für einen Lokalpolitiker ohne Unterstützung einer der großen Tarikat kaum möglich, einen Sitz im Parlament von Ankara zu erobern. Wie lange hatte man bei den verblendeten Befürwortern eines Beitritts Ankaras zur Europäischen Union die Tatsache bagatellisiert, daß in den drei letzten Dekaden neue, prächtige Moscheen wie Pilze aus dem Boden schossen und weit zahlreicher sind als die Sakralbauten aus den langen Jahrhunderten des Osmanischen Reiches. Diese Gebetshäuser füllen sich am Freitag bis auf den Vorplatz, während in der benachbarten Islamischen Republik Iran der Besuch der schiitischen Sakralstätten sehr zu wünschen übrig läßt. Die Silhouette von Ankara wird durch den kolossalen Bau einer »Jami'« beherrscht, die sogar das grandiose Mausoleum Atatürks zu erdrücken scheint.

Der eklatante Wahlsieg Recep Tayyip Erdogans im Juli 2007 stellt nur den vorläufigen Höhepunkt einer langen, irgendwie zwangsläufigen Entwicklung dar. Was seinem Vorgänger und Rivalen Necmettin Erbakan nicht vergönnt war, hat der ehemalige Bürgermeister von Istanbul, der sich dort als außerordentlich fähiger Administrator bewährte, mit seiner gemäßigt islamischen »Partei für Gerechtigkeit und Entwicklung« – AKP – geschafft. Ich denke an meine Begegnung mit Erdogan im Frühjahr 1997 zurück, kurz bevor er eine Gefängnisstrafe antrat. Der gegen ihn erhobene Vorwurf war wenig stichhaltig. Er bezog sich auf ein von dem islamischen Politiker zitiertes Gedicht aus der frühen kemalistischen Kampfzeit gegen die europäischen Invasoren. »Unsere Moscheen sind unsere Kasernen«, hieß es da, »ihre Kuppeln bilden unseren Schild und ihre Minaretts sind unsere Lanzen.« Erdogan hatte bei unserem Treffen in einem zugigen, kalten Außenviertel von Istanbul einen vorzüglichen Eindruck auf mich gemacht. Der Mann stammt aus bescheidenen Verhältnissen an der Schwarzmeerküste und hatte die religiöse Ausbildung der »Imam-Hatip«-Schulen absolviert. Seine koranische Überzeugung ging so weit, daß er das Gespräch unterbrach und auf dem Teppich kniend – nach Mekka gewandt – sein Gebet verrichtete. Ich hatte das Gefühl, daß er für eine moderne Form des Islam eintritt, soweit sich das überhaupt mit der strikten Beachtung koranischer Vorschriften vereinbaren läßt. Von der kultischen Verehrung heiliger Männer, von Wunder- und Aberglauben sowie von der wirren Mystik, die den Derwisch-Orden oft anhaftet, hält er nicht viel, obwohl auch für ihn die Unterstützung dieser Bruderschaften unentbehrlich blieb. Ein Fundamentalist, so stellte ich fest, war Erdogan keineswegs, aber als einen »Integristen«, der zur ursprünglichen, unverfälschten Lehre des Propheten zurückfindet, konnte man ihn schon bezeichnen. Die Erneuerungsbewegung der »Salafiya« dürfte ihm nicht ganz fremd sein.

Es blieb nicht aus, daß dieser erfolgreiche und populäre Politiker in eine offene Konfrontation mit der allmächtigen Generalität der türkischen Armee und ihrer auf kemalistischen Laizismus eingeschworenen Staatsdoktrin gerät. Das hohe Offizierskorps, das bislang im Nationalen Sicherheitsrat die Entscheidungen fällte, betrachtet sich als Bastion des nationalrepublikanischen Erbes, des höchsten Vermächtnisses, das Atatürk hinterließ. Stück um Stück hat Erdogan es unternommen, diese militärische Präponderanz zu mindern und mit parlamentarischen Mehrheitsbildungen zu unterlaufen. Das Paradoxon besteht darin, daß die europäischen Freunde des Türkeibeitritts darauf hinarbeiten, den Einfluß der Armee abzubauen und auszuschalten, weil dieser den demokratischen Usancen des Westens widerspricht. Mit der Entmachtung der Generale wird jedoch die letzte Hürde beseitigt, die sich einer allmählichen Umwandlung dieses laizistischen Staates in eine Islamische Republik entgegenstellt.

Die kriegerischen Tonfiguren, die das Grab des ersten Qin-Kaisers bewachen, offenbaren eine Regierungsform des Reichs der Mitte, die sich – ähnlich wie später Mao Zedong – der konfuzianischen Sittenlehre resolut entgegenstemmte.

Wie die Hunnen sollten die Deutschen die chinesischen Aufrührer bestrafen, die den deutschen Gesandten Kettler ermordet hatten. Kaiser Wilhelm II. nimmt den Kotau des Mandschuprinzen Tschun entgegen.

Das internationale Expeditionskorps, das 1902 Peking eroberte, vollzog dort die Enthauptung von Anführern des Boxeraufstandes.

Die beiden Gefährten des Langen Marsches, Mao Zedong und Lin Biao, standen sich am Ende als Todfeinde gegenüber. Aber die chinesische Hagiographie verwandelt nachträglich diesen mörderischen Zwist in brüderliche Harmonie.

Von den Rotgardisten der Kulturrevolution wurde der weise Sittenlehrer Konfuzius als Feind des Volkes geschmäht. Heute gehört er wieder zum unveräußerlichen Kulturgut des Reichs der Mitte.

Mit Gelassenheit kann die heutige Weltmacht China auf jene Demütigungen zurückblicken, denen das Reich der Mitte noch vor hundert Jahren ausgesetzt war. Die Zeit der geschäftstüchtigen Missionare, einer barbarischen Truppenpräsenz und der Vergiftung des Volkes durch Opium gehört der Vergangenheit an.

Der Studentenaufstand auf dem Platz des Himmlischen Friedens gipfelte im Sommer 1989 in der Errichtung einer Nachbildung der amerikanischen Freiheitsstatue. Diesen Affront konnte die kommunistische Führung unter Deng Xiaoping nicht tolerieren, ohne sich selbst aufzugeben.

An den südlichen Ausläufern des Ural trafen sich auf Initiative Moskaus und Pekings die Staatschefs der zentralasiatischen Republiken. Mit einem gemeinsamen Manöver wollten sie den islamistischen Terrorismus in die Schranken verweisen, aber auch dem Einfluß der USA Grenzen setzen.

Die gigantische Hafenstadt Shanghai konkurriert nicht nur mit Hongkong und Singapur: Das Ziel dieser Megalopolis ist es, New York zu überflügeln.

Gewiß, Erdogan und seine engeren Mitstreiter sind keine Fanatiker. Vermutlich wäre es sogar heilsam, wenn in Anatolien der Versuch in Gang käme, ein vom Volk getragenes, moderates koranisches System zu installieren, nach dem wir innerhalb der übrigen »Umma« vergeblich Ausschau halten. Irgendwie muß das Verhältnis Europas zu seinen islamischen Nachbarn ja auf eine neue, realistische Grundlage gestellt werden. Die Respektierung des Willens der dortigen Mehrheit, auch wenn sie eine sakrale Staatsform befürwortet, sollte auf Dauer Vorrang gewinnen über die Kungelei mit oberflächlich befreundeten Diktatoren und Machtcliquen, deren Anbiederung an den Westen nur der eigenen Selbsterhaltung dient.

Aber macht es wirklich Sinn, die vor Kraft strotzende türkische Nation von heute 75 Millionen, demnächst 100 Millionen Menschen in einen ganz anders gearteten Kulturraum hineinzupressen, nachdem sich Europa zur Zeit der Osmanen nur mit äußerster Not dem Zugriff des Krummsäbels, dem Ansturm der Janitscharen und Sipahi, dem Anspruch des Sultans und Kalifen erwehrte? In diesem Zusammenhang taucht die Frage auf, warum die Vereinigten Staaten von Amerika als glühende Anwälte des türkischen Beitritts zur EU auftreten und zu diesem Zweck unerträglichen Druck auf ihre transatlantischen Verbündeten ausüben. Da gibt es eine zynische Erklärung, der zufolge Washington durch das lähmende Gewicht der anatolischen Masse jeden Ansatz einer europäischen Verselbständigung, jede strategische Abnabelung von der US-Hegemonie sabotieren wolle. Ein anderer Gedankengang erscheint plausibler: Die USA haben das Abdriften der Türkei in Richtung Islam erkannt und versuchen, durch organische, enge Einbindung der Republik von Ankara in die Europäische Union dem religiösen Erdrutsch entgegenzuwirken. Letzte Hypothese entspricht leider einer Form der Selbsttäuschung, des »wishful thinking«, die den Regierenden am Potomac schon allzu viele Enttäuschungen bereitete.

Zurück zum Sommer 1951 und zu der Reise durch das türkische Kurdistan. Ankara war als hochgeschätzter Verbündeter in den Atlantik-Pakt aufgenommen worden, bildete einen unentbehrlichen Eckpfeiler der Allianz am Rande des Kaukasus. Die Nachfolger Atatürks hatten sich ohne Gewissenskonflikt von dessen überlieferter Außenpolitik der strikten Neutralität abgesetzt, nachdem Josef Stalin bei seinem Treffen mit Roosevelt und Churchill den sowjetischen Anspruch auf Militärbasen an den Dardanellen angemeldet hatte. Im Koreakrieg, der im Sommer 1950 ausbrach, bewies die Regierung Ismet Inönü das ganze Ausmaß ihrer Bündnistreue. Ein starkes Kontingent wurde nach Fernost entsandt, wo diese Regimenter mit großer Bravour den chinesischen »Freiwilligen« standhielten. Während wir in unserem Autobus in Sichtweite des Berges Ararat nach Osten rüttelten, begeisterten sich meine Reisegefährten, junge türkische Offiziere, an den heldischen Abwehrleistungen ihrer Kameraden in Fernost und zeigten mir stolz die bunten Illustrationen der erbitterten Nahkämpfe südlich des Yalu. Schon bei der Zwischenstation in Erzerum war mir bei den dort stationierten Angehörigen der US-Army aufgefallen, daß zwischen ihnen und der türkischen Zivilbevölkerung Vertrauen und Sympathie die Regel waren.

In welchem Ausmaß die Dinge sich zum Schlechteren entwickelt haben, wie die Völkerfreundschaft zweier unterschiedlicher Kulturen in Entfremdung, Abneigung, teilweise in Haß umschlug, wurde 2003 im Zusammenhang mit dem Feldzug »Iraqi freedom« und der damit verbundenen Begünstigung der irakischen Kurden durch Washington sichtbar. Es ist nicht viel Lärm um die unglaubliche Brüskierung der USA durch das Parlament von Ankara gemacht worden. Die Türkei verweigerte 60 000 amerikanischen Soldaten, die über Ostanatolien dem Regime Saddam Husseins in den Rücken fallen sollten und ihr Material bereits entlang der Nordgrenze in Stellung gebracht hatten, den vereinbarten Transit durch ihr Territorium. Ein extrem aufwendiges und riskantes Umdisponieren aller Planungen wurde notwendig.

Geradezu erschrocken war ich über die Feindseligkeit, die sich in dem Kriegsfilm »Tal der Wölfe« kundtat. Nicht als Verbündete, sondern als potentielle Gegner, ja als hinterlistige Verräter traten dort die amerikanischen Agenten der CIA auf, während die US-Marines als wahllose Killer von Zivilisten dargestellt wurden. Eine peinliche Einzelentgleisung war das beileibe nicht, denn das »Tal der Wölfe« wurde zum Kassenschlager, zum größten Kinoerfolg. Nach der Schlußszene, in der der heimtückische CIA-Missetäter durch die rächende Hand eines türkischen Patrioten hingerichtet wird, erhoben sich die dichtgedrängten Zuschauerreihen und stimmten den Ruf »Allahu akbar« an.

Die neuen Assassinen

Metullah, im Mai 2007

Jenseits des Stacheldrahts und des gesprengten Bunkers flattert die rot-weiße Zedernflagge des Libanon und gleich daneben das gelbe Emblem der Hizbullah mit der Kalaschnikow. Über uns weht das Staatssymbol Israels mit dem blauen Davidstern im weißen Feld. Es machte Sinn, diesen Abstecher in die äußerste Nordspitze Galiläas zu unternehmen. Der Ort ist mir seit Jahrzehnten vertraut, aber er verändert sich ständig.

Wo früher die Soldaten von Zahal weithin sichtbar auf Wache gegen den Feind im Norden standen, sind die Befestigungen geschleift worden. Die Militärpräsenz ist gut getarnt. Die Häuser des Dorfes Metullah rücken mit ihren roten Ziegeldächern unmittelbar an die Frontlinie heran. Die jüdische Bevölkerung ist nicht evakuiert worden, aber einen sehr geschäftigen Eindruck macht Metullah nicht. Auf der Gegenseite bemühen sich die Milizionäre der »Partei Alis«, die ohnehin Zivil tragen, keine unnötige Aufmerksamkeit zu erregen. Durch einen Sehschlitz des Bunkers entdecke ich auch das blaue Tuch der Vereinten Nationen, deren buntgemischte Unifil-Truppe über die Einhaltung des Waffenstillstandes wachen soll. Im Westen beherrscht der schneebedeckte Gipfel des

Hermon die grüne Hügellandschaft. Ganz deutlich sind die Wiesen der Schebaa-Farm zu erkennen, ein paar Morgen Land, deren Zugehörigkeit zum Libanon, zu Israel oder Syrien umstritten bleibt und somit der Hizbullah einen nicht sonderlich überzeugenden Vorwand liefert, im Namen der Zedern-Republik minimale Territorialforderungen gegenüber dem Judenstaat aufrechtzuerhalten.

Auf unserer Route von Tiberias nach Metullah haben wir einen Bogen über die Golan-Höhen geschlagen. Vor den Ruinen der mittelalterlichen Festung Nimrud wird mir bewußt, wie unendlich schwer es ist, die permanente Verflechtung von Historie und Gegenwart einem europäischen Publikum nahezubringen. Wie schrieb doch der junge Major de Gaulle, als er in das damalige französische Mandatsgebiet der Levante versetzt wurde: »Vers l'Orient compliqué, je partais avec des idées simples – In den komplizierten Orient brach ich mit einfachen Vorstellungen auf.«

Die Burg Nimrud ist ein exemplarischer Fall. Sie war Bestandteil jenes gewaltigen Verteidigungssystems, das die Kreuzritter vom Roten Meer bis zur anatolischen Festung Edessa ausbauten. Seine Krönung fand dieser Schutzwall in einer mystischen Gralsburg in Südsyrien, die unter dem Namen »Krak des Chevaliers«, auf Arabisch »Qalaat el Hosn«, bekannt ist. Die diversen Festungen sind nicht dem Ansturm arabischer Lokalfürsten oder des Kalifen von Bagdad erlegen, sondern der Übermacht der türkischen Seldschuken, vor allem aber der Kriegskunst des kurdischen Ayyubiden-Sultans Salahuddin, der im Westen Saladin genannt wird. Am Ende versetzten die aus Ägypten anrückenden Mameluken der christlich-abendländischen Präsenz im Heiligen Land den Gnadenstoß. Die Mameluken, das sei hier der Kuriosität halber bemerkt, waren als sogenannte »Krieger-Sklaven« in den Orient verschleppt worden. Sie entstammten oft den wilden Kaukasusvölkern der Tscherkessen oder Tschetschenen. Ursprünglich von den arabischen Dynasten als Söldner rekrutiert, haben sie sehr bald die Macht an sich gerissen. Die Regentschaft der Mameluken über Ägypten, gegen die sogar die asiatischen Horden Tamerlans vergeblich anrannten und die sich nur nominell dem Sultan und Kalifen von Istanbul unterordnete, sollte durch Napoleon Buonaparte bei der Schlacht an den Pyramiden entscheidend zerschlagen werden. Der erste moderne Herrscher über das Niltal, Vizekönig Mehmet Ali, hat ihnen auf spektakuläre Weise den Garaus gemacht. Er lud die Mameluken-Emire auf seine Zitadelle von Kairo zu einem festlichen Bankett ein und ließ sie dort um 1810 von seiner Leibgarde massakrieren.

Vorübergehend hat die Burg Nimrud einer zusätzlichen, unheimlichen Sorte von Kriegern als Stützpunkt gedient. Die ursprünglich im persischen Alamut, dann im syrischen Ansariyeh-Gebirge beheimatete Sekte der »Haschischin« oder »Assassinen«, wie sie bei ihren fränkischen Feinden hießen, hatte sich hier eingenistet. Damit gewinnen die immer noch imponierenden Ruinen von Nimrud einen furchterregenden aktuellen Bezug. Die schiitischen Fanatikerbanden der Haschischin, die sich der Verfügungsgewalt des »Alten vom Berge« willenlos auslieferten, haben zweihundert Jahre lang den ganzen Orient mit dem selbstmörderischen Einsatz ihrer isoliert operierenden Attentäter terrorisiert. Seine Opfer suchte der Alte vom Berge, der »Scheich el Dschebl«, nicht nur unter den christlichen Ungläubigen, die zu jener Zeit im heutigen Palästina und im Libanon ihre Burgen verteidigten. Er ließ den fränkischen König Konrad von Jerusalem meuchlerisch beseitigen. Vor allem aber nahm er jene muslimischen Potentaten ins Visier, die – seiner eigenen bizarren Auslegung der koranischen Lehre zufolge – vom rechten Weg Allahs abgekommen waren und sich des Abfalls vom wahren Glauben schuldig machten. So fielen der sunnitische Abbassiden-Kalif von Bagdad und der schiitische Fatimiden-Kalif in Kairo seinen »Fedayin« zum Opfer. Sogar der große Saladin fühlte sich durch die religiösen Fanatiker unmittelbar bedroht. »Ein einziger Gotteskrieger zu Fuß, nur mit einem Dolch bewaffnet«, so klang es in den Heldenliedern der Assassinen, »wird zum Entsetzen des Königs, auch wenn dieser sich mit tausend gepanzerten Reitern umgibt«.

Ich will nicht so weit gehen und behaupten, der Alte vom Berge – ob er sich nun Hassan Sabah im persischen Alamut oder Sinan Ben Salman im Dschebl Ansariyeh nannte – sei der Erfinder des

»asymmetrischen Krieges« gewesen, der die amerikanischen und israelischen Strategen der Gegenwart vor schier unüberwindliche Probleme stellt. Aber der Vergleich liegt nahe.

Die israelische Armee hatte 1982 den größten Teil des Libanon erobert und die Hauptstadt Beirut besetzt. Die Zerschlagung der palästinensischen Kampforganisation Yassir Arafats war dem damaligen Verteidigungsminister Israels Ariel Scharon weitgehend geglückt. Zu diesem Zeitpunkt gingen die NATO-Verbündeten – vornehmlich Amerikaner und Franzosen – mit starkem Truppenaufgebot an Land, um den bedrängten PLO- und Fatah-Kämpfern den fluchtähnlichen Abtransport in befreundete arabische Länder zu erlauben. Als ich die christlichen Soldaten aus dem Westen unter ihren bunten Flaggen und Wimpeln am Strand von Beirut kampieren sah – die Italiener waren sogar mit dem Bataillon San Marco unter der Löwen-Standarte Venedigs angetreten –, kam auch mir der Gedanke an jene Kreuzritterheere, die, getragen von einem heiligen und grausamen Eifer, das Grab Christi der Schändung durch die Muselmanen entreißen wollten.

Wieviel stärker muß diese Reminiszenz sich der schiitischen Verschwörergruppen bemächtigt und in ihren streng geheimen Treffpunkten der Bekaa-Ebene Wut und Rache gegen die Präsenz der neuen »Salibiyin« geschürt haben. Die Stadt Baalbek, wo die prächtigsten Ruinen des Altertums von hellenistischer Pracht und römischem Ruhm künden, hatte sich 1982 in ein Zentrum des Widerstands verwandelt, auf das niemand gefaßt war.

Eine schwerbewaffnete Truppe iranischer Revolutionswächter, eingeschworen auf die mythische Gestalt des Ayatollah Khomeini, hatte in Baalbek Quartier bezogen. Die Mauern waren mit düsteren Darstellungen der schiitischen Märtyrerlegende des Imam Hussein bemalt. Unter dem Schutz persischer Pasdaran vollzog sich die Gründung der libanesischen »Partei Gottes« oder Hizbullah, die alsbald von Israeli und Amerikanern den Assassinen des Mittelalters gleichgestellt wurde. Dabei spielte es keine Rolle, daß die historischen Vorläufer der ismaelitischen Siebener-Schia angehörten, während die heutige Hizbullah wie auch die Mullahkratie von Teheran sich zur sogenannten Zwölfer-Schia bekennt. Eine Photographie, die mich im Gespräch mit Khomeini zeigt, hatte mir den Zugang zu Hussein Mussawi, einem der wichtigsten Rädelsführer, verschafft. Ihr verdankte ich auch, daß unser Kamerateam bei den Dreharbeiten in Baalbek nicht in Geiselhaft geriet.

Ein paar Monate später, im Herbst 1983, erschütterten zwei monströse Explosionen die Meeresfront von Beirut. Die alliierte Präsenz am Libanon nahm ein jähes Ende. Etwa 240 US-Marines und 60 französische Fallschirmjäger lagen unter den Trümmern ihrer Unterkünfte begraben, nachdem Selbstmordkommandos der schiitischen Partei Gottes an Bord von Lastwagen voll Sprengstoff durch die Sperren der NATO-Quartiere gerast waren. In Washington und Paris wurde die schmerzliche, aber einzig vernünftige Konsequenz aus diesem Massaker gezogen. Das westliche Interventionskorps am Libanon, das die Zedern-Republik stabilisieren und den seit Jahren wütenden Bürgerkrieg beenden sollte, wurde sang- und klanglos abgezogen. Als Vergeltung beschränkte sich die US-Navy darauf, Granaten ihrer schweren Schiffsartillerie auf ein paar schiitische Dörfer der Bekaa-Hochebene abzufeuern, die als Sammelpunkte der Hizbullah galten.

Von diesem mörderischen Tag im Oktober 1983 – so wage ich zu behaupten – datiert der gezielte und sich häufende Einsatz von Selbstmordattentaten. Für den schiitischen Glaubenszweig des Islam war diese extreme Kampfmethode nicht ganz ungewöhnlich. Der inbrünstige Märtyrerkult, die Geißelungsprozessionen des Aschura-Festes, die wehklagende Verherrlichung der ermordeten Imame ermuntern ja geradezu zur Selbstaufopferung. Die jungen Bassidji, die kaum bewaffnet die Panzer Saddam Husseins in den Sümpfen des Schatt-el-Arab sprengten, hatten nur geringe Überlebenschancen. Aber auch in anderen Kulturkreisen ist es ja zu Suizideinsätzen gekommen. Man denke nur an die japanischen Kamikaze-Piloten. Die Deutschen sollten sich bei ihrer Entrüstung über orientalische Barbarei daran erinnern, dass eine kleine Zahl verblendeter Todesflieger des Dritten Reiches in der letzten Phase des Zweiten Weltkrieges bereit war, mit ihren Maschinen die amerikanischen Bomberpulks zu rammen oder sich auf die Ponton-Brücken der Roten Armee zu stürzen in der Wahnsinnsvorstellung, deren Vordringen über die Oder aufzuhalten.

In Teheran habe ich in den Jahren des verlustreichen Krieges zwischen Iran und Irak erlebt, wie Kinderscharen im Schulalter zum Ruf »Schahid«, das heißt Märtyrer, durch die Straßen zogen und sich zum Entsetzen ihrer Eltern dem Opfertod weihten. Völlig unerklärlich erscheint das Übergreifen des suizidären Eifers auf den sunnitischen Zweig des Islam, der den weitaus größten Teil der Umma umfaßt und fast überall seinen dominanten Einfluß ausübt. Vielleicht bedurfte es der kollektiven Verzweiflung, der ohnmächtigen Wut der sunnitischen Palästinenser, die bislang als stark verwestlichte Araber und Muslime als relativ harmlos galten, um diese Form des Terrorismus gewissermaßen zu institutionalisieren. Diese »Schuhada« haben Schule gemacht. Die Blutorgien, die zur Zeit den Irak und neuerdings Afghanistan heimsuchen, die Mordanschläge der neuen Assassinen, die sich zwar auch gegen die amerikanischen Besatzer richten, aber mehr noch das gegenseitige Abschlachten ihrer sunnitischen beziehungsweise schiitischen Erbfeinde betreiben, entziehen sich jeder Rationalität.

Fassungslos hat die westliche Allianz seit dem 11. September 2001 entdeckt, daß die Frenesie der Selbstvernichtung im Namen der Religion zunehmend auch in angeblich verbündeten islamischen Staaten wie Saudi-Arabien oder Pakistan ihre Todeskandidaten rekrutiert. Mehr noch hat verwundert, daß die gefährlichsten Attentäter sich nicht einmal auf fremde Unterdrückung oder soziale Deklassierung als Rechtfertigung ihres Wahns berufen können, sondern aus relativ privilegierten Schichten stammen und – falls sie im Westen lebten – als gut integrierte Individuen galten. Orient und Okzident sind den Zwangsvorstellungen mörderischer Todesengel ausgesetzt, denen das eigene Leben nichts gilt und deren Traumvisionen vom Leben im Jenseits eher einer infernalischen als einer paradiesischen Phantasie entspringen dürften.

Die Autodestruktion als Methode der Kriegführung, der bluttriefende Irrsinn der Haschischin wurde im Mittelalter von allen rechtgläubigen Muslimen als krasse Häresie verurteilt. Heute hingegen durchdringt das weltweite, wenn auch diffuse Verschwörersystem, das Osama Bin Laden als Alten vom Berge erscheinen läßt, weite Teile der islamischen Umma und findet dort heimlich begeisterte Zustimmung. Dieser extremen Form des Terrorismus, dieser kaum erklärbaren mentalen Entgleisung stehen die Strategen des Westens mit ihrer Technologie und digitalen Allwissenheit ziemlich hilflos gegenüber.

Das Scheitern der arabischen Nation

Als ich im Februar 1982 in Metullah weilte, hatte ich dort eine zuversichtliche, fast euphorische Stimmung angetroffen. Um sich gegen die Überfälle der Palästinenser Arafats abzuschirmen, die den Südlibanon in ein chaotisches »Fatah-Land« verwandelt hatten, waren die israelischen Truppen schon im Jahr 1978 nach Norden vorgerückt. Unter den maronitischen Christen im Raum von Merjayoun hatten sie eine »Katiba« von Verbündeten rekrutiert. Bei den Schiiten, die in dieser Kontrollzone von knapp zwanzig Kilometer Tiefe die Mehrheit der Bevölkerung bildeten, waren sie auf Zurückhaltung, aber nicht auf Feindseligkeit gestoßen.

Die Partisanen der PLO hatten sich im Südlibanon wie in einem besetzten Land aufgeführt. Diese landesfremden Sunniten wurden von der ortsansässigen »Partei Alis« instinktiv als potentielle Gegner empfunden. Durch ihr anmaßendes Auftreten machten sie sich verhaßt. In den libanesischen Grenzdörfern war man es leid, als Folge der fortdauernden palästinensischen Übergriffe den Vergeltungsschlägen der israelischen Luftwaffe ausgesetzt zu sein. Die kleine, überwiegend christliche Söldnerschar, die ihre alten Sherman-Panzer mit Abbildungen der Jungfrau Maria schmückte, bildete unter dem Befehl des katholischen Major Haddad einen relativ zuverlässigen Schutzkordon im Norden Galiläas. Doch Haddad, der in Beirut von den christlichen Politikern zur Zusammenarbeit mit Israel ermutigt worden war, wurde dort jetzt als Verräter an der arabischen Sache beschimpft.

In einem freimütigen Gespräch hatte er mir seine Enttäuschung und seine Verbitterung geschildert. »Die Juden freuen sich zu früh, wenn sie das Spiel hier als gewonnen betrachten«, meinte er. Ein paar hundert Meter von unserem Treffpunkt entfernt verlief der »gute Zaun«, wie man damals sagte, zwischen Israel und Libanon. Der Übergang zum Haddad-Streifen war für Touristenrummel mißbraucht worden. Souvenirläden boten Fähnchen an, T-Shirts und Aschenbecher mit dem Aufdruck »the good fence«. Am Kontrollpunkt prägte sich mir das oft zitierte Orakel des Propheten Jesaja ein, das in hebräischer und englischer Sprache hoffnungsvolle Zukunft verhieß: »Sie werden ihre Schwerter zu Pflugscharen machen und die Speere in Sicheln verwandeln. Die Völker werden nicht länger das Schwert gegen andere Völker erheben, und nimmer wieder werden sie den Krieg erlernen.«

Genau ein viertel Jahrhundert ist seitdem vergangen. Im Frühjahr 2007 klingt die Episode vom »guten Zaun« wie ein fernes Märchen. Die Steintafel mit dem Versprechen Jesajas ist zertrümmert. Schon im Juni 1982 zerstoben alle Friedensillusionen, als die israelische Armee in einer Blitzkampagne nach Norden vorstieß und die Hauptstadt Beirut unter das Feuer ihrer schweren Artillerie nahm. Ziel der Operation »Frieden für Galiläa« war die Ausmerzung aller palästinensischen Kampfgruppen, die im Verlauf des endlosen libanesischen Bürgerkrieges auf dem Gebiet der Zedern-Republik einen Staat im Staat bildeten und gegenüber Israel auf Rache sannen.

Als starker Eindruck dieser Offensive, die ich aus unmittelbarer Nähe verfolgen konnte, bleibt mir eine Autofahrt durch die schiitischen Dörfer des Südlibanon, die von Maschinengewehrgarben und Granateinschlägen gezeichnet waren. Wir fuhren im Jeep eines israelischen Majors nach Norden. Der Rundfunk von Tel Aviv verlas ständig Meldungen über das Vorrücken der eigenen Panzerspitzen. Ich verstand nur ein einziges Wort: »Tohuwabohu«, womit wohl der anarchische Zustand des eroberten Landes geschildert wurde. Der Major, der sich durch seine Kipa als strenggläubiger Jude zu erkennen gab und dem ich von dem Jesaja-Spruch in Metullah erzählte, hielt einen anderen Vers dieses wortstarken Propheten bereit: »Die Sendboten des Friedens sind verschwunden; die Straßen sind verwaist, … die Erde trauert und stöhnt; der Libanon ist zutiefst verwirrt und durch schwarze Flecken entstellt.«

Den hoch symbolischen Höhepunkt dieses Feldzuges erlebte ich längs der Meeres-Corniche von Beirut am folgenden Tag. Um die Mittagszeit vereinigten sich dort die beiden Angriffszangen Zahals und schlossen den Ring um die letzten Stellungen der Palästinenser im Herzen der Hauptstadt. Die mächtigen Merkava-Panzer, die aus Süden anratterten, stießen auf die erschöpften Infanteristen, die endlich die schwere Last ihrer Funkgeräte, Bazookas und Granatwerfer abstellen und sich zur Rast auf dem Asphalt niederlassen konnten. Keiner von ihnen hat Notiz davon genommen, daß sie zu Füßen einer Art Pyramide lagerten, die zur Verherrlichung des ägyptischen Präsidenten Gamal Abdel Nasser errichtet worden war und die hohe Gestalt des Rais wie einen Pharao im Relief porträtierte. Wer von diesen jungen Soldaten Zahals kannte überhaupt noch den tragisch gescheiterten Helden des pan-arabischen Nationalismus und der arabischen Revolution?

*

Der Libanon nimmt in meiner Wahrnehmung des Orients und des Islam eine ganz besondere, zentrale Bedeutung ein. Unmittelbar nach dem Fiasko der britisch-französischen Suez-Expedition im Herbst 1956 habe ich im christlichen Maroniten-Dorf Bikfaya, der Hochburg des Präsidenten-Clans der Gemayel, mein Studium an einem vom Quai d' Orsay patronierten Institut für arabische Hochsprache, »lughat el haditha«, aufgenommen und mich auch nach Kräften in die Kunde des Koran vertieft. Zwei Jahre später schloß ich diesen Lehrgang mit einem Diplom ab.

Unter meinen Kommilitonen befanden sich überwiegend französische Diplomaten, Offiziere und Hochschuldozenten. Deren politische Meinungen gingen scharf auseinander. Die Militärs, die nach Beendigung ihres »Stage« Verwendung in den Stäben oder den »Commandos de chasse« der französischen Algerien-Armee finden würden, gehörten meist dem konservativen Lager an. Aber schon ein paar Monate nach ihrem Eintauchen in den arabisch-islamischen Kulturraum verfolgten sie die Bestrebungen der Aktivisten der »Algérie française« mit wachsender Skepsis. Die Akademiker neigten progressistischen, oft sogar marxistischen Ideen zu. Ihre heimliche Sympathie galt gelegentlich den algerischen Aufständischen, soweit sie sich irgendwie sozialistisch gebärdeten. Die Person des ägyptischen Präsidenten Gamal Abdel Nasser, der in der gesamten arabischen Welt als »Held von Suez« gefeiert wurde, stand natürlich im Mittelpunkt unserer Debatten.

Der »Rais« hatte sich einer engen strategischen Kooperation mit der Sowjetunion verschrieben, nachdem die amerikanische Diplomatie – damals schon in Schwarz-Weiß-Schablonen denkend und nach dem Motto agierend, »wer nicht mit uns ist, ist gegen uns« – den von Nasser angestrebten Neutralismus verworfen und jede finanzielle Zuwendung an Ägypten eingestellt hatte. Aus der Kairoer Zeitschrift *Ros el Yussef*, die wir wöchentlich übersetzten, bleibt mir anläßlich des sowjetischen Sputniks, des ersten »künstlichen Mondes«, der um den Erdball kreiste, eine Karikatur in Erinnerung, die die russische Performance im Weltraum, bejubelt von den arabischen Massen, mit der Unterschrift versah: »kullunah nuhibbu el kamar – Wir alle lieben den Mond«. So begann ein beliebter Schlager.

Die endlose Diskussion über die arabische Wiedergeburt ist bis auf den heutigen Tag nicht verstummt. Sie dreht sich im Kreise. In unserem Institut CEPAM setzten die einen auf Gamal Abdel Nasser und seinen arabischen Sozialismus, erwarteten von dem Ägypter, daß er die große Wende vornähme. Aber für die Experten des Niltals wirkte diese Hoffnung damals schon fadenscheinig. So setzten die Liberalen und Marxisten unter unseren Lehrgangsteilnehmern zunehmend auf die algerischen Revolutionäre, die im engen Kontakt mit französischen Verhältnissen und der europäischen Aufklärung für eine geistige Führungsrolle weit über den Maghreb hinaus prädestiniert schienen. Ein Beamter des Quai d'Orsay, der später Botschafter in Libyen werden sollte, tippte seinerseits auf die palästinensischen Flüchtlinge, die Opfer der zionistischen Landnahme zwischen Nazareth und Eilath. Die Palästinenser, so argumentierte er, würden durch das israelische Beispiel zwangsläufig in eine intellektuelle und technische Führungsrolle gedrängt, sie würden auf Grund ihrer Prüfungen zur Vorhut und Elite der arabischen Revolution. Keine dieser Erwartungen hat sich später bewahrheitet.

Sollte am Ende Ibn Khaldun, der maghrebinische Chronist aus dem 14. Jahrhundert, dieser erstaunliche Vorläufer der Soziologie, recht behalten, wenn er die Entwicklung der Araber für alle Zeiten als einen ruhelosen Kreislauf beschrieb, der weder gesellschaftlichen noch wirtschaftlichen Gesetzen, sondern zutiefst religiösen Impulsen gehorcht? Die Zivilisation der Städte, je höher und üppiger sie sich entwickelt, je mehr sie dem Luxus und – aus strenger islamischer Sicht – dem Laster verfällt, entfacht unweigerlich die Auflehnung, den religiösen Reinheitswillen der Wüstenvölker, so lehrte Ibn Khaldun. Am Ende stand jedes Mal die Machtergreifung dieser nomadischen Frömmler, bis diese sich ebenfalls der Verweichlichung, der Ausschweifung und der Sünde hingaben und ihrerseits Opfer einer neuen koranischen Säuberungswelle würden.

Die Thesen des Ibn Khaldun, dessen gelehrte Ausdrucksweise unseren Übersetzungsbemühungen erfolgreich widerstand, wurden durch einen Vortrag Arnold Toynbees ergänzt und aktualisiert, dem wir in der Amerikanischen Universität von Beirut lauschten. Der britische Geschichtsphilosoph, der bereits durch das hohe Alter gezeichnet war, belebte und verjüngte sich, als er das Thema der »Herodianer« und der »Zeloten«, dieser widerstreitenden Parteien des hebräischen Volkes zur Zeit des Imperium Romanum aufgriff. Die Herodianer waren die Anpasser und Opportunisten, die sich mit der Fremdherrschaft – unter Wahrung des Scheins einer eigenen staatlichen und religiösen Autonomie – abgefunden hatten, während die Zeloten sich in heiligem Eifer gegen die römischen Okkupanten und deren Götzenkult auflehnten, ehe sie nach einer Reihe von blutigen Revolten auf dem Felsen von Massada den eigenen Untergang auf sich nahmen. Diese beiden Richtungen, so führte Toynbee aus, seien nicht nur für die Juden, sondern auch für deren semitische Vettern, die Araber, charakteristisch. Ins Zeitgenössische übertragen: Die konservativen arabischen Kollaborateure des Westens sähen sich der Sturmflut nationaler und islamischer Unduldsamkeit ausgesetzt; das ewige Pendelspiel gehe weiter.

Die industrielle und technologische Revolution, so stimmten fast alle Professoren und Lehrgangsteilnehmer in Bikfaya überein, sei die unabdingbare Voraussetzung für die gesamtarabische Anpassung an das 20. Jahrhundert und für die Abkehr von den erstarrten Postulaten der islamischen Theokratie. Ein junger Philologe, der lange in Oberägypten gelebt hatte, behielt sein skeptisches Lächeln: »Die Araber sind ja nicht einmal mit der Landwirtschaft zurechtgekommen, die der Prophet gering achtete«, wandte er ein. »Wie sollen sie da in der modernen Ökonomie reüssieren?« Es sei doch eine sehr abendländische Vorstellung, daß der technische Fortschritt eine historische Zwangsläufigkeit sei und universale Geltung besitze. Sogar der Jesuitenpater d'Alverny, der unsere Koran-Exegese begleitete und dem katholischen Integrismus nicht ganz fernstand, plädierte im Sinne einer wachsenden Säkularisierung der arabischen Gesellschaft. Er verwies auf die theologische Öffnung, die im vergangenen Jahrhundert von Scheich Mohammed Abduh an der El Azhar-Universität von Kairo gepredigt wurde. Er erwähnte in diesem Zusammenhang auch die emanzipatorischen Theorien des Theologen Jamal-ed Din el Afghani, wobei er eingestand, daß Afghani alles andere als ein religiöser Liberaler war, sondern ein verkappter Anwalt islamischer Theokratie.

Mit seiner Vorliebe für Mohammed Abduh stieß unser jesuitischer Lehrmeister auf den heftigen Widerspruch der marxistischen Fraktion. Erst die Hinwendung zum dialektischen Materialismus – unter Respektierung der eigenen geistigen Überlieferungen, versteht sich – könne den Orient aus seinem zählebigen Obskurantismus befreien.

*

Getragen vom Jubel der Massen hatte Gamal Abdel Nasser eine abenteuerliche Expansionspolitik eingeleitet. Er führte einen aussichtslosen und verlustreichen Feldzug im Jemen. Mit Syrien realisierte er eine spektakuläre Staatenfusion. Kairo und Damaskus schlossen sich in der »Vereinigten Arabischen Republik« zusammen, aber der Rais hatte die Rechnung ohne die Aufsässigkeit und ohne die Arroganz der hellhäutigen Syrer gegenüber den dunkelhäutigen Niloten gemacht. So brach die Union bald auseinander.

Dennoch blieb Nassers Prestige auf wundersame Weise fast unangetastet. Er galt in den Augen seiner Anhänger als der Rächer, der eines Tages die israelische Landnahme in Palästina rückgängig machen würde. Als die Bundesrepublik Deutschland sich im Frühjahr 1965 anschickte, den Staat Israel anzuerkennen, legte Nasser sich quer und drohte mit Abbruch der diplomatischen Beziehungen. Im Auftrage der ARD waren wir mit einem umfangreichen Fernsehteam nach Kairo gereist, um den ägyptischen Staatschef nach der Möglichkeit eines Einlenkens zu befragen.

Nasser empfing uns in Heliopolis in einer relativ bescheidenen Villa. Er war kein Freund protziger Repräsentation und lebte nicht nur aus Sicherheitsgründen stets im Umkreis der Kasernen. Als ich dem massiven Mann gegenüberstand, spürte ich seine magnetische Wirkung. Der Rais verkörperte das neue und das uralte Ägypten. Es war, als trete uns eine Wiedergeburt Pharaos entgegen. Seine Liebenswürdigkeit war verführerisch. Zugleich ging eine animalische Kraft von ihm aus. Er erinnerte an die mächtigen Tiergötter seines Landes, an den Heiligen Stier, der im Schlamm des Nils für Ernteertrag bürgte. Wenn er lächelte, drängte sich der Gedanke an jene heiligen Krokodile auf, denen höchste Verehrung gezollt wurde. Vom fernsten Maghreb bis zum Persischen Golf verfügte dieser ungewöhnliche Offizier über eine Ausstrahlung, die der eines Kalifen gleichkam.

Was Gamal Abdel Nasser uns damals im Einzelnen mitgeteilt hat – von seinem Berater Mohammed Hassanein Hikal sekundiert –, ist mir nicht haftengeblieben. Wichtig war nicht, was er sagte, sondern was er war. Er führte mit entwaffnendem Lächeln eine ziemlich harte Sprache, drohte mit Sanktionen, falls Bonn und Tel Aviv sich einigen sollten. Zu einem Kompromiß war er nicht bereit.

Die Hybris, die sich des ägyptischen Staatschefs nach seinem spektakulären Erfolg von Suez bemächtigt hatte, sollte ihn 1967 in die Katastrophe treiben. Nasser ließ die Meerenge von Tiran sperren und blockierte somit die israelische Schiffahrt im Roten Meer. Er wies die UN-Überwachungstruppe am Sinai an, das ägyptische Territorium unverzüglich zu räumen. Generalsekretär U Thant kam diesem Befehl widerspruchslos nach. Schließlich schuf der Rais mit der Massierung ägyptischer Divisionen am Sinai den entscheidenden Vorwand für den israelischen Präventivschlag, für jenen Sechs-Tage-Krieg im Juni 1967, der in die Annalen der Kriegsgeschichte eingegangen ist.

Die Luftwaffe Ägyptens wurde am ersten Tag am Boden zerstört. Die Panzerarmeen Nassers wurden am Mitla-Pass vernichtet. Das Ostufer des Suezkanals war in Rekordzeit besetzt. Die Syrer, die sich an der erhofften Zerschlagung des Judenstaates beteiligen wollten, verloren die Golan-Höhen. Der Weg nach Damaskus stand offen. Das Haschemitische Königreich Jordanien hatte seine übliche Vorsicht über Bord geworfen und sich in das Kesseltreiben gegen die Zionisten eingereiht. Damit erhielt Israel die Chance, seine originäre, seine biblische Bestimmung neu zu entdecken. Ost-Jerusalem mit dem Tempelberg wurde von den Fallschirmjägern Zahals gestürmt, und die östliche Wehrgrenze Israels an den Jordan verlagert. Der Triumph war total. Nicht nur die tief religiösen Juden, selbst viele säkular eingestellte Zionisten erlebten mit mystischem Schaudern, daß das Wohlwollen Jahwes wieder auf dem auserwählten Volk ruhte. Dem »Gelobten Land« wurde plötzlich die verheißene Ausdehnung der Bibel zuteil. Das Reich Davids und Salomons feierte seine Wiederauferstehung.

Die Galionsfigur des pan-arabischen Nationalismus sollte sich von diesem Absturz ins Bodenlose nie mehr erholen, auch wenn die hysterischen Kairoten ihm immer noch verzweifelt zujubelten. Mit Nasser, der bald darauf starb, scheiterte die Idee der »Ummat-el-arabiya« der gesamtarabischen Nation. Der aus dem Okzident importierte Begriff der Nation hatte sich ja als untauglich erwiesen, der Herausforderung des zionistischen Zwergstaates zu begegnen.

*

Im Jahr 2007, zum vierzigsten Jubiläum des Sechs-Tage-Krieges, debattierten die israelischen Medien heftig und kontrovers über die positiven und die negativen Folgen des phänomenalen Sieges der jüdischen Streitkräfte. Noch immer untersucht man, in welchem Maße der göttliche Segen, der in dieser Entscheidungsschlacht sichtbar den Waffengang Israels begleitete, einem religiösen Identitätsbegriff des Judenstaates auf Kosten des ursprünglich zionistischen Ideals, das sich zum politischen Säkularismus bekannte, Auftrieb gab.

Noch der Verteidigungsminister und Feldherr Moshe Dayan war der Forderung nach einer Annexion Ost-Jerusalems mit der Bemerkung entgegengetreten, er lege keinen Wert auf den Erwerb eines »orientalischen Vatikans«. Auf der anderen Seite klingt mir die Entgegnung des Ministerpräsidenten Menachem Begin in den Ohren, der den französischen Präsidenten Mitterrand, als dieser ihn 1982 beim Staatsbesuch in der Knesset zu einer versöhnlichen Haltung gegenüber dem Revisionismus der Palästinenser ermahnte, mit den Worten zurechtwies: »Dieses ist das Land unserer Väter, das Land der Verheißung, das uns Gott zugewiesen hat. Als ich ein kleiner Junge war im polnischen Brest-Litowsk, da betete mein Vater mit mir: nächstes Jahr in Jerusalem.«

Erst allmählich haben die Juden entdeckt, welch entscheidende psychologische Wendung sich vor allem auch bei den Arabern seit dem Sechs-Tage-Krieg einstellte. Nach dem kläglichen Scheitern des nationalen Konzeptes der arabischen »Umma«, das als religiöse Verirrung entlarvt wurde, sind die Nachkommen Ismails auf die ewigen koranischen Werte zurückverwiesen worden, auf das überlieferte Postulat, wonach zwischen Religion und Staat – »din wa dawla« – keine Trennlinie gezogen werden darf. In immer weiteren Kreisen verstärkte sich der Ruf: »El Islam hua el hall – Der Islam ist die Lösung«. Den Zweiflern in den eigenen Reihen wurde entgegengehalten, daß alles im Koran enthalten sei.

Jedes Mal, wenn ein frommer Muslim einen Ausweg sucht aus den strengen Vorschriften des Korans, aus dem sich die Scharia, die muslimische Gesetzgebung, ableitet, so konstatierte ich schon im Jahr 1982 unter dem Protest deutscher Orientalisten, die vom Geist der Zeit keinen Hauch verspürt hatten, dann steht diesem Vorhaben der lückenlose Gesellschafts- und Gesetzeskodex des Gottgesandten entgegen. Er erhebt den Anspruch, alle Fragen für alle Zeit gelöst zu haben. Mohammed war nicht nur der Empfänger mystischer Impulse. Die ersten, die kürzesten Suren, die infolge der rein quantitativen Numerierung der späteren Koran-Ausgaben am Ende des Heiligen Buches stehen, tragen zwar noch den Stempel des ekstatischen Staunens. Die Offenbarung drückt sich hier in knappen, verzückten Stoßgebeten aus, in denen man das Galoppieren des Pferdes zu hören vermeint. Doch darauf folgt die Amts- und Lehrperiode von Medina, das gesetzgeberische Werk des aus Mekka vertriebenen Religionsstifters, wo jeder Aspekt des täglichen Lebens in präziser, pedantischer, aber auch sozial-revolutionärer Ausführlichkeit niedergelegt ist.

Der Koran ist allumfassend, läßt keine Ausweitung zu, er erlaubt keine Nebeninterpretation. Die Lizenz zur Auslegung, zum »Ijtihad« ist – zumal bei den Sunniten – äußerst begrenzt. Es handelt sich um die göttlich inspirierte, perfekte Vorschrift für das Menschengeschlecht. Mohammed war Legislator. Er bekräftigte bewußt die unlösliche Einheit zwischen Religion und Staat. Er war – ganz im Gegensatz zu Jesus – Feldherr und Befehlshaber der Gläubigen. In den Augen seiner Gefolgsleute war er der komplette, vollkommene Mensch, das Siegel der Propheten. Jeder rechte Gläubige ist gehalten, ihm nachzueifern, auch wenn es darum geht, das »Schwert des Islam« zu zücken.

Doch niemals beanspruchte Mohammed den winzigsten Anteil

an der göttlichen Natur Allahs. Ein Ausbruch, eine Abschweifung aus dem Islam in das Säkulum erscheint den rigorosen Predigern von gestern und von heute als eine Gotteslästerung, als ein Verrat an der tradierten Offenbarung. Laizisierung bedeutet Bruch mit dem Koran. »Wahrlich, wir haben Dir dieses Buch gesandt, damit Du unter den Menschen richtest, wie Gott es Dir offenbart hat.« (Sure 4, Vers 105)

Totentanz in Bagdad

Ich werde nicht der Versuchung erliegen, in diesem Essay die endlose Folge einer orientalischen Tragödie aufzuzeichnen, die zur Stunde im Debakel der US-Army im Irak gipfelt. Aber wir kommen nicht umhin, die Entwicklung Mesopotamiens in diese Betrachtung einzubeziehen. Das Zweistromland, das damals noch den Namen »Haschemitisches Königreich Irak« trug, habe ich im Sommer 1951 – wie all die anderen Länder des Mashreq – im Eingeborenen-Bus durchquert.

Der Irak stand mitsamt seinem kindlichen Thronerben Feisal II. und seinem starken Mann, Nuri Said, der einst als Offizier in der Osmanischen Armee gedient hatte, weiterhin unter dem Einfluß Großbritanniens. An den Ufern des Tigris, wo die Stammesfürsten in Beduinentracht nach der unerträglichen Hitze des Tages die lindernde Flußbrise im Garten des »Hotel Semiramis« genossen, fiel mir die Vorstellung schwer, daß genau zehn Jahre zuvor, im Sommer 1941, ein mit Berlin abgekarteter Offiziersputsch gegen die landesfremde Haschemiten-Dynastie und deren britische Protektoren stattgefunden hatte. Elemente der deutschen Division Brandenburg waren in Bagdad gelandet. Auf dem kleinen deutschen Friedhof im Herzen der Hauptstadt erinnert nicht nur der Xenotaph des Feldmarschalls von der Goltz Pascha an den gemeinsamen Abwehrkampf von Türken und Deutschen gegen die aus

Basra vorrückenden, überwiegend indischen Divisionen des englischen Generals Maude im Ersten Weltkrieg.

Da sind auch ein Major von Blomberg und ein paar namenlose deutsche Soldaten aus dem Zweiten Weltkrieg bestattet. Mit ihrem tollkühnen Unternehmen, als Deutschland noch hoffte, die Panzer Erwin Rommels würden bis Kairo vorrollen, hatten sie versucht, die Positionen des Empires mit einem Zangengriff von Osten her zusätzlich zu destabilisieren. Der Putsch von Bagdad wurde von der »Arabischen Legion«, die der Haschemiten-Emir Abdullah I. von Transjordanien unter Führung des britischen Generals Glubb Pascha zur Rettung seiner engen Verwandten in Marsch setzte, schnell niedergeschlagen. Aber seitdem blieb die Stimmung explosiv in Bagdad. Bei meiner Einreise in den Irak war mir aufgefallen, daß neben dem Visum auch das Vorzeigen eines Taufscheins verlangt wurde.

Die Amerikaner hätten gut daran getan, bevor sie sich zum kriegerischen Abenteuer »Iraqi freedom« entschlossen, die Geschichte der britischen Mandatszeit zwischen den beiden Weltkriegen zu studieren. Das war eine Folge von nationalistisch und religiös motivierten Rebellionen gegen die neuen ungläubigen Herren aus London, die die türkischen Osmanen abgelöst hatten. Mit einer Massenerhebung der Schiiten im Umkreis des Schatt-el-Arab hatte es begonnen. Im Norden kam es immer wieder zu Aufstandsbewegungen der Kurden. Um deren Gebirgsdörfer zu neutralisieren, war die Royal Air Force in den zwanziger und dreißiger Jahren nicht davor zurückgeschreckt, Bomben mit Giftgas abzuwerfen. Saddam Hussein sollte sich später auf diesen Präzedenzfall berufen können.

Es dauerte bis zum Jahr 1958, bis die Haschemiten-Dynastie am Tigris und deren Vertrauensmann Nuri Said dem blutrünstigen Militär-Coup des Generals Abd al-Karim Qasim erlag. Die verstümmelten Leichen wurden durch die Straßen von Bagdad geschleift. Es verstrich wiederum eine Dekade, bis nach einer Serie von Gemetzeln die revolutionäre »Baath-Partei« sich mit General Bakr und dessen Nachfolger Saddam Hussein an die Macht schoß.

Über diese »Hizb el Baath«, diese nationalistische und sozialistische Partei der Arabischen Wiedergeburt, lohnt es sich ein paar Worte zu verlieren. Ihr syrischer Flügel übt unter Präsident Baschar-el-Assad heute noch in Damaskus die Regierungsgewalt aus.

Ursprünglich galt die Baath als eine fortschrittliche Bewegung im ganzen Orient. Kurioserweise ging ihre Gründung auf den christlich-orthodoxen Syrer Michel Aflaq zurück, der sich als arabischer Nationalist gegen das türkische, dann das französische Joch der Mandatszeit auflehnte. Gleichzeitig verschrieb er seiner Bewegung eine strikt säkulare Ausrichtung. Als Christ reagierte er damit auf die gesellschaftliche und religiöse Diskriminierung als »Dhimmi«, der seine Glaubensbrüder unter dem Kalifat von Istanbul ausgesetzt waren. Michel Aflaq ist im Jahr 1989 gestorben. Er wurde in Bagdad mit einem pompösen Staatsbegräbnis und einem mächtigen Mausoleum geehrt.

Saddam Hussein, dessen Gefangennahme durch die Amerikaner am 14. Dezember 2003 als erniedrigende Komödie inszeniert und dessen Hinrichtung durch den Strang unter skandalösen Begleitumständen vollstreckt wurde, war alles andere als ein islamischer Fundamentalist. Wie sein verfeindeter Parteigenosse von Damaskus, Hafez el Assad, der der häretischen Sekte der Alawiten angehörte und die aufsässigen Muslim-Brüder von Hama und Aleppo zu Tausenden massakrieren ließ, kannte der Diktator von Bagdad keine Gnade, wenn er eine fanatisch religiöse Zellenbildung aufspürte. Bei den Sunniten duldete er allenfalls die mystischen Übungen der Derwisch-Orden, insbesondere der Qadiriya, jener mächtigen, im ganzen Islam verbreiteten Tariqa, die in Bagdad ihren Ursprung nahm. Für Wahhabiten, die sich an der religiösen Unduldsamkeit Saudi-Arabiens orientierten, oder für Salafisten, die ein neues Kalifat, einen koranischen Gottesstaat anstrebten, gab es kein Pardon.

Ähnlich ging der Sunnit Saddam Hussein gegen die schiitische Bevölkerungsmehrheit seines Landes vor, die er instinktiv als potentiellen Gegner einordnete. Mit extremer Wachsamkeit und mit Polizeiterror hielt er die brodelnde Frömmigkeit in Schach, die

im Umkreis der heiligen Städte Nejef und Kerbela bei der Trauer-
und Geißelungsprozession des Muharram-Monats aufkam und in
Massenhysterie umzuschlagen drohte. Soweit sich der schiitische
Klerus passiv und quietistisch verhielt, wie es angeblich der ererb-
ten Rolle dieses Glaubenszweiges von Märtyrern und Unterdrück-
ten entsprach, ließ der Tyrann von Bagdad ihn relativ unbehelligt.
Dieser Botschaft zur resignierten Unterwerfung verdankt der
heute so einflußreiche Groß-Ayatollah Ali es Sistani wohl sein
Überleben.

Wenn jedoch einer der hohen Geistlichen der »Partei Alis« –
etwa Groß-Ayatollah Mohammed Sadeq Sadr – sich anmaßte, politische Brandreden zu halten, zu sozialer Verantwortung für seine
notleidenden Jünger aufzurufen, wenn sich eine Gefahr der Auf-
wiegelung abzeichnete, dann schlugen die gefürchteten Geheimdienste zu und schreckten vor keiner Ruchlosigkeit zurück. Mohammed Sadeq Sadr wurde im Jahr 1999 ermordet. Seine eifernde
Gefolgschaft, die sich auf das revolutionäre Vorbild Khomeinis im
benachbarten Iran ausrichtete, fand in seinem Sohn Muqtada el
Sadr einen streitbaren Vorkämpfer. Dieser junge Hodschatoleslam
bringt heute die amerikanischen Besatzer mit seiner aufsässigen
Parlamentsfraktion, mehr noch mit seiner Miliz, der »Armee des
Mehdi«, in zunehmende Bedrängnis.

Als arabischer Nationalist hatte Saddam Hussein die im Norden
des Irak lebenden Kurden stets als fremdrassige Separatisten und
Staatsfeinde eingeschätzt und sie entsprechend malträtiert. Bei den
Schiiten war er differenzierter vorgegangen. Wenn ein Angehöriger dieser Religionsgruppe sich der Autorität der Mullahs entzog,
als irakisch-arabischer Nationalist und Befürworter der Säkularisierung, ja des Laizismus die Gebote respektierte, dann stand seinem Aufstieg zu hohen Würden innerhalb der alles kontrollieren-
den Baath-Partei nichts im Wege. So entdeckten landeskundige
Beobachter nach dem Einmarsch der US-Army in Bagdad im
Frühjahr 2003, daß sich unter den etwa zwei Dutzend verfemten
Politikern, die von den Amerikanern als Kriegsverbrecher gesucht
und anhand eines symbolischen Kartenspiels identifiziert wurden,

ebenso viele Schiiten wie Sunniten befanden. Der von Paul Bremer eingesetzte Chef einer kurzlebigen Übergangsregierung, Ijad Alawi, der einst für den Geheimdienst Saddams gearbeitet, ehe er sich mit seinem Chef aus welchem Grund auch immer überworfen hatte, machte aus seiner Zugehörigkeit zur »Schiat Ali« nie ein Geheimnis.

Der unsägliche Horror, der den Irak seit dem Frühjahr 2003 heimsucht, der konfessionelle Bürgerkrieg zwischen Sunniten und Schiiten, der Hunderttausende von Opfern fordert, die permanenten Übergriffe der amerikanischen Besatzungsmacht, das Überhandnehmen von Geiselnahmen und Kriminalität haben bei der Masse der Bevölkerung keine Saddam-Nostalgie aufkommen lassen. Dazu hatten dessen Schergen zu unerbittlich unter den Opponenten und Kritikern seines Regimes gewütet. Doch irgendwie drängt sich der Gedanke auf – wie das in Jugoslawien im Hinblick auf die unersetzliche Rolle Marschall Titos der Fall war, der, am irakischen Staatschef gemessen, allerdings ein milder Despot war –, daß wohl nur ein furchterregender Tyrann in der Lage wäre, die zentrifugalen Kräfte des Zweistromlandes zu bändigen und zusammenzufügen.

Der Mann aus Tikrit, der sich ursprünglich als Auftragskiller der Baath-Partei nach oben gedrängt hatte und als Staatschef einem Größenwahn sondergleichen verfiel, war gewiß ein Exremfall grausamer Arroganz. Seiner Republik jedoch hatte er – gestützt auf den immensen Petroleumreichtum zwischen Kirkuk und Basra – zu bemerkenswerter Prosperität verholfen. Saddam hat das Zweistromland mit Gewalt in die Moderne geprügelt. Bis zum Ausbruch der sukzessiven Golfkriege verfügte der Irak über eine bemerkenswerte Infrastruktur und eine sich rapide entwickelnde industrielle Leistungsfähigkeit. An den Universitäten wuchs eine Generation junger Intellektueller heran, die den Akademikern der anderen islamischen Länder oft überlegen war. Wer sich zu ducken verstand, niemals ein Wort des Tadels über den neuen »Nebukadnezar« äußerte und sich als Mitglied der regierenden Baath-Partei eintrug, konnte ein gutes Auskommen finden und – unter der erdrückenden Präsenz der »Mukhabarat« – in einer Sicherheit leben, die in scharfem Kontrast zum heutigen Chaos steht. Die Emanzipation der Frau war unter Saddam weit gediehen. Nur die wenigsten Studentinnen trugen ein Kopftuch. Keine von ihnen mußte befürchten, auf dem Weg zur Vorlesung entführt, vergewaltigt oder angepöbelt zu werden.

Die beachtliche christliche Minderheit – zumal die Chaldäer, die sich zur katholischen Kirche bekennen und der Autorität des Patriarchen von Babylon unterstehen – genoß eine Toleranz wie in keinem anderen islamischen Staat. An deren religiösen Entfaltungsmöglichkeit gemessen, schreit die Drangsalierung der Christen in der auf EU-Mitgliedschaft pochenden Türkei zum Himmel. Die Willkür des Baath-Regimes, der allgegenwärtige groteske Personenkult waren unerträglich. Doch ansonsten ließ sich durchaus leben im Irak Saddam Husseins, bis der Diktator durch kriegerische Abenteuer sein Land in den Abgrund riß.

In strikter Ablehnung der pseudodemokratischen Phraseologie der Bush-Administration hatten deshalb diverse amerikanische Orient-Experten, auf die leider niemand hörte, vorgeschlagen, nach dem Sturz Saddams nach einem neuen starken Mann, am besten nach einem relativ angesehenen General Ausschau zu halten. Als Nachfolger in diesem komplizierten Land kam den Spezialisten zufolge nur ein »wohlwollender Despot« in Frage, ein »Saddam Hussein light«, wenn man so will. »On ne détruit que ce que l'on remplace«, besagt eine französische Maxime: »Man vernichtet nur, was man zu ersetzen vermag.« Diese Regel mißachtet zu haben wurde der US-Präsenz an Euphrat und Tigris zum Verhängnis.

»Nach Kerbela, so Gott will!«

Im Orient unserer Tage hat das Schicksal ein ganzes Gewirr gordischer Knoten geknüpft, und es ist kein Alexander in Sicht, der das erlösende Schwert zücken würde. Die faszinierende Erscheinung des Ayatollah Khomeini hat Ende der siebziger Jahre bis in die Gegenwart der ganzen Region ihren Stempel aufgedrückt. Über die Person des »Imam«, wie ihn seine Gefährten nannten, über das Entstehen seiner Revolution, die ich im engsten Verschwörerkreis zwischen Neauphle-le-Château und Teheran miterlebte, habe ich eine ganze Serie von Augenzeugenberichten publiziert. Frappierend bei diesem iranischen Erdbeben war wieder einmal die Tatsache, daß niemand – nicht einmal der israelische Mossad, wie mir in Tel Aviv versichert wurde – die islamisch-schiitische Sturmflut in ihrer epochalen Bedeutung erkannte, bevor es zu spät war.

Als der Pfauenthron vakant und Amerika als »großer Satan« verflucht wurde, hatte eine Rotte junger Fanatiker die US-Botschaft in Teheran besetzt und das dortige Personal in Geiselhaft genommen. In dieser extremen Krisensituation, als Amerika seines wichtigsten Verbündeten am Persischen Golf verlustig ging, schlug die Stunde Saddam Husseins. Bislang hatte der »Rais« von Bagdad – getreu einer weit verbreiteten Schaukel-Praxis im Kalten Krieg – seine Waffen aus der Sowjetunion bezogen und mit dem Westen eine Vielzahl einträglicher Geschäfte getätigt. Jetzt fiel ihm eine neue, privilegierte Rolle zu, ja er wurde zum unentbehrlichen Instrument der amerikanischen Vergeltung.

Die neu gegründete Islamische Republik Iran schien in einem Taumel des religiösen Wahns zu versinken. In ihrer Verfassung verankerte Khomeini in Artikel V das Prinzip der »Wilayat-el-Faqih«, der Statthalterschaft eines tugendhaften, gottgefälligen und vom Volke getragenen Rechtsgelehrten, der in Politik und Gesellschaft den geheimen Absichten des »Verborgenen Imam« gerecht würde. Dieser geheimnisvolle Messias der Schiat Ali, der vor mehr als tausend Jahren in der irakischen Stadt Samarra seinen Verfolgern im Kindesalter entrückt wurde und seitdem aus der Okkultation, aus der Verborgenheit, die Geschicke der Welt lenkt, hat Einzug in die konstitutionelle Realität der Gegenwart gefunden.

In Samarra war ich – wenige Wochen vor Beginn der amerikanischen Offensive »Iraqi freedom« – in den Schacht hinabgestiegen, der dem Zwölften Imam Mohammed el Askari, als »Mehdi«, als Rechtgeleiteter verehrt, Zuflucht vor den Häschern bot und seine mirakulöse Rettung erlaubte. Ein freundlicher Mullah überreichte mir an dieser Weihestelle einen Fetzen grünen Seidenstoffs, der die Stelle des Verschwundenen kenntlich macht. Welche Ungeheuerlichkeit die frevelhafte Sprengung der Goldenen Moschee von Samarra durch sunnitische Fanatiker für die schiitische Glaubensgemeinschaft darstellt, kann wohl nur ermessen, wer sich diesen Mysterien physisch genähert hat. Die Verwüstung des Heiligtums heizte den schwelenden Konflikt zwischen den beiden islamischen Glaubensrichtungen vollends zur Feuersbrunst an. Ein grauenhafter Totentanz war die Folge.

Wenden wir uns der Krisensituation des Jahres 1980 zu. Die Machtergreifung Khomeinis mußte bei Saddam Hussein die Befürchtung bestärken, die Revolution des Iran könne auch auf seine eigene schiitische Bevölkerungsmehrheit übergreifen. Zudem gab sich der irakische Staatschef der Vorstellung hin, die Armee des geflüchteten Schah habe sich aufgelöst, in Teheran herrsche Unruhe und Chaos, Persien sei dem strategischen Zugriff seiner Panzerdivisionen wehrlos ausgeliefert. Seine Absicht, die am Schatt-el-Arab gelegene Provinz Khusistan zu erobern, wo die reichsten Erdölquellen des Iran sprudeln, wurde von den amerikanischen Verbindungsstellen lebhaft ermutigt, hoffte man doch in Washington, das Vordringen der irakischen Streitkräfte werde die Mullahkratie von Teheran mühelos hinwegfegen. Dem beängstigenden Spuk des schiitischen Gottesstaates wäre somit ein schnelles Ende beschieden.

Mehr als acht Jahre hat das Gemetzel gedauert. Mindestens zwei Millionen Menschen sind in den verbissenen Schlachten am

154

Schatt-el-Arab und in den Majnun-Sümpfen umgekommen. Die irakischen Streitkräfte stießen auf einen Gegner, mit dem sie nicht gerechnet hatten. Die Revolutionswächter und die junge Freiwilligentruppe der Bassidji kämpften wie die Löwen, stürzten sich mit heiligem Eifer in den Tod. Sie brachten nicht nur das irakische Vordringen auf Abadan zum Stehen. Sie holten zur Gegenoffensive aus. Vermutlich hätten sie die Auffanglinien an der Autobahn Basra-Bagdad durchbrochen und den glorreichen Vormarsch auf die heilige Stadt Kerbela angetreten, wenn Saddam Hussein nicht auf Mittel zurückgegriffen hätte, die selbst im Zweiten Weltkrieg niemals zum Einsatz kamen. Der persische Ansturm erstickte buchstäblich in den Giftschwaden, die aus den feindlichen Stellungen gegen sie abgeblasen wurden oder den krepierenden Gasgranaten entströmten. Nur mit Hilfe dieser Vernichtungswaffen, die durch das bestehende Kriegsrecht geächtet sind, konnte das Vordringen der Pasdaran eingedämmt und die Front stabilisiert werden.

Die westliche Staatengemeinschaft und die Sowjetunion haben miteinander gewetteifert, um die von Niederlage bedrohte Diktatur Saddam Husseins zu retten und ihm eine erdrückende materielle Überlegenheit zu verschaffen. Seine vernichteten Panzerdivisionen wurden durch Material aus dem Ostblock ersetzt. Frankreich beteiligte sich eifrig am Waffenverkauf. Die USA und die Bundesrepublik Deutschland konnten den traurigen Ruhm für sich buchen, daß ihre Chemiker und Laboranten die tödlichen Giftgase produzierten. So eng war die Zusammenarbeit mit dem Pentagon, daß der spätere Verteidigungsminister Donald Rumsfeld, der den Präsidenten Bush junior auf so desaströse Weise beraten sollte, zweimal nach Bagdad reiste, um dort als Assistant Secretary of Defense den irakischen Stäben Anleitungen zu erteilen. Die Luftaufklärung der US Air Force lieferte Bilder der iranischen Truppenkonzentration.

Dank amerikanischer Technologie wurden die rudimentären Scud-B-Raketen sowjetischer Herkunft, über die Saddam Hussein verfügte, so weit perfektioniert, daß sie präzise Ziele in Teheran und Isfahan anvisieren konnten. Die Befürchtung, diese Trägerwaffen könnten auch mit Giftgas bestückt werden, führte zur Massenflucht der Zivilbevölkerung aus Teheran und veranlaßte schließlich den Ayatollah Khomeini, einem Waffenstillstand zuzustimmen. »Ich hätte lieber einen Becher mit Gift geleert«, hat der Imam sein Einlenken kommentiert. Ein Jahr später starb er. Bei seiner Grablegung kam es zu unglaublichen Szenen, zu Ausbrüchen kollektiver Verzweiflung, zu Trauerprozessionen von mindestens zwei Millionen Menschen auf dem Weg zum Heldenfriedhof Beheschte Zahra.

Einige Bilder dieses Kriegs sind für mich unvergeßlich: Die verwesenden Leichen Hunderter irakischer Soldaten auf den Kais der rückeroberten Stadt Khorramschahr am Schatt-el-Arab und dazwischen die siegreichen Pasdaran, die seelenruhig ihre Reisrationen verzehrten; das trostlose Ruinenfeld der von den Irakern plattgewalzten Ortschaften, wo kein Stein auf dem anderen blieb; dazwischen eine halb gesprengte Moschee, in der die Revolutionswächter das Spruchband gespannt hatten: »O Allah, erhalte uns Ruhollah Khomeini bis zur Revolution« – nicht etwa bis zur Wiederkehr – »des Imam el Mehdi«. Der schiitische Messias, der Zwölfte verborgene Imam, war also auch auf dem Schlachtfeld zugegen.

Mir fällt die gottestrunkene Stimmung der zwölf- bis siebzehnjährigen Bassidji im Sumpfgelände von Majnun ein, die immer wieder den Kampfruf anstimmten: »Kerbela in scha'Allah« – nach Kerbela, wo der Imam Hussein im Jahr 680 seinem teuflischen Widersacher, dem sunnitischen Kalifen Yazid, erlegen war und den Märtyrertod erlitt – »nach Kerbela, so Gott will!« Auf der anderen Seite der Front beeindruckten mich die sorgenvollen Gesichter der irakischen Offiziere im Abschnitt von Mandali, als sie den Heldengesängen, die über den Rundfunk von Bagdad dröhnten, entnahmen, daß die persische Gegenoffensive im Begriff stand, ihre Front zu überrennen.

Vater und Sohn Bush im Wüstensturm

Wenden wir uns den beiden amerikanischen Golfkriegen zu. Der erste wurde von George Bush senior im Jahre 1991 geführt; den zweiten brach dessen Sohn George Walker Bush vom Zaun. Fast alles unterscheidet die beiden Feldzüge. Der eine wurde hochprofessionell, der andere extrem dilettantisch konzipiert. Der erste hieß kurz und bündig »Desert storm – Wüstensturm«; der zweite trat mit dem missionarischen Anspruch »Iraqi freedom – Freiheit für den Irak« an, als ob der Name »Enduring freedom – dauerhafte Freiheit«, der zwei Jahre zuvor der Afghanistan-Offensive verliehen wurde, nicht schon schwülstig und irreführend genug gewesen wäre.

Als der erste amerikanische Golfkrieg im Januar 1991 mit massiven Bombardierungen begann, war ich aus Florida nach Amman geeilt. Saddam Hussein hatte das Emirat Kuweit ein halbes Jahr vorher im Handstreich erobert, und die verbündeten Armeen sammelten sich in der saudischen Wüste zum konzentrischen Gegenangriff. Mit Eva war ich der einzige Passagier an Bord der Lufthansa-Maschine aus Atlanta, was ein bezeichnendes Licht auf den Wagemut der sonst so reisefreudigen und oft kriegslüsternen Businessmen warf.

Die jordanische Hauptstadt sollte sich als vorzüglicher Beobachtungspunkt erweisen. Von dort aus führte noch immer eine offene Autobahn nach Bagdad. In Amman unterlag man auch nicht der Zensur und einer seit Vietnam zur Manie ausgearteten Geheimhaltung der amerikanischen Presseoffiziere. Ich logierte wie bei meinen früheren Besuchen im Hotel Intercontinental.

George Bush senior hatte nichts dem Zufall überlassen. Die Vereinigten Staaten von Amerika standen zu Beginn des Jahres 1991 auf dem Höhepunkt ihrer globalen Hegemonie. Die Sowjetunion brach auseinander. China befand sich nach Tien An Men in einer heiklen Übergangsphase. Europa feierte das Verschwinden des Eisernen

Vorhangs und aller Belastungen des Kalten Krieges. Was hatte den amerikanischen Präsidenten bewogen, Saddam Hussein, der sich ein paar Jahre zuvor noch als unentbehrlicher Festlandsdegen Amerikas gegen die schiitische Revolution Khomeinis bewährt hatte, nun mit Krieg zu überziehen? Hatte wirklich eine gezielte Irreführung durch die US-Botschafterin in Bagdad, April Glaspie, stattgefunden, als der irakische Diktator sie von seiner Absicht unterrichtete, Kuweit als neunzehnte Provinz zu annektieren? Es liegen Dokumente des State Departments vor, aus denen hervorgeht, daß die Botschafterin keine eindeutigen militärischen Gegenmaßnahmen der USA angedroht und Saddam Hussein im Ungewissen gelassen hatte, als er ihr seine Expansionspläne in Richtung Golf unterbreitete.

Dem irakischen Diktator, der sich einbildete, aus dem Vernichtungskrieg gegen Iran als Sieger hervorgegangen zu sein, wurde offenbar zum Verhängnis, daß er über keinerlei internationale Erfahrung verfügte. Er schätzte die Reaktionen der »family of nations«, wie es so schön und lügnerisch heißt, völlig falsch ein. Nachdem Kuweit ohne nennenswerte Gegenwehr besetzt worden war, brach weltweit ein Sturm der Entrüstung aus. Der Sicherheitsrat der Vereinten Nationen stellte einstimmig den »casus belli« fest. Von Moskau und Peking im Stich gelassen, sah sich Saddam sogar der Verurteilung durch die Arabische Liga ausgesetzt. Es nützte dem Tyrannen nichts, daß er den politischen Säkularismus seiner Baath-Partei unter den Scheffel stellte und die irakische Flagge mit dem koranischen Gebetsruf »Allahu akbar« schmücken ließ.

Als ziemlich nutzlose Sympathisanten standen ihm lediglich die palästinensische Befreiungsorganisation Yassir Arafats, die südarabische Republik Jemen und – erstaunlicherweise – das Haschemitische Königreich Jordanien zur Seite. König Hussein hatte tatsächlich gehofft, die irakischen Sturmtruppen würden nicht nur Kuweit, sondern auch das Königreich Saudi-Arabien überrennen und aus den Angeln heben. Dann hätte er als rechtmäßiger Erbe der Haschemiten-Schurafa von Hedjas seinen Anspruch auf das Wächteramt der Heiligen Stätten von Mekka und Medina angemeldet. Der Malik von Amman war klug genug, seinen Irrtum sehr bald einzusehen, als sich eine gewaltige Koalition in der Steinwüste Saudi-Arabiens entfaltete. Er lenkte ein und begab sich unter die Fittiche der amerikanischen Supermacht.

Eine erstaunliche militärische Zusammenballung fand damals statt. Fast alle NATO-Staaten waren präsent. Nur die Bundesrepublik Deutschland, die sich prioritär dem überstürzten Wiedervereinigungsprozeß im eigenen Land widmen mußte, hatte sich dem Einsatz entzogen, diese Absenz jedoch durch einen enormen Finanzbeitrag wettgemacht. Ägypten, Saudi-Arabien, die Golf-Emirate, Marokko und selbst Syrien stellten Truppenkontingente zur Verfügung. Nach mehreren Wochen einer systematischen Bombardierung brach endlich die Bodenoffensive »Wüstensturm« los. Das Emirat Kuweit wurde den demoralisierten Soldaten Saddam Husseins entrissen. Von Süden und Westen rückten Panzerspitzen auf das Herz des Zweistromlandes vor. Am weitesten war die unzureichend ausgerüstete französische Brigade »Daguet« in Richtung Bagdad vorgeprescht. Da kam es zur großen Überraschung. In seiner Eigenschaft als »Commander in Chief« befahl George Bush die sofortige Einstellung der Kampfhandlungen, die am Boden nur hundert Stunden gedauert hatten. Mit Saddam Hussein vereinbarte er gegen den Protest seines frustrierten Generals Schwarzkopf einen übereilten Waffenstillstand, mit dem niemand gerechnet hatte.

An Hand unserer heutigen Erkenntnisse hat der Vater von George W. im Frühjahr 1991 damit die richtige Entscheidung getroffen. Er hielt sich streng an das Mandat der Vereinten Nationen, die den Waffengang auf die Vertreibung der Iraker aus Kuweit limitiert hatten. Er ersparte seiner eigenen Armee die Verstrickung in die chaotischen Wirren, die auf den Sturz Saddam Husseins auch damals schon beinahe zwangsläufig gefolgt wären. Die Diskussion ist dennoch bis heute nicht erloschen. Warum hatte der US-Präsident, der als früherer Chef der CIA konkrete Erfahrungen im trüben Geschäft der Geheimdienste sammeln konnte, so plötzlich eingelenkt? Warum war er überhaupt gegen Saddam Hussein zu Felde gezogen?

Diesen Beschlüssen lag – wie mir in Washington und auch in Amman versichert wurde – ein »grand design« zu Grunde. Bush senior, gestützt auf seinen Außenminister und Freund James Baker, wollte den konvulsiven Zuckungen und Erbfeindschaften, die den Nahen und Mittleren Osten zu einer Zone hohen Risikos machten, eine weit ausgreifende Friedensordnung überstülpen. Er wollte endlich die Voraussetzungen schaffen, um den Erbstreit zwischen Israeli und Palästinenser um das Heilige Land in eine für beide Seiten halbwegs akzeptable Lösung zu pressen.

Bush senior wollte den Despoten von Bagdad jedoch nicht total ausschalten und den Irak in tribale und konfessionelle Anarchie stürzen, so wurde mir berichtet. Saddam sollte entscheidend geschwächt werden. Internationale Kontrollkommissionen würden darüber wachen, daß ihm jede Möglichkeit verwehrt bliebe, Massenvernichtungswaffen zu horten oder zu produzieren. Die Effizienz dieser Überprüfung durch die Vereinten Nationen wurde vom Pentagon zu Unrecht angezweifelt, aber die UNO hat es tatsächlich geschafft, die irakische Bedrohung zu reduzieren. Von nuklearer Aufrüstung konnte in Bagdad ohnehin nicht die Rede sein, seit die israelische Luftwaffe im Jahr 1981 die Atomanlagen von Osirak durch ein kühnes Überraschungsmanöver zerstört hatte. Die unerbittlichen Wirtschaftssanktionen, die von der UNO über das Zweistromland verhängt wurden, das Importverbot jeder Art von Chemikalien zumal, das zur Verseuchung des Trinkwassers und zum Massensterben von Kleinkindern führte, waren zusätzliche Methoden, den besiegten Irak niederzuhalten.

Bagdad, so konnte Washington mit Befriedigung registrieren, war als militärischer Aggressionsfaktor beseitigt. Gleichzeitig war die Bush-Strategie darauf bedacht, der Mullahkratie von Teheran keinen Vorteil zuzuspielen. Ein zynisches, aber wirksames Manöver wurde inszeniert, um jene revoltierenden schiitischen Massen des Zweistromlandes zu neutralisieren, die in Verdacht standen, mit ihren Glaubensbrüdern der Islamischen Republik Iran zu sympathisieren und im Geiste Khomeinis nach Einfluß am Schatt-el-Arab zu streben. Das Waffenstillstandsabkommen untersagte zwar

Saddam Hussein den Einsatz von Kampfflugzeugen. Die Verfügung über seine Hubschrauber wurde ihm hingegen belassen. Das Gros des irakischen Heeres war durch das Flächenbombardement der US Air Force zerschmettert worden. Beim überstürzten Rückzug längs der Mutla-Höhen Kuweits fand ein grauenhaftes und unnötiges Massaker aus der Luft statt. Der irakische Staatschef hatte jedoch seine Elitetruppe, die Republikanergarde, nicht in die vordersten Linien geschickt, sondern zum eigenen Schutz in Reserve gehalten.

Die »Perfidie« des US-Präsidenten, so klagen die Schiiten noch heute, habe darin bestanden, daß er ihre Widerstandskämpfer wie auch die Kurden im Norden des Landes zum Aufstand gegen den Diktator aufrief. Mit dem jähen Abbruch der Offensive lieferte er jedoch die kaum bewaffneten Milizen der Partei Alis, die weite Landstriche, darunter die Hafenstadt Basra, die heiligen Stätten von Nejef und Kerbela von der sunnitischen Tyrannei und dem Spitzelsystem der Baath-Partei befreit hatten, der gnadenlosen Rache Saddams und seines weit überlegenen Repressionsapparats aus. Während die Schaffung einer Sperr- und Schutzzone im Norden des irakischen Kurdistan nach einigen Monaten extremer Drangsal das Überleben, ja die Konstituierung eines autonomen kurdischen Territoriums zwischen Dohuk und Sulimaniyeh erlaubte, wurden die schiitischen Freischärler von der Republikanergarde und deren Helikoptern zu Paaren gejagt und erbarmungslos abgeknallt. Wer irgendwie konnte, flüchtete in den benachbarten Iran. Die Heiligtümer der Imame Ali und Hussein wurden verwüstet. Panzerschneisen entweihten die endlosen Gräberfelder von Nejef.

Als ich zwei Jahre später eine Erkundungsreise in den Südirak unternahm, waren zwar die Restaurationsarbeiten an den goldenen Moscheen in fieberhafter Arbeit erstaunlich weit gediehen. Aber die grausame Unterdrückung, die brutale Einschüchterung der schiitischen Bevölkerung durch den Staatsapparat war überall zu spüren. Mit seiner skrupellosen Aktion hatte George Bush einen doppelten Coup gelandet. Saddam Hussein war zum »Papiertiger« geworden, der nur noch in der Lage war, den eigenen Untertanen zwischen

Mossul und Basra seine bleierne Ordnung aufzuerlegen. Oft genug war es die Ruhe eines Friedhofs. Auf der anderen Seite war gegen jede Expansion der schiitischen Revolution, die aus Iran überzuschwappen drohte, ein wirksamer Damm errichtet worden. Den Anhängern des Ayatollah Khomeini, die aus dem Untergrund aufgetaucht waren, setzten die irakischen Geheimdienste mit Mord und Folter zu.

Nachdem er die gefährlichsten Unruhestifter im Mittleren Osten – Irak und Iran – gelähmt und neutralisiert hatte, beabsichtigte Präsident Bush I., die Regelung des heillosen Konfliktes um das Heilige Land anzupacken und den dortigen Parteien seine Kompromißvorstellungen notfalls aufzuzwingen. Die Voraussetzungen für Verhandlungen zwischen Israeli und Palästinensern, die in Madrid begannen und in Oslo unter strenger Geheimhaltung weitergeführt wurden, glaubte er geschaffen zu haben. Mit dem Sieg am Persischen Golf schien der Ruhm Amerikas als einzig verbliebene Supermacht, als weltweiter Hegemon, fest fundiert.

George Bush konnte in der Stunde seines Triumphs, als die GIs unter Anführung General Schwarzkopfs auf der Fifth Avenue im Konfettiregen und im Jubel der New Yorker defilierten, nicht ahnen, welch bittere Enttäuschung ihm bevorstand. Schon ein Jahr später, im November 1992, wurde er durch einen ziemlich unbekannten demokratischen Gouverneur von Arkansas namens Bill Clinton, durch einen »draftdodger«, einen Wehrdienstverweigerer des Vietnam-Konflikts, aus dem Weißen Haus verdrängt. Die finanziellen Sorgen des Alltags, die dem Durchschnittsamerikaner zusetzten, wogen bei der Wahl des Präsidenten schwerer als die Glorie der Waffen. Wie hat Clinton seinen Erfolg erklärt? »It's the economy, stupid – Es geht doch um die Wirtschaft, du Dummkopf«, lautete seine Formel.

Mir kam eine Zufallsbegegnung in Minnesota im Juni 1993 in den Sinn. Im gigantischen Verkaufstempel des »Mall of America« hatte mich ein wenig sympathischer Landsmann angesprochen, der sich in Saint-Paul niedergelassen hatte. Nach begeisterten Hymnen auf die Tugenden seiner neuen Wahlheimat ging er unvermittelt zu Nörgelei und Kritik über. »Lassen Sie sich durch die fröhliche Betriebsamkeit der ›Mall of America‹ nicht täuschen«, meinte er. »Dieses ist im Grund ein marodes Land. Die USA sind auf den Krieg angewiesen, um ihre Wirtschaft auf vollen Touren zu halten und Wohlstand für die Massen zu schaffen. Jeder Präsident lebt mit dem Schreckgespenst des großen Börsenkrachs von 1929 und den folgenden Jahren einer schrecklichen Rezession. Trotz Roosevelts ›New Deal‹ zeichnete sich 1937 eine ähnliche Katastrophe ab, und nur das Ankurbeln der Rüstungsindustrie hat die Produktion wieder in Schwung gebracht. Nach dem Zweiten Weltkrieg kam sowohl der Korea- als auch der Vietnam-Konflikt durchaus gelegen, um ökonomische Talfahrten aufzuhalten. Bis in die jüngste Vergangenheit sorgte der Kalte Krieg für wissenschaftlichen und technologischen Aufschwung. Denken Sie nur an Ronald Reagans SDI-Projekt, an den ›Krieg der Sterne‹. Auch Bill Clinton, der frühere Pazifist, wird sich nach der Selbstauflösung der Sowjetunion etwas einfallen lassen müssen.«

Tatsächlich sollte Clinton wenige Jahre später unter Verstoß gegen das Völkerrecht in den Balkankrieg eingreifen und die vernichtende Bombardierung Serbiens anordnen. Wohl ohne sich dessen bewußt zu sein, hatte der Unbekannte aus Saint-Paul die marxistische These vertreten, wonach der Kapitalismus zwangsläufig mit Imperialismus und kriegerischer Intervention einhergehe. Ich war froh, als ich den aufdringlichen Deutschen los war.

Die Tücken einer freien Wahl

»All the King's horses and all the King's men could not put Humpty Dumpty together again.« Die heutige Situation im Irak wird durch diesen englischen Kinderreim besser umschrieben als durch umfangreiche und gequälte Analysen. »Alle Pferde des Königs und all seine Männer konnten Humpty Dumpty nicht mehr zusammenflicken.« Inzwischen hat sich selbst in den deutschen Medien herumgesprochen – die Politiker bekunden allenfalls ihre Betroffenheit –, daß die Auswirkungen des Desasters in Mesopotamien für Amerika, aber auch für Europa unendlich gravierender sein werden als der oft und oberflächlich zitierte Parallelfall Vietnam.

Immer wieder bin ich gefragt worden, ob ich Genugtuung darüber empfinde, daß meine Prognosen über den Feldzug »Iraqi freedom« entgegen der vorherrschenden »political correctness« durch den traurigen Gang der Ereignisse bestätigt wurden. Ich neige nicht zur Häme oder Schadenfreude. Das Schicksal der mit uns verbündeten amerikanischen Soldaten im sunnitischen Dreieck oder der Briten im Umkreis von Basra, dieser jungen Männer, die dort sinnlos verheizt werden, geht mir als Veteran so mancher Konflikte vermutlich sehr viel näher als den Sprücheklopfern, den »Kriegslustigen«, den übereifrigen NATO-Predigern. Diese vermeiden es wohlweislich, jemals ein Schlachtfeld oder eine akute Krisenzone persönlich zu betreten, es sei denn, sie ließen sich durch einen umfangreichen Sicherheitskordon total »embedden« und somit von der Realität fernhalten. Eine Spur grimmiger Heiterkeit empfinde ich allenfalls, wenn ich bei den raren Fernsehdiskussionen, zu denen man mich als notorischen Störenfried noch einlädt, feststelle, daß die engagiertesten Bellizisten, die mir in der Anfangsphase des Konflikts so resolut und selbstsicher entgegentraten, wie vom Erdboden verschluckt sind.

Inzwischen haben sich Presse und Fernsehen weidlich empört über die gezielte Fehldarstellung einer Ausgangslage in Bagdad, mit der Präsident Bush auch seine deutschen Verbündeten in den »Quagmire« des Zweistromlandes hineinzerren wollte. Heute weiß jedermann, daß Berichte aus Washington und London, denen zufolge Saddam Hussein schreckerregende Massenvernichtungswaffen auf den Westen richtete, frei erfunden und erlogen waren. Dem irakischen Diktator war jeder Schurkenstreich zuzutrauen, doch – im Gegensatz zu dem neuerdings von Amerika und Europa gehätschelten Oberst Qadhafi von Libyen – hat er niemals internationalen Terrorismus betrieben. Von Anfang an war den Experten bekannt, daß der Tyrann von Bagdad ein Todfeind des islamischen Fundamentalismus war und daß jede verschwörerische Verbindung, die zwischen ihm und El Qaida mühsam konstruiert wurde, einer gezielten und schamlosen Desinformation entsprach.

Für die bündnisbeflissenen Politiker und jene Skribenten, die sich auf die Wünsche ihrer Konzernherren ausrichten, besteht jedoch keinerlei Anlaß, sich über das Wunschdenken, über die Wirklichkeitsverweigerung, deren sich die Bush-Administration und ihr britischer Kumpan Tony Blair bei der Lagebeurteilung in Mittelost schuldig machten, zu mokieren. Die deutsche Politik frönt den gleichen Lastern, wenn sie die zunehmende »Irakisierung Afghanistans« – endlich und mit großer Verspätung taucht der Titel auch in deutschen Tageszeitungen auf – zur Kenntnis nimmt. Es gehört bei deutschen Parlamentariern schon eine gewisse Chuzpe dazu, wenn sie im Berliner Reichstag verkünden, Deutschland werde noch weitere zehn Jahre am Hindukusch ausharren, während zur gleichen Zeit in den USA die Präsidentschaftskampagne sich mehr und mehr um das zentrale Thema dreht, wie man das Irak-Engagement der US-Army möglichst schnell und ohne allzu peinlichen Prestigeverlust beenden kann.

Wer den Afghanistan-Krieg gewinnen will, und sei es auf die treuherzig dümmliche Masche »to win hearts and minds«, wer in Kabul eine Demokratie westlichen Modells einrichten möchte – trotz der Mahnungen und Warnungen, die von der eigenen Botschaft, den eigenen Kommandeuren und dem eigenen Nachrichtendienst vorliegen –, der begibt sich auf die gleiche Ebene wie der ehemalige General und Außenminister Colin Powell, der aus Loyalität zu seinem Präsidenten dem Weltsicherheitsrat wissentlich gefälschte Dokumente unterbreitete. Mit der Achtbarkeit, die ihn auszeichnet, hat Colin Powell später eingestanden, dieses sei die schmachvollste Stunde seines Lebens gewesen.

Die Clique der Neo-Konservativen in Washington, die bei Ausbruch von »Iraqi freedom« im Pentagon und im Weißen Haus den Ton angab, war wohl doch zu intelligent und zynisch, um der Ankündigung der damaligen Sicherheitsberaterin Condoleezza Rice

Glauben zu schenken, in Bagdad solle ein »Leuchtturm der Demokratie – beacon of democracy« entzündet werden. Dieser »positiven Dominotheorie« zufolge hätte die Fackel der Freiheit auf alle Nachbarländer, ja auf alle Staaten des »Broader Middle East«, ausgestrahlt. Beinahe zwangsläufig vollzöge sich dann die Ausrichtung der islamischen Welt auf die amerikanische Vorstellung von Parlamentarismus und Marktwirtschaft. Daß man bei diesem Vorhaben hartnäckig auf den schillernden Wolfowitz-Günstling Ahmed Chalabi zurückgriff, der in Jordanien als Defraudant unter Anklage stand, gab dem Ganzen von Anfang an den Anstrich des Grotesken.

In Bagdad ist mehr zu Schaden gekommen als eine verfehlte militärische Planung oder eine politische Utopie. Die hehre Idee einer aus freien Wahlen hervorgegangenen Volksvertretung, das Kernprinzip unserer Demokratie, ist dort vor die Hunde gegangen. Nach einer Serie von Fehlentscheidungen war dem amerikanischen Pro-Konsul Paul Bremer, der sich in den Palästen Saddam Husseins wie ein Vize-König aufführte, nichts anderes übriggeblieben, als der Forderung des höchsten schiitischen Geistlichen, des Groß-Ayatollahs Ali es Sistani, nachzugeben, der Anspruch auf den Titel »marja el taqlid – Quelle der Nachahmung« erhebt.

Dieser listige Ober-Mullah von Nejef, der sich im Gegensatz zu einer Reihe sunnitischer Prediger hartnäckig weigerte, zum Heiligen Krieg gegen die ungläubigen Besatzer aufzurufen, verlangte die Abhaltung von freien Wahlen im Irak getreu der Grundregel »one man, one vote«. Sistani setzte sogar seinen Termin für diese Volksbefragung durch. Er wußte ja, daß mindestens sechzig Prozent der Bevölkerung dem schiitischen Glaubenszweig des Islam huldigten. Während westliche Beobachter sich am Wahltag darüber begeisterten, daß auch die tiefverschleierten Frauen in den schiitischen Städten und Dörfern in dichten Reihen zur Urne gingen, ignorierten sie offenbar, daß sie eine strikte Weisung ihres Groß-Ayatollahs befolgten und den Amerikanern in Bagdad ein Parlament bescheren würden, in dem die Repräsentanten der »Partei Alis« das eindeutige Übergewicht besäßen.

Aus dem Präzedenzfall Algerien im Jahr 1991 hatte wohl niemand die Konsequenz gezogen. In Verkennung der wirklichen Stimmung des Volkes war dort der seit der Unabhängigkeit regierenden Militärkamarilla der schwerwiegende Fehler unterlaufen, zum ersten Mal in der arabischen Welt wirklich freie Wahlen anzuordnen. Die Folge war ein Erdrutsch zu Gunsten der »Islamischen Heilsfront«, die nicht etwa durch Terrorismus oder Einschüchterung, sondern dank sozialem Engagement für die verelendeten Massen über Zustimmung und Popularität verfügte. Ein Militärputsch hat dieser politischen Entgleisung ein jähes Ende gesetzt. Im anschließenden Verzweiflungskampf der Islamisten, die sich ihrerseits radikalisierten, wurden annähernd 150 000 Menschen umgebracht. Aber die westliche Allianz konnte aufatmen. Eine islamische Machtergreifung am Südrand des Mittelmeers war verhindert worden.

Wie ausgerechnet Israel auf die Idee kam, in den autonomen Palästinensergebieten eine faire politische Willensbildung unter internationaler Überwachung zuzulassen und trotz eines Nachrichten- und Informantensystems sondergleichen durch den Urnensieg der fundamentalistischen Hamas-Partei überrascht wurde, läßt sich schwer erklären. Eine eindeutige Bekundung des Mehrheitswillens ist dort der islamistischen Hamas zugutegekommen, was weder die Israeli noch die Amerikaner und Europäer davon abhielt, diese Partei in Acht und Bann zu tun. Stattdessen klammern sich die Behörden von Jerusalem an den kollaborationswilligen Präsidenten Mahmud Abbas, dessen Fatah-Bewegung – zu Zeiten Yassir Arafats ebenfalls des Terrorismus beschuldigt – nun mit Waffen ausgestattet wird, um die Hamas-Miliz, die die Kontrolle über den Gaza-Streifen an sich gerissen hat, daran zu hindern, sich auch auf der Westbank durchzusetzen. Wenn Mahmud Abbas alias Abu Mazen sich zusätzlich den Umarmungen und Belobigungen des israelischen Regierungschefs Ehud Olmert und des US-Präsidenten Bush ausliefert, gerät er in den Augen seiner Landsleute vollends in die Rolle eines Verräters an der nationalen Sache des arabischen »Filistin«. Die korrupte Fatah-Führung und deren »tunesische«

Exilpolitiker hatten bei den meisten Palästinensern ohnehin jedes Ansehen eingebüßt. Die Gewehre und Granatwerfer, die der Schutztruppe der PLO zur Niederwerfung von Hamas-Extremisten ausgehändigt werden, dürften sich am Ende eben gegen die zionistischen Siedlungen in Judäa und Samaria richten. Doch das scheint kaum jemand zu bedenken.

Freie, demokratische Wahlen sind erwiesenermaßen ein zweischneidiges Schwert, zumal im »Broader Middle East«. Entgegen allen Voraussetzungen wurde in Teheran der unberechenbare Pasdaran-Kommandant Ahmadinejad in die höchste Staatsführung berufen und nicht der steinreiche, im Westen halbwegs akzeptierte Ex-Präsident Ali Akbar Haschemi Rafsandschani. Da ich die vielgerühmten Wahlen Afghanistans zur »Jirga« an Ort und Stelle in Kundus und in Faizabad verfolgen konnte, kann ich Zeugnis ablegen von einer extrem aufwendigen, folkloristischen Veranstaltung, die den westlichen Vorstellungen einer repräsentativen Demokratie Hohn sprach. Wehe den westlichen Falschmünzern, falls in Kairo die bald 25-jährige Diktatur Hosni Mubaraks einem ehrlichen Volksentscheid ausgesetzt wäre. Der Präsident würde aus seinem Amt gejagt und vermutlich durch ein Regime von Muslim-Brüdern abgelöst. In Pakistan haben die Regionalwahlen in den Nordwestprovinzen und in Balutschistan fundamentalistischen Eiferern zur regionalen Vorrangstellung verholfen. Falls es zu einer Konsultation im ganzen Lande käme, die diesen Namen verdient, droht der Militärdiktatur des General Musharaf schleichende Anarchie und Bürgerkrieg.

Schließlich sei auf die uns so nahe und so ferne Türkei verwiesen. Unwiderstehlich hat dort die gemäßigt islamische AKP-Bewegung des Ministerpräsidenten Erdogan ihre Position gefestigt und ausgebaut. Den Verfechtern des reinen Kemalismus und der Laizität wird konsequent das Wasser abgegraben. Es steht zu erwarten, daß die hohe Generalität von Ankara, die auch auf Drängen der europäischen Befürworter eines EU-Beitritts der Türkei ihres exorbitanten Einflusses auf den Staat beraubt werden soll, ins zweite Glied verwiesen wird. Jedenfalls stünde dann der Weg frei für die schrittweise Umwandlung der Türkei in eine Islamische Republik mit oder ohne Ausrichtung auf die koranische Gesetzgebung.

Zu Recht wendet man in Washington und Berlin ein, daß die radikalen Islamisten – falls sie eines Tages ebenso legal an die Macht gelangen wie Adolf Hitler im Deutschland des Januar 1933 – niemals mehr einen Regimewechsel, eine demokratische Alternative zulassen würden. Doch gerade diese durchaus berechtigten Bedenken offenbaren die ganze Brüchigkeit importierter westlicher Begriffe, die außerhalb Europas und Nordamerikas nur noch in Ausnahmefällen konsequente und faire Anwendung finden.

Angesichts des Präsidentschaftswahlkampfes in den USA stellt sich ohnehin die Frage, ob der Zwang eines jeden Kandidaten, über finanzielle Abpolsterung gewaltigen Ausmaßes zu verfügen, um die unentbehrliche Werbung und die häufigen Auftritte im Fernsehen zu bestreiten, nicht den trüben Ausblick auf eine zunehmend plutokratische Staatsform eröffnet. Diese Entwicklung, gepaart mit einer vom Kapitalismus gegängelten Medienlandschaft, wird in den Kolumnen der wenigen amerikanischen Qualitätsblätter weit offener diskutiert als in Europa. Die Übernahme des angesehenen *Wall Street Journal* durch den Medienmogul Rupert Murdoch, der unter anderem mit seinem TV-Sender »Fox« zur reaktionären Indoktrinierung des amerikanischen Durchschnittsbürgers beiträgt, sollte sämtliche Alarmsignale aufleuchten lassen.

Der saudische Januskopf

Es war im Sommer 1981. Ich begleitete eine Gruppe afghanischer Mudschahidin, die gegen die sowjetische Besatzung ihres Landes kämpften. Wir bewegten uns im Raum des Tora Bora-Massivs, in dessen Höhlen zwanzig Jahre später angeblich das Hauptquartier von El Qaida eingebunkert war. Die Russen hatten zu jener Zeit ein engmaschiges Kontrollnetz bis in die entlegensten Grenzprovinzen ausgeweitet, eine Präsenz, von der die heutigen NATO-Alliierten nur träumen können. Beim extrem beschwerlichen Vordringen zu Pferde und zu Fuß stimmten die Partisanen der radikal-islamischen »Hezb-e-Islami« immer wieder den »Takbir« an. Sie riefen »Allahu akbar«, und gefolgt war diese Lobpreisung der Größe Gottes stets von dem Fluch »markbar Amrika – Tod den Amerikanern!« Ich habe meine afghanischen Gefährten auf den Widersinn angesprochen, daß sie mit Waffen und Geld ausgerüstet waren, die vom US-Geheimdienst CIA über pakistanische Mittelsmänner an sie geschleust wurden, daß sie gegen die Sowjetunion Krieg führten, ihren amerikanischen Gönnern jedoch den Tod wünschten. Da wurde ich auf ein Lied verwiesen, das sie gern am abendlichen Lagerfeuer sangen: »La gharbi, la sharqi – Islami – Nicht westlich, nicht östlich, sondern ausschließlich islamisch!«

Diese Episode sollten all jene westlichen Politiker vor Augen haben, die sich in die heillose Verstrickung, in die mörderischen Gegensätze des Orients verirren und die eventuell meinen, das dortige Geschehen manipulieren zu können. Selbst die angeblich allwissenden Israeli hatten vor langer Zeit einen folgenschweren Fehler begangen, als sie, um der PLO, der »Palästinensischen Befreiungsbewegung« Yassir Arafats, entgegenzuwirken, eine kleine islamische Sozial- und Fürsorgeorganisation heimlich förderten, die sich den Namen »Hamas«, zu deutsch »Eifer«, zugelegt hatte.

In Afghanistan wurde die massive Unterstützung, die die USA und der pakistanische ISI den diversen Mudschahidin-Verbänden im Kampf gegen die sowjetische Besatzung gewährten, langfristig mit katastrophalen Rückschlägen belohnt. Der Terrorverbund, den wir heute summarisch als »El Qaida« bezeichnen, ist aus jenen Freiwilligen des Heiligen Krieges hervorgegangen, die in der ganzen islamischen Welt in den achtziger Jahren zum Einsatz gegen die »Schurawi«, gegen die Kommunisten, rekrutiert wurden. Etwa 35 000 radikale Muslime aus vierzig Ländern hatten sich zum »Jihad« gemeldet. Finanziert wurde die Aktion überwiegend aus Saudi-Arabien. Von dort stammte auch die herausragende Führungsgestalt dieser von Amerika patronierten »grünen Fremden-legion«, ein gewisser Osama Bin Laden, Sproß einer der angese-hensten und reichsten Familien des wahhabitischen Königreichs. Die Bindung Osamas an Washington war zeitweilig so eng, daß er für die Operation »desert storm« die Teilnahme seiner Verfügungs-truppe anbot, um zum Sturz des säkularen und »gottlosen« Tyran-nen Saddam Hussein beizutragen. Damit wollte er wohl sicherstel-len, daß das Nachfolgeregime von Bagdad sich auf die von ihm gepredigte extrem rigorose Interpretation des sunnitischen Islam ausrichten würde.

Osama Bin Laden selbst mag den Amerikanern schon eine ganze Weile lang verdächtig gewesen sein. Vorher hatte er jedoch will-kommene Hilfestellung geleistet, zumal bei einem Vorhaben des texanischen Petroleumkonzerns Unocal, das in Abgründe kapita-listischer Gier und strategischer Torheit blicken läßt. Nach der Vertreibung der Sowjetarmee aus Afghanistan flammte dort ein endloser Bürgerkrieg zwischen den rivalisierenden Mudschahidin-Fraktionen auf. Das Land am Hindukusch versank in Anarchie. Weite Stadtviertel von Kabul wurden bei diesen Gefechten in Rui-nenfelder verwandelt. Amerika war zu jener Zeit daran interessiert, unter Umgehung des iranischen und des russischen Staatsgebiets die energetischen Reichtümer der neu gegründeten GUS-Staaten Zentralasiens auf sicherem Weg zum Indischen Ozean zu transpor-tieren. Dafür kam vorrangig Afghanistan in Frage. Vorbedingung für den Bau dieser Pipeline, die über die westafghanischen Provin-zen Herat, Farah, Nimrud sowie über Pakistanisch-Balutschistan ans offene Meer führen würde, war eine gründliche Pazifizierung und Absicherung am Hindukusch.

Das setzte die Zerschlagung der diversen rivalisierenden Milizen voraus. Zu diesem Zweck – darauf kann gar nicht genug verwiesen werden – widmeten sich die amerikanische CIA und der pakistani-sche ISI der Aufstellung einer unverbrauchten Truppe von islami-schen Eiferern, die in den pakistanischen Flüchtlingslagern religiös fanatisiert worden waren und darauf brannten, in ihrer Heimat einen Islamischen Gottesstaat zu gründen. Dieser wiederum würde sich weitgehend auf die hanbalitische, strenge Koran-Auslegung der saudischen Wahhabiten ausrichten. So entstand – finanziert durch Washington und Riad, militärisch betreut durch den ISI und das pakistanische Oberkommando – jene Armee von Koranschülern oder »Taleban«, die zunehmend für Schlagzeilen sorgte. Ich hielt mich im August 1995 in Herat auf, wo der Kriegsheld Ismail Khan die Lage fest in der Hand zu haben schien, als sich der Vormarsch der Taleban und die Vertreibung der traditionellen Mudschahidin-Fraktionen fast ebenso überstürzt abspielten wie sechs Jahre später die Eroberung Afghanistans durch die Amerikaner und die mit ihnen verbündete »Nord-Allianz«.

Offenbar hatte sich zu jener Zeit weder in Washington noch in Islamabad irgend jemand daran gestört, daß die Taleban, meist tumbe Bauernjungen und verbohrte Sektierer, ein Zwangsregime radikal-islamischer Einschüchterung in Kabul installierten, das allen westlichen und auch östlichen Vorstellungen von Toleranz und Menschenwürde Hohn sprach. Nur im äußersten Nordosten, in Badaghshan, leitete der tadschikische Kommandeur Ahmed Schah Massud verzweifelten Widerstand. Ohne jeden Skrupel unterzeichnete die US-Firma Unocal einen ausgefeilten Vertrag über die Öl- und Gaslieferungen mit dem selbsternannten Oberhaupt des neuen Staatswesens, dem einäugigen Mullah Omar, der sich als Befehlshaber der Gläubigen, als »Amir el mu'minin« feiern ließ. Die offizielle Unterkunft von Unocal in Kandahar befand sich in unmittelbarer Nachbarschaft der Residenz dieses unheimlichen Predigers, der heute den Widerstand der »neuen Taleban« gegen die USA und deren Verbündete mit List und Ausdauer koordiniert.

In der Zwischenphase einer trügerischen und skandalösen Harmonie zwischen dem amerikanischen Ölgiganten und den Koranschülern hatte sich ebenfalls, unweit des Unocal-Büros, ein gewisser Osama Bin Laden in einem stattlichen Haus niedergelassen. Enge Beziehungen wurden damals zwischen Mullah Omar und den im Hindukusch verbliebenen Freiwilligen der »grünen Fremdenlegion« geknüpft. Nachdem sie erfolgreich gegen die Russen gekämpft und die Schurawi über den Amu Daria nach Norden vertrieben hatten, hielten diese internationalen Gotteskrieger Ausschau nach einem neuen Feindbild und fanden es bei den westlichen Imperialisten, bei den christlichen »crusaders« der Neuzeit.

In letzter Konsequenz wurde der Bruch zwischen Washington und den Taleban erst vollzogen, als Spezialtrupps von El Qaida, die über Ausgangsbasen am Hindukusch verfügten, zu mörderischen Anschlägen gegen amerikanische Einrichtungen ausholten. Die Sprengung der US-Botschaften in Nairobi und Dar-es-Salam gab den Ausschlag. Bill Clinton, der damals im Weißen Haus residierte, ließ ein paar Trainingscamps von El Qaida in Afghanistan durch Lenkwaffen der US-Navy beschießen, obwohl dort nicht viel mehr als infanteristische Grundausbildung stattfand. Im weit entfernten Sudan, den man der Komplizenschaft mit Osama bezichtigte, wurde irrtümlich eine Pharmazeutikfabrik, die das Pentagon für eine Produktionsstätte für chemische Waffen hielt, in Schutt und Asche gelegt.

Der wirklich große, gigantische Coup, die »historische Wende«, wie in den USA mit einiger Übertreibung gesagt wird, gelang dieser bunt gemischten Schar islamistischer Desperados, als ihre Todespiloten das World Trade Center in New York vernichteten und einen Flügel des Pentagon zertrümmerten. In diesem Zusammenhang sollte festgehalten werden, daß die Todespiloten fast ausschließlich akademisch gebildete, scheinbar westlich integrierte Söhne wohlhabender Familien und Untertanen des Königsreichs Saudi-Arabien waren. Bis auf den heutigen Tag ist El Qaida in erster Linie eine saudische Organisation, die sich aus heimlichen Spenden saudischer Sympathisanten finanziert und zu ihnen engen Kontakt pflegt. Natürlich hat das Königshaus El Saud längst erkannt, welche Gefahr diese unheimlichen Eiferer auch für den Bestand der eigenen Dynastie darstellen, aber die zweigleisige Politik der feudalen, im Reichtum erstickenden »Prinzengarde« hat ja stets darin bestanden, sich offiziell auf die amerikanischen Positionen im Nahen und Mittleren Osten auszurichten, insgeheim jedoch – als Rückversicherung gewissermaßen – eine Vielzahl von islamistischen Extremisten zu begünstigen, die im Auftrag ihrer radikalen Wahhabiten-Ideologie innerhalb der ganzen Umma missionieren und konspirieren.

Präsident Musharaf von Pakistan hat eine unbequeme Wahrheit ausgesprochen, als er enthüllte, daß ganz bestimmt nicht in den Höhlen des Hindukusch die technischen oder logistischen Voraussetzungen vorhanden waren, um den »doomsday« von Nine Eleven konkret zu planen, sondern daß aller Wahrscheinlichkeit nach saudische Komplizen und Helfershelfer, die in den USA den Schutz des damaligen Botschafters Prinz Bandar mißbrauchten und sich durch dessen intime Beziehungen zur Bush-Administration abgeschirmt fühlten, die wirklichen Täter und Vollstrecker des welterschütternden Anschlags waren. Der saudische Bauunternehmer Osama Bin Laden agierte lediglich als charismatischer Inspirator dieses Massenmordes und verharrte im fernen Zentralasien.

»Sleeping with the devil«, so heißt die Studie des ehemaligen CIA-Agenten Robert Baer, der die unheilvolle, auf plutokratische Interessen gegründete Allianz zwischen Washington und Er-Riad anprangert. Die immensen Gewinne aus dem Erdölgeschäft sind offenbar für manche hochrangige Politiker in Washington wichtiger als das elementare Gebot weitsichtiger Selbsterhaltung. So war es bezeichnend, daß ein mir gut bekannter Orient-Experte der »Rand Corporation«, der der chirurgischen Beseitigung des saudischen Krebsgeschwürs den Vorrang gab vor der Ausschaltung des weidwunden Baath-Regimes Saddam Husseins, in Ungnade fiel und sich nach einer neuen Betätigung umsehen mußte.

Der saudische Januskopf droht zum Medusenhaupt zu werden. In dem gnadenlosen Bürgerkrieg der verfeindeten islamischen Konfessionen, der sich seit der Eroberung Bagdads zum grauenhaften Blutrausch steigert, wird die Einmischung der Saudis immer deutlicher. Durch den Einsatz sunnitischer Todesschwadronen soll das Übergewicht der Schiiten in der Regierung und im Parlament von Bagdad erschüttert und gelähmt werden. Die saudischen Verschwörer stützen sich nicht nur auf gewisse ihnen verwandte Stämme. Sie greifen auch auf finstere Killergestalten zurück.

Die Bush-Administration wird neuerdings offenbar von der alles dominierenden Befürchtung getrieben, die Mullahs von Teheran und deren Pasdaran könnten eine Hegemonialstellung am Persischen Golf und im mehrheitlich schiitischen Irak an sich reißen. Die wichtigste US-Basis in dieser Region befindet sich auf der Insel Bahrein, und der sunnitische König dieses Mamlakats, tut sich schwer mit seinen aufsässigen Untertanen, die sich zu 70 Prozent zur Schiat Ali bekennen. Die saudische Dynastie ist sich schmerzlich bewußt, daß ausgerechnet in der reichsten Erdölregion im Umkreis von Dahran eine überwiegend schiitische Bevölkerung lebt. Von Mesopotamien aus ließe sich eine Brücke schlagen zum vorgeschobenen schiitischen Bollwerk der Hizbullah im Libanon, das heißt bis zu den Gestaden des Mittelmeers.

Nur so läßt sich erklären, daß im Sommer 2006 eine konzertierte Aktion der israelischen Streitkräfte gegen den Südlibanon eingeleitet wurde, die sich ganz offen die endgültige Vernichtung der dortigen Schiitenorganisation zum Ziel gesetzt hatte. Doch an der Nordgrenze von Galiläa kam es zum fatalen Rückschlag. Nach dem provokativen Überfall der Hizbullah auf eine israelische Grenzpatrouille leitete Zahal eine Großoffensive ein, die nach 33 Tagen ergebnislos abgebrochen wurde. In der Presse von Tel Aviv war die Rede von einem »Vietnam Israels«. Die militärischen Analytiker sahen in der überwiegend auf die Luftwaffe gestützten Kriegführung und in dem Bemühen des Generalstabschefs Dan Chalutz, eines Fliegergenerals, sich infanteristisch zurückzuhalten, um die eigenen Verluste auf ein Minimum zu reduzieren, eine Art Generalprobe für eine ähnlich geplante amerikanische Militäraktion gegen die Islamische Republik Iran. Deren nukleare Ambitionen sind für Washington wie für Jerusalem gleich inakzeptabel.

Im Libanon geht die aus dem Ausland angeheizte antischiitische Stimmungsmache so weit, daß die pro-amerikanische Regierung des Ministerpräsidenten Siniora auch auf Untergrundstrukturen der sunnitischen Minderheit zurückgreift, um der Hizbullah beizukommen. Auf die libanesische Armee, die zur Hälfte aus schiitischen Soldaten besteht, ist gegen die »Partei Gottes« wenig Verlaß. Die Empörung über die Ermordung des ehemaligen Regierungschefs und Multimillionärs Rafiq Hariri, der als intimer Vertrauensmann der Saudis galt, wurde von militanten sunnitischen Kreisen genutzt, um die sich abzeichnende konfessionelle Konfrontation in der Zedern-Republik anzuheizen. Es wurden extremistische Kampfgruppen aufgestellt, die den Formationen von El Qaida zum Verwechseln ähnlich sind. Hier schließt sich ein Teufelskreis, und schon bestätigt sich der Verdacht, daß die Revolte der Terroristen von »Fatah-el Islam«, die sich im palästinensischen Flüchtlingslager Nahr-el-Bared bei Tripoli austobte, nicht etwa von syrischen Agenten, wie anfangs behauptet wurde, sondern von eingeschleusten Sendboten aus Saudi-Arabien angestiftet wurde.

Um nicht der Voreingenommenheit bezichtigt zu werden, will ich den amerikanischen Enthüllungsjournalisten Seymour Hersh zu Wort kommen lassen. Dieser unbequeme Zeitgenosse bezieht, wie ich in Washington erfuhr, seine Geheiminformationen aus Kreisen des Pentagons und der CIA, die weiteren kriegerischen Abenteuern ihres Präsidenten in Richtung Iran mit allen Mitteln vorzubeugen suchen. In einem Interview mit CNN International äußerte sich Seymour Hersh am 21. Mai 2007 wie folgt: »Die Schlüsselrolle spielt Saudi-Arabien. Was ich [Hersh] beschrieb, war ein Art Privatübereinkommen, das zwischen dem Weißen Haus – wir reden hier von dem Vizepräsidenten Dick Cheney und Elliott Abrams, einem wichtigen Berater des Weißen Hauses – und Prinz Bandar bin Sultan (dem nationalen Sicherheitsberater Saudi-Arabiens und früheren Botschafter in Washington) abgeschlossen wurde. Die Idee war es, verdeckte Hilfe von den Saudis zu erhalten, um verschiedene Jihad-Hardliner aus dem sunnitischen Lager vor allem in Libanon zu unterstützen, die im Falle einer Konfrontation mit der Hizbullah – der schiitischen Gruppierung im Südlibanon – als Aktivposten eingesetzt würden. So einfach war das. Wir sind im Geschäft, wenn es darum geht, wo auch immer möglich, die Sunniten gegen die Schiiten zu unterstützen: gegen die Schiiten in Iran, gegen die Schiiten in Libanon und gegen deren Führer Nasrallah. Das ist Bürgerkrieg. Wir sind beteiligt an einigen Stellen, insbesondere in Libanon, konfessionelle Gewalt zu erzeugen.«

Unter Bezug auf die »undercover«-Aktivitäten der Vergangenheit fährt Seymour Hersh fort: »Die USA steckten tief drin. Es war eine Geheimoperation, die Prinz Bandar mit uns zusammen führte. Vergessen Sie nicht, wenn Sie sich erinnern können, daß wir in den Krieg in Afghanistan eingetreten sind, nachdem wir Osama Bin Laden unterstützt hatten und den Mudschahidin in den achtziger Jahren in Zusammenarbeit mit Bandar zur Seite standen. Dabei verließen wir uns auf das Versprechen der Saudis, daß sie die Jihad-Kämpfer kontrollieren könnten. So investierten wir eine Menge Geld und Zeit in den späten achtziger Jahren, indem wir die Jihad-Kämpfer unterstützten und benutzten … Wir haben heute dasselbe Muster im Libanon. Wieder brauchen wir die Saudis, um den Jihad-Kämpfern beizustehen, und die Saudis versprechen wieder, daß sie diese verschiedenen Gruppierungen kontrollieren könnten, Gruppierungen wie diejenige, die jetzt in Tripoli aktiv wurde.«

Menetekel in Falluja

Metullah, im Mai 2007

Am Ende dieser weitgesteckten Orient-Tour finden wir uns also im Nordzipfel Galiläas und in unmittelbarer Nachbarschaft des Libanon wieder. Dabei stelle ich fest, daß ich automatisch in die Sprechweise der Evangelien zurückfalle: »In illo tempore … – Zu jener Zeit …« Unser israelischer Kollege Chaim ist ein sympathischer und kompetenter Begleiter. Restriktionen werden uns nicht auferlegt. So fahren wir im Schatten des Hermon – »Berg des alten Mannes« auf Arabisch – auf die zum Greifen nahe syrische Grenze zu. Ich interessiere mich nicht sonderlich für das drusische Gebirgsdorf Majdal Schams, das im äußersten Winkel der von Israel besetzten und besiedelten Golan-Höhen liegt. Auf mein Drängen kehren wir in Richtung Qiryat Schmona um, wo ein erbeuteter sowjetischer Panzer mahnend daran erinnert, wie weit der Angriffskeil der syrischen Armee im Yom-Kippur-Krieg von 1973 bereits nach Westen vorgedrungen war.

Südlich dieser Siedlung, in der überwiegend sephardische Juden aus Marokko leben, biegen wir wieder in Richtung Libanon ab. Auch hier ist die Truppenpräsenz von Zahal diskret. Seit dem Krieg des Vorjahres dürfte sich die Armee dennoch in ständiger Bereitschaft halten. Jenseits des Stacheldrahts entdecken wir einen Beobachtungsposten der Vereinten Nationen. Die Soldaten unter dem Blauhelm – ich kann ihre Nationalität nicht erkennen – winken uns freundlich zu. Ich hatte gehofft, von dieser vorgeschobenen Höhe einen Blick auf Bint Jbeil werfen zu können, aber das libanesische Städtchen, das während der Kampfhandlungen von 2006 plattgewalzt wurde, ist durch eine Hügelkette verdeckt.

Der Name Bint Jbeil hat einen besonderen Klang gewonnen. Die Ortschaft liegt nur knapp acht Kilometer von der Grenze Galiläas entfernt, aber in der pausenlosen Schlacht, die fast fünf Wochen dauerte, ist es den israelischen Sturmtruppen nicht gelungen, die schiitische Hizbullah aus ihren tief in den Felsen verschachtelten Stellungen zu vertreiben. Sie stießen auf eine Art »orientalische Maginot-Linie«. An diesen Befestigungen, über die offenbar trotz der unmittelbaren Nähe keine ausreichende nachrichtendienstliche Kenntnis vorlag, biß sich Zahal fest. Die angeblich unverwundbaren Merkava-Panzer erlagen einem neuen Typus verstärkter Sprengsätze. Die »Partei Gottes« bewies wieder einmal ihre extreme Beweglichkeit und ihre perfekte Anpassung an das, was man den asymmetrischen Krieg nennt. Die Luftwaffe, der der israelische Generalstabschef Dan Chalutz die entscheidende, alles zerschmetternde Rolle zugewiesen hatte, war trotz ihrer Spezialbomben und »bunker buster« nicht in der Lage, eine Entscheidung am Boden zu erzwingen.

Die israelische Presse hat sehr freimütig über diesen Rückschlag berichtet und auch über die Überraschung des eigenen Verteidigungsministeriums, als Tausende von Katjuscha-Raketen in Richtung Haifa und Galiläa abgefeuert wurden. Nach Angaben, die ich in Tel Aviv erhielt, besitzt die Hizbullah sogar Mittelstreckenraketen vom Typ »Fajr« oder »Morgenröte«, mit denen Tel Aviv problemlos unter Beschuß geraten wäre. Doch während die Katjuscha im weltweiten Angebot der internationalen Waffenhändler überall zu finden sind, präsentiert sich die »Fajr« als ausschließliches Produkt der iranischen Rüstungsindustrie. Teheran wollte sich nicht durch eine flagrante Beteiligung an diesem Schlagabtausch kompromittieren.

Schon wird gerätselt, wie lange es dauern wird, bis die technisch und materiell weit unterlegenen Guerilla-Gruppierungen im Irak oder in Afghanistan über jene Waffen verfügen, die am Hindukusch zur Zeit der sowjetischen Besatzung plötzlich das Blatt zugunsten der Mudschahidin wendeten und das russische Oberkommando vor unlösbare Probleme stellten. Gemeint sind die amerikanischen Boden-Luft-Raketen vom Typ »Stinger«, die mit großer Präzision der Helikopter-Flotte Moskaus schwerste Verluste zufügte.

*

In diesem Zusammenhang lohnt es sich, auf eine historische Verkettung zu verweisen, die bislang nur unzureichend beachtet wird. Zunächst geht es um die Tragödie Amerikas, das zweimal den Gipfel der globalen Hegemonie und des internationalen Prestiges erklommen hatte, aber durch eine plötzliche, unvorhersehbare Evolution gehemmt und in seiner Allmacht reduziert wurde. Kurz nach dem strahlenden Sieg im Pazifik, der das japanische Kaiserreich in einen Vasallen der USA verwandelte, kippte die Masse des asiatischen Kontinents, das chinesische Reich der Mitte, in eine marxistisch-leninistische Ideologie ab, die sich zwar von den Thesen der russischen Bolschewiki in wesentlichen Fragen distanzierte, zu den imperialen Vorstellungen Washingtons jedoch in tödliche Gegnerschaft geraten mußte. Die Gigantengestalt Mao Zedongs reduzierte die Militärclique des japanischen General Tojo mitsamt ihren Plänen einer »ostasiatischen Wohlstandssphäre« zu Statisten der Weltgeschichte. Der Ewigkeitscharakter Chinas, das in weiten Teilen Ostasiens als Mutter aller Kulturen anerkannt wird, stellt den Bushido-Mythos der Samurai und auf lange Sicht sogar die sensationelle Modernisierungsleistung der Meiji-Revolution Nippons in den Schatten.

»Der Osten ist rot«, lautete damals die Hymne des chinesischen Erwachens, das Bonaparte zu Recht als gewaltiges Erdbeben vorausgesagt hatte. Schon bald nach dem militärischen Stillstand auf der koreanischen Halbinsel mußte Präsident Eisenhower nicht den geschlagenen Nordkoreanern Kim Il Sungs, wohl aber dem chinesischen Freiwilligenheer einen Waffenstillstand auf der Basis des »status quo ante« konzedieren. Vollends erfolglos erwies sich dreißig Jahre später der Versuch der amerikanischen Strategen, durch mehrjährigen Einsatz einer halben Million Soldaten, einer Luftflotte von zahllosen Kampfhubschraubern und Bombern sowie einer damals schon phantastisch anmutenden Technologie Indochina zu dominieren. Wer in Vietnam zum wenig rühmlichen Rückzug durch die »Zwerge« von Hanoi gezwungen wurde, sollte jede Absicht aufgeben, gegen eine Milliarde Chinesen und die unermeßbaren Weiten ihrer Volksrepublik militärisch vorzugehen.

Eine andere, einzigartige Sternstunde erlebten die USA im Jahr 1990, als die Sowjetunion auseinanderbrach. Die jähe Beendigung des Kalten Krieges, der zwar nicht auf die kraftvolle Einwirkung des Atlantik-Paktes, sondern auf das selbstmörderische Versagen der sowjetischen Gerontokratie zurückzuführen war, versetzte die Vereinigten Staaten in die Rolle der einzig verbliebenen »Hypermacht«, zementierte ihren Anspruch auf globale Präponderanz. China hatte zu diesem Zeitpunkt noch keinen Weltmachtstatus erreicht. Doch auch dieses triumphale Gefühl einer geradezu schicksalhaften Berufung Amerikas hat einer rapiden, unerbittlichen Erosion nicht lange standgehalten. Präsident George Bush I. konnte sich noch den Lorbeerkranz des von der UNO abgesegneten Sieges »Desert strom« auf das Haupt drücken. Sein Sohn jedoch – durch die Katastrophe von Nine Eleven in einen Zustand kriegerischer Rastlosigkeit und Verblendung versetzt – trat ohne internationale Kaution den Marsch auf Bagdad an. Er versank dort im Treibsand eines orientalischen Kulturkreises, dessen Psyche den Okkupanten und der amerikanischen Staatsführung total verschlossen blieb. Statt die Weltherrschaft der USA zu untermauern und die Schimären der Neo-Konservativen zu bestätigen, gestaltete sich »Iraqi freedom« zum Desaster.

Der weltweite »Krieg gegen den Terrorismus« wurde ausgerufen. Schon die Terminologie war verfehlt, denn der Terrorismus ist eine Methode des Kampfes, entspricht der Taktik und der Zwangslage des Schwächeren. Terrorismus kann als greifbarer Gegner gar nicht identifiziert werden. Die reale Frontstellung enthüllte sich denn auch auf fatale Weise, als George Bush junior gegen den »Islamo-Faschismus«, wie er es formulierte, gegen die Gespensterarmee der »Jihadi« vorging und deren Vernichtung einleitete.

Ein weites Feld tat sich da vor ihm auf, angesichts der Tatsache, daß zwischen Senegal und den Südphilippinen 1,3 Milliarden Korangläubige siedeln, auch wenn diese in extrem zerstreuter Schlachtordnung antreten. Der Aufruf zum Heiligen Krieg findet nur bei einer exaltierten Minderheit Anklang. Doch die sich fortpflanzenden Krisenherde bewirken eine verhängnisvolle Verzettelung, den »overstretch« der Kräfte Amerikas. Wenn eine Supermacht nicht in der Lage ist, mit den aufwendigsten Mitteln der Technologie einen sektiererischen Aufstand niederzuringen, der ursprünglich nur den sunnitischen Landesteil des Irak erfaßte – ein Fünftel des Territoriums, ein Fünftel der irakischen Bevölkerung –, ist es schlecht um sie bestellt. Wenn bei der Partisanenbekämpfung in Mesopotamien mit dem Einsatz von 150 000 GIs schon die Obergrenze der militärischen Kapazität erreicht ist, dann entfällt das unentbehrliche Instrument massiver Überlegenheit, dann ist kein Raum mehr für globale Ambitionen.

Das wirkliche Ereignis, das den Ausdruck »Zeitenwende« verdient, ist nicht die eher zufällige Vernichtung des World Trade Centers in New York, sondern das Scheitern der US-Marines in der sunnitischen Wüstenregion des Irak. Die belanglose Stadt Falluja in der Provinz El Anbar ist durch kein natürliches Hindernis geschützt. Sie war zur Zeit der US-Großoffensive von der Mehrzahl ihrer etwa 350 000 Einwohner fluchtartig verlassen.

Natürlich waren die US-Sturmtruppen, die vor ihrem konzentrischen Zugriff vor laufender Kamera ihre Erfahrung im Häuserkampf vorführten und eine Art Kriegstanz veranstalteten, durchaus in der Lage, unter dem Schutz von Panzern, Hubschraubern und Artillerie bis in den Stadtkern von Falluja vorzudringen. Aber offenbar hatte niemand bedacht, daß eine zerstörte Stadt mit ihren Bergen von Ruinen und Trümmern ein vorzügliches Réduit für den Verzweiflungskampf von Partisanen bietet. Zudem beherrschten die irakischen Widerstandskämpfer – todgeweihte Islamisten, frühere Soldaten der Republikanergarde Saddams sowie eine begrenzte Zahl von El Qaida-Anhängern, die aus Saudi-Arabien einsickerten – sehr bald die Grundregeln des asymmetrischen Krieges. Ihnen kam die Brutalität der Besatzungstruppen zu Hilfe, die permanente Demütigung der arabischen Zivilbevölkerung sowie vor allem die haarsträubenden Enthüllungen über die Gefangenenbehandlung in den amerikanischen Folterzellen von Abu Ghraib.

Falluja ist zum Symbol des amerikanischen Versagens geworden, auch wenn General Petraeus gelegentlich Patrouillen in diese Trümmerstätte entsendet und einigen Clans sunnitischer Stammesführer, die angeblich zur Zusammenarbeit bereit sind, Waffen aushändigt. Dabei sollte Petraeus bedenken, daß diese Schnellfeuergewehre, Bazookas oder Granatwerfer vorrangig dazu benutzt werden, die schiitischen Widersacher der Sunniten zu vertreiben oder zu massakrieren.

Die neu strukturierte Organisation El Qaida hat im Irak ein ideales Terrain für die Ausbildung und Indoktrinierung ihrer Anhänger gefunden. Sie bezieht ihre Unterstützung im wesentlichen aus geheimen Sympathisantenkreisen Saudi-Arabiens und wohl auch Jordaniens. Wenn eines Tages die Stunde des Rückzuges der US-Army aus Mesopotamien schlägt, dann sollten die leichtfertigen Waffenlieferanten der Okkupationsarmee sich nicht wundern, wenn die von ihnen gespendeten Gewehrläufe sich gegen ihre eigenen abrückenden Regimenter richten.

Im sogenannten sunnitischen Dreieck wurde der amerikanischen Generalität vor Augen geführt, in welche Katastrophe sie sich einlassen würde, falls es zur militärischen Aktion gegen die nahe Islamische Republik Iran käme. Die Stealth- oder Tarnkappenbomber, auf die die Strategen des Pentagon zu Recht stolz sind, dürften viel von ihrer Einschüchterungswirkung verloren haben, seit im Südlibanon der erdrückende Materialeinsatz Zahals so wenig bewirkte. Was nun die Flugzeugträger, die Prestigemonster der US-Navy, betrifft, die Adelbert Weinstein als »Galeeren der Roboter« beschrieb und die heute in den Gewässern des Persischen Golfs ihre bedrohlichen Bahnen ziehen, so wurden sie von dem israelischen Professor für Verteidigungsfragen van Creveld als seetüchtige »Dinosaurier« relativiert. Sie seien durchaus vergleichbar mit den Schlachtschiff-Ungetümen der Briten im Ersten Weltkrieg, den »Dreadnaughts«, die ebenso wenig eine strategische Entscheidung herbeiführen konnten wie später die hochmodernen Panzerkreuzer, die Adolf Hitler vor dem Zweiten Weltkrieg als Prestigeobjekte vom Stapel laufen ließ.

Am Anfang steht Abraham

Im Zweistromland, wo der babylonische Großkönig Belsazar die flammende Menetekel-Botschaft an der Wand erkannte, in dieser mythischen Umgebung, wo die Hure Babylon, diese Horrorvision der Apokalypse, auf einem Drachen sitzend, trunken war vom Blut der Heiligen, in einer Weltgegend, wo seit Beginn der Menschheit die Imperien aufblühten und wieder in Staub versanken, ist es wohl erlaubt, Betrachtungen darüber anzustellen, ob die Vereinigten Staaten von Amerika heute noch die »indispensable nation – die unentbehrliche Nation« sind, als die sie Madeleine Albright, die Außenministerin Bill Clintons, rühmte.

Die Zweifel werden von keinem Geringeren geäußert als von Brent Scowcroft, dem früheren Sicherheitsberater der Präsidenten Gerald Ford und George Bush senior. »Nicht auszuschließen ist«, so schreibt er in der Zeitschrift *The national Interest*, »daß unser Land im Zeichen der Globalisierung und einer neuen Weltordnung seine ›Aura der Besonderheit‹ verliert und nicht länger als eine Großmacht angesehen werden kann, die sich von anderen differenziert.« Amerika, so meinen andere Kommentatoren, bewege sich weiterhin in einer seltsamen Mischung von Isolationismus und Interventionismus. Dieser Schwebezustand werde wohl die ausklingende Ära Bush überdauern.

Über die »Entsäkularisierung« Israels, die nach dem »biblischen Sieg« im Sechs-Tage-Krieg einsetzte, über die Ablösung des ursprünglich areligiös und idealkommunistisch ausgerichteten Zionismus durch eine national-religiöse Ideologie ist der Disput voll im Gange. Die »Rache Gottes«, wie Gilles Kepel es nennt, hat noch weit intensiver auf den arabisch-islamischen Raum übergegriffen. Nur bei Allah und seinem Propheten, so heißt es jetzt, könnten die Gläubigen Heil und Vergeltung für die kollektiv erlittene Schmach finden.

Dazu gesellt sich jenseits des Atlantik die Woge evangelikaler Frömmigkeit, die – mit chiliastischen Visionen – zahllose Gemeinden Nordamerikas erfaßt hat. Die viel gerühmte Globalisierung, das sei am Rande vermerkt, schwebte der elitären Clique der Neo-Konservativen als Instrument totaler amerikanischer Hegemonie vor. Daß der wirkliche Nutznießer der Globalisierung die Volksrepublik China sein würde – dank ihrer erdrückenden Demographie, dank einer ökonomischen Dynamik sondergleichen, dank unwiderstehlicher, auf »dumping« gegründeter Produktionsvorteile –, diese Entwicklung in Fernost haben die Wirtschafts-Gurus und Analysten des Westens, die von einer Fehlprognose in die andere stolpern, erst mit sträflicher Verspätung wahrgenommen.

Obwohl ich die ermüdende Debatte um die Zukunft des Heiligen Landes nach Kräften meiden wollte, kann ich nicht umhin, auf die mythischen Ursprünge der beiden semitischen Völker, Juden und Araber, einzugehen. »Am Anfang steht Abraham«, so begann eine Fernsehdokumentation, die ich im Jahr 1969 unter dem Titel »Der biblische Krieg« produzierte. In Thora und Koran geht nun einmal alles zurück auf diesen Erzvater Abraham oder Ibrahim, der im südlichen Mesopotamien, nahe der Stadt Ur, seine Herden weidete. Für die drei monotheistischen Religionen ist Abraham der Prophet, der die Einzigkeit Gottes verkündet hatte und an dieser monotheistischen Lehre in einer feindlichen Umwelt zahlloser falscher Götzen mit allem Nachdruck festhielt. Von den Arabern wird er »el khalil – Freund Gottes« genannt.

Nach endloser Nomadenwanderung im Lande Kanaan angelangt, das ihm Jahwe als Heimstätte seines Volkes zugewiesen hatte, kam es zu jener Divergenz innerhalb einer fast identischen Offenbarung, auf die sich der Antagonismus zwischen Hebräern und Arabern bis auf den heutigen Tag zurückführen läßt. Hatte der Stammvater, dem auch Papst Johannes Paul II. mit einer Pilgerreise in dessen chaldäische Heimat von Ur huldigen wollte, seinen Sohn Isaak zu seinem Nachfolger und Erben berufen, den die jüdische Ehefrau Sarah in hohem Alter gebar? Oder nahm der Sohn Ismail, den Ibrahim mit seiner Nebenfrau oder Magd Hagar gezeugt hatte, diese Vorzugsstellung ein? Selbst die Bibel der Juden verheißt ihm eine zahlreiche und mächtige Nachkommenschaft.

Aus Isaak ging das Volk der Israeliten hervor, aus Ismail die Vielzahl der arabischen Stämme. Das Opfer des Sohnes, das Abraham in der hebräischen Überlieferung an Isaak vornehmen sollte und das im letzten Augenblick durch das Erscheinen des Engels verhindert wurde, bezieht sich bei den Muslimen auf Ismail. So eng sind die beiden Bekenntnisse miteinander verflochten, daß Mohammed, der sich mit seiner Predigt von Allah, dem einzigen Gott, der Verfolgung durch die reichen Kaufleute und Götzenanbeter von Mekka aussetzte, nach Yathrib flüchtete, das später Medinat-el-nabi genannt wurde. Er glaubte wohl, die in dieser Oase stark vertretene israelitische Gemeinde werde sich seiner Interpretation, seiner angeblichen Vervollständigung der abrahamitischen Ur-Offenbarung, bereitwillig anschließen.

Als jedoch die Rabbiner und Schriftgelehrten von Yathrib diesen hergelaufenen Beduinen, der sich als Künder des Wortes Gottes vorstellte, mit Hohn übergossen, entbrannte zwischen den strenggläubigen Juden und den kriegerischen »Ansar«, die sich der »Hijra« Mohammeds angeschlossen hatten, die unversöhnliche Rivalität um die Gunst Gottes. Der »Erbstreit im Hause Abraham« endete in Yathrib mit der Ermordung oder der Vertreibung der dort lebenden Juden. In der Eröffnungssure des Koran, in der »Fatiha«, werden die Banu Israel als Volk erwähnt, dem Gott zürnt: »maghdub 'alaihim«. Umso verwunderlicher klingt jener Schlüsselvers der zweiten Sure des Heiligen Buches, der all jenen das Paradies verheißt, die – gemäß den Geboten der Thora der Juden, der Evangelien der Christen und des Koran – den gerechten Kampf auf dem Wege Allahs geführt haben.

Die Jünger des Nazareners ihrerseits haben sich mit ihrem Dogma von der Dreifaltigkeit aus strenger islamischer Sicht der Spaltung der Einzigkeit Gottes schuldig gemacht. Fast zählen sie zu den »muschrikin«. Jedenfalls sind sie weit entfernt vom semitischen Zentralkonzept des Alten Testamentes und vom islamischen Grundprinzip des »Tauhid«, von der Idee eines Gottes, der weder zeugt noch gezeugt wird, der sich jeder bildlichen Darstellung entzieht. Die Christen stehen gewissermaßen als Außenseiter, als »Irrende – daliin«, am Rande einer intimen Familienfehde, eines erbitterten Legitimitätsanspruchs der »Beschnittenen« in der Nachfolge Abrahams oder Ibrahims. Um etwa 3000 Jahre müssen sich all jene zurückversetzen, die die hereditäre Feindschaft zwischen Juden und Arabern, ihren Anspruch auf das Heilige Land, auf den Tempel Salomons, auf die El Aqsa-Moschee mit einer Zwei-Staaten-Theorie überbrücken möchten. Der fundamentale Konflikt kann auf Dauer weder durch einen territorialen Kompromiß noch durch halbherzige Waffenpausen im Sinne der »Hudna« zu übertünchen sein. In letzter Analyse hat sich die Theologie der Frage bemächtigt, und jedes politische Konstrukt – so es dann zustande käme – wäre auf Sand gebaut.

*

Der Orient war wohl noch nicht genug belastet durch den abrahamitischen Erbstreit, der sich in der Nacht der Zeiten verliert. Unser Beobachtungspunkt von Metullah, unsere Nähe zu den Partisanen der Hizbullah suggerieren den Gedanken an eine ähnlich
exaltierte Überlieferung, an eine vergleichbare Rückbesinnung auf
exklusive göttliche Erwähltheit. Ein abgrundtiefer Zwist hat den
Islam schon in der Stunde seines Entstehens gezeichnet und
könnte als »Erbstreit im Hause Mohammed« – als »fitna fil ahl el
beit« – beschrieben werden. An der Todfeindschaft gemessen, die
sich in unseren Tagen zwischen Sunniten und Schiiten des Irak aus-
tobt, erscheint die amerikanische Okkupation Mesopotamiens im
Zeichen von »Iraqi freedom« als zeitlich befristete Episode.

Mohammed war im Jahr 632 in Medina gestorben, ohne einen
Nachfolger zu benennen und ohne ein präzises Staatskonzept zu
hinterlassen. Innerhalb der Verwandtschaft des Propheten kam es
zu Streitigkeiten, die sich bis auf den heutigen Tag auswirken. Während der sunnitische Glaubenszweig sich auf die ersten vier recht-
geleiteten Kalifen, »el raschidun«, stützt und in der Folge die
höchste Statthalterwürde des Islam demjenigen Heerführer oder
Usurpator zufallen ließ, der – unter Berufung auf eine vage Abstammung von Mohammed – den Einklang von Regierungspraxis und
koranischer Rechtslehre verkörperte, begaben sich die Schiiten
schon sehr früh auf einen Sonderweg. Bei ihnen galt Ali Ibn Abi Ta-
lib, der Vetter und Schwiegersohn des Propheten, der Fatima, dessen Tochter, geehelicht hatte, als der einzig gottgefällige »Imam«.
Zwar wird der Schwiegersohn Mohammeds auch von den Sunniten
als vierter Kalif geehrt, aber dieser erste Imam der Schiiten, der in
der irakischen Oase Kufa seinen eigenen Gottesstaat schuf und seine
Gläubigen in der »Schiat Ali – der Partei Alis« sammelte, unterlag
gegen den skrupellosen Machtmenschen Muawiya, der die Dynastie der Omayyaden gründete. Nach der Ermordung Ali Ibn Abi
Talibs durch einen Sektierer fühlte sich der erste Omayyaden-Kalif
von der überragenden geistlichen Autorität Alis befreit.

Ich will hier nicht die bluttriefende Historie im Detail aufzeich-
nen, die den Werdegang der »Schiat Ali« bis in die Gegenwart be-

gleitet. Bis zum Jahr 941, als der Zwölfte Imam »el Mehdi«, die legendäre Messias-Gestalt der Schiiten, auf wundersame Weise seinen Häschern entkam, als er in die »Okkultation«, in die Verborgenheit, entrückt wurde, waren – inklusive Ali – elf Imame durch ihre sunnitischen Todfeinde ermordet worden. Am spektakulärsten war der Märtyrertod Husseins, eines Enkels Mohammeds, der mit einer kleinen Truppe Todgeweihter der weit überlegenen Heerschar des Omayyaden-Kalifen Yazid in der heiligen Stadt Kerbela nach heldenhaftem Widerstand erlag. Die schiitischen Kultübungen sind bis auf den heutigen Tag durch das hemmungslose Weinen, durch das Wehklagen um die ermordeten Imame, vor allem um den Märtyrer Hussein, inspiriert. Ihm gelten die düsteren Gesänge des Trauermonats Muharram. Um Hussein nachzueifern, treten Prozessionen von Flagellanten auf, zerfleischen sich mit ihren Ketten den Rücken, fügen sich mit Säbeln tiefe Wunden zu.

Die Schiiten sind innerhalb der islamischen Umma eine Minderheit geblieben. Sie werden auf etwa 15 Prozent geschätzt. Wenn die Partei Alis in Persien einen besonderen Widerhall fand, so kann das als Abwehrreaktion dieses uralten indoeuropäischen Kulturvolkes auf die religiöse und kulturelle Unterwerfung durch die arabisch-sunnitischen Beduinen erklärt werden. Den politischen Durchbruch erzielte die »Schiat Ali« jedoch erst, als um das Jahr 1500 die aus Aserbeidschan stammende türkische Dynastie der Safawiden das Gebiet der heutigen Islamischen Republik Iran eroberte und deren Gründer, Schah Ismail I., vorübergehend die Kontrolle über Nejef und Kerbela an sich riß. Ismail I. war es auch, der von seinen Untertanen verlangte, daß sie sich zum Glaubenszweig der »Zwölfer-Schiiten« bekannten, also den Mythos vom verborgenen Imam el Mehdi zum Kernsatz ihres religiösen und politischen Denkens erhoben.

Wie intensiv diese fromme Legende die Gegenwart Mesopotamiens überschattet, wie unwiderstehlich die Dominanz des Sakralen sich auch hier erweist, wurde offenkundig, als sunnitische Fanatiker im Jahr 2006 die Goldene Moschee von Samarra sprengten.

Khomeini am Mittelmeer

Als ich am 1. Februar 1979 im Gefolge des Ayatollah Khomeini von Paris nach Teheran flog und mir an Bord der Air-France-Maschine ein Dokument anvertraut wurde, von dem ich erst sehr viel später erfuhr, daß es die Verfassung der Islamischen Republik Iran war, wirkte das Treiben der bärtigen Turbanträger wie ein bizarres orientalisches Märchen. Die Heimkehr des »Faqih« verlief ja auch unter dem Codenamen »Fliegender Teppich«. Die schiitische Revolution hat sich nicht damit begnügt, die Pahlevi-Dynastie zu stürzen und den amerikanischen Einfluß in Persien auszuschalten. Sie hat inzwischen sogar das Ufer des Mittelmeers erreicht. Unter der gelben Fahne der Hizbullah, die sich in Sichtweite der israelischen Vorposten entfaltet, ist im Südlibanon eine politische und militärische Bastion entstanden, die ihresgleichen sucht. Schon in den sechziger Jahren war ich von der umtriebigen libanesischen Journalistin Jocelyn Saab, einer zierlichen, aber couragierten Maronitin, auf den Stimmungsumschwung aufmerksam gemacht worden, der sich bei den libanesischen Schiiten vollzog. Bei dieser in Armut lebenden Bevölkerung, die von den in Beirut regierenden Maroniten und Sunniten kaum beachtet, von den eigenen Feudalherren geknechtet wurde, war eine Erweckergestalt aufgetaucht, der Imam Musa Sadr, der den schwarzen Turban der Prophetennachkommen trug und, wie sich später herausstellte, ein Lieblingsschüler des Ayatollah Khomeini war.

Musa Sadr hat den »Enterbten und Entrechteten«, den »mustazafin«, wie sie in der Sprache des Korans heißen, ein Selbstvertrauen und eine Wehrhaftigkeit eingehaucht, die sie seit der Ermordung ihrer heiligen Imame nicht mehr besaßen. Da die schiitische Bevölkerung des Südlibanon von den in die Zedern-Republik geflüchteten Palästinensern so nachhaltig kontrolliert und drangsaliert wurde, daß man die Litani-Zone nördlich von Galiläa als »Fatah-Land« bezeichnete, entstand Feindschaft, ja Haß zwischen der sunnitischen Gefolgschaft Yassir Arafats und den sich zunächst unter dem Namen »Amal« sammelnden schiitischen Jüngern Musa Sadrs. Dieser charismatische Führer erlag bei einem Libyen-Besuch einem Mordanschlag. Zwischen Tyr und Baalbek setzte sich in den schiitischen »Husseiniyeh« die Überzeugung fest, auf Wunsch von Arafat und Fatah habe Oberst Qadhafi sich bereit gefunden, diesen unbequemen iranischen Prediger zu liquidieren.

Während des libanesischen Bürgerkrieges wurde Amal zum Trabanten der syrischen Baath-Partei. Unabhängig davon entstand die furchterregende »Partei Gottes« und wuchs zu einem entscheidenden Faktor im orientalischen Kräftespiel heran. Aus einem finsteren Haufen von Verschwörern, die sich als unberechenbare Geiselnehmer betätigten, schälte sich allmählich eine Truppe und eine politische Partei heraus, deren Disziplin, deren soziales Fürsorgeprogramm, deren militärische Schlagkraft die übrigen Kampfgruppen weit übertraf.

Im Gegensatz zu den Schiiten des Irak, denen die quietistische Grundhaltung ihres Groß-Ayatollahs Sistani eine an Passivität grenzende Leidensbereitschaft auferlegte, die Ausrufung des Heiligen Krieges gegen die amerikanischen Ungläubigen bislang verhinderte und ihre Aktivität auf eine legale, konstitutionelle Mehrheitsbildung im Parlament von Bagdad ausrichtete, war die »Partei Alis« im Libanon von Anfang an zum revolutionären Aufbruch entschlossen.

Die Israeli hatten die Feindschaft, die sich bei den Schiiten gegen die Übergriffe und die Arroganz der Palästinenser angestaut hatte, nicht zu nutzen gewußt, sondern zogen sich bei ihrem Feldzug »Frieden für Galiläa« als instinktlose und rauhbeinige Invasoren ihrerseits deren resolute Gegnerschaft zu. Wenn heute von einer engen, brüderlichen Komplizenschaft zwischen der Hizbullah des Scheich Nasrallah und der sunnitischen Widerstandsbewegung Hamas im Gaza-Streifen immer wieder die Rede ist, sollte man Realität und Propaganda zu trennen wissen.

*

Meinen iranischen Kontakten verdankte ich es, daß mir in Beirut und Tyros Zugang zu den schiitischen Milizen gewährt wurde. Ein paar Episoden sollen illustrieren, daß es sich bei diesen engagierten Muslimen nicht nur um eine Bande von Halsabschneidern und Hysterikern handelt. Der Rückblick bleibt widersprüchlich. Es war wohl im Jahr 1987. Auf dem Höhepunkt des libanesischen Bürgerkrieges hatten die Untergrundkämpfer gerade einen hohen Offizier des amerikanischen Geheimdienstes vor laufender Kamera hingerichtet. Die Vergeltung der CIA fand in Form einer gewaltigen Sprengstoffexplosion in Süd-Beirut statt. Im Schiitenviertel Bir-el-Abid klaffte ein riesiger Krater. Zahlreiche Passanten waren getötet worden. Der Anschlag galt dem höchsten schiitischen Geistlichen, dem Scheich Mohammed Hussein Fadlallah, obwohl dieser sich von der revolutionären Gewaltbereitschaft des Ayatollah Khomeini distanzierte. Der graubärtige Mullah – geschützt durch düstere junge Männer mit Kalaschnikow – empfing mich in seinem Büro unweit des noch qualmenden Bombenlochs. Er musterte mich mit seinen bläulich schimmernden Basedow-Augen. »Was halten Sie, Eminenz, von der Weisung des Revolutionsführers Khomeini, daß der Weg nach Jerusalem über Bagdad beziehungsweise über die Befreiung des Heiligtums von Kerbela führen müsse?« hatte ich gefragt. Nach einer meditativen Pause antwortete Fadlallah: »Jerusalem und die Heiligen Stätten, was bedeuten sie schon für den wahren Gläubigen? Es steht doch geschrieben, daß die Würde des Menschen siebzig Mal wichtiger ist als der Besitz der Heiligen Stätten?«

Zehn Jahre später kam es zu einer Begegnung mit dem umstrittenen obersten Führer der Hizbullah, mit Scheich Hassan Nasrallah. Er residierte noch in jenem weitläufigen Verwaltungsblock der libanesischen Hauptstadt, der im Sommer 2006 von der israelischen Luftwaffe plattgewalzt wurde. Der oberste Kommandeur der »Partei Gottes«, ein relativ junger Mann mit schwarzem Turban und Rauschebart, äußerte sich resolut und kämpferisch, aber ohne jede Erregung zu dem Abnutzungskrieg, den seine Partisanen gegen die israelische Besatzung zwischen Merjayoun und Bint Jbeil führten.

Die politische Ausrichtung war hier, wie in sämtlichen Büros dieser Organisation, durch die Porträts des Ayatollah Khomeini und dessen Nachfolger in Teheran, des obersten geistlichen Führers Ali Khamenei, vorgegeben. Wenige Tage zuvor hatten Nasrallah und dessen Frau nach der Mitteilung, daß ihr Sohn Hadi im Kampf gefallen sei, eine Vielzahl von Besuchern empfangen. Diese frommen Schiiten kamen nicht zu ihrem Führer und zur Mutter des getöteten Jihadi, um ihr Beileid auszusprechen, sondern um die Eltern zu beglückwünschen, daß Hadi als »Schahid«, auf dem Wege Allahs kämpfend, gestorben sei.

Erwähnt sei auch ein Besuch beim Kommandeur der Südfront, der seine Befehlszentrale in einem anonymen Häuserblock am Rande der alten phönizischen Hafenstadt Tyros oder Sur bezogen hatte. Scheich Nabil Qaouq trat mir dort in seinem schwarz-weißen Klerikergewand entgegen wie ein Dominikanermönch der Inquisition. Zu meiner Verwunderung gab er trotz der Abhörmöglichkeit durch die nahen israelischen Vorposten per Mobiltelefon die Weisung an einen seiner Unterführer, mich zur Frontlinie zu begleiten, wo die Soldaten Zahals den perfekt getarnten und technisch hochentwickelten »road-side«-Bomben der schiitischen Gotteskrieger zunehmend hilflos ausgeliefert waren. Für diese tückischen Sprengsätze haben die Amerikaner den Ausdruck »improvised explosive devices« erfunden. Bei den ausländischen Militärattachés und Nachrichtenexperten in Beirut, Damaskus und Tel Aviv wurde diese neue, flexible, den modernsten Erfordernissen der Guerilla angepaßte Strategie mit Staunen und bösen Ahnungen verfolgt. Es war deshalb nur logisch, daß Ehud Barak, der damalige Regierungschef und höchst dekorierte Offizier Israels, im Jahr 2000 seinen Soldaten, die unter wachsenden Verlusten litten, den Rückzug aus dem Libanon auf die Nordgrenze von Galiläa befahl.

Die arabischen Nationalisten und die islamischen Eiferer haben diese Räumung als bahnbrechenden Triumph gefeiert. Nach dem Sechs-Tage-Krieg hatte Israel im Yom-Kippur-Krieg von 1973 eine Schlappe erlitten, die nur durch den verzweifelten und kühnen Kraftakt des General Ariel Scharon am Suezkanal zu einem Waffenerfolg umgewandelt wurde. Aber Zahal hatte den Nimbus der Unbesiegbarkeit eingebüßt. Später zwangen der spontane Ausbruch der palästinensischen Intifada und eine nicht abreißende Serie von Selbstmordanschlägen den Judenstaat zu permanenten, schikanösen Kontrollen in den Autonomiegebieten. Am Ende stand der Ausbau des »Sicherheitszauns«, der über weite Strecken die Form einer acht Meter hohen Mauer annahm. Er isolierte nicht nur die Araber der Westbank, sondern verbannte auch den jüdischen Staatskern, wie besorgte Kritiker in Tel Aviv anmahnen, in eine Art selbst gewähltes Ghetto.

Bei der Räumung des okkupierten Gaza-Streifens durch Ministerpräsident Ariel Scharon hatte offenbar niemand damit gerechnet, daß die verzweifelten Extremisten von Fatah und Hamas auf selbstgebastelte Raketen vom Typ »Qassem« zurückgreifen würden, primitive Ofenrohre, die mit Pulver gefüllt und für präzise Treffer untauglich waren. Doch die Vielzahl der Einschläge vor allem in der Ortschaft Sderot weckte Unruhe bei der israelischen Zivilbevölkerung und bestätigte wieder einmal die Erkenntnis, daß im Orient jede Konzession als Zeichen von Schwäche gewertet wird.

Der unglückselige Ausgang des Libanon-Feldzuges im Sommer 2006, die Einstellung dieses Unternehmens unter dem Katjuscha-Hagel der Hizbullah, wurde zwar durch die Stationierung verstärkter Schutztruppen der Vereinten Nationen südlich des Litani-Flusses oberflächlich kompensiert und von der Regierung Ehud Olmert in Jerusalem heruntergespielt. Doch nirgendwo wurde dieses Fiasko so bitter kommentiert wie in den Kommandostäben und den Medien Israels. Die Bedrohung aus Norden bleibt voll bestehen und verstärkt sich in dem Maße, wie die schiitischen Partisanen ihre Arsenale wieder aufgestockt, ja um zusätzliche Lenkwaffen verstärkt haben. Die wirkliche Bedeutung dieses Regionalkonfliktes besteht darin, daß dem Pentagon am Libanon vor Augen geführt wurde, wie begrenzt die Möglichkeiten der US-Streitkräfte im Falle einer Ausweitung des Irak-Konfliktes auf die Islamische Republik Iran sind, zu welch strategischer Ohnmacht die techno-

logischen Wunderwaffen der US Air Force und Navy verurteilt
wären, wenn es den Bodentruppen an Masse und Motivation mangelt. In gewisser Hinsicht bleibt selbst im 21. Jahrhundert die Infanterie immer noch die Königin des Schlachtfeldes.

Der Teufelskreis schließt sich

Diese Orientkrise verlagert sich in Richtung Levante. Am Libanon
gerät die schiitische Revolution, die die syrische Wüste überwunden
hat, in unmittelbaren Kontakt zu Europa. Seit der Gründung Kairos
durch die Kalifen-Dynastie der Fatimiden im 11. Jahrhundert, seit
den frevlerischen Exzessen der Qarmaten-Sekte, die – ebenfalls der
Siebener-Schia angehörend – in der gleichen Epoche von Bahrein
aus agierte und vor der Schändung der heiligen Kaaba von Mekka
nicht zurückschreckte, ist der Nahe und Mittlere Osten keinen ver-
gleichbaren mehr Konvulsionen ausgesetzt gewesen.

In den Think tanks von Jerusalem und Tel Aviv ist lange darüber
diskutiert worden, ob ein Arrangement mit den Persern, wie das
übrigens der biblischen Überlieferung entsprochen hätte, für den
Judenstaat nicht eine bessere Bestandsgarantie böte als der stets
vergebliche Versuch mit den unzuverlässigen Staaten der Araber-
Liga und deren sunnitischer Oligarchie. Gewisse Experten des
Mossad wollten das Wagnis eingehen, auf eine Koexistenz mit dem
expandierenden schiitischen Block zu setzen, statt bei den sunnitischen Arabern, bei den eingeschworenen Feinden Israels im abrahamitischen Erbstreit, um friedliche Koexistenz nachzusuchen. An
den unerträglichen Zuständen in den palästinensischen Autonomiegebieten, aber auch am überlieferten Hang der arabischen Umma
zur inneren Zersplitterung dürften diese Ansätze immer wieder
zerschellen.

Andererseits scheint jede Verständigung zwischen Jerusalem und
Teheran endgültig verbaut zu sein, seit die schiitischen Hizbullahi

am Rand von Metullah kampieren und sich auf die nächste Kraft-probe vorbereiten. Mindestens ebenso aussichtslos sind die Perspek-tiven der amerikanischen Diplomatie und Strategie an Euphrat und Tigris. Waren die Statthalter Washingtons in Bagdad, zumal die Un-heilsfigur Paul Bremer, vorübergehend der Versuchung erlegen, mit der Bevölkerungsmehrheit der Schiiten zu paktieren, die kriegeri-schen Schläge der US-Army prioritär gegen die revoltierende sun-nitische Minderheit und deren disparate Freischärlerbanden zu füh-ren, so richtet sich der Schwerpunkt der Repression neuerdings gegen die Schiat Ali Mesopotamiens.

Jenseits der schiitischen Badr-Brigaden, der »Armee des Mehdi«, die auf Muqtada el Sadr eingeschworen ist, sowie des bewaffneten Flügels der Fadila-Partei im Raum von Basra profiliert sich näm-lich das furchterregende Potential der streitbaren Mullahs von Te-heran, ihrer fanatisierten Revolutionsgarden und der jugendlichen Bassidji, die allzu pathetisch vielleicht nach dem Ruhm der »Schu-hada«, der Märtyrer, streben. George W. Bush hat den Iran als Schurkenstaat, als Hort des internationalen Terrorismus angepran-gert. Er sieht in der Erbschaft Khomeinis den teuflischen Kern der »Achse des Bösen«. Auf Weisung des General Petraeus lassen die Kommandeure der US-Army und die CIA-Agenten ihre diskrete Unterstützung jenen sunnitischen Stämmen und Kampfgruppen zukommen, die mit Heimtücke und mörderischer Energie ihren schiitischen Landsleuten an die Gurgel gehen.

Manche Sunniten, die durch die Mehrheitsverhältnisse im Par-lament von Bagdad ihrer traditionellen Vorrangstellung beraubt wurden, sind sogar bereit, sich den ungläubigen und im Grunde verhaßten Besatzern anzubiedern. Die Präsenz Amerikas im Zwei-stromland erscheint heute schon als zeitlich begrenzt. Sollte sich die Partei Alis jedoch als beherrschende Kraft zwischen Persischem Golf und Mittelmeer durchsetzen, dann wäre es um die traditio-nelle Dominanz der Sunniten geschehen, die auf die Ermordung des Imam Ali in Kufa zurückreicht. Eine solche Gewichtsverlage-rung ließe sich kaum wieder rückgängig machen.

Die »Rechtgläubigen« aus dem sunnitischen Dreieck – ob sie

nun gegen die amerikanischen Okkupanten den Heiligen Krieg fortsetzen oder sich oberflächlich mit ihnen arrangieren, können sich auf einflußreiche Verbündete, an erster Stelle auf das Königreich Saudi-Arabien verlassen. Die dort herrschenden Wahhabiten hatten seit ihrem Auftauchen aus der Geröllwüste des Nedjd im 18. Jahrhundert einen unerbittlichen Glaubenskrieg gegen die schiitischen Ketzer geliefert. Ihre berittenen Beduinenhorden haben mehr als einmal die Grabstätten der Imame Ali und Hussein in Kerbela verwüstet. Heute verfügt die saudische Dynastie über schier unermeßlichen Petroleumreichtum. Es dürfte ihr deshalb nicht schwer fallen, jede Art von Komplott anzuzetteln und schwelende Zerwürfnisse anzuheizen. Der inzwischen getötete jordanische Massenmörder Abu Musab el Zarqawi, der wohl dem saudischen Geheimdienst nahestand, hat den Schiiten des Irak grausamer zugesetzt als den amerikanischen Besatzern. Seit dieser Jordanier sich als »Emir« von El Qaida zu erkennen gab, spannt sich wieder ein extrem bedenklicher Bogen zwischen dem verzweifelten Bemühen der Bush-Administration, im »Broader Middle East« ein Minimum an Stabilität herzustellen, und ihrer zwangsläufigen Komplizenschaft mit sunnitischen Fundamentalisten. Das Gerede von Menschenrechten und freien Wahlen ist längst verstummt. Ohne sich dessen bewußt zu sein, assoziiert sich die Bush-Administration mit extrem kompromittierenden »bed fellows«.

Sowenig man über die wirklichen, nebulösen Strukturen von El Qaida weiß, die Abhängigkeit dieser Terrororganisation von saudischen Gönnern und vom saudischen Geheimdienst steht außer Zweifel. Für die sunnitischen Potentaten und Zwangsregime, die ihr Überleben auf die fragwürdige Allmacht der USA gründen, hat sogar der lauthals proklamierte »Jihad« gegen Israel an Brisanz verloren, seit die schiitische Expansion den ganzen Orient erschüttert. Für das Wohl und Wehe der Palästinenser hatten sich die arabischen Bruderstaaten ohnehin niemals konsequent eingesetzt. Statt dessen wurden die arabischen Flüchtlinge aus dem Heiligen Land, die bei ihnen Asyl suchten, als »unsere Juden« geschmäht.

Gegen die Heuchler der Araber-Liga, gegen die »munafiqun«,

wie der Koran sie nennen würde, hat der exaltierte Präsident des Iran, Mahmud Ahmadinejad, die symbolische Waffe des Gründer-Imams Ali gezückt, das magische Schwert »Zulfiqar«. Wenn er dem Staat Israel mit Vernichtung droht, so denkt er weniger an eine selbstmörderische Nuklearattacke auf Tel Aviv als an die Diskreditierung jener arabisch-sunnitischen Machthaber, die mit den Amerikanern paktieren und in den Augen ihrer eigenen Untertanen Verrat begehen an der heiligen Sache »Filistins«. Der Bestechlichkeit und der sündhaften Ausrichtung dieser Opportunisten auf die Weisungen aus Washington setzt der iranische Präsident den flammenden Eifer, das streitbare Engagement der schiitischen Revolution entgegen, Eigenschaften, die allerdings in Persien weit weniger verbreitet sind, als er es sich wünscht.

Um den wachsenden Einfluß Irans einzudämmen, hat Amerika sich auf die Seite der »moderaten« sunnitischen Staaten geschlagen. Im Werte von zwanzig Milliarden Dollar wird ein gigantisches Aufrüstungsprogramm veranschlagt, das vor allem dem Königreich Saudi-Arabien zugute käme. Dessen Streitkräfte sollen mit satellitengesteuerten Bomben, mit zusätzlichen Kriegsschiffen und modernster Raketenabwehr ausgestattet werden. Die Vereinigten Arabischen Emirate Kuweit, Qatar, Bahrein und Oman zählen ebenfalls zu den Nutznießern dieses Projektes. Für Ägypten sind Waffenlieferungen im Wert von 13 Milliarden Dollar vorgesehen. Neben der Abwehr einer hypothetischen iranischen Bedrohung geht es natürlich um ein riesiges Geschäft der amerikanischen Rüstungsindustrie. Die berechtigten Sorgen Israels versucht Washington zu beschwichtigen, indem es dem Judenstaat ein Kompensationspaket in Höhe von dreißig Milliarden Dollar gewährt. Kurzum, die empfindlichste Krisenzone des »Broader Middle East« wird mit Kriegsmaterial geradezu zugeschüttet.

Niemand in Washington scheint sich daran zu erinnern, daß im Jahre 1990 – nach der Besetzung Kuweits durch Saddam Hussein – die aufs Modernste ausgerüsteten Divisionen Saudi-Arabiens sich als kampfuntauglich erwiesen. Im November 1979 wurde die Besetzung der »masjid el haram« von Mekka durch die Gefährten eines selbsternannten Mehdi, Mohammed el Qahtari, nicht etwa durch den Einsatz der Kerntruppe des saudischen Regimes, die »Haras el watani«, bezwungen, sondern es mußte eine Eliteeinheit französischer Gendarmen im Verbund mit jordanischen Eingreif-kommandos eingeflogen werden, um die Revolte niederzuschla-gen.

In Expertenkreisen wird gerätselt, wer denn eigentlich in den Vereinigten Arabischen Emiraten, in Kuwait, in Qatar diese hoch-technisierte Ausrüstung bedienen soll. Die dortigen Petroleum-Dynastien rektrutierten ihre Soldaten überwiegend bei den Balut-schen-Stämmen Pakistans. Über welche reale Verteidigungschance verfügen überhaupt diese Golf-Fürstentümer? Deren Bevölkerung von 5,3 Millionen setzt sich ja mit 4,5 Millionen aus Ausländern zu-sammen, die allzu oft wie Sklaven gehalten werden. Es sei denn, die protzigen Herrscher der Piratenküste, deren schwindelerregende Luxuskonstruktionen mit dem Turmbau von Babel wetteifern, be-geben sich in die Abhängigkeit westlicher Söldnerfirmen, jener »contract workers«, die im Irak einen abscheulichen Ruf erworben haben. Das Angebot von professionellen »dogs of war« ist zudem nicht unbegrenzt.

Der Teufelskreis schließt sich. Am Ende dürften als verläßliche Kriegerschar, als unerschrockene Gotteskrieger der sunnitischen Glaubensgemeinschaft lediglich die Nachfolgegeneration jener Mudschahidin zur Verfügung stehen, auf die die CIA seinerzeit ge-gen die sowjetische Invasionsarmee in Afghanistan zurückgriff. Um den schiitischen Pasdaran Ahmadinejads und den Mullahs zu trot-zen, sind Pentagon und CIA zunehmend wieder auf Verbündete und Komplizen angewiesen, die sich in der ideologisch-religiösen Nachbarschaft von El Qaida und Osama Bin Laden bewegen. Ihr Kampf gegen die »Kuffar« der Partei Alis wird sie auf lange Sicht nicht hindern, auch den amerikanischen Kreuzzüglern in den Rü-cken zu fallen, sobald sich die Gelegenheit dazu bietet.

*

Auf unserer Rückfahrt nach Jerusalem statten wir der Hafenstadt Akkon einen kurzen Besuch ab. Hier schiffte sich die Nachhut der Kreuzritter ein, nachdem ihnen der Mameluken-Sultan Baibars die letzten Festungen im Heiligen Land entrissen hatte. Historie und Gegenwart vermengen sich an der phönizischen Küste. Was sich in unseren Tagen abspielt, berührt die Zukunft Europas unmittelbar. Von der libanesischen Metropole Beirut ist Nikosia, die Hauptstadt der Republik Zypern – Mitglied der EU und der Euro-Zone –, nur einen Katzensprung entfernt. Wer Deutschland am Hindukusch verteidigen will, täte gut daran, die geographischen Dimensionen zu berücksichtigen, seine Aufmerksamkeit den Nachbarländern unseres Kontinents zuzuwenden und den Grundsatz Friedrichs des Großen zu beherzigen, der seine Offiziere – vermutlich auf Französisch – instruierte, daß derjenige, der alle Positionen verteidigen will, in Wirklichkeit nichts verteidigt – »qui veut tout défendre, ne défend plus rien«.

In Berlin mag man sich einreden, durch die Entsendung deutscher Marine-Einheiten in die Gewässer der Levante könne man die Aufrüstung der Hizbullah beeinträchtigen. Die Israeli wissen es besser und lassen – unter Verletzung der Waffenstillstandsklauseln – ihre Aufklärungsflugzeuge über den Zugangswegen im syrischen Grenzgebiet kreisen. Schon horchen die Beobachter und Agenten aus aller Welt auf den Gongschlag, der die nächste Runde in dieser fatalen Auseinandersetzung einläutet. Dem Chronisten bietet sich ein faszinierendes und beklemmendes Spektakel: Die schnöde materielle Profitgier der Globalisierungsgemeinde unserer Tage koinzidiert und überschneidet sich mit der Wiedergeburt ehrwürdiger, immer noch furchterregender Mythen aus fernster Vergangenheit.

AUF DER SUCHE NACH KONFUZIUS

Der letzte Tango in Peking

Peking, im Juni 2007

Einen weiten Sprung vollziehen wir, um von der Mittelmeerküste nach Peking zu gelangen. Aber zählen die Entfernungen überhaupt noch? Den Deutschen wurde beigebracht, daß »Deutschland am Hindukusch verteidigt wird«. Die wenigsten wissen, daß – durch ihre Protektoratsrolle in Nordafghanistan die Bundesrepublik auch ein Nachbar der Volksrepublik China geworden ist. Die Provinz Badaghshan, in deren Hauptstadt Faizabad ein paar hundert Soldaten der Bundeswehr stationiert sind, reicht nämlich mit ihrem äußersten Gebietsstreifen, dem Wakhan-Zipfel, bis an die Grenze der chinesischen Westprovinz Xinjiang. Welche strategische Planung einem Militäreinsatz zugrunde liegt, der die deutsche Marine vor der Küste des Libanon kreuzen läßt und deutsche Infanteristen in einem festungsähnlichen Réduit im äußersten Osten Afghanistans isoliert, läßt sich schwer erklären. Es dient wohl der Beschwichtigung eines übermächtigen Alliierten, der irritiert darauf reagierte, daß einerseits die Unifil-Truppe im Südlibanon kein deutsches Kontingent aufweist, und daß sich andererseits das Berliner Verteidigungsministerium geweigert hat, eigene Soldaten im Süden des Hindukusch zu engagieren, wo sich verlustreiche Kämpfe gegen die Taleban abspielen. Über den Wakhan-Zipfel, der an seiner breitesten Stelle zwanzig Kilometer mißt und China in mehr als 5000 Meter Höhe nur auf einer Front von etwa zehn Kilometern berührt, braucht man sich keine Sorgen zu machen. Bislang dürfte kein einziger deutscher Soldat diese bizarre Ausweitung Badaghshans betreten haben. Die Patrouillen der Garnison Faizabad reduzieren ihre Aufklärungstätigkeit generell auf einen Umkreis von maximal zwanzig Kilometern.

Die Volksrepublik China, die eifrig bemüht ist, über schwindelnde Höhen strategische Straßen in ihre Nachbarländer zu bauen, hat bisher keinen Sinn darin gesehen, in dieser verlorensten Ecke der Welt extrem aufwendige Arbeiten aufzunehmen. Die absurde Form des Wakhan-Zipfels geht etwa auf das Jahr 1900 zurück, als Briten und Russen ihr »great game«, ihr großes Spiel in Zentralasien veranstalteten, als die Kosaken des Zaren so weit wie möglich in Richtung Indien vordrangen. Die beiden Mächte waren schließlich zu einem Kompromiß gelangt. Sie zogen zwischen den russischen Eroberungen in Tadschikistan und dem britisch beherrschten Kaschmir diesen »neutralen« Schlauch ein, der dem Emirat Afghanistan zugeschlagen wurde.

Gewiß blickt Peking heute mit Argwohn auf die Expansion der Vereinigten Staaten und ihrer Verbündeten in Zentralasien, wird doch die Volksrepublik – ähnlich wie Rußland übrigens – durch eine ziemlich absurde Einkreisungspolitik Washingtons inkommodiert. Aber die Deutschen von Badaghshan braucht man in dieser Hinsicht nicht sonderlich ernst zu nehmen. Die islamistische Agitation am Hindukusch ist auch der regierenden Kommunistischen Partei Chinas ein Dorn im Auge. In der Provinz Xingjiang, in der »Westmark« der Volksrepublik, regt sich seit geraumer Zeit Unruhe beim Turkvolk der Uiguren. Dort ist es sogar zu bewaffneten Überfällen der muslimischen Freischärler gekommen. In den Reihen von El Qaida sollen ein paar Angehörige dieses turanischen Volkes aufgegriffen worden sein. Ernstlich bedroht werden kann der chinesische Gigant durch diese unbedeutende Minderheit nicht. Die Transitprojekte Pekings in Richtung Süd und West konzentrieren sich zur Zeit auf den Ausbau der Karakorum-Route, die nach Pakistan führt. Daneben wird der Übergang in das Himalaya-Königreich Nepal ausgeweitet. Eine wichtige Straßen-, morgen vielleicht Eisenbahnverbindung schiebt sich an das von Indien annektierte Himalayaterritorium Sikkim heran. Sogar nach Tadschikistan wird eine Direktverbindung in den Fels des Pamir-Massivs gesprengt, während die mit Erdöl und Erdgas gesegnete Republik Kasachstan heute schon durch eine Autobahn, Schienenwege und eine Pipeline mit dem Reich der Mitte verbunden ist.

Die sich weltweit manifestierende Präsenz der »Söhne des Himmels« hat denn auch das benachbarte Afghanistan nicht ausgespart. Als ich mich vor zwei Jahren in Kundus aufhielt, fiel mir südlich dieser deutschen Basis ein umfangreiches Lager auf, in dem chinesische Bauarbeiter mit ihrem schweren Maschinenpark untergebracht waren. Sie hatten bereits die Asphaltstraße Kundus–Kabul fertiggestellt sowie eine Route, die zum Amu-Daria, also zur tadschikischen Grenze im Norden führt. Am Südufer dieses Flusses, der in seinem Oberlauf Pjandsch heißt und noch durch Wachtürme aus der sowjetischen Zeit überragt wird, erzählte mir ein Bundeswehroffizier von dem Malheur, das über die chinesischen Straßenbauer hereingebrochen war. Zehn Arbeiter wurden meuchlings von anonymen Tätern ermordet. Es handelte sich dabei nicht um einen politisch motivierten Anschlag. Die Chinesen hatten eine Grundregel des afghanischen Spiels mißachtet. Als nämlich der lokale Warlord ihnen – gegen gute Besoldung natürlich – den bewaffneten Schutz seiner Stammeskrieger anbot, hatten die Ingenieure aus der Volksrepublik das leichtfertig abgelehnt. Aber am Hindukusch ist es nun einmal nicht üblich, daß Ausländer solche Offerten ausschlagen und sich weigern, die angeforderte Summe für die wackeren Wächter zu zahlen. Diesen Verstoß gegen die Regeln hatten die Chinesen mit zehn Toten bezahlt und sich seitdem den strengen Überlebensgeboten dieser Region angepaßt. Schließlich verhalten sich die internationalen Kampfeinheiten von »Enduring Freedom« und ISAF ähnlich, wenn sie die sich ständig steigernde Produktion von Opium und Heroin im Umkreis ihrer Stellungen dulden, um sich nicht den Zorn der Nutznießer dieses Geschäfts, der örtlichen Stammesfürsten und Bandenchefs zuzuziehen. Nur unter dieser Bedingung sind ja die meisten NATO-Positionen abzusichern.

*

Rund 3000 Kilometer Luftlinie trennen die Hauptstadt Peking von dem winzigen Berührungspunkt mit Afghanistan. Man muß sich dieser endlosen Distanzen bewußt sein, um das Ausmaß an Regierungs- und Verwaltungskunst zu ermessen, die den Herrschern des Reiches der Mitte seit Beginn ihrer Geschichte stets abverlangt wurde. Das gilt weiterhin für die heutige kommunistische Führung und die Umgebung des Präsidenten Hu Jintao im Zhongnanhai. Es erscheint mir deshalb sinnvoll, meine persönliche Rückblende, meine diesjährige Bestandsaufnahme mit dem Besuch jenes sakralen Gebäudes zu beginnen, das zu kaiserlichen Zeiten als Symbol der staatlichen Stabilität verehrt wurde. Der blaugetönte Himmelstempel, der »Tiantan«, ist oft beschrieben worden. Jeder Tourist weiß, daß das Spitzdach dieses monumentalen Rundbaus mit 50 000 blau glasierten Ziegeln gedeckt ist und weder Sparren noch Balken besitzt. Um eine der vier Drachenbrunnen-Säulen zu umspannen – gigantische Baumstämme, die glatt gerundet und tiefrot lackiert die Höhe von zwanzig Metern erreichen –, bedarf es der Arme von drei Menschen.

Die wirkliche Bedeutung des Tiantan liegt nicht im Architektonischen. Zur Zeit der frühen Ming-Dynastie gebaut, fand sich der »Sohn des Drachen« an dieser Kultstelle zum Zeitpunkt der Wintersonnenwende ein, um Zwiesprache mit dem Himmel zu halten, um eine gute Ernte und Schutz vor Naturkatastrophen zu erbitten. Dabei wurden Tiere geschlachtet, Weihrauch, Wein, Jade und Seide als Opfer dargebracht. Da der Himmel aus chinesischer Sicht durchaus nicht metaphysisch oder gar paradiesisch gedeutet wird und die vorherrschende Sittenlehre des Konfuzius keinerlei Transzendenz beinhaltet, war das Ritual am Himmelstempel wohl auf schamanistische Überlieferungen der Vorzeit zurückzuführen.

Dem Kaiser oblag es, die Harmonie zwischen Himmel und Erde zu gewährleisten. War er dazu nicht mehr fähig und wurde das Reich von dauerhaftem Unheil heimgesucht, verlor er sein Mandat. Es war dann Zeit für eine Neubesetzung des Drachen-Throns. Ob es wirklich die entscheidende Rolle des Kaisers war, reglos in seinem Palast zu verharren und – nach Süden blickend – die Kräfte des Yang auf sich einwirken zu lassen, die Elemente des Männlichen, des Hellen, des Starken, des Herrschaftlichen, bleibe dahingestellt, denn so mancher dieser Dynasten hatte mit kriegerischem Instinkt und bemerkenswerter Tatkraft den Erhalt und die Ausweitung seiner Machtsphäre betrieben.

Bei früheren Aufenthalten hatte ich die feierliche Stille der idyllischen Parkanlagen des Himmelstempels genossen. Am Treppenaufgang wurden von diskreten Händlern perfekte Kopien der bunt lackierten Terrakotten – Drachen, Löwen und Fabelwesen – feilgeboten, die uns aus der fernen Epoche der Han- und Tang-Dynastie als bewundernswerte Kunstwerke überliefert sind. Doch an diesem Sonntag im Juni 2007 ist alles ganz anders. Am Tiantan hat eine betrübliche Desakralisierung stattgefunden. Die Umgebung der kaiserlichen Weihestätte ist zum Rummelplatz verkommen.

Das Durcheinander bizarrer Vergnügungen, die Vulgarität der sich hier drängenden Feiertagsmenge, ihre knallbunte Geschmacklosigkeit schockieren mich zutiefst. Überwiegend alte Menschen haben sich zu lärmendem Spaß zusammengetan, und in den Ohren dröhnt die Kakophonie einer asiatisch verzerrten Rock-Musik. Die Tai-Chi-Übungen verlieren in diesem Lärm ihre besinnliche Bedeutung. Sie werden nur noch am Rande praktiziert. Andere burleske Bewegungsformen, etwa Aerobic, haben ihre Adepten gefunden. Vor allem aber wird getanzt, nicht im asiatischen Rhythmus, sondern zum Klang von Walzer und mehr noch von Tango.

Die Senioren, die sich um eine möglichst exakte Ausführung der vorgeschriebenen Schritte bemühen, bleiben dabei todernst. Das Ganze erscheint mir wie ein fernöstlicher »Ball der einsamen Herzen«. Statt Freude kommt Traurigkeit auf. Eine Spur von Ausgelassenheit entdecke ich allenfalls im Gesichtsausdruck einer Dame mittleren Alters, die, grellrot gekleidet und stark geschminkt, ihre üppigen Formen so temperamentvoll bewegt, als produziere sie sich am Rio de la Plata in einem argentinischen Tango-Lokal. Betagte Chinesen, die im Schatten des Himmelstempels Erholung vom Alltag suchen, üben sich auch in akrobatischen, etwas albern wirkenden Kunststücken. Immer wieder stoßen wir auf Karaoke-Sänger, deren Stimmen und Instrumente durch schlecht geregelte Lautsprecheranlagen zur akustischen Qual werden. Dazwischen bewegen sich keuchende Jogger. Der eine oder andere präsentiert sich als Clown. An den Kiosken wird ein abscheuliches Essen serviert, das sich am Junk-Food-Angebot von McDonald's und Pizza-Hut orientiert. Am meisten irritiert mich die Kleidung, besser gesagt, die Kostümierung dieser dichtgedrängten Menge. Keine bizarre Extravaganz wird da ausgelassen. Fast entsteht der Eindruck, als wollten diese ältlichen Erben einer großen Kultur die Abscheulichkeit amerikanischer oder europäischer Freizeit-Outfits noch übertreffen.

»I miss Chairman Mao – Ich vermisse den Vorsitzenden Mao«, scherzte unlängst der amerikanische Journalist und Sinologe Richard Bernstein, der nach langer Abwesenheit nach Peking zurückkehrte. Das war nicht als Ausdruck ideologischer Nostalgie gemeint. Ich überrasche mich selbst ja dabei, daß mir im Rückblick die »blauen Ameisen«, denen man die indigo-farbene Alltagskleidung der chinesischen Landarbeiter aufgezwungen hatte, irgendwie besser gefielen als das vestimentäre Kunterbunt am Himmelstempel. Bernstein trauert in seinem Artikel der Zeit nach, deren negative Seiten er durchaus nicht verschweigt, als Peking mit seinen grauen Gassenzeilen der Hutong wie ein riesiges Dorf wirkte, aus dem sich die Verbotene Stadt mit ihren ochsenblutfarbenen Mauern und gelben Ziegeldächern ehrfurchtgebietend und majestätisch erhob.

Die Anhäufung der protzigen Luxusläden Pekings, in denen man wie am Faubourg Saint-Honoré oder an der Madison Avenue die Gucci-, Armani-, Hermès-, Vuitton-Produkte und alle anderen vorfindet, löst bei Bernstein Kritik aus, und auch ich verspüre Widerwillen. Die Vielzahl der glamourösen Limousinen im dichtgedrängten Straßenverkehr, dessen man nur noch durch den Bau surrealistischer Autobahn-Rampen oder Brücken halbwegs Herr wird, läßt auch das frühere Gedränge zehntausender Fahrräder in einem milderen Licht erscheinen. Der amerikanische Kollege erwähnt eine chinesische Bekannte, die er nach mehreren Jahren wiedertrifft und die sich darüber beklagt, daß nur noch drei Dinge im China Hu Jintaos zählten: »Money, Money and Money« und daß ihren Landsleuten der Sinn für Moral und Ethik abhanden gekommen sei. Ausgerechnet dieser US-Citizen zitiert Maos Satz: »Wohne in einer Hütte, und betrachte mit offenen Augen die übrige Welt!«

»Ich kann nicht umhin festzustellen«, so schreibt Bernstein, der kein »Liberal« im amerikanischen Sinne ist, »wenn ich im Verkehrsstau der Pekinger Dritten-Ring-Straße blockiert bin, daß der spektakuläre Triumph des einst verschmähten Materialismus keine vollends befriedigende Alternative zu früheren Lebensformen bietet«. Ich würde meinerseits vermutlich die meisten Chinesen verärgern, wenn ich ihnen gestände, daß mich die gigantische Modernität des sich stets weiter ausdehnenden Air-Terminals von heute weniger beeindruckt als das seltsame Gebäude des Flugplatzes, wo ich 1972 zum ersten Mal in China gelandet war. Das war eine Art Tempelhalle, in der die weiße Kolossal-Statue Mao Zedongs den Ankömmling mit ausgestrecktem Arm einschüchterte. Die Fahrt zum Ausländerhotel an der Chang-An-Allee, an der »Straße des dauernden Friedens«, führte zu jener Zeit noch durch eine bukolische Landschaft voll Pappeln und Trauerweiden.

Wie ungeheuerlich China sich verändert, kann nur ermessen, wer die bereits ferne Epoche der großen Kulturrevolution erlebt hat. Die Parole »Dem Volke dienen« zierte jedes öffentliche Gebäude. Die Bilder der großen revolutionären Ahnen – Marx, Engels, Lenin und Stalin – blickten auf das Eingangsportal der Verbotenen Stadt. In den Schulen hantierten die Jungpioniere – als Soldaten der Volksbefreiungsarmee verkleidet – mit Holzgewehren. Vor dem Bildnis des Großen Steuermanns führten sie kultische Tänze auf, die einer Adoration nahekamen. Immerhin bin ich heute froh, zwischen zwei erdrückenden Häuserblocks noch die Astronomie-Station des italienischen Jesuiten-Paters Matteo Ricci zu entdecken. Die Geräte sind am gleichen Platz geblieben, aber früher fielen sie als historisches, weithin sichtbares Signal auf. Peking wurde in Rekordzeit mit einer atemberaubenden Skyline ausgestattet, aber der urbanistische Geschmack ist dabei zu kurz gekommen.

*

Sehr schnell habe ich nach Verlassen des deprimierenden Vergnügungsparks am Tiantan mein voreiliges Urteil über eine zunehmende Vergreisung der chinesischen Gesellschaft revidiert. Die Politik der Ein-Kind-Familie, die zumindest in den Städten rigoros praktiziert wird, hat noch nicht zu einer Überzahl von alten Menschen geführt. Vom »Methusalem-Komplott« sind Europäer, Russen und sogar Japaner, denen man doch vor fünfzig Jahren eine explosive Demographie voraussagte, unendlich stärker betroffen. Nur Indien, wo in weiten Landstrichen grauenhaftes Elend vorherrscht, das man im Westen gern vertuscht, schwelgt im Rausch des Geburtenüberschusses und hat die Aufrundung seiner Bevölkerung auf eine Milliarde wie einen nationalen Triumph gefeiert.

In den Straßen von Peking drängt sich ein überwiegend junges Publikum. Angeblich treffen die Familien, falls eine frühzeitige Erkennung der Embryonen möglich ist, die Auswahl des einzigen Nachkommen zugunsten eines Knaben und lassen Mädchen oft abtreiben. Nur ein Sohn kann ja den konfuzianischen Ahnenkult zelebrieren. Aber das weibliche Geschlecht erscheint keineswegs unterrepräsentiert, tritt höchst selbstbewußt auf und verfügt oft über eine schnellere Auffassungsgabe als die Vertreter des »sexe opposé«.

In dieser Metropole ist alles bereits auf die Olympiade von 2008 ausgerichtet. China will der übrigen Welt nicht nur mit sportlichen Leistungen imponieren. Es wird in der noch verbleibenden Zeitspanne kaum möglich sein, die mangelnde Kenntnis an Fremdsprachen aufzubessern, aber vielleicht könnte man dem durchschnittlichen Chinesen die einst als hygienische Maßnahme empfohlene, für Außenstehende befremdliche Unsitte des Spuckens abgewöhnen. Das Reich der Mitte möchte die Olympischen Spiele als Fest weltweiter Brüderlichkeit feiern. Die Staatsführung erhofft sich natürlich zusätzliches Ansehen für ein Regime, das weiterhin auf der Alleinherrschaft der Kommunistischen Partei gegründet ist. Man sollte die roten Mandarine beim Wort nehmen und die Präsenz von Millionen Ausländern zu Zwecken einer behutsamen Liberalisierung nutzen. Doch Amerika gönnt dem Reich der Mitte, das manchen Experten zufolge binnen zwanzig Jahren zur ersten Weltmacht aufrücken könnte, diesen Prestigezuwachs offenbar nicht, und die europäischen Trabanten machen das Spiel der Miesmacherei in gewohnter Gefolgschaft mit.

Schon wird Sperrfeuer gelegt. Das Argument, der Himmel Pekings sei durch Smog verdunkelt, die Luftverschmutzung sei abträglich für sportliche Höchstleistungen, ist nicht unberechtigt. Aber da werden auch andere Skelette aus dem Schrank geholt. China müsse den Tibetern weitgehende Autonomie und ihren Dalai Lama zurückerstatten, wird von europäischen Agitationstrupps gefordert. Daß der muslimischen Bevölkerungsmehrheit von Kaschmir seit sechzig Jahren durch indische Unterdrückung und ein ungeheures Aufgebot an Militär die politische Selbstbestimmung versagt bleibt, gehört zu den Tabu-Themen unilateraler Entrüstung. Auf diplomatischer Ebene wird der Volksrepublik gedroht, sie müsse ihre enge Kooperation mit dem Sudan einstellen und den dortigen Präsidenten Omar el Baschir unter Druck setzen, damit er sich in der chaotischen Aufstandssituation in Darfur nachgiebig zeige.

Da ich mich noch im Januar 2007 in Khartum aufhielt und auch die trostlose Steppe von Darfur aufsuchte, hege ich ernsthaften Zweifel an dem Vorwurf von »Völkermord«. Hatte nicht Joschka Fischer das Kosovo mit Auschwitz verglichen, um seine Grünen für den Krieg gegen Serbien zu mobilisieren? Die Massaker im Westsudan sind entsetzlich, aber sie sind so alt wie Kain und Abel. Nur daß in diesem Falle der nomadisierende edle Hirte den sich mühsam abrackernden Ackerbauern erschlägt, der im Islam – und Muslime sind sie in Darfur ja alle – ohnehin einen niedrigeren Gesellschaftsrang einnimmt. Der wirkliche Grund für die Raubzüge der arabisierten Nomaden nach Süden, das ständige Vordringen der Sahara, die den Viehzüchtern das Weideland nimmt, wird nur selten erwähnt. Im Hintergrund profilieren sich wie immer und überall die widerstreitenden eiskalten Interessen der Erdöl-Konzerne.

Im Sommer 1980 war ich in Moskau, als die westliche Staatengemeinschaft als Reaktion auf die sowjetische Okkupation Afghanistans zum Boykott der damaligen Olympiade aufrief. Das machte Sinn. Aber auf das Morden der »Djandjawid« in Darfur zu verweisen und Peking der Komplizenschaft zu bezichtigen, wo die Chinesen im Sudan vorrangig an Petroleumförderung interessiert sind, entspricht einer gezielten Kampagne. Auf Propaganda-Plakaten werden die olympischen Ringe als Handschellen dargestellt. Die »Gutmenschen«, die sich in Deutschland besonders heftig, aber auch besonders selektiv über die Menschenrechtsverletzungen in anderen Kontinenten entrüsten, lassen sich allzuoft für zweifelhafte Initiativen einspannen.

So wird der Pekinger Studentenaufstand vom Juni 1989 als Argument dienen, um tugendhafte Distanzierung von der Pekinger Olympiade zu predigen und die Jubelstimmung der chinesischen Massen zu dämpfen. Hat denn anläßlich der Münchner Olympiade von 1972, die durch das Massaker an israelischen Sportlern zur Tragödie wurde, oder bei der jüngsten Fußball-Weltmeisterschaft, die Deutschland von seiner weltoffensten, gastlichsten Seite zeigte, irgend jemand die fürchterlichen Gespenster des Holocaust erwähnt? Gewiß, die Relationen stimmen in keiner Weise überein, aber der Verdacht kommt gelegentlich auf, daß Germanien die Ruchlosigkeit einer gewissen Kategorie von Vätern durch die anmaßende Selbstgerechtigkeit der Kinder und Enkel kompensieren wolle.

*

Da stehen wir also am Platz des Himmlischen Friedens. Unser Begleiter Zhao Hongshi hat gute Arbeit geleistet. Wir können ungestört die Kamera aufbauen. Eine Polizistin in Zivil stellt ein paar Fragen und entfernt sich beinahe entschuldigend. Die Staatsführung ist besorgt, daß bei der großen Sportveranstaltung gerade an dieser Stelle Protestbanderolen entfaltet werden und Unruhe entsteht. Zu Zwischenfällen wird es zweifellos kommen, und die westlichen Medien warten auf ihre Stunde. Unmittelbar nach den Ereignissen von Tien An Men bin ich im August 1989 nach Peking geeilt. Natürlich galt auch meine Sympathie den jungen Leuten, die – den Exzessen der proletarischen Kulturrevolution eben erst entronnen – eine Idealgesellschaft der Brüderlichkeit und der Demokratie ausrufen wollten. Eine plumpe Nachbildung der amerikanischen Freiheitsstatue am Eingang der Verbotenen Stadt gab die Richtung an. Doch welcher andere Staat hätte es hingenommen, daß die Bannmeile seines Parlaments, seines Volkskongresses, von unkontrollierbaren Elementen überschwemmt wurde und der hohe Staatsgast aus Moskau, Michail Gorbatschow, durch einen diskreten Hintereingang eingeschleust werden mußte? Beamte des chinesischen Außenministeriums verweisen in diesem Zusammenhang auf die exorbitanten Sicherheitsmaßnahmen, die beim Gipfeltreffen von Heiligendamm verhängt wurden, und fragen in aller Höflichkeit, welch weltweiten Sturm der Empörung wohl die Krawallszenen von Rostock ausgelöst hätten, wenn sie am Rande der Verbotenen Stadt gefilmt worden wären.

Etwa tausend Menschen sind laut Amnesty International bei der Niederschlagung der Intellektuellen-Revolte von 1989 im ganzen Land umgebracht worden. Das ist schlimm genug. Aber was wäre passiert, so hatte ich damals schon argumentiert und mich der »political correctness« verweigert, wenn diese Revolte sich zu einem großen Orkan, zu einer »weißen Kulturrevolution« ausgeweitet hätte? Der Rückblick auf den krassen Dilettantismus der Perestroika Gorbatschows, auf den Sumpf von Korruption und Elend, in den Rußland im Namen einer Pseudo-Demokratie während der Jelzin-Ära zu versinken drohte, erklären vielleicht die Weigerung Deng Xiaopings und des damaligen Regierungschefs Li Peng, einer chaotischen Entwicklung nachzugeben. Daß die Methoden der Repression stümperhaft und brutal waren, steht außer Zweifel. Aber die Dissidenten haben nachträglich zugegeben, daß sie über keinerlei konkretes Programm verfügten. Die Gefahr war riesengroß, daß der sympathische Trubel von Peking in eine anarchische Auflösung des Reiches einmünden würde, wie das bei ähnlichen umstürzlerischen Vorgängen in der chinesischen Geschichte geschah, vom Aufstand der Gelben und der Roten Turbane über die Taiping-Revolte bis zur Kulturrevolution der Rotgardisten. Dabei waren Millionen Menschen massakriert oder dem Hungertod ausgeliefert worden. Die wirklichen Kenner Chinas sehen denn auch nicht in dem vom Ausland gestützten Protest einiger chinesischer Intellektueller die reale Bedrohung der Oligarchie der roten Parteibonzen. Der Umbruch könnte eher in jenen mystischen Geheimbünden brodeln – Falun Gong sei dafür ein Beispiel –, deren konfuse Botschaft plötzlich das Volk in einen Zustand exaltierter Heilserwartung versetzen und einen chinesischen Wesenszug freilegen würde, den man der sonst so nüchternen, auf ihren Vorteil bedachten Han-Rasse kaum zutraut.

Nach einer China-Reise im Herbst 1991 habe ich – unter dem Eindruck der Auflösung und des Elends, das sich gleichzeitig in Moskau manifestierte –, die folgende, damals heftig angefeindete Feststellung getroffen: »China kann nicht länger an jenen wirklichkeitsfremden Postulaten gemessen werden, die westliche Lehrmeister der Demokratie seit der Tragödie auf dem Platz des Himmlischen Friedens unentwegt vortragen. Wir sollten das Reich der Mitte hingegen mit dem heutigen Zustand der Sowjetunion vergleichen. Da wird manche moralische Entrüstung im Nachhinein zur heuchlerischen Verbohrtheit. Nichts liegt uns ferner, als die brutalen Unterdrückungsmaßnahmen zu rechtfertigen, die die roten Mandarine seit der Tragödie von Tien An Men über ihre Untertanen verhängten. Nur wissen wir heute, daß ein Durchbruch jener jugendlichen Protestkräfte, die das uralte Reich der Mitte ohne Übergang und ohne realistisches Anwendungskonzept mit den Errungenschaften des ›American way of life‹ beglücken wollten, ihr riesiges Land in Elend und Bürgerkrieg gestürzt hätten.

»Als Michail Gorbatschow im Sommer 1989 Peking besuchte, wurde er von den revoltierenden Studenten und auch von den stets konformistischen Medien des Westens als Heilsbringer und Herold der Erneuerung glorifiziert. Wie positiv hob er sich damals doch von jenen unverbesserlichen, grausamen Greisen ab, die in der Kommunistischen Partei Chinas weiterhin das Sagen hatten. Heute ist die Sowjetmacht ein Trümmerhaufen. Allein die Toten, die der Partisanenkrieg am Kaukasus forderte, sind weit zahlreicher als die beklagenswerten Opfer jener unverzeihlichen Repression, die den Aufruhr am Rande der Verbotenen Stadt ahnden sollte. Die Machthaber von Peking haben nunmehr das russische Exempel vor Augen – die beispiellose Selbstauflösung einer Großmacht – und dürften sich bestätigt fühlen in der Gewißheit, den Weg des geringeren Übels beschritten zu haben.

»Die meisten Berichterstatter aus China, die den westlichen Vorstellungen von der Wunderwirkung parlamentarischer Demokratie in einem unterentwickelten Staatswesen anhängen, wollten nicht wahrhaben, daß nur eine rigorose Stabilität der politischen Verhältnisse die Grundvoraussetzung für den eventuellen Erfolg wirtschaftlicher Reformen bietet. Wenn heute so viele Russen Gorbatschow und seine Perestroika verwünschen, so weil der ehemalige Generalsekretär der aufgelösten KPdSU dieses Grundgesetz in seinem immer noch rückständigen Imperium nicht berücksichtigte. Nicht von ungefähr blicken russische Ökonomen auf Südkorea als das Modell ihrer wirtschaftlichen Gesundung, ja ihrer politischen Rehabilitierung, wohl wissend, daß der erstaunliche industrielle Aufschwung im ›Land des stillen Morgens‹ sich unter der Fuchtel eines straffen Militärregimes vollzog.

»Gemessen an der Katastrophe, die die einstige Sowjetunion heimsuchte, müssen sich die 1,3 Milliarden Chinesen relativ privilegiert vorkommen. Der ›kleine Kaiser‹ Deng Xiaoping hat seinen Bauernmassen ein Existenzminimum verschafft, wie sie es seit Menschengedenken nicht mehr besaßen. Er hat allen Kassandra-Rufen zum Trotz den Übergang zu einer Konsumgesellschaft eingeleitet, der unter Berücksichtigung der erbärmlichen Ausgangsposition überaus bemerkenswert ist.

»Die ›weißen Experten‹ von Peking, die seit Tien An Men nicht müde werden, den totalen Niedergang, ja den blutigen Zerfall der Volksrepublik China zu prophezeien, haben sich gründlich getäuscht. Gewiß werden nach Deng neue, hoffentlich flexiblere Männer an die Stelle jener Greisenriege treten, die immer noch im Zhongnanhai das Sagen hat. Bei zunehmendem Wohlstand und Schaffung eines Mindestmaßes an sozialer Sicherheit werden die Nachfolger sich hoffentlich aus ihrer Erstarrung, aus dem Korsett eines zunehmend konfuzianisch geprägten Marxismus-Leninismus lösen, der seit dem russischen Desaster vollends obsolet erscheint.«

*

Noch immer und wohl für lange Zeit wird der Platz des Himmlischen Friedens durch das übergroße Portrait Mao Zedongs mit der realistisch gemalten Warze sowie durch das Mausoleum des Großen Steuermanns beherrscht. Von den Lehren seines roten Buchs, das überall in vielen Sprachen zu finden ist, haben sich die Chinesen längst abgewandt. Aber dem großen Erneuerer des Reichs der Mitte, dem tyrannischen Bilderstürmer, dessen Dekrete im Stil der kaiserlichen Befehlsformel: »Zittere und gehorche!« abgefaßt waren, ist das Schicksal Stalins oder Hitlers erspart geblieben. Als gewalttätiger Koloß, als roter Kaiser, lebt er in der Erinnerung fort, ohne jede Idolatrie übrigens und ohne Verschweigen seiner fürchterlichen Fehlentscheidungen, seiner Tücken, seiner Grausamkeit. Die systematische Ausrottung der ländlichen Feudalgesellschaft stand am Anfang seiner Machtübernahme. Es folgte die Provokation der »Hundert-Blumen-Kampagne«, die der Selbstentlarvung kultureller Abweichler diente. Das größte Unheil richtete er mit der wahnwitzigen Vorstellung des »großen Sprungs nach vorn« an. Dieses absurde Experiment der totalen Kollektivierung und der Schaffung industrieller Minibetriebe hat schätzungsweise zwanzig Millionen Menschen zum Tod durch Entbehrung verurteilt.

Am Ende dieser Despotie stand der Aufruf zur Kulturrevolution, als der gealterte und bereits weitgehend entmachtete Mao in einem zerstörerischen Kraftakt sondergleichen die Jugend gegen die angeblichen Revisionisten mobilisierte und die Rotgardisten aufforderte, das »eigene Hauptquartier zu bombardieren«. Etwa fünf Millionen Menschen sollen dabei ums Leben gekommen sein. Seit den legendären Anfängen des Reiches der Mitte wurde ein Menschenleben geringgeschätzt. Noch Generalissimus Tschiang Kaischek, der große Widersacher der kommunistischen Revolutionäre, zögerte nicht, die Deiche des Hoang Ho zu sprengen und eine Million seiner Landsleute dem Tod durch Ertrinken auszuliefern, als es galt, den Vormarsch der japanischen Eroberungsarmee nach Süden zu verzögern.

Aus Umfragen hat sich ergeben, daß Mao Zedong vom Durchschnitts-Chinesen zu siebzig Prozent positiv, zu dreißig Prozent negativ beurteilt wird. Immerhin hat er das zerfallende Reich mit eiserner Faust zusammengeschweißt. Er hat die verkrusteten Gesellschaftsstrukturen zerbrochen und eine Doktrin der menschlichen Gleichheit verkündet, die trotz aller kapitalistischen Auswüchse der Gegenwart im kollektiven Unterbewußtsein fortwirken dürfte. Mao setzte vor allem der schändlichen Kette von Demütigungen ein Ende, die seit dem vernichtenden Ausgang des Opium-Krieges der stolzen Han-Rasse, die sich allen anderen Völkern überlegen fühlte, durch »minderwertige Barbaren« zugefügt wurden.

Von Personenkult kann nicht mehr die Rede sein, auch wenn das Antlitz Mao Zedongs neuerdings auf jedem Geldschein abgebildet ist. Die ideologischen Verwerfungen haben sich aufgelöst. So entdeckt man in den Souvenir- und Trödelläden alle möglichen Keramiken, auf denen die Todfeinde von einst, etwa Mao Zedong und Liu Shaoqi, der als »chinesischer Chruschtschow« eingekerkert wurde, oder Mao Zedong und Lin Biao, der als »böser Verräter« in einem mysteriösen Flugzeugunfall umkam, in brüderlicher Zweisamkeit dargestellt sind. Die Chinesen besitzen wohl ein sehr lockeres, entspanntes Verhältnis zu ihrer Vergangenheit.

Wir haben vergeblich nach dem Restaurant gesucht, wo mir vor einem Jahr – in einer verspielten Rekonstruktion der Kulturrevolution – Kellnerinnen in der Uniform der Rotgardisten vorzügliches Essen servierten, während die Wände mit klassenkämpferischen Parolen plakatiert waren. Ein anderes Relikt alter Zeiten blieb glücklicherweise in einem wunderschönen Hutong-Lokal erhalten. Eine ganze Serie von Terrakotten kommunistischer Parteigrößen und Helden der Volksbefreiungsarmee war dort aufgereiht. Die weibliche Bedienung trug hier den kleidsamen Qipao, das chinesische Kleid, das am Hals hoch geschlossen und am Bein hoch geschlitzt ist. Als besondere Kuriosität sind in der engen Gasse vor dem Restaurant zwei riesige schwarze Limousinen vom Typ »Rote Fahne« geparkt. Diese Staatskarossen zählten zu den ersten in der Volksrepublik fabrizierten Automobilen. Als im Jahr 1972 Walter Scheel in seiner Eigenschaft als Außenminister der Bundesrepublik nach dem Staatsbankett in einem dieser Ungetüme Platz nahm, verweigerte es seine Dienste, und es stieg lediglich eine weiße Dampfwolke aus der Motorhaube auf. Die Zurschaustellung dieser Fehlkonstruktion in unseren Tagen zeugt immerhin von einem gesunden Maß an Selbstironie.

Von Marxismus-Leninismus ist in der Volksrepublik nicht mehr viel zu spüren. Aber über eine totale Hinwendung zum Kapitalismus sollte auch nicht voreilig spekuliert werden. Der chinesischen Gesellschaft hat sich ein unbändiger Drang zur individuellen Bereicherung bemächtigt. Dieser Wesenszug ist den Söhnen des Himmels – außer in den Jahren der von Mao verordneten Nivellierung der Ansprüche, der kollektiven Entsagung und Bedürfnislosigkeit – stets zu eigen gewesen. Eine Doktrin ist daraus noch längst nicht entstanden. Wenn die privilegierten Neureichen, unter denen es auch Milliardäre russischen Stils gibt, sich an die Börse begeben, huldigen sie beim Aktienerwerb und bei den Kursspekulationen dem überlieferten, oft verhängnisvollen Spieltrieb ihrer Rasse, dem seinerzeit mit bescheidenstem Einsatz sogar bei den Rikscha-Kulis gefrönt wurde. »Chassez le naturel, il revient au galop«, lautet eine französische Redensart, »vertreibt die natürlichen Veranlagungen, und sie kehren im Galopp zurück«. Bei den Kleinaktionären von heute sind Börsen-Poker und Mahjong-Spiel wohl gar nicht so weit auseinander. Bei aller gesellschaftlichen Diskrepanz und Ungerechtigkeit ist eine Stimmung der Zuversicht bei diesem Milliardenvolk aufgekommen, das Gefühl, einer besseren Zukunft entgegenzugehen. In den USA nehmen die unterprivilegierten Schichten mehr und mehr Abstand vom »American dream«; in China hingegen scheint – selbst bei den darbenden Wanderarbeitern in den gedrängten Wohncontainern – so etwas wie ein »chinesischer Traum« von Wohlstand und Glück zu dämmern.

Hinzu kommt das Bewußtsein, daß die jetzt beschrittene Rückkehr zu Macht und Ansehen nicht einer minderwertigen Rasse von Parvenus gewährt wird, sondern daß das Reich der Mitte nach einer relativ kurzen Phase des Zerfalls die angestammte Führungsrolle in Kultur und Politik wieder einnimmt, die ihm gebührt.

Die Widersprüchlichkeit dieses Landes läßt sich am besten an den fünfzig Fernsehprogrammen ablesen, die den TV-Konsumenten mit ihrem Überangebot zudecken. Da öffnet sich für den europäischen Zuschauer eine unerschöpfliche Quelle des Staunens, des Ärgers, der Erheiterung. Dem nationalistischen Zeitgeist entsprechend, der jenseits aller Ideologie die Mehrzahl der Chinesen aller Klassen zusammenbringt, werden auf dem Bildschirm historische Heldensagen und patriotische Mythen gezeigt, die unter großem Aufwand produziert wurden. Es mangelt nicht an Filmen, die die stets siegreiche Volksbefreiungsarmee in ihren Schlachten gegen die japanischen Besatzer und die Kuomintang-Truppen Tschiang Kai-scheks vorführen. Daneben entfaltet sich ein unsäglicher Unterhaltungskitsch. Geschminkte Kleinkinder tragen beim landesüblichen Karaoke-Wettbewerb ihre quäkenden Lieder mit todernsten Gesichtern vor. Von läppischen Moderatoren werden sie zu vokalen Höchstleistungen angespornt. Dann sieht sich der Zuschauer bei einem anderen Programm in eine riesige Fabrikhalle versetzt, wo beliebte Gesangskünstler oder Zirkusartisten der artig aufgereihten Arbeiterschaft Abwechslung und Entspannung im Stil von »Kraft durch Freude« bieten. Pornographie ist verpönt. Allenfalls bei Anleihen aus dem Ausland treten halbnackte Go-Go-Girls auf. Die Spielfilme und Krimis sind weitgehend westlichen Normen angepaßt, nur daß hier – ähnlich wie bei den sattsam bekannten Hongkong-Produkten – die athletischen Kungfu-Gestikulationen dem breiten Geschmack entsprechen. Aus der Häufigkeit ihrer Auftritte zu schließen, genießen die Brüllaffen der amerikanischen und europäischen Punk- und Pop-Szene bei der chinesischen Jugend eine breite, begeisterte Zustimmung. Die hysterischen Beifallsstürme stehen denen der westlichen Fans in keiner Weise nach. Zwischendurch wird die Polizei als Freund und Helfer dargestellt. Mit Rücksicht auf das ältere Publikum werden Familien-Idylle

216

und Rührstücke ausgestrahlt, die dem seichten Geschmack der deutschen Heimatfilme der fünfziger Jahre entsprechen. An anderer Stelle wird dem protzigen Luxus der neureichen Kapitalisten so viel Raum eingeräumt, als wolle man Klassenhaß provozieren. Angeblich steht die kommunistische Partei im Begriff, dagegen Sanktionen zu ergreifen. Unweigerlich kommt die Einheitspartei zu ihrem Recht, wenn eine Großversammlung von Genossen mit roten Badges am Jackenrevers wie beim Unterricht brav und diszipliniert auf den Bänken verharrt und den belehrenden, staubtrockenen Vorträgen der Spitzenfunktionäre den obligaten Beifall spendet. Es wäre ungerecht, jene Meisterwerke chinesischer Filmkunst unerwähnt zu lassen, die weltweit Bewunderung finden und gelegentlich, leider viel zu selten, auch im heimischen Angebot auftauchen.

Am Ende bleibt eine große Enttäuschung zurück. So unterschiedlich das Angebot auch sein mag, es wird gleichgeschaltet und nivelliert durch den Kommerz, durch die unaufhörliche Werbung. Auf dem Bildschirm herrschen vor allem Profitgier und Kundenwerbung. Alle nur denkbaren Firmen des In- und Auslandes beteiligen sich an diesem Spiel. Raffiniert geschminkte chinesische Ansagerinnen – manchmal mit chirurgisch geweiteten Augen – preisen die Vorzüge von Seifen und Salben, von Kühlschränken und Putzmitteln, von Computern und Automarken. Den bewährten Regeln westlicher Reklame folgend, wird den Söhnen des Himmels eine heitere, glückliche Welt des Konsums vorgegaukelt. Was hier an Bewußtseinsveränderung beim mehrheitlich unbedarften Publikum angerichtet wird, läßt sich schwer ermessen.

Die oberflächliche Umstimmung Chinas auf westliche Schablonen findet weit eindringlicher durch die permanente Einwirkung der Glotze statt, als durch die verzweifelten Mahnungen einer kleinen Zahl aufsässiger, mutiger und frustrierter Intellektueller. Beim ausländischen Beobachter stellt sich der Eindruck einer geistigen Verflachung ein, die in diesem Land uralter Weisheit und erlesener Kunst besonders schmerzlich berührt. Vielleicht ist es der drohende Verlust der in Jahrtausenden gewachsenen kulturellen Identität, der die besorgten Ideologen der Einheitspartei veranlaßte, dem hemmungslosen Abgleiten in Raffgier und Zynismus einen Riegel vorzuschieben. Auf höchste Weisung erfolgte der Rückgriff auf ein altbewährtes Sittlichkeitskonzept, das alle Dynastien und alle Turbulenzen des Reichs der Mitte überdauert hatte: Die Zauberformel heißt »Harmonie«.

Harmonie statt Demokratie

Qufu, im Juni 2007

Einen Hauch des Gleichklangs zwischen Himmel und Erde glauben wir zu verspüren, während wir im kühlen Nieselregen zum Geburtsort und zur Grabstätte des Meisters Kong Zi pilgern, den man im Westen Konfuzius nennt. Wie in gewissen Klöstern des Abendlandes soll die Schönheit der Natur dazu beitragen, die meditative Besinnung auf das Wesentliche zu fördern. Das unfreundliche Wetter hat die Besucher und Touristenströme ferngehalten, die mir bei meinem Ausflug nach Qufu in den frühen neunziger Jahren lästig waren. Fast allein bewegen wir uns unter den Kronen gewaltiger Bäume. Die verschnörkelten und doch schlichten Holzpavillons sind Ritualen gewidmet, die sich unserem oberflächlichen Verständnis entziehen. Bei den kuriosen Fabelwesen, den grell bemalten Tempelwächtern mit den grinsenden Tierfratzen weiß der Laie nie so recht, ob sie eine aggressive oder schützende Funktion ausüben. Auf den weiten Rasenflächen haben sich Scharen großer, schwarzer Vögel niedergelassen und verharren reglos. Sie wirken wie Künder des Unheils – »oiseaux de malheur« – zwischen den geschwungenen Tempeldächern mit den gelben Ziegeln.

In dem breit angelegten Hauptgebäude, in der »Halle der Integration«, deren Treppe mit ähnlich geschliffener Drachendekoration geschmückt ist wie der Kaiserpalast von Peking, ist im düsteren Hintergrund die Statue des Meisters Kong zu erkennen. Er ist so prächtig gewandet wie die einstigen »Söhne des Drachen« in der Verbotenen Stadt. Mehr als drei Meter hoch ragt die Darstellung dieses gelehrten Sittenlehrers, der etwa 500 Jahre vor unserer Zeitrechnung lebte. Für unsere Begriffe ist der bärtige Hüne mit dem zerzausten Bart und der Knollennase alles andere als ein Inbegriff von Schönheit und Adel. Aber wie mögen wohl unsere christlichen Heiligenbilder auf die Chinesen wirken?

Diverse Dynastien haben sich an der ständigen Erweiterung der Kultstätte beteiligt. Deshalb mangelt es ihr an architektonischer Einheitlichkeit. Dennoch geht von dieser Parkanlage eine ähnliche Stimmung der Gelassenheit, des Trostes und der Zucht aus wie von den konfuzianischen »Akademien« in der Volksrepublik Nordkorea, die Kim Il Sung als historische Ausflugsziele erhalten hat. In Qufu hat während der Kulturrevolution eine frevlerische Desakralisierung stattgefunden. Die heutige Statue des großen Meisters, vor der seine Verehrer sich verbeugen und Weihrauchstäbchen entzünden, ist nur die getreue Kopie eines Originals aus der Yongsheng-Epoche. Während des großen proletarischen Aufstandes wurde das Original durch den bilderstürmerischen Wahn der Rotgardisten vernichtet.

Die Ortschaft Qufu in der nach Osten vorgeschobenen Küstenprovinz Shandong entfaltet immer noch ein zauberhaftes Bild altchinesischer Baukunst. Diese Art Idylle ist selten geworden. Das Luxus-Hotel, das natürlich nach Konfuzius benannt ist, bietet asiatischen Komfort. Die Höflichkeit des Personals, das Qipao oder Pagentracht trägt, geht so weit, daß mich – sobald ich eine Treppe betrete oder aus dem Auto steige – gleich zwei Bedienstete als Zeichen des Respekts vor meinem hohen Alter hilfreich, wenn auch unnötig, abstützen. Daneben gibt es unerfreuliche Erscheinungen. Die Eßlokale schließen so früh, daß wir eine recht vulgäre Kneipe aufsuchen müssen, wo dicke Männer zweifelhaften Aussehens mit nacktem Oberkörper, lärmend und rülpsend, ihre Nudeln verschlingen. Die meisten Gäste sind von jener Fettleibigkeit gezeichnet, die sich als Folge übermäßigen Konsums von Junk Food weltweit ausbreitet.

Unser Begleiter Zhao Hongshi, der Mandschu-Nationalität angehörend, hat ein Gespräch mit einem Professor der Universität von Qufu arrangiert, die sich auf die Neuerforschung und Wiederbelebung der Lehren des Konfuzius spezialisiert hat. Meister Kong ist ja wieder zu hohen Ehren gekommen im roten Reich der Mitte. Sogar die chinesischen Kulturinstitute im Ausland tragen seinen Namen. Der Professor, der auch eine konfuzianische Zeitschrift herausgibt, ist recht jung. Sein Auftreten und seine Kleidung sind die eines modernen Businessman. Viel Erleuchtung, so merke ich bald, ist von ihm nicht zu erwarten. Wie sollte er auch einem Barbaren aus dem Westen plausibel machen, daß Mao Zedong, der immer noch die höchste staatliche Devotion genießt, die Hinterlassenschaft des Konfuzius in Bausch und Bogen verworfen hatte und seine gelehrten Interpreten hinrichten ließ? In diesem erbarmungslosen Kulturkampf tat er es übrigens dem größten aller chinesischen Kaiser, Qin Shi Huang, gleich, der schon 200 Jahre vor Christus den grausamen, aber vergeblichen Versuch unternommen hatte, diese überlieferte Staats- und Sittendoktrin auszumerzen.

Im Herbst 1974 hatte ich eine Fernsehdokumentation unter dem Titel produziert: »Absagen an Konfuzius«. Der Große Steuermann hatte die Turbulenzen der Kulturrevolution genutzt, um die philosophische und gesellschaftliche Botschaft des Meisters Kong mit Stumpf und Stiel auszurotten. Das alte, überkommene System hatte auf jede Metaphysik, auf jede Form religiöser Jenseits-Verheißung verzichtet und statt dessen ein extrem diesseitiges System der familiären Tugend, des rechten Maßes und der gesellschaftlichen Rangordnung in der Natur des Menschen begründet.

Eine durch philosophische und literarische Examen hochgezüchtete Meritokratie, das »Mandarinat«, wie die Portugiesen diese Verwaltungskaste nannten, war berufen, die geheimen Absichten des Himmelssohns, des Kaisers, in die Tat umzusetzen. Jede körperliche Arbeit war bei ihnen verpönt, denn »der Edle ist kein Werkzeug«, so hieß die Vorschrift. In dieser Gesellschaftsordnung, die den Riten eine geradezu magische Bedeutung beimaß und die am Ende in Pedanterie und formalistischer Überheblichkeit erstarrte, wurde eine strikte Hierarchie etabliert: Der Sohn war dem Vater, der Schüler dem Lehrer, die Frau dem Mann untertan. Den diversen beruflichen Betätigungen waren deutliche Rangstufen zugewiesen. So genoß unter der Allmacht des Kaisers und der unangefochtenen Autorität des hohen Mandarinats die Tätigkeit des Bauern die höchste Achtung, was im Laufe der Jahrhunderte zur Bevorzugung einer feudalistisch strukturierten »Gentry« führte. Den Ständen des Handwerks und des Handels wurde keine sonderliche Achtung gezollt, obwohl gerade auf diesem Gebiet die umtriebige Han-Rasse oft ihr Bestes leistete. Auf der untersten Stufe der sozialen Ordnung befand sich der Krieger, der Soldat, was wohl darauf zurückzuführen war, daß die Zeitgenossen Kongs unter den permanenten Feldzügen und Plünderungen der »streitenden Königreiche« Fürchterliches erlitten hatten.

Es ist nicht meine Absicht, ein zusammenhängendes Bild der konfuzianischen Weltanschauung zu entwerfen, die etliche Jahrhunderte später durch den Philosophen Menzius oder Meng Zi dahingehend erweitert wurde, daß der Fürst, der sich dem Volk gegenüber wohlwollend verhält, sich seinerseits auf die Zustimmung des Volkes berufen kann. Aber so war die Geschichte eben nicht verlaufen. Für den jungen Mao Zedong kontrastierte das Festhalten der morschen und dekadenten Qing-Monarchie an der zur Routine erstarrten Ritualordnung Kong Zis mit der resoluten Meiji-Revolution, die das feudalistische Japan der Samurai binnen weniger Jahrzehnte in den Rang einer modernen Großmacht befördert hatte.

Das Reich der Mitte war zuletzt im verhängnisvollen Intrigenspiel der Kaiserin-Witwe Ci Xi zum Spielball fremder Mächte geworden, während breite Schichten des Volkes buchstäblich verhungerten. Ein Gefühl der sozialen Solidarität gehörte ohnehin nicht zum konfuzianischen Konzept. Die Sippe besaß ein zwingendes, exklusives Vorrecht der Solidarität, und zu Recht notierte André Malraux, »daß ein Chinese sich nur innerhalb seiner Familie betroffen fühlt«. Die herablassende Formel des großen Sittenwächters aus Qufu, »für den einfachen Menschen ist das Essen der Himmel«, verurteilte in den letzten hundert Jahren der Mandschu-Kaiser die Masse der Leibeigenen, der Pächter, der Kulis zu diversen Vorstufen der Hölle.

Mao Zedong hat allen Grundregeln des Konfuzianismus den Rücken gekehrt. Die feudalistische Gentry löschte er unmittelbar nach seiner Machtergreifung aus und ersetzte sie später durch das fragwürdige System der Volkskommunen. Da seine Bewegung nur durch kriegerische Selbstbehauptung, durch Partisanenüberfälle auf die weit überlegenen Heere der Japaner und des Kuomintang überlebt hatte, wurde die Kommunistische Partei seit dem legendären »Langen Marsch« mit der Volksbefreiungsarmee identifiziert und verschmolzen. Dabei wurde nunmehr dem Stand des Soldaten eine absolute Priorität in der sozialistischen Gesellschaft eingeräumt. Mao Zedong schuf den proletarischen Samurai. Die Exzesse der Kulturrevolution nutzte der Große Steuermann, um das neue Mandarinat der kommunistischen Führung, die ihn nach seinen katastrophalen Fehlleistungen des »Großen Sprungs nach vorn« weitgehend ausgeschaltet hatte, auf grausamste Art zu quälen. Er verurteilte die Funktionäre und Intellektuellen zu erschöpfender und demütigender Schwerarbeit in Schweineställen.

Wohl unter dem Einfluß seiner dritten Ehefrau Jiang Qing wurde die bereits angeordnete Gleichberechtigung der Frau zusätzlich aufgewertet. Die revolutionären Opern, die diese ehemalige Schauspielerin inszenierte – »Das rote Frauen-Bataillon«, »Das weißhaarige Mädchen«, »Azaleenberg« – haben sich mir mit ihren bombastischen Bühnenbildern und Ballettszenen nachhaltig eingeprägt. In jeder dieser Darstellungen erweist sich am Ende die Frau als die wahre Heldin, als Schlüsselfigur des unwiderruflichen Umbruchs.

So war es ein hochsymbolischer Akt, daß eine junge Frau unter Mao-Kappe mit rotem Stern sich an die Spitze der jungen Rotarmisten stellte, die sich auf den Weg nach Qufu machten. Sie zogen zur Halle der Integration, um dem unheilvollen, reaktionären Spuk des Konfuzius ein Ende zu setzen und sein Standbild zu zertrümmern. Mit schriller Stimme stimmte die Anführerin den neuen Kampfruf an: »Pi Lin – Pi Kong – Nieder mit Lin Biao – nieder mit Konfuzius!« Hier offenbarte sich der seltsamste, absurdeste Aspekt einer kollektiven Hysterie, die ich aus der Nähe beobachten konnte. Auf Weisung der Partei wurde plötzlich in allen Fabriken, Landkommunen, Hausgemeinschaften und Kasernen über die Fehler und Verbrechen des Armee-Oberbefehlshabers und designierten Mao-Nachfolgers Lin Biao debattiert, der sich immerhin als hervorragender Feldherr gegen die Japaner und gegen Tschiang Kai-schek bewährt hatte. Lin Biao wollte wohl nach einem gescheiterten Putschversuch in die Sowjetunion flüchten und war über der Mongolischen Volksrepublik mit seinem Flugzeug abgestürzt. Der Marschall war eine der treibenden Kräfte der Kulturrevolution gewesen. Nun wurden alle Photos und Filmstreifen aus den staatlichen Archiven verbannt, die diesen Verräter im freundschaftlichen Gespräch mit Mao Zedong oder beim Schwenken des »Roten Büchleins« zeigten.

Völlig bizarr war die Assoziation dieses Kommunisten der ersten Stunde und Gefährten des Langen Marsches mit der altehrwürdigen Persönlichkeit des Meisters Kong. Eine Wesensverwandtschaft herzustellen zwischen Lin Biao und Konfuzius, das war ein extravaganter Akt hoher chinesischer Akrobatik. Im Sommer 1974 war am Kunming-See nahe dem Sommerpalast ein großes Schwimmfest veranstaltet worden. Ganze Kompanien der Volksbefreiungsarmee waren in voller Montur mit militärischer Disziplin ins Wasser gestiegen und hatten ihre Schwimmübung dazu benutzt, Schmährufe auf die Heimtücke des Marschalls Lin Biao und die ideologischen Verfehlungen des Philosophen Konfuzius auszustoßen.

Wonach soll ich den Professor für Konfuzianismus der Universität Qufu befragen? Etwa nach dem flagranten Widerspruch zwischen dem offiziellen Festhalten der kommunistischen Parteiführung an den Mao-Zedong-Ideen einerseits und der Rehabilitierung des Sittenkodex des Meisters Kong andererseits? Hatte nicht auch der alte Weise verkündet, daß es »ohne große Männer und Vorbilder keine Tugend und keinen Wohlstand des Volkes« gibt? Und ließ sich dieses Zitat nicht vorzüglich auf den roten Tyrannen beziehen?

Hieß es nicht auch bei manchen Schülern des Kong Zi, daß »die Frau die bessere Hälfte des Himmels« sei, was als Argument für deren Gleichberechtigung und Emanzipation herhalten konnte?

Das Reich der Mitte verfügte stets über eine ungeheuerliche Assimilationskraft, eine Fähigkeit des Synkretismus, die sich auch in der Akzeptanz des Mahayana-Buddhismus äußerte, der heute wieder im Volk auflebt. Aber aus dem indischen Mystiker Gautama ist am Hoang Ho und Yangtse der »glückliche Buddha« mit dem prallen, vollgefressenen Bauch geworden. Da gibt es auch noch die uralte, rein chinesische Überlieferung des Taoismus, der im Westen unter Bezug auf den großen Dichter Li Taipe oder Li Bai über die Maßen idealisiert wird, in Wirklichkeit jedoch im Schamanentum der Vorzeit wurzelt. Es wundert nicht, daß die extravaganten Figuren des Taoismus, die skurrilen Einsiedler, fröhlichen Trunkenbolde, die närrischen und doch gewitzten Greise, diese Außenseiter, die zu den magischen Kräften der Erde Kontakt halten, sich schon seit Jahrhunderten von der Pedanterie, der moralisierenden Besserwisserei und der Prüderie der konfuzianischen Gelehrten abgewandt hatten. Hatte nicht Mao Zedong, der eine überaus vielschichtige Persönlichkeit war, über sich selbst gesagt: »Ich bin nur ein alter Mönch unter einem zerschlissenen Regenschirm?«

Mit den trockenen, umständlichen Thesen des Karl Marx, mit der utopischen Vision eines Paradieses der Werktätigen, können die zeitgenössischen Jünger Li Taipes ebenso wenig anfangen wie mit dem »Buch der Riten« des Kong Zi, und mancher setzt sich mit hedonistischem Egozentrismus über alle Einschränkungen hinweg. »Die Chinesen haben einen großen Magen«, heißt es bei den Vietnamesen, und die müssen es ja wissen, sind sie doch der totalen Assimilation, der unwiderruflichen Einverleibung in das Reich der Mitte nur um Haaresbreite entgangen.

Es gehört schon ein gehöriges Maß an Flexibilität dazu, die Mao-Zedong-Ideen, die marktwirtschaftlich orientierte Deng-Xiaoping-Praxis, die komplizierte Theorie Jiang Zemins von den »drei Lebenssituationen« unter einen Hut zu bringen. Das Ganze auch noch mit dem Konfuzianismus zu vereinbaren und daraus die Idealvorstellung der »harmonischen Gesellschaft« abzuleiten, gleicht einem ideologischen Irrgarten, könnte auch als politische Roßtäuscherei bezeichnet werden. Aber die jetzige Führungsmannschaft unter Präsident Hu Jintao, auf dessen jugendlich wirkendem Gesicht sich nicht die geringste Regung ablesen läßt, hat die Gunst der Stunde genutzt. Amerikaner und Europäer sollten sich keinen falschen Vorstellungen hingeben: Ihr globales Heilsprojekt von repräsentativer Demokratie und uneingeschränkter Marktwirtschaft, das Francis Fukuyama zu seiner abstrusen Prophezeiung vom »Ende der Geschichte« verleitete, verfügt außerhalb des westlichen Kulturkreises über immer geringere Anziehungskraft.

Bislang haben sich die kolonialen Nachfolgestaaten Asiens und Afrikas den Forderungen Washingtons auf Übernahme des »American way of thinking« durch Mimikry und Stimmzettel-Fetischismus angepaßt. Das Reich der Mitte empfindet es wohl als seiner unwürdig, sich auf solche Spiele einzulassen, und setzt den ohnehin brüchigen Vorstellungen einer in Plutokratie abgleitenden Parteienvielfalt und Streitkultur, eines im Spekulationsfieber erstickenden Kapitalismus, sein eigenes Konzept entgegen. Ganz neu ist dieses Motto von der »harmonischen Gesellschaft« nicht. Eine ähnliche Form des autoritären Konfuzianismus, der seine Bürger zum Wohle aller auf ökonomischen Wettbewerb und technologische Spitzenleistung festlegt, ihnen aber keinen politischen Spielraum einräumt, wird ja schon seit Jahrzehnten durch Lee Kwang Yew, den Gründer und langjährigen Regierungschef des winzigen, aber blühenden Inselstaates Singapur vorgeführt.

Was bleibt von Mao? Was bleibt von Konfuzius? Auf das Dilemma weiß unser Konfuzius-Professor von Qufu keine Antwort. Die Landwirtschaft als Grundlage des Staates war für Meister Kong die Richtschnur der Politik. Aber sie entspricht nicht mehr den Geboten der Gegenwart. Das schwierigste Problem Hu Jintaos besteht eingestandenermaßen darin, die erdrückende Masse einer in Armut verharrenden Agrarbevölkerung in die industrielle, technische Entwicklung einzugliedern, die die privilegierten Landesteile mit kaum vorstellbarer Intensität und Hast umgestaltet. Allen Unken-

225

rufen zum Trotz, was erreicht wurde, ist enorm, war vor ein paar Dekaden noch unvorstellbar.

Angesichts der angespannten internationalen Lage und einer immer noch systematisch betriebenen Einschüchterung durch das Pentagon und den militärisch-industriellen Komplex in den USA kann sich China keiner beschaulichen Friedfertigkeit hingeben. Die Volksbefreiungsarmee wird als unentbehrlicher Faktor nationaler Einheit und territorialer Selbstbehauptung genutzt. Sie verfügt über diskrete Positionen in Politik und Wirtschaft. Die chinesische Frau wiederum, die dem alten Sittenkodex zufolge der Willkür des Mannes ausgeliefert war, wird ihre neuen Rechte, die teilweise auf die Aktion der wenig beliebten Mao-Gattin Jiang Qing zurückzuführen sind, verbissen, listig und mit durchtriebener Vitalität zu verteidigen suchen.

Bleibt die exklusive familiäre Bindung, der Sippen-Egoismus, der im Reich der Mitte von Ursprung an tief verwurzelt war. Trotz »Ein-Kind-Familie« und einer erzwungenen geographischen Mobilität hat sich an diesem elementaren Zusammenhalt wenig geändert. Mao hatte versucht, das verkrustete System der selbstsüchtigen Verwandtschaftsbeziehungen zu sprengen und damit eine wahrhaft revolutionäre Tat vollbracht. Ob sie von Dauer sein wird, erscheint leider mehr als ungewiß.

*

Von dem regionalen Flugplatz Jinan liegt das Städtchen Qufu ungefähr zwei Stunden Fahrt entfernt. Es geht über eine sechsspurige Autobahn. Zu beiden Seiten finden umfangreiche Aufforstungsarbeiten statt. Der Airport Jinan ist großzügiger und eleganter ausgestattet als die meisten Terminals Europas oder Amerikas. Der Minibus chinesischer Produktion hingegen, der uns dorthin befördert, ist eine perfekte Fehlkonstruktion. Die Hitze des Motors strömt aus einer zentralen Apparatur, die zudem jede Bewegung erschwert. Die Sitze sind die reinsten Folterinstrumente. Von Komfort kann nicht die Rede sein. Wir sind schon froh, daß sich das blecherne Ungeheuer überhaupt bewegt. Dieses mißlungene

Fahrzeug versetzt mich um 35 Jahre zurück, in das Jahr 1972, als ich bei meiner ersten China-Reise auf verzweifelte sozialistische Experimente stieß, die heute kaum noch vorstellbar sind.

Ich denke an ein landwirtschaftliches Projekt, das als Vorbild immer wieder präsentiert wurde, um die enthusiastischen Leistungen der Werktätigen anzuspornen. Auch uns wollte man damit beeindrucken. In der verkarsteten Gebirgslandschaft, wo die Provinzen Henan und Shanxi nördlich des Huang Ho zusammenstoßen, ergoß sich der Zhanghe so tief durch sein zerklüftetes Tal, daß er für Bewässerung nicht in Frage kam. Der Linxian-Distrikt, der uns vorgeführt wurde, litt unter Trockenheit, Übervölkerung und Hunger. Der Boden war hier mit unendlichem Fleiß bearbeitet worden; nach 4000 Jahren war er erschöpft, ausgelaugt, der Erosion anheimgegeben.

Im Linxian-Distrikt, so wurde uns mit geschwellter Brust berichtet, wurde die Natur besiegt. Der Rote-Fahne-Kanal hatte ein widriges Schicksal bezwungen. Der Zhanghe wurde hoch im Gebirge gestaut und dann über Kanäle und Tunnel wie eine Alpenstraße zur Bewässerung der Terrassen und der ebenen Flächen genutzt. In knapp zehn Jahren wurde mit bloßer Menschenkraft ohne Maschinen – sogar der Sprengstoff wurde an Ort und Stelle fabriziert – ein Kanalprojekt von 1500 Kilometer Länge mit 134 Tunneln und 150 mehr oder weniger großen Aquädukten verwirklicht. 16,4 Millionen Kubikmeter Erde und Stein wurden bewegt, was ausgereicht hätte, um über 4000 Kilometer eine Straße von vier Metern Breite zu bauen. Der Ernteertrag des Linxian-Kreises, wo 700 000 Menschen lebten, wurde angeblich verfünffacht.

Am Abend versammelten sich die Bauern der fünfzehn Volkskommunen des Kreises Linxian im neuen Kinosaal, um die abenteuerliche Konstruktion des Rote-Fahne-Kanals nachzuerleben. Wir wurden dazu eingeladen. Um im Felsgestein ihre Sprengladungen anzubringen, hatten die Hauer sich teilweise wie Alpinisten über den Abgründen abgeseilt. Es war eine große, gelungene Show. Die Politkommissare hatten in jenen Tagen noch das Sagen. Die Mao-Parolen waren eine unfehlbare Botschaft für die Nutznießer des Rote-Fahne-Kanals: »Vertrauen auf die eigene Kraft«, lautete die Wandinschrift, und der Kommentator des Films wiederholte die Mao-Formel, daß »Armut zu Änderungen drängt und zur Revolution«. – »Das ganze Volk muß ständig daran denken, daß China ein großes sozialistisches Land und gleichzeitig ein wirtschaftlich armes, rückständiges Land ist«, wurde der Große Steuermann ebenfalls zitiert.

Die Arbeiten des Kanalbaus waren 1958 im Zeichen des »großen Sprungs nach vorn« begonnen worden und hatten bis 1968 gedauert. Wie grausam und unerbittlich, wie verhängnisvoll für die Landbevölkerung dieses extravagante Unternehmen, dieser Versuch, die Natur zu vergewaltigen, gewesen war, durfte im Sommer 1972 noch mit keiner Silbe erwähnt werden. Das Thema war tabu. Man gestand allenfalls ein, daß es zu gewissen Reibungen gekommen sei, als die landwirtschaftlichen Genossenschaften in Volkskommunen umgewandelt wurden. Die Kulturrevolution hingegen, die Mitte der sechziger Jahre ausbrach und das rote Reich der Mitte erschütterte, ist am Linxian-Kreis ziemlich spurlos vorbeigegangen. In den Revolutionskomitees des »Rote-Fahne-Kanals« waren neben den Parteifunktionären, den Militärs und einigen hitzigen, jungen Genossen auch die alten Bauern vertreten, und die hatten eine mäßigende, beschwichtigende Rolle gespielt.

Zur Illustrierung der Altersweisheit, die sich angeblich sehr harmonisch mit dem revolutionären Fortschritt vereinbaren ließ, wurde uns der 63jährige Bauer Ma Zhongqin vorgeführt. Es war eine perfekte Inszenierung. Vor dem Sieg der Kommunisten hatte Ma als Knecht bei einem Großgrundbesitzer gearbeitet. Jetzt wurde er in wohleinstudierter Pose vor unsere Kamera gesetzt, während er unter dem unvermeidlichen Bild des Vorsitzenden Mao Zedong seinem Enkelkind die Geschichte des »törichten Greises Yu Gong« vorlas, jenes störrischen, aber bewundernswerten alten Mannes, der – weil die widrige Natur nicht anders zu bezwingen war – es auf sich nahm, eigenhändig die Berge zu versetzen. Auf den Feldern der Produktionsbrigade »Großer Gemüsegarten« begegneten wir jungen Mädchen, die wie Zugtiere vor eine Egge gespannt waren, während ein alter Bauer locker und lächelnd die Zügel führte. Auch die Mädchen schienen wohlgelaunt und empfanden sich keineswegs gedemütigt durch diese Tätigkeit. Die Brigade verfügte eben nur über einen einzigen, schrottreifen Traktor.

Ich will gar nicht leugnen, daß wir im Jahr 1972 von den Mühen der Landarbeiter am »Rote-Fahne-Kanal« gerührt waren und mit ihnen sympathisierten. Doch schon damals kam der Verdacht auf, daß man uns ein potemkinsches Dorf zeigte und daß diese krampfhafte kollektive Anstrengung im Ausbau einer großen Überlandstraße sinnvoller investiert gewesen wäre.

Der erste und der letzte Kaiser

Xian, im Juli 2007

Vergänglichkeit der Macht; Wiedergeburt der Macht. Von allen Städten Chinas ist Xian wohl die faszinierendste. Von dieser Metropole der Provinz Shanxi im Einzugsgebiet des Gelben Flusses, des Huang Ho gelegen, war 220 Jahre vor unserer Zeitrechnung die Einigung des Reichs der Mitte ausgegangen. Sie war das Werk eines despotischen Giganten, der in relativ knapper Zeit die ihm widerstrebenden »kämpfenden Königreiche« unterwarf und zerschlug, über ein riesiges Territorium herrschte und eine enorme Menschenmasse in die Zwangsjacke seiner unerbittlichen Ordnung preßte.

Ich bin zum ersten Mal in Xian, hole endlich ein Versäumnis nach und stehe beeindruckt vor dem quadratischen Mauergürtel, der von der Vernichtungswut der Rotgardisten glücklicherweise verschont wurde. Zur Unterhaltung der Touristen patrouillieren junge Männer in den prächtig bunten Uniformen und Panzern der frühen Kaiserzeit auf der Höhe dieses Bollwerks, wo bequem zwei Pferdewagen nebeneinander kutschieren könnten. Die Armee der Tonkrieger, die das Grab des Qin Shi Huang bewachen, des ersten Kaisers einer kurzlebigen Dynastie, die China den Namen verliehen hat, ist inzwischen weltberühmt und wurde von dem französischen Präsidenten Chirac als achtes Weltwunder bezeichnet. Obwohl mir diese Phalanx tausender lebensgroßer Tonfiguren aus zahlreichen Filmen bekannt ist, geht von der unmittelbaren Betrachtung eine magische Wirkung aus. Jeder von ihnen ist mit individuell unterschiedlichen Gesichtszügen ausgestattet. Ihre Schlachtordnung entspricht jenen 36 Formationen oder »Zhen«, die der Stratege Sun Zi vorgegeben hatte. Er lebte vermutlich ein halbes Jahrtausend vor Christus und inspiriert heute noch die Strategen des asymmetrischen Krieges.

Mag sich Mao Zedong noch so oft auf die Väter der kommunistischen Weltrevolution berufen haben – »wenn ich eines Tages zu Karl Marx gehe«, ironisierte er die Perspektive seines Todes –, so war sicherlich der erste Qin-Kaiser sein alles überragendes Vorbild. Es war eine seltsame Schicksalsfügung, daß er nach dem Langen Marsch das Hauptquartier seiner Volksbefreiungsarmee in den Lößhöhlen von Yünan im öden Norden der Provinz Shanxi aufschlug, in deren fruchtbarem Süden sich einst ja auch die grandiose Residenz des gefürchteten Qin Shi Huang befand. Der sieche Mao mag es wohl als Wink des Himmels empfunden haben, daß knappe zwei Jahre vor seinem Ableben die gespenstische Heerschar des Reichsgründers entdeckt wurde, aus ihrer Verborgenheit ans Licht trat und seinem revolutionären, umstrittenen Lebenswerk eine nachträgliche Legitimation zu verleihen schien.

Es gibt zahlreiche Gemeinsamkeiten zwischen diesen beiden Gewaltmenschen, die durch mehr als 2000 Jahre einer zutiefst wechselvollen und doch wieder einheitlichen Geschichte voneinander getrennt sind. In einem Punkt stehen sie sich ideologisch sehr nah. Sie wandten sich leidenschaftlich gegen den schon zu Zeiten der »streitenden Königreiche« weitverbreiteten Sittenkodex des Konfuzius, gegen dessen Thesen von Mäßigung und Ausgleich, die den Staat lähmten und allzuoft zu kriegerischer Ohnmacht verurteilten. An die Stelle der elitären Denker und Philosophen des Kong Zi, die er bei lebendigem Leibe begraben ließ, hatte der erste Qin-Kaiser sein System der Legalisten zur obersten Autorität der Reichsverwaltung erhoben. Es ging ihm weder um fürsorgliche Erziehung des Volkes, noch um Zucht oder Tugend, sondern um gnadenlose Durchsetzung von Gesetz und Ordnung, um starke Zentralgewalt und vor allem um den Ausbau unbesiegbarer Streitkräfte.

Der Große Steuermann Mao mag sich sogar an gewissen, geradezu kommunistisch anmutenden Verfügungen dieses fernen Vorläufers orientiert haben, denn Grund und Boden wurden damals schon zum Eigentum des Staates erklärt, der auch die totale Kontrolle der landwirtschaftlichen Produktion an sich riß. Die Adelsprivilegien hatte er abgeschafft. Der Handel mit Getreide, Salz und Eisen wurde kaiserliches Monopol. Er ordnete gebieterisch die Normierung der Maße, Gewichte und Münzen an, schrieb die Achsenbreite sämtlicher Fahrzeuge vor und erwarb sich historisches Verdienst mit der Vereinheitlichung der chinesischen Schrift. Rückblickend erscheint es wie ein Wunder, daß diese Reichsgründung den Wandel der Zeiten überlebt hat, trotz der bald erfolgten Revanche der Konfuzianer und der offiziellen Rehabilitierung ihrer Thesen, trotz der Invasion fremder, barbarischer Steppenvölker – der Mongolen und der Mandschu –, die den Drachenthron für ihre Dynastien usurpierten, ehe sie vollauf assimiliert und sinisiert wurden. China behauptete sich als organisch expandierendes Ganzes, obwohl vielerorts die Typologie der Menschen und auch ihre Sprache differierten, so daß die Gemeinsamkeit der Ideogramme als Grundlage identischer Kultur den essentiellen Zusammenhalt schuf.

»Decline and fall«, dieses Schicksal so vieler Imperien, das wir im ersten Teil dieses Essays gestreift haben, galt auch für das Reich, das der erste Kaiser hinterließ. Mit Ruchlosigkeit und militärischem Genie hatte er sich gegen seine Feinde und Rivalen durchgesetzt. Mindestens eine Million seiner Untertanen verpflanzte er in die wüstenähnlichen Grenzgebiete und ließ sie in entsetzlicher Fronarbeit die ersten gewaltigen Abschnitte der Großen Mauer errichten, nachdem er die Xiongnu, die unter dem Namen »Hunnen« ein paar Jahrhunderte später das Abendland heimsuchten, in ihre

Steppen abgedrängt hatte. Dieses einmalige Befestigungswerk, das von späteren Dynastien permanent verstärkt und erweitert wurde, hat am Ende nur eine symbolische Bedeutung besessen. Weder die Eroberung Chinas durch die Mongolen noch das Eindringen der Mandschu, geschweige denn der Japaner wurden dadurch behindert, woraus spätere Feldherren den Schluß zogen, daß eine überwiegend auf Defensive ausgerichtete Strategie den Kern der Niederlage in sich trägt.

Wir wollen uns nicht in der grandiosen Abfolge chinesischer Geschichte und der sukzessiven Dynastien verlieren. Der absolute Tiefpunkt zu Beginn des 20. Jahrhunderts sollte dennoch erwähnt werden, jene Epoche, als das Reich der Mitte, das in totenähnliche Lähmung verfallen war, zur wehrlosen Beute fremder Eroberer wurde. Die Aufteilung dieses morschen Imperiums schien beschlossene Sache. Die Russen hatten die Mandschurei besetzt und in Port Arthur, dem heutigen Dalian, ihre nach Süden vorgeschobene Pazifik-Festung ausgebaut. Xinjiang und die Äußere Mongolei galten als Einflußzone des Zarenreichs. Die Briten hatten nicht nur in Hongkong eine Kronkolonie gegründet, sie befuhren mit ihren Kanonenbooten den Yangtsekiang und installierten eine erste Niederlassung in Tibet. Die Franzosen drangen von Tonking in Yünan ein. Die Deutschen machten von Tsingtau aus die Halbinsel Shandong zu ihrer Einflußzone. Die Japaner eroberten Korea und die Insel Formosa, die man heute Taiwan nennt. In den großen Häfen der chinesischen Pazifikküste etablierten sich die Internationalen Konzessionen. Am Eingang des Parks, der dem »Bund« von Shanghai am Wang Po vorgelagert ist, hing damals angeblich das Schild: »Hunden und Chinesen verboten«. Diese Serie von Demütigungen liegt nur ein Jahrhundert zurück. Es gibt also auch Imperien, die aus einer vermuteten Totalauflösung wieder zur machtvollen Weltgeltung zurückfinden.

Die Soldateska des erlöschenden Mandschu-Reichs war vollends zum Gespött der modernen Industriestaaten, zumal Japans, geworden, als um 1900 der fremdenfeindliche Boxer-Aufstand von einem internationalen Expeditionskorps in wenigen Tagen niedergekämpft und die Hauptstadt Peking besetzt wurde. Dabei hatte erst ein Jahrhundert zuvor Gian Long, der bedeutendste Kaiser der Mandschu-Dynastie, während seiner langen Regentschaft von 1736 bis 1795 dem Volk zu Wohlstand verholfen. Die Zahl der Untertanen hatte sich während dieser relativ friedlichen Periode beinahe verdoppelt. Die riesigen Weiten Ostturkestans und der Mongolei wurden dem Reich einverleibt. So schnell stürzte also eine Periode himmlischer Harmonie in jähen Niedergang, in Schmach und Elend ab.

Die Volksrepublik finde unter Hu Jintao zu den Werten des Meisters Kong zurück, so vermeldet das Ausland und so suggeriert es auch die offizielle Propaganda in Peking. Das klingt beruhigend nach innen und versöhnlich nach außen. Aber der nationale Überschwang, die patriotische Begeisterung, die als letztes Bindeglied einer zunehmend richtungslosen Gesellschaft unentbehrlich sind, bedürfen anderer Vorbilder, als Konfuzius sie zu bieten hat. Da es unschicklich wäre, auf große Kaiser wie Kublai Khan und Gian Long zurückzugreifen, die zwar das Wohl des Volkes mehrten und weite Territorien erwarben, jedoch als Nachfolger fremder Eroberer den Drachenthron im Namen der Yuan- und Qing-Dynastie bestiegen hatten, wendet sich die Aufmerksamkeit der heutigen Führungsmannschaft im Zhongnanhai wie auch die Bewunderung des Volkes der mythischen Figur des Qin Shi Huang zu.

Der erste Kaiser wird als Kultfigur verehrt. Zu Lebzeiten soll er bereits über unheimliche Zauberkräfte verfügt und sich selbst als furchtgebietendes Symbol des Himmels empfunden haben. Diesem ins Übermenschliche gesteigerten Imperator, dem Mao Zedong auf dem Höhepunkt der Kulturrevolution mit einem Poem huldigte, sind heute zahlreiche Schriften und vor allem Filme gewidmet, die mit gewaltigen Mitteln und magischen Effekten produziert werden. Der erste Kaiser entfaltet darin seine unwiderstehliche, märchenhafte Kraft. Zumal die hohe Generalität der Volksbefreiungsarmee, die sich im Chaos der Kulturrevolution und beim Aufruhr von Tien An Men als letzte intakte Instanz des Staates auswies, fühlt sich den kriegerischen Ambitionen eines Qin Shi Huang mit

Sicherheit enger verbunden als der Geringschätzung des weisen Konfuzius für alles Militärische.

*

Wie ist es in unseren Tagen um die Schlagkraft der Volksbefreiungsarmee bestellt? Die Frage beschäftigt nicht nur das Pentagon. Die Nationalarmee des Generalissimus' Tschiang Kai-schek hatte sich in den dreißiger Jahren zwar mit völlig unzureichenden Mitteln, aber beachtlicher Bravour der Okkupationsarmee des japanischen Kaiserreichs widersetzt. Sie konnte nicht verhindern, daß das Kuomintang-Regime sich auf das Yangtse-Becken von Szetschuan und das dortige Verwaltungszentrum Qongqing zurückziehen mußte. Da sie gegenüber den Soldaten des Tenno eine Niederlage nach der anderen einsteckten, durch die Bestechlichkeit ihrer Warlords demoralisiert und zermürbt waren, gerieten die Chinesen insgesamt in den Ruf, miserable Soldaten zu sein. Bei mir selbst stellte sich dieser Eindruck ein, als ich im Frühjahr 1952 das Hochland von Burma aufsuchte und dort auf die vergammelten Regimenter des Kuomintang-Generals Li Mi stieß.

In der Zwischenzeit jedoch hatte die Volksbefreiungsarmee Mao Zedongs nach einer Serie fulminanter Siege über Tschiang Kai-schek, der von den Amerikanern überreichlich mit Waffen beliefert wurde, die Kontrolle über das weite Land zwischen Peking und Kanton an sich gerissen. Die bäuerliche, disziplinierte, tugendhafte Truppe unter dem Roten Stern kontrastierte so kraß mit dem überlieferten Bild plündernder, marodierender Kriegshaufen, das für das China der Warlords typisch war, daß sie den westlichen Beobachtern bei ihrem Einmarsch in Shanghai wie »Marsmenschen« erschien.

Die glänzend bestandene Bewährungsprobe im Koreakrieg gegen die Amerikaner führte der ganzen Welt vor Augen, daß sich auf dem asiatischen Kontinent etwas Grundlegendes geändert hatte. Mao Zedong hatte seiner ideologisch motivierten Gefolgschaft die vier Phasen des Partisanenkrieges diktiert und nach diesem Schema den Japanern und dem Kuomintang erfolgreich getrotzt. In Korea war Peking zur extrem verlustreichen, den Feind erdrückenden Methodik der »human waves« übergegangen. Dort hatte sich diese menschenverachtende Strategie bewährt und seitdem wußten die weißen Supermächte – Amerikaner und auch Russen –, daß die Zeit der militärischen Spaziergänge im Reich der Mitte einer kolonialen Vergangenheit angehörten.

Präzise Angaben über den realen Zustand dieses Millionen-Heeres zu erhalten, war von Anfang an beinahe unmöglich. Wie so mancher in Peking akkreditierte Militärattaché und manche Beobachter vor mir war ich im Sommer 1974 mit einem Kamerateam nach Tientsin zu den Übungen einer Vorzeige- und Muster-Division geladen worden. Wir hatten infanteristischen Übungen beigewohnt, wie jede andere Armee sie praktiziert. Dann war es zwischen gepanzerten Kriegern zu Kämpfen mit Bambusstöcken im besten Kung-Fu-Stil gekommen. Die Darbietung war eindrucksvoll, aber wenig instruktiv. Nebenbei hatten die Offiziere uns auch ihre landwirtschaftlichen Anlagen und den riesigen Schweinestall der Division gezeigt. Das Prestige der Armee stand damals im Zenit. Jedes Mal, wenn ich beim Besuch einer Schule die Knaben mit dem roten Halstuch nach ihrem Lebensziel und Idealberuf fragte, sagten die Aufgewecktesten unter ihnen: »Ich will Soldat der Volksbefreiungsarmee werden.«

Zwölf Jahre zuvor, im Herbst 1962, hatte Peking einen verblüffenden militärischen Erfolg im Grenzraum zu Indien für sich verbuchen können. In der Gletscherwelt des Himalaya war es am Rande Tibets zu einer Kraftprobe gekommen, die ich nur aus größter Entfernung wahrnehmen konnte. Doch ich erinnere mich sehr genau, welche Konsternation sich des indischen Kontingents der Vereinten Nationen am Kongo bemächtigte, als die Nachricht des chinesischen Waffenerfolges bis nach Zentralafrika hallte. Ich befand mich seinerzeit in Katanga, wo Delhi ein vorzügliches Gurkha-Regiment eingesetzt hatte. Die indischen Offiziere schäumten vor Wut, als sie von der Umzingelung ihrer besten Gebirgstruppen und deren durch chinesische List erzwungenen Kapitulation in den eisigen Schluchten des Himalaya erfuhren.

Der Stratege Sun Zi hatte beim Vorgehen der Volksbefreiungsarmee Pate gestanden. Die ersten Provokationen längs der umstrittenen Grenze gingen eindeutig von den Indern aus. Den Chinesen
war es gelungen, dem anmaßenden südlichen Nachbarn, der sich als
regionale Großmacht gebärdete, einen Denkzettel zu verpassen,
ihn zu demütigen. Peking begnügte sich damals mit bescheidenen
Grenzkorrekturen und hütete sich, seine Divisionen in die offen
und ungeschützt daliegende Ebene von Assam vorrücken zu lassen.
Das Kriegsziel war geographisch eindeutig auf ein paar Steilhänge
des Himalaya begrenzt.

Ich erwähne diese sporadische Kampagne lediglich, weil sie im
Februar 1979 offenbar als Modell gedient hat für die großangelegte
chinesische »Strafaktion« gegen Vietnam. Hanoi sollte gezüchtigt
werden, weil es gegen den Willen Pekings in einem Blitzkrieg über
Kambodscha hergefallen war und das Horror-System der Roten
Khmer in Phnom Penh durch eine den Vietnamesen genehme Ma-
rionetten-Regierung ersetzt hatte. Die 27. chinesische Armee war
beauftragt worden, diesen überraschenden Feldzug gegen die ton-
kinesische Grenzregion zu führen. Es war die gleiche 27. Armee,
die zehn Jahre später mit der unrühmlichen Niederschlagung des
Tien-An-Men-Aufstandes betraut wurde.

Die Vietnamesen – durch einen dreißigjährigen Krieg gegen die
Franzosen und die allmächtige US-Army gestählt – waren schwie-
rigere Gegner als die Inder am Himalaya. Sie vermieden es, ihre
Elite-Divisionen, die rund um das Delta des Roten Flusses gruppiert waren, eilfertig gegen die chinesischen Invasoren ins Gefecht
zu werfen. Es waren Territorialverbände, teilweise örtliche Milizen, die sich dem Massenansturm der Volksbefreiungsarmee in den
Weg stellten und ihn erfolgreich bremsten. Das schwierige Terrain,
ein perfekt getarntes Tunnel- und Bunkersystem, die Guerilla-
Erfahrung kamen den Verteidigern zugute. Die Chinesen hatten
von Anfang an verkündet, daß ihre Ziele eng gezogen seien, daß sie
einen Gürtel von zwanzig Kilometern Tiefe nicht zu durchbrechen
gedachten und schon gar nicht auf Hanoi marschieren wollten. Mit
dieser Zusicherung wollte das Pekinger Politbüro wohl verhindern,

daß die Sowjetunion in Ausübung ihrer Freundschafts- und Bündnispflicht gegenüber Vietnam ihrerseits zu einer Großoffensive gegen das Reich der Mitte antrat. Vorsorglich war die Zivilbevölkerung aus ein paar besonders exponierten Randbezirken in Chinesisch-Turkestan evakuiert worden. Die KP Chinas, in der Deng Xiaoping bereits das Sagen hatte, ließ sich gegenüber Moskau dennoch auf ein überaus waghalsiges Pokerspiel ein.

An der Front im Süden kam die Offensive nur unter schwersten Verlusten und einigen beschämenden Rückschlägen voran. Die vietnamesischen Grenzstädte Lao Kay, Cao Bang und Dong Dang waren zwar durch massiven Einsatz von Infanterie, Panzern und Raketenwerfern überrannt und zerstört worden. Doch irgendwie schlug das beabsichtigte Umzingelungsmanöver fehl. Die Territorialregimenter Hanois entzogen sich jedem Zugriff. Erst nach zehn Tagen gelang es der 27. Armee unter hohem Blutzoll die Schlüsselstellung Lang Son zu erobern, jene Schwelle zum fruchtbaren Reis-Delta des Roten Flusses, die den Invasoren theoretisch den Weg nach Hanoi öffnete. Damit hatte die chinesische Generalität zwar bewiesen, daß sie unter Einsatz erdrückender Mittel in der Lage gewesen wäre, den vietnamesischen Nachbarn ins Mark zu treffen. Doch ein so weitreichendes Ziel paßte keineswegs zu dem vorsichtig abgemessenen Rahmen dieser Operation. Nur einen halben Tag lang wurde Lang Son besetzt gehalten, dann trat die Volksbefreiungsarmee aus freien Stücken den Rückzug an. Nach drei Wochen erbitterter Kriegführung war die »Strafaktion« beendet und der territoriale Status quo ante wiederhergestellt.

Deng Xiaoping und seine Genossen im höchsten Militärausschuß konnten nun Betrachtungen darüber anstellen, daß die Zeit des maoistischen Volksbefreiungskrieges, daß der Glaube an den unwiderstehlichen Schwung des revolutionären Massenaufgebots der Vergangenheit angehörten. Die Luftwaffe war bei den Kämpfen so gut wie nicht eingesetzt worden. Die chinesische Truppe litt nicht nur unter der Unzulänglichkeit ihrer Panzerwaffen und Artillerie. Das Versagen der Fernmeldetechnik und der operativen Koordinierung wirkten sich stellenweise katastrophal aus. Das Offizierskorps war überaltert und in selbstgefälliger Routine erstarrt. Zusätzliche Konfusion entstand durch die totale optische Gleichschaltung der Ränge. Ein Bataillons-Kommandeur war nur durch persönliche Kenntnis seiner Untergebenen von einem Gemeinen zu unterscheiden. Am Ende der Strafaktion hatte zwar die Volksbefreiungsarmee demonstriert, daß sie im äußersten Fall befähigt war, das sehr viel kleinere Vietnam auszubluten und zu überrennen. Insgesamt bewertet hatte sich der chinesische Drache jedoch als ein recht schwerfälliges Ungeheuer erwiesen. Die Lorbeeren Mao Zedongs schienen verwelkt zu sein.

Zu jenem Zeitpunkt hielt ich mich im kambodschanischen Grenzgebiet auf und versuchte, einen ersten Kontakt mit den Roten Khmer herzustellen. Ich eilte nach Bangkok zurück, wo der chinesische Militärattaché, General Mao – er sollte zwei Jahre später meinen Dschungeltrip zu den Steinzeit-Kommunisten des schrecklichen Pol Pot in der Provinz Siemreap organisieren helfen –, nach Peking kabelte, um für mich ein Visum und die Genehmigung einer Frontbesichtigung zu erwirken. Das Visum erhielt ich. Die Besichtigung der Kampfzone hingegen fand nicht statt. Die Volksbefreiungsarmee war bekannt für ihre Unnahbarkeit gegenüber Ausländern.

Als ich dann doch von Peking nach Kunming, der Hauptstadt der Südprovinz Yünan, fliegen und sogar unweit der Front ein »Umerziehungslager« vietnamesischer Kriegsgefangener besichtigen durfte, war die 27. Armee bereits auf nationalen Boden zurückgekehrt. Die chinesischen Kameraleute hatten die Begrüßungszeremonie gefilmt, wie diese Soldaten als siegreiche Helden gefeiert wurden. Da wurden Gruppen von Jungpionieren aufgeboten, die rote Papiergirlanden und Blumen schwenkten und ihre Halstücher um die Kanonen der Panzer knoteten. Drachentänze wurden aufgeführt, und Schauspieler mit der breiten Pappmaché-Maske des lächelnden Buddhas umringten die ernst blickenden Krieger.

In Kunming wurde im Konferenzsaal unseres Hotels eine kleine Gruppe von Soldaten vorgestellt, die sich besonders bewährt hatten. Ein Transparent war über die Rückwand gespannt: »Wir begrüßen den großen Sieg bei unserer Aktion der Selbstverteidigung«. Die Gesichter der »Helden« der Volksbefreiungsarmee, so wurden sie offiziell vorgestellt, waren starr und ausdruckslos unter der grünen Ballonmütze mit dem roten Stern. Die Helden hatten ihre Lektion gut gelernt. »Die revisionistische Le-Duan-Clique von Hanoi hat behauptet«, so begann der erste, »daß ein vietnamesischer Soldat dreißig Chinesen wert sei. Wir haben den Provokateuren gezeigt, daß sie Papiertiger sind.« Le Duan war damals der Generalsekretär der KP Vietnams. Nahkampfszenen wurden beschrieben. Ein Unteroffizier hatte mit der bloßen Hand ein feuerndes Maschinengewehr aus einer feindlichen Höhle gerissen. Seine Finger waren dabei verbrannt. Wie sie sich verhalten hätten, wenn sie in Gefangenschaft geraten wären, fragten wir. Die Antwort kam prompt. »Ich hätte mit allen Mitteln versucht auszubrechen«, trug ein Held vor. »Wenn das unmöglich gewesen wäre, hätte ich den Freitod gesucht, aber vorher mindestens einen revisionistischen Feind umgebracht.«

Schon damals wurden Mutmaßungen darüber angestellt, ob der relative Mißerfolg der 27. Armee bei ihrem Feldzug gegen Vietnam für Deng Xiaoping nicht ein Geschenk des Himmels war. Von diesem Februar 1979 datierte das allmähliche Umdenken innerhalb der Volksbefreiungsarmee, die sich bislang strikt geweigert hatte, den technologischen Anforderungen moderner Strategie Rechnung zu tragen. Das schlechte Abschneiden der im reinen Maoismus gestählten Generalität bot dem Reformer Deng eine Chance, seine These der Vierten Modernisierung der Streitkräfte als zwingende Notwendigkeit vorzutragen. Er war Realist genug, um die enormen Kosten einer konsequenten technologischen Erneuerung der VBA richtig einzuschätzen.

Die Vierte Modernisierung fand sehr zögerlich statt. Zunächst wurden die aufgeblähten Mannschaftsbestände radikal reduziert. Das frustrierte Offizierskorps kam sich teilweise düpiert vor. Es stand abseits der dynamischen Erneuerungs- und Liberalisierungswelle in Wirtschaft und Industrie, die das ererbte maoistische System von Grund auf veränderte. Ganz allmählich entwickelte sich jedoch jener militärisch-industrielle Komplex, der den hohen Militärs Beteiligung am Profit, am steigenden Lebensstandard, an materiellen Privilegien einbrachte. Die Kader der Volksbefreiungsarmee wurden von nun an mit gleißenden Rangabzeichen und breiten Epauletten ausgestattet. Sie war auf dem besten Wege, anderen Armeen Ostasiens zu gleichen, deren Generale als industrielle Unternehmer oder gar als Zwischenhändler ein komfortables Auskommen finden.

*

Was geht wirklich innerhalb der nach außen streng abgeschirmten Streitkräfte der Volksrepublik China vor sich? Inwieweit erliegen die mißgelaunten Verteidigungsattachés und die gefoppten Nachrichtendienste den uralten Listen und Verschleierungsmanövern dieses Imperiums? Bei manchen chinesischen Städtern war das Militär nach seiner Intervention am Platz des Himmlischen Friedens in Mißkredit geraten. Aber das liegt lange zurück, und die Erinnerung daran wird im Westen weit intensiver kultiviert als bei den Chinesen selbst. Inzwischen ist es den Wissenschaftlern der Volksbefreiungsarmee gelungen, einen bemannten Satelliten rund um den Erdball zu schießen und sicher heimzubringen. Noch erstaunlicher war ihre Fähigkeit, eine eigene Raumkapsel, die ihre Aufgabe erfüllt hatte, mit großer Präzision zu vernichten. Wer dazu in der Lage ist – auch wenn er nur über ein paar Dutzend Interkontinental-Raketen verfügen sollte –, zwingt den potentiellen amerikanischen Gegner in die nukleare Patt-Situation hinein.

Die europäischen Militärexperten, die bisher nur zu völlig belanglosen, konventionellen Manövern der Volksbefreiungsarmee zugelassen wurden und die oft die Überzeugung vertreten, die US-Stäbe würden die Kapazität der Chinesen grotesk übertreiben, um zusätzliche Milliarden für ihr eigenes exorbitantes Rüstungsprogramm lockerzumachen, äußern weiterhin ihre Skepsis. Immerhin muß festgehalten werden, daß es zur Stunde – auch in den USA – kein absolut zuverlässiges Raketen-Abwehrsystem gibt und vielleicht niemals geben wird. Was den weitaus schwächeren Partner bei diesem permanenten Zustand gegenseitiger Einschüchterung betrifft, so dürfte sich die Pekinger Führung an die These des fran-

Die Heiligen Imame des schiitischen Glaubenszweiges symbolisieren das Erstarken der »Partei Alis«. Der mörderische Glaubenskrieg zwischen Sunniten und Schiiten droht den gesamten Orient zwischen Afghanistan und Mittelmeer zu destabilisieren.

Einen »Leuchtturm der Demokratie« wollte George W. Bush in Bagdad errichten. Sein Feldzug »Iraqi freedom« hinterläßt nur Trümmer und Verwüstung.

Die fränkischen Kreuzritter haben im Heiligen Land ihre Gralsburgen hinterlassen. In ähnlichen Festungen hausten auch die »Assassinen«, die man als
furchterregende Vorläufer der heutigen Selbstmordattentäter betrachten kann.

Die schiitische Glaubensgemeinschaft macht nur etwa 15 Prozent der gesamt-
islamischen Umma aus. Aber zwischen dem Hindukusch und dem Libanon –
gestützt auf die Islamische Republik Iran – wächst sie zu einer beherrschenden
Kraft heran.

Die allmähliche Re-Islamisierung der Türkei ist durch Ministerpräsident Erdogan eingeleitet worden. Noch ist er bei feierlichen Anlässen von den streng laizistischen Generalen umgeben, die vergeblich versuchen, das Erbe Atatürks zu wahren.

Die schiitische Hizbullah-Miliz des Libanon, die strikt auf den Ayatollah Khomeini ausgerichtet bleibt, ist zum gefährlichsten Gegner Israels geworden.

Im Sommer 2006 endete die israelische 33-Tage-Offensive im Südlibanon mit einem schmerzlichen Rückschlag, der in Jerusalem heftige Kontroversen ausgelöst hat.

Die seltsame Spirale des gigantischen Minaretts von Samarra befindet sich gleich neben der unterirdischen Höhle, in der der zwölfte Imam, der Messias der Schiiten, seinen Verfolgern entkam.

Die Todfeindschaft, mit der Präsident Bush den iranischen Präsidenten Ahmadinejad verfolgt, hindert Hamid Karsai, den Staatschef des mit Amerika verbündeten Afghanistan, nicht daran, gutnachbarliche Beziehungen zu pflegen.

zösischen Generals Beaufre halten, wonach – in Ermangelung der Kapazität einer Totalvernichtung des Gegners – es als »deterrent«, als Abschreckung ausreicht, wenn man in der Lage ist, »ihm einen Arm auszureißen«.

Auch nach dem Ausscheiden und dem Tod der militärischen Hardliner, die sich um den General Yang Baibing scharten, blieb der Militärausschuß des Zentralkomitees ein entscheidendes Gremium im internen Machtapparat. Angesichts der ideologischen Konfusion, die sich in der Kommunistischen Partei als unvermeidliche Folge des Wirtschaftswunders, der quasi-kapitalistischen Umorientierung und weitverbreiteter Korruption einstellte, erschien die Volksbefreiungsarmee weiterhin als Garant unentbehrlicher Zentralisierung, als einzig solide, straff gegliederte Organisation, was nicht bedeutet, daß sie keinen Anteil nähme am hemmungslosen Wettlauf um Bereicherung und Profit.

Als prominenter Veteran des Langen Marsches verkörperte Deng Xiaoping noch in seiner Person die organisch gewachsene Einheit von Partei und Armee. Sein Nachfolger Jiang Zemin und heute Hu Jintao werden zwar an die Spitze des mächtigen Militärkomitees des ZK berufen, verfügen aber nicht über die Autorität eines bewährten Heerführers. Bei Mao Zedong hieß es noch, daß die Macht aus dem Gewehrlauf kommt. Heute gilt die Formel der »Harmonischen Gesellschaft«, was den Präsidenten Hu Jintao übrigens nicht davon abhielt – wie ein ganz gewöhnlicher Partei-Chef in einer westlichen Demokratie – die einflußreichsten Gefolgsleute seines Vorgängers, in diesem Falle die Shanghai-Clique Jiang Zemins auszubooten und kaltzustellen.

Ganz gewiß ist die Volksrepublik nicht darauf aus, sich in militärische Abenteuer zu verstricken. Es gibt nur einen »casus belli«, wie regelmäßig verkündet wird, und der träte erst ein, wenn die Insel Taiwan ihre Unabhängigkeit proklamierte und das selbst von Tschiang Kai-schek respektierte Ein-Staaten-Prinzip durchbräche. Diese Perspektive scheint die amerikanischen Think tanks intensiver zu beschäftigen als die chinesischen Planungsstäbe. So veröffentlicht die »Rand Corporation« eine Studie über »die amerikanische Antwort auf die wachsende Militärmacht Chinas«. Da wird über die Eroberung der »abtrünnigen Provinz« durch eine Blitzaktion und die Schaffung eines »fait accompli« gemutmaßt. Folgende Warnungen werden ebenfalls formuliert: Wenn die Streitkräfte der USA nicht fortfahren, ihre technologischen Fähigkeiten konsequent zu entwickeln, könnte China sich um 2020 im Wettstreit mit den Vereinigten Staaten um die strategische Vorherrschaft in Ostasien und im Westpazifik auf Augenhöhe befinden. Die phantastisch anmutenden Spielarten des Cyber-War werden in dieser Analyse ausführlich erwähnt und vielleicht höher bewertet als die auf 2,3 Millionen Mann bezifferte Mannschaftsstärke der Volksbefreiungsarmee. Eine andere Denkschule in Washington vertritt sogar die Meinung, der Schauplatz künftiger Konflikte sei nicht der Nahe Osten, sondern Ostasien. Der wirkliche Gegner Amerikas sei nicht El Qaida, sondern das Reich der Mitte.

Es gibt wenig Anzeichen dafür, daß sich die Führung im Zhongnanhai durch solche Spekulationen auf einen ruinösen Rüstungswettlauf einlassen wird, der der moribunden Sowjetunion zum Verhängnis wurde. Der Gedanke, einen Krieg mit China vom Zaun zu brechen, nachdem man auf dem winzigen Schlachtfeld Südvietnams versagte, könnte nur einem kranken Hirn entspringen. Gewisse Kreise des Pentagon sind zwar weiterhin bemüht, den Streit um Taiwan anzuheizen. Da wird in einem Bericht an den Congress noch im Mai 2007 die Perspektive erörtert, ein starkes militärisches Engagement der »People's Liberation Army« auf Formosa könne genutzt werden, um umstürzlerische Unruhe auf dem Kontinent zu schüren. In Taipeh selbst beurteilen die Experten die Lage wohl realistischer. Die sich ständig vertiefende Zusammenarbeit, ja Osmose auf wirtschaftlichem und kommerziellem Gebiet zwischen dem Festland und der Insel-Republik sollte eine separatistische Provokation einerseits, eine gewaltsame Annexion andererseits ausschließen.

Das gegenwärtige Rüstungsbudget der Volksrepublik, so heißt es in dem Congress-Rapport, sei im laufenden Jahr um 17,8 Prozent auf 45 Milliarden Dollar angehoben worden. In Wirklichkeit, so wird mit Entrüstung über mangelnde Transparenz moniert, beziffere sich die Gesamtsumme jedoch auf 85 Milliarden Dollar, eventuell sogar auf wesentlich mehr. Gemessen an dem offiziellen Verteidigungshaushalt der Vereinigten Staaten, der nach den jüngsten Aufstockungen auf rund 500 Milliarden US-Dollar veranschlagt wird, geben die militärischen Aufwendungen Pekings – selbst wenn man die erwähnten Geheimposten einbezieht – keinen Anlaß zu Alarmstimmung. Immerhin handelt es sich um einen Staat, dessen geographische Weite – selbst an den kontinentalen Ausmaßen der USA gemessen – erdrückend ist, und um eine Bevölkerungsmasse von 1,3 Milliarden Menschen, denen »nur« 300 Millionen US-Citizens gegenüberstehen. Zudem erfolgte die Modernisierung und Technisierung der Volksbefreiungsarmee praktisch vom Nullpunkt, zumindest von einem extrem niedrigen Niveau aus, so daß hohe Anfangsinvestitionen anfielen. Der gesunde Menschenverstand und die politische Klugheit gebieten, sich stets in die Mentalität anderer Kulturkreise zu versetzen. Nur dann kann man sich die Reaktionen vorstellen, die das Pochen der Bush-Administration auf eine fast zehnfache eigene Rüstungsüberlegenheit bei den Offizieren der VBA hervorruft.

Die CIA warnt vor einer zunehmend maritimen Ausrichtung der chinesischen Strategie. Im Westpazifik wird eine originäre Form des asymmetrischen Krieges erprobt. Der Ausbau einer umfangreichen, robusten Flotte chinesischer U-Boote entspricht zwar nicht den hohen technologischen Ansprüchen der US-Navy, soll aber mit relativ geringem Aufwand dazu dienen, das Manövrieren massiver amerikanischer Flottenverbände, gestützt auf die monströsen Flugzeugträger, vor den Küsten des Festlandes zu gefährden, ja zu unterbinden. Dieser Unterwasser-Einsatz würde sich in Ostasien ähnlich auswirken wie die lähmende Verwendung von »improvised explosive devices«, mit denen die islamischen Milizen des Irak und des Südlibanon die weit überlegenen Streitkräfte der USA und Israels in Schach hielten.

Ihr spezielles Augenmerk habe die Admiralität der Volksrepublik auf jene Meerengen gerichtet, die für den freien Warenverkehr unentbehrlich bleiben und durch die amerikanische Flottenüberlegenheit sowie durch erpresserische Terroristenanschläge blockiert werden könnten. Es handelt sich im wesentlichen um die Straße von Malakka und die schmale Schiffahrtsrinne von Hormuz. Um sich einen unabhängigen Zugang zum Indischen Ozean zu sichern, hat Peking seinen Einfluß in Burma genutzt, um im Golf von Bengalen einen zusätzlichen Tiefwasser-Hafen auszubauen. Am Isthmus von Cra, an den südlichen Ausläufern Thailands, wird der Durchbruch eines Kanals erwogen, der den Pazifik mit dem Indischen Ozean unter Umgehung der gefährdeten Seeroute von Singapur verbinden würde.

In der Islamischen Republik Pakistan wiederum, die mit dem kommunistischen China sowohl unter dem säkularen Regime Zulfikar Ali Bhuttos als auch unter der streng islamischen Diktatur des Generals Zia Ul Haq aufs engste verbunden war, wird östlich der Straße von Hormuz der Anlegeplatz Gwadar mit 200 Millionen Dollar von Peking finanziert. Die beiden ungleichen Staaten, die über den Karakorum-Highway miteinander kommunizieren, bleiben durch die Frontstellung Islamabads gegen die weit überlegene Indische Union unabhängig von allen ideologischen oder konfessionellen Gegensätzen aneinandergekoppelt.

Hu Jintao am Blauen Nil

Erlebte Weltgeschichte! Der Schauplatz war Zentralafrika, das Datum August 1964. Die Ostprovinzen des Kongo befanden sich in einem Zustand bluttriefender Anarchie. Die Berichterstattung aus diesem »Herz der Finsternis« war ziemlich abenteuerlich. Sogar Che Guevara, der engste Vertraute Fidel Castros, trieb sich damals in dieser Gegend herum, wurde jedoch sehr bald durch die afrikanische Wirklichkeit ernüchtert. Da die direkte Reiseroute von Bukavu nach Burundi durch steinzeitliche Banden von Simba-Kriegern unterbrochen war, mußten wir den Umweg über Ruanda antreten. Am Ende unserer Fahrt erreichten wir das Hotel »Pagui-das« im Zentrum von Bujumbura. Die Herberge war in einem traurigen Zustand. Von den im Park verstreuten Pavillons am Ufer des Tanganjika-Sees bröckelten der Stuck und die gelbe Farbe ab. Der ölige Grieche, der das Etablissement führte, wollte aus verständlichen Gründen nichts mehr investieren.

Von meinem Hotelzimmer im »Paguidas« hörte ich am späten Abend den Lärm von Schüssen und Sprengungen. Aber es war weder ein Putsch noch eine Straßenschlacht im Gang. Die Geräusche kamen aus einem Bungalow, den die Volksrepublik China als Kanzlei gemietet hatte. Die Jünger Mao Zedongs führten hier den afrikanischen Rebellenführern aus dem benachbarten Kongo Lehrfilme über Partisanenkrieg und Sabotagetechnik vor.

Am folgenden Tag hatte ich den Chinesen einen Besuch abgestattet. Ich wurde mit eisiger Höflichkeit empfangen. Peking predigte damals den kompromißlosen Aufstand aller farbigen Völker gegen die weißen Imperialisten. Den Russen warfen die Chinesen vor, sie hätten das Erbe Lenins verraten und verbrüderten sich bereits mit der internationalen Bourgeoisie. »Wünschen Sie Tee oder Coca Cola?« hatte der Botschaftssekretär im Mao-Look mit einem Unterton gefragt, als käme die Wahl des Getränks einer ideologischen Entscheidung gleich.

Die »maoistischen« Rebellen des Kongo befanden sich zu jener Zeit auf dem Höhepunkt ihres militärischen Erfolgs. Sie hatten die Hafenstadt Albertville, heute Kalemie, am Westufer des Tanganjika-Sees erobert und bedrohten die Gruben-Provinz Katanga. Die Chinesen von Bujumbura hatten uns immerhin mitgeteilt, daß eine Delegation ihrer kongolesischen Sympathisanten in einem nahen Hotelgebäude logierte und daß ein paar afrikanische Revolutionsführer am folgenden Tag zu einem Besuch nach Peking aufbrächen. Darauf beschränkte sich aber auch schon der Informationsaustausch, zu dem sich diese Missionäre des militanten Maoismus gegenüber einem verdächtigen Westler bereit fanden.

*

Wenn ich heute in Gazetten und Fernsehberichten von der weltweiten chinesischen Expansion unserer Tage erfahre und bei jeder Reise in ein fremdes Land auf ein starkes Aufgebot von Ingenieuren, Kaufleuten, Finanziers, Militärs oder Kolonnen disziplinierter Arbeiter aus dem Reich der Mitte stoße, muß ich an diese ferne Episode denken. China befand sich ja noch im exaltierten, hysterischen Taumel der großen proletarischen Kulturrevolution. Selbst der kluge, kultivierte Ministerpräsident Zhou Enlai, der die elitären Allüren des hohen Mandarins nie abgelegt hatte, kommentierte die Ausschreitungen der Rotgardisten, die er innerlich verabscheute, wie folgt: »Es herrscht große Unordnung unter dem Himmel, aber das ist wohl gut für das Volk.«

Zhou Enlai war zu jener Zeit nach Afrika gereist, um das antiimperialistische Aufbegehren der schwarzen Menschheit und ihre ideologische Ausrichtung auf das chinesische Modell zu ermutigen. Ob er wohl selbst an den Erfolg eines solchen Unternehmens glaubte? Jedenfalls entfalteten die Sendboten der Volksrepublik eine hektische Aktivität. In Tansania, einem Schwerpunkt ihrer Infiltration, waren ganze Scharen revolutionärer »Kulis« an Land gegangen, die – unter den gleichen erbärmlichen Bedingungen lebend wie der durchschnittliche Afrikaner – die Schienenstrecke vom Hafen Dar-es-Salam bis Lusaka in Sambia, die sogenannte Tanzam-Bahn, in Rekordtempo ausbauten. Mit dem Tode Mao Zedongs und der kurz danach vollzogenen Ausschaltung der radikalen »Viererbande« erlosch der revolutionäre Elan. Der Pragmatiker Deng Xiaoping, der zunehmend an Einfluß im Politbüro gewann, hatte für solche Extravaganzen nicht das Geringste übrig.

*

Ein halbes Jahrhundert ist seit dieser kuriosen Begegnung am Tanganjika-See vergangen. Anfang Februar 2007 mache ich eine ganz andere Erfahrung mit der neuen, ungeheuer expansiven Präsenz der Volksrepublik China im schwarzen Erdteil. In Khartum kann ich froh sein, eine bescheidene Unterkunft im Grandhotel am Ufer des Blauen Nils zu finden, denn eine ganze Heerschar von Diplomaten, Technikern und Sicherheitsberatern aus Peking scheint sich der Hauptstadt des Sudan bemächtigt zu haben. Das ist eine völlig neue Kategorie von Chinesen, fast eine andere Rasse als die aufwiegelnden Propagandisten der proletarischen Solidarität von einst. Präsident Hu Jintao hat einen Staatsbesuch in dem größten afrikanischen Flächenstaat angetreten. Die Männer in seinem Gefolge richten sich in Auftreten und Kleidung an ihrem obersten Chef aus. Sie tragen gut geschnittene, westliche Anzüge und legen eine ähnlich starre, mandarinale Zurückhaltung an den Tag.

Die Straßen von Khartum, die mit chinesischer Hilfe neu asphaltiert und mit Verkehrsampeln ausgestattet wurden, hängen im Februar 2007 voller Banderolen, die auf Arabisch und Chinesisch die Freundschaft und Kooperation zwischen diesen beiden grundverschiedenen Ländern und Staatsformen preisen. An jedem zweiten Baum weht die rote Fahne mit dem gelben Stern und den fünf Satelliten, die die autonomen Regionen der Volksrepublik symbolisieren. Die westlichen Botschaften beobachten mit Entrüstung oder Resignation diese spektakuläre asiatische Einflußnahme am Zusammenfluß von Weißem und Blauem Nil.

Die Amerikaner hatten den chinesischen Rivalen den wirtschaftlichen Durchbruch in dieser Region ungewollt erleichtert, als sie den sudanesischen Präsidenten, General Omar el Baschir, in den neunziger Jahren beschuldigten, allzu enge Beziehungen zu Osama Bin Laden zu unterhalten, obwohl dieser Sohn des größten Bauunternehmers Saudi-Arabiens sich offiziell zumindest nur zur Überwachung von Infrastrukturarbeiten in Khartum aufgehalten hatte. Als Komplize von El Qaida konnte Baschir kaum verdächtigt werden, hatte er doch der islamistischen Wühlarbeit eines seiner früheren Vertrauten, des Scheich Hassan el Turabi, ein Ende gesetzt. Er hatte dessen Miliz aufgelöst und diesen hochintellektuellen Verfechter einer koranischen Theokratie, der mich ein paar Jahre zuvor durch seine an der Sorbonne erworbene perfekte Kenntnis des Französischen beeindruckt hatte, zu Hausarrest verurteilt. Aber nach den Bombenanschlägen auf die US-Botschaften in Nairobi und Dar-es-

Salam geriet der Sudan ins Visier der amerikanischen Terrorbekämpfung. Präsident Clinton bombardierte eine vermeintliche Fabrik chemischer Kampfstoffe und verhängte strenge Wirtschaftssanktionen.

Die chinesische Petroleumindustrie hat die Absenz amerikanischer Prospektoren genutzt, um eine höchst ertragreiche Ölförderung mit Schwerpunkt im Sumpfgebiet des Bahr-el-Gazal aufzunehmen. Unter chinesischer Regie wurde eine Pipeline von Bentiu nach Port Sudan am Roten Meer gelegt. Die Volksrepublik belohnte diese präferentielle Belieferung mit dem Ausbau von Infrastruktur-Projekten und der Ausrüstung mit Waffen. Im Sudan, der sich seit seiner Unabhängigkeit mit einer Vielzahl von rebellischen Aufstands- und Sezessionsbewegungen herumschlägt, ist vor allem die Militärhilfe hoch willkommen. Die Konflikte waren anfangs im Süden durch religiöse Gegnerschaft von Muslimen und Christen motiviert. Im rein muselmanischen Westen griffen die Stammesfehden später auf die Provinz Darfur über, wo sich nomadisierende Viehzüchter und seßhafte Ackerbauern in überlieferter Feindschaft gegenüberstanden. Die stark arabisierten »Djandjawid«, ein Ausdruck, der mit »Geister-Reiter« übersetzt werden kann, wurden angeblich von General Baschir zur Niederwerfung einer konfusen Rebellion in Darfur eingesetzt. Bei ihren »Rezzu« fielen sie wie die Reiter der Apokalypse mordend, brennend und vergewaltigend über die Savannenvölker her.

Für die Zahl von 200 000 Erschlagenen, die in westlichen Medien stets zitiert wird, kann ich bei meiner Exkursion nach El Fascher, der Verwaltungszentrale von Darfur, und in deren Flüchtlingslagern keine Bestätigung finden, auch nicht bei einer kleinen Gruppe deutscher Mechaniker, die sich im Auftrag einer NGO um die Instandhaltung von Lastwagen und Pick-ups der bunt gemischten Schutztruppe der Afrikanischen Union bemühen. Das sei im Grunde verlorene Liebesmüh, klagen diese wackeren Entwicklungshelfer, weil die Soldaten aus Kenia, Uganda, Senegal, Ruanda, Gambia und wer weiß woher binnen kürzester Zeit jedes Fahrzeug in Schrott verwandelten.

Mit ein paar internationalen Ordnungshütern aus Senegal und Gambia habe ich bei einer Veranstaltung von »tribal dances« im Garten der Gouverneurs-Residenz von El Fascher ein freundschaftliches Gespräch geführt. Diese Männer vom äußersten Kap Westafrikas sind sichtlich erfreut, einen weißen Ausländer in dieser feindseligen Fremde anzutreffen, der ihre Heimat kennt. Auch als Zuschauer der Festivität trennen sie sich keinen Moment von ihrem Helm und ihrer kugelsicheren Weste. Die Waffe lassen sie nie aus der Hand. In Wirklichkeit schlottern sie vor Angst. Bei ihren Einsätzen, so hatte ich schon in Khartum vernommen, führen sie sich nicht viel besser auf als die brutalen Soldaten der Regierung, die völlig unberechenbaren Rebellenbanden oder die unheimlichen Djandjawid.

Die Tragödie von Darfur, so sehr sie auch der karitativen Hilfe bedarf, ist nicht blutrünstiger als manch andere abscheuliche Ausschreitung, die sich heute in weiten Teilen Afrikas abspielt. Der ungeheure publizistische Aufwand, der in der westlichen Öffentlichkeit dem Sonderfall Darfur gewidmet ist, läßt den Verdacht aufkommen, daß Washington die enge chinesische Zusammenarbeit mit General Baschir diskreditieren und untergraben will. Schon haben weltweit bekannte Gesang-Stars und Philantropen zum Boykott der Olympischen Spiele aufgerufen, falls Peking nicht seine enge Kooperation mit Khartum aufkündigt.

Bei der Abstimmung im Weltsicherheitsrat über die Entsendung einer Blauhelm-Truppe der UNO nach Darfur scheint Peking tatsächlich dieser Pression nachgegeben zu haben. Doch dafür gibt es auch eine andere Erklärung. Da die unersättlichen Petroleumbedürfnisse der Volksrepublik sich neuerdings auch auf die benachbarte Republik Tschad ausgeweitet haben, sobald dieser in Anarchie versackte Staat seine diplomatischen Beziehungen zu Taiwan abbrach und das Alleinvertretungsrecht der Volksrepublik anerkannte, haben die Chinesen alles Interesse daran, daß in der gesamten Sahelzone ein Minimum an Stabilisierung eintritt. Die Pipeline Bentiu-Port Sudan könnte dann nach Westen bis zu den Förderungsgebieten des Tschad und von dort zum Atlantischen Ozean verlängert werden.

Von meinem Aufenthalt in Khartum, der rein zufällig mit der Staatsvisite Hu Jintaos zusammenfiel, bleibt eine kuriose Episode haften. Ich war mit dem Taxi nach Omdurman zum Grab des »Mahdi« gefahren, des berühmten Anführers jenes großen Derwisch-Aufstandes, der im Jahr 1885 das anglo-ägyptische Protektorat über den Sudan im Namen Allahs und seines Propheten vorübergehend abgeschüttelt hatte. Die Verteidigung der kleinen britischen Schutztruppe unter dem Befehl General Charles Gordons war von den Mahdisten überrannt worden. Gordon wurde auf den Stufen des Gouverneurspalasts niedergemetzelt. Erst vierzehn Jahre später sollte es dem Expeditionskorps Lord Kitcheners gelingen, diese Vorläufer der heutigen Mudschahidin in der Schlacht von Omdurman vernichtend zu schlagen.

Der gleiche General Gordon, der in Khartum den Tod fand, war zwei Jahrzehnte zuvor im Auftrag der Königin Victoria dem chinesischen Kaiserthron mit einer Söldnertruppe zu Hilfe geeilt. Die Qing-Dynastie von Peking wurde damals durch die Sturmflut des Taiping-Aufstandes in ihrer Existenz bedroht. Diese revolutionäre Bewegung war unter der Führung eines einfachen Hakka-Bauern des Südens namens Hong Xinquan entstanden, der sich in seinem religiösen Wahn vorstellte, der jüngere Bruder Jesu Christi zu sein. Unter dem Taiping-Regime war ein striktes System der »allgemeinen Gleichheit auf Erden« eingeführt worden, das manche Elemente des Maoismus vorwegnahm. Die Taiping-Horden hatten 1853 Nanking erobert. Erst elf Jahre später wurden diese Sektierer von einer kaiserlichen Armee, die unter dem Kommando General Gordons operierte, in einem fürchterlichen Massaker ausgerottet.

Der Wächter des Mahdi-Mausoleums von Omdurman berichtete mir voll Stolz, Präsident Omar el Baschir habe seinen Gast aus Peking zu jener Treppe des ehemaligen britischen Gouverneurspalastes geführt, auf deren Stufen der »Schlächter« Gordon, der das Blut zahlreicher chinesischer Patrioten der Taiping-Revolte vergossen hatte, unter den Säbeln und Lanzen der Mahdi-Derwische sein verdientes Ende gefunden habe. Die Vorfahren der heutigen Sudanesen hätten damit die Verbrechen und Schandtaten gerächt, deren sich der britische General gegenüber dem chinesischen Volk schuldig gemacht hatte. Die Reaktion Hu Jintaos auf diese seltsame Freundschaftsbekundung ist nicht bekannt.

*

Die massive Präsenz Chinas in Afrika erschöpft sich nicht in Anekdoten. Sie ist allumfassend von Algier bis Namibia und soll, der offiziellen Propaganda zufolge, an die friedlichen, die »harmonischen« Entdeckungsreisen des Eunuchen-Admirals Zheng He anknüpfen. Der hatte im frühen 15. Jahrhundert mit einer Flotte riesiger Dschunken, die die Karavellen der Portugiesen jener Zeit um ein Vielfaches an Ausmaß und Takelage übertrafen, den Indischen Ozean durchpflügt und mit den Völkern des Schwarzen Kontinents einen für beide Seiten vorteilhaften Handel betrieben.

Im ehemaligen Deutsch-Süd-West hatte mich der Staatsgründer Sam Nujoma im Jahr 2000 bei einem Lunch in seinem Landhaus von der rassischen Toleranz seines Regimes überzeugen wollen. Er zitierte, mit etwas Übertreibung wohl, die Zahl von 40 000 Chinesen, die neuerdings in voller Eintracht mit der Bevölkerung Namibias heimisch geworden seien. Tatsächlich hatte ich ein paar Tage später im Ovambo-Land längs der Grenze zu Angola ein kommerzielles Imperium entdeckt – stattliche Supermärkte, aber auch einfache Konsumläden –, das sich ausschließlich in chinesischer Hand befand. Auf drei verschiedenen Schienen dringt Peking offenbar nach Afrika und in andere Teile der Welt vor. Da sind die großen Projekte der Mineralien- und Rohstoffbeschaffung, die von staatlichen Konzernen gesteuert werden. Daneben gibt es zahllose Initiativen des privaten chinesischen Kapitals. Schließlich kommen bescheidene Handwerker, Kaufleute und Kleinunternehmer zum Zuge, die bei der lokalen Bevölkerung, etwa in Senegal, als lästige Konkurrenten auf zunehmende Ablehnung stoßen. In Dakar erschien denn auch das Buch »Le dragon et l'autruche – der Drache und der Strauß«, das die allzu tüchtigen Asiaten heftig kritisiert und den eigenen Behörden vorwirft, sie verhielten sich wie der

Vogel Strauß, der – einer Legende zufolge – bei drohender Gefahr den Kopf in den Sand steckt.

Insgesamt findet die ökonomische Expansion Pekings jedoch breite Zustimmung. Als Gegenleistung für die geförderten Rohstoffe unternimmt die Volksrepublik gigantische Infrastrukturarbeiten, zieht Straßen durch die Wildnis, repariert die Schienenwege, legt Irrigationssysteme an, fördert die Industrialisierung, wie etwa in der trostlosen Republik Tschad, durch den Bau von Raffinerien und Zementwerken. Allein im kupferreichen Sambia beabsichtigen die Chinesen, 800 Millionen Dollar zu investieren.

Entsprach der Handel mit Afrika im Jahr 1980 noch dem bescheidenen Betrag von zehn Millionen US-Dollar, so ist diese Summe im Jahre 2006 auf 55 Milliarden Dollar hochgeschnellt. Natürlich werden Beschwerden geäußert, und schon redet man vom gelben Neo-Kolonialismus. Insbesondere die Textilindustrie in diversen Staaten des Schwarzen Erdteils wird durch die Billig-Produktion der Volksrepublik weitgehend ruiniert. Aber im Vergleich zu den skandalösen Methoden des »Raubtierkapitalismus«, mit dem die westlichen Monopolgesellschaften über die Entwicklungsländer nach Beendigung der relativ wohlwollenden Spätphase der europäischen Kolonisation herfielen, erscheint die chinesische Partnerschaft in einem durchaus positiven Licht.

In Sierra Leone, in Liberia, in Angola, im Ostkongo vor allem, wurde ich in den neunziger Jahren Augenzeuge einer menschenverachtenden Ausbeutung durch die »freie Marktwirtschaft«, die jeder Beschreibung spottet. Wenn es um Petroleum, Diamanten, Uranium, vor allem um Coltan ging, fielen alle Hemmungen. Es wurden Stammeskriege angeheizt und mit Hilfe kriminell veranlagter weißer Söldnerhaufen jene schwarzen Politiker an die Macht gehievt, die bereit waren, die Reichtümer des eigenen Landes gegen großzügige Bestechungssummen zu verhökern. Wer sich nicht an die erpreßten Verträge hielt, wie Laurent Kabila, der Vater des jetzigen Kongo-Präsidenten, wurde durch Auftragsmörder beseitigt.

Der liberianische Politiker Charles Taylor, ein Verbrecher gewiß, den man als Sündenbock vor die internationalen Gerichte zerrt, war vor allem das Instrument anonymer Finanzkräfte, die aus dem Hintergrund operierten. Der vielgerühmte Film »Blood Diamond« verharmlost eine Situation, die in Wirklichkeit viel grauenhafter und aussichtsloser ist. Am Ende verfällt dieser Film der Lächerlichkeit, wenn es einem schwarzen Privatmann aus Sierra Leone gelingt, in London gegen die Allmacht globaler Machenschaften aufzubegehren und gegen sie zu prozessieren. Er wäre lange vor diesem Auftritt liquidiert worden.

Die Chinesen wenden – vermutlich ebensosehr auf Gewinn erpicht – andere, akzeptablere Methoden an. Sie wagen sich in Gegenden, die ihren Konkurrenten zu riskant oder nicht rentabel genug erscheinen. Sie ignorieren multinationale Institutionen, wie die Weltbank oder den Internationalen Währungsfonds, deren Kreditgewährung sich im Rückblick als inadäquat, ja schädlich für die Entwicklungsländer erweist. Nach Beendigung des Kalten Krieges standen die Staaten der sogenannten Dritten Welt der geballten Macht des westlichen Kapitals wehrlos gegenüber. Solange die Sowjetunion als Gegengewicht angerufen und eingeschaltet werden konnte, solange die afrikanischen Potentaten ihr Schaukelspiel zwischen Ost und West betrieben, verfügten sie über eigene Manövrierfähigkeit. Vorübergehend war diese abhanden gekommen. Seit die Volksrepublik China jedoch in den Ring getreten ist, wird wenigstens gewissen Erpressungstechniken ein Riegel vorgeschoben.

Nicht mehr in westlichen Hauptstädten allein wird darüber entschieden, ob der eine oder der andere Potentat im Namen einer heuchlerischen Scheindemokratie, ja unter totaler Mißachtung der elementaren Menschenrechte als privilegierter Partner akzeptiert und an der Macht gehalten wird. Den Chinesen wird vorgeworfen, sie gingen skrupellos und unmoralisch vor, weil sie sich jeder Einmischung in die internen Verhältnisse der mit ihnen Handel treibenden Staaten enthalten und niemals zum Sturz von Schurken-Regimen aufrufen. Als ob der Westen sich da wesentlich tugendhafter verhielte, wenn es wirklich zur Sache geht. Man erspare mir die Aufzählung zahlreicher Beispiele.

Jedenfalls ist es Peking gelungen, in den exklusiven Petroleum-Revieren Angolas und Nigerias Fuß zu fassen und dort zu expandieren. Bislang hatten sich, speziell in Angola und Kongo-Brazzaville, Amerikaner und Franzosen regelrechte Stellvertreterkriege geliefert. An der Elfenbeinküste hatten amerikanische Großfirmen die Franzosen aus ihrer ehemaligen Kolonialdomäne und dem blühenden Kommerz mit Kakao verdrängt. Jetzt übernehmen Chinesen Schritt für Schritt diesen Markt. Überall sind sie am Werk, ob es sich um das Uranium der Republik Niger oder das Bauxit von Guinea handelt. Gegen Lieferung von Öl und Gas wird in Algerien eine Autobahn in Rekordzeit gebaut, die sich quer durch das ganze Land von Marokko bis nach Tunesien hinzieht. Das geschieht zu finanziellen Bedingungen, gegen die europäische oder amerikanische Firmen gar nicht antreten können.

Ihr Mammutprojekt starten die chinesischen Wirtschaftsplaner zur Zeit im riesigen, chaotischen Kongobecken. Fünf Milliarden Dollar will Peking dort investieren, um seinen Zugriff auf den unerschöpflichen Mineralreichtum dieser Region – Kupfer, Kobalt, Coltan, Uranium, Diamanten, Gold – durch gigantische Infrastrukturarbeiten abzugelten. Binnen 36 Monaten sollen in der Republik von Kinshasa 3200 km Eisenbahn und eine gleiche Strecke neuer Asphaltstraßen gebaut werden. 31 Krankenhäuser und 145 Sanitätsstationen sowie die Gründung von zwei Universitäten sind in dem Programm vorgesehen.

Sollte dieser Deal ungeachtet der extrem verworrenen Verhältnisse im afrikanischen »Herz der Finsternis« reüssieren, wäre der gesamte Westen mit seiner zögerlichen, an politische Auflagen gebundenen Entwicklungspolitik der letzten fünfzig Jahre bis auf die Knochen blamiert.

Über die kommerzielle Durchdringung Südostasiens, Rußlands, Westeuropas und mehr noch der Vereinigten Staaten durch chinesische Produkte erübrigt sich jede lange Erörterung. Sogar in der winzigen Inselrepublik Osttimor, von der man annahm, sie sei nach Erringung ihrer Unabhängigkeit von Portugal und Indonesien in die ausschließliche Abhängigkeit Australiens geraten und die US-

Navy wolle dort eine Basis für Nuklear-U-Boote einrichten, haben Unternehmer aus dem Reich der Mitte Fuß gefaßt. In Canberra ist man seitdem nicht mehr sicher, die exklusiven Ansprüche auf das Erdöl der Timor-See durchsetzen zu können.

Ein psychologischer Faktor könnte dennoch der Aktion Pekings in Afrika entgegenwirken. Die chinesischen Ingenieure und ihre geschulten Arbeiter sind nur in seltenen Fällen in der Lage, die Sprachbarrieren zu überwinden. Zudem ist es bei ihnen üblich, sich von der örtlichen Bevölkerung abzukapseln. Damit wird zwar eine ganze Serie alltäglicher Reibungen vermieden, aber der durchschnittliche Afrikaner ist ein überaus geselliger, kommunikationsfreudiger Mensch. Der Eindruck stellt sich ein, daß zu den früheren weißen Kolonialherren – wenn wir einmal von notorischen Ausnahmen absehen – eine entspanntere, ja intimere Form des Zusammenlebens bestand. Die Abseitsstellung der Chinesen schürt Mißtrauen. Der Verdacht ist nicht ganz unberechtigt, daß die »Söhne des Himmels« nicht frei sind vom angestammten Bewußtsein ethnischer Überlegenheit und der schwarzen Menschheit mit Reserviertheit begegnen.

Auf meiner Reise nach Grönland vor zwei Jahren führte ich in der Lounge des Flughafens Kopenhagen ein interessantes Wirtschaftsgespräch mit einem distinguierten, perfekt Englisch sprechenden Manager aus Shanghai. Das Flugzug, das uns nach Island beförderte, war zu zwei Dritteln mit Chinesen bescheidener Kondition gefüllt. Wie man mir in Reykjavík sagte, handelte es sich um einen Teil jener 1500 chinesischen Kontraktarbeiter, die im Nordosten der Geysir-Insel einen gewaltigen Staudamm und das dazugehörige Kraftwerk errichten. Als wir in Grönland landeten, nahm uns ein Hotel auf, über dem die Fahne Taiwans wehte. Es waren gewiß keine Bürger der Volksrepublik, aber immerhin Chinesen, denen diese behagliche Unterkunft gehörte. Auf einer Antarktis-Expedition zu Beginn des Jahres 2007 erfuhr ich, daß neben so vielen anderen Nationen auch China über eine permanente Forschungsstation im ewigen Eis des Südpols verfügt.

Andere kuriose Beispiele seien erwähnt: In der Nähe meines südfranzösischen Wohnsitzes, im italienischen San Remo, war der lokale Markt von einem Tag zum anderen mit chinesischen Händlern bevölkert und mit chinesischer Ware zugedeckt. Der Massentourismus dieser bislang auf bescheidenste Bedürfnisse reduzierten Bevölkerung der Volksrepublik nimmt gigantische Ausmaße an. Vor allen anderen Hauptstädten ist Paris – trotz gegenteiliger Behauptungen – das bevorzugte Ziel dieser disziplinierten, stets hastigen Besuchergruppen. Leider gilt ihr Interesse weniger dem Louvre, der Kathedrale Notre Dame oder dem Invaliden-Dom, sondern dem Eiffelturm, in dessen unmittelbarer Nachbarschaft ich wohne. In der französischen Hauptstadt galt bislang das dreizehnte Arrondissement als »Saigon sur Seine«, als Sammelpunkt aus Südvietnam eingewanderter Asiaten, überwiegend Chinesen. Diese extrem rührige, undurchsichtige Bevölkerungsgruppe hat mit der für die Han-Rasse typischen Emsigkeit eine steigende Zahl von Immobilien erworben und weitet ihren Besitz systematisch aus.

Den Statistiken zufolge reisen jedes Jahr mehr als eine halbe Million chinesische Touristen nach Frankreich. Wer dächte da nicht an den Film des Regisseurs Jean Yanne »Les Chinois à Paris«, der mich in den sechziger Jahren amüsierte. Es geht darin um eine unaufhaltsame Invasion Frankreichs durch die Volksbefreiungsarmee, die von Osten auf Paris vorrückt. Die französische Regierung steht dieser Bedrohung kopf- und ratlos gegenüber. Der Höhepunkt der Persiflage ist erreicht, wenn der Präsident der Republik, der gegen die gelbe Gefahr die nukleare »force de frappe« einsetzen will, den Schlüssel zu deren Bedienung verzweifelt sucht und ihn schließlich – mit einem Scotch-Tape befestigt – unter der Schublade seines Schreibtisches findet. Aber zum atomaren Einsatz kommt es gar nicht. Frankreich kapituliert. Die Besatzungstruppen führen sich gegenüber der eingeborenen Bevölkerung bemerkenswert tolerant auf und passen sich reibungslos deren Bräuchen an. Binnen kurzem erliegen die Chinesen der Korruption der Konsumgesellschaft. Sie finden Geschmack am bürgerlichen Leben. Sie verfallen der Sinnenfreude ihrer neuen Umgebung, der französischen »douceur de vivre«.

FRAGMENTE
DES ABENDLANDES

Rückkehr der Sarazenen

Côte d'Azur, im August 2007

Jenseits der Place Clemenceau in der ligurischen Altstadt von
Vence beginnt ein düsteres Viertel enger, modriger Gassen, wo früher die armen Leute wohnten. Heute haben sich hier überwiegend
Maghrebiner angesiedelt. An der Oberfläche gibt es keine Probleme und Reibungen mit der südfranzösischen Bevölkerung. Soweit sie keine Arbeit haben oder in den Pausen ihrer beruflichen
Tätigkeit treffen sich Algerier und Marokkaner in einem kleinen
Bistro am Einfallstor aus dem Mittelalter. Sie bestellen dort Kaffee
oder Coca Cola. Von Bier und Rotwein, den diese Einwanderer
einst ungeniert genossen, ist heute keine Rede mehr. Die Religion
des Propheten ist fordernder geworden. Wenn sie gar nichts zu tun
haben, lehnen sich die jungen Nordafrikaner plaudernd oder ein-
silbig an den Festungswall. »Ils soutiennent le mur – sie stützen die
Mauer ab«, so spotteten früher die Franzosen in den algerischen
Départements. Die alten Maghrebiner nehmen in kleinen Gruppen auf den Bänken der Place de la Résistance Platz und unterhalten sich in ihrem rauhen, kehligen Dialekt.

Niemand scheint an dieser Präsenz von Arabern und Berbern
Anstoß zu nehmen. Unterschwellig geht jedoch bei den Einheimischen das Gefühl einer schleichenden Unterwanderung um. Ich
fühle mich in Vence und so manchen anderen Orten der Provence
um mehr als ein halbes Jahrhundert zurückversetzt. So ähnlich
sahen gewisse gemischt-rassige Bezirke der westalgerischen Ha-

fenstadt Oran aus, wo »Européens« und »Musulmans« jeweils die Hälfte der Bevölkerung ausmachten. Ganz Nordafrika war als »Département« oder Protektorat der französischen Autorität unterstellt. Als im Herbst 2005 in der Banlieue von Paris die Autos brannten, als der Aufruhr der jugendlichen Nordafrikaner, der »Beurs«, sich auf andere Städte ausweitete und ein massives Aufgebot von »Compagnies Républicaines de Sécurité« und Gendarmerie notwendig wurde, ist es in Vence friedlich geblieben. In der Parfum-Stadt Grasse hingegen, die etwa zwanzig Kilometer entfernt liegt, waren vorübergehend Unruhen bei den Immigranten ausgebrochen, die sich schnell wieder beruhigten.

Immer wieder wundere ich mich darüber, daß sich die bürgerkriegsähnliche Konfrontation in der Republik Algerien auf die französische Metropole jenseits des Mittelmeers nur sporadisch ausgewirkt hat. Es kam zu einem halben Dutzend teilweise recht blutiger Bombenattentate. Die Einwohner von Paris hatten Anschläge auf die Metro-Station Saint Michel oder ein Kaufhaus in der Rue de Rennes ziemlich gelassen hingenommen. Die Gendarmerie führte häufige Kontrollen von arabisch aussehenden Passanten durch, und Normalität stellte sich wieder ein.

Die französischen Sicherheits- und Geheimdienste verfügen wohl in der Tradition des Polizei-Ministers Napoleons, Joseph Fouché, über eine beachtliche Effizienz. Besonders eindringlich wurde mir das vorgeführt, als ich mich im November 1994 in der sudanesischen Hauptstadt Khartum aufhielt. Der freundliche Aufpasser, der mich ständig begleitete, zeigte mir die Wohnung, wo der weltweit gesuchte Super-Terrorist Carlos, der zwei Beamte der französischen Gegenspionage im Quartier Latin ermordet hatte, auf Betreiben des Pariser Innenministeriums verhaftet worden war und daraufhin nach Frankreich ausgeliefert wurde. Als Gegenleistung waren den sudanesischen Militärs angeblich präzise Luftaufnahmen von den Stellungen der schwarzen Rebellenbewegung des Generals Garang in den südlichen Aufstandsprovinzen übergeben worden.

In mancher Beziehung ist die Einheit des Mittelmeers, »Union méditerrannéenne«, von der neuerdings in Paris wieder die Rede ist, bereits Realität geworden. In den südfranzösischen Dörfern, die sich in ein paar hundert Metern Höhe über den Fluten des Mittelmeers wie Adlernester in den Felsen krallen, blickt man mit bösen Ahnungen nach Süden. Man weiß nie, ob diese Ortschaften im Mittelalter als vorgeschobene Brückenköpfe der aus dem Maghreb vordringenden Sarazenen oder als Schutzburgen gegen diese muslimische Invasion gebaut wurden. Nicht der Terrorismus stellt für Frankreich die existentielle Gefahr dar, sondern die Demographie. Als ich Algerien das erste Mal im Sommer 1953 bereiste, lebten dort knapp acht Millionen Musulmans. Heute ist die Anzahl der Bürger der unabhängigen Republik »El Dschazair« auf mindestens dreißig Millionen angewachsen. Etwa fünf Millionen Korangläubige aus Afrika haben im französischen Mutterland Fuß gefaßt.

Was der Elysée-Palast im Hinblick auf den Maghreb auch planen mag, der algerische Befreiungskrieg, der am Allerheiligentag 1954 begann, sich acht Jahre lang hinzog und wohl eine Million Menschenleben forderte, ist in Nordafrika nicht vergessen. Auch bei vielen Franzosen nicht, vor allem bei den Nachkommen jener Millionen französischer Siedler, »pieds noirs – Schwarzfüße« genannt, deren Eltern 1962 überstürzt unter Hinterlassung ihrer Häuser und aller Habe die Schiffe in Richtung Marseille bestiegen. Die »kleinen Weißen«, die alteingesessenen Pieds Noirs, hatten in ihren Proletariervierteln von Bab-el-Oued und Belcourt so lange kommunistisch gewählt, bis der arabisch-islamische Nationalismus hochkam. Da kippte dieses Völkergemisch von Provençalen, Korsen, Maltesern, Juden und Andalusiern schlagartig in das Lager der extremen Rechten um und erwies sich als intolerantester, ja gnadenloser Verfechter der europäischen Sonderstellung.

In den schicksalhaften letzten Monaten vor der Machtergreifung der algerischen Nationalisten hatten sie ihre Straßenzüge zu Festungen ausgebaut. Sie verbündeten sich mit der militärischen Untergrund-Organisation OAS (Organisation de l'Armée secrète). Sie bäumten sich in ihren belagerten, brennenden Hochburgen zu einem todesmutigen Widerstand auf, den ihnen niemand zugetraut hätte. Sie verfluchten die Pariser Staatsgewalt, die sie der Kapitulation vor dem algerischen Islamismus bezichtigten. In jenen Tagen ging in Algier mehr Gefahr von europäischen Killern als von arabischen Heckenschützen aus, die sich ohnehin nicht mehr in die französisch bevölkerten »beaux quartiers« trauten. Ich erinnere mich, wie man vor jedem unbekannten Flaneur auf der Hut war, der sich hinter einem bewegte. Man behielt ihn stets im Blick, ob er wohl eine Waffe zog, und ließ dem Unbekannten den Vortritt, um ihn nicht länger im Rücken zu haben. Der Terror der verzweifelten »Schwarzfüße« war in blindwütiges Morden ausgeartet.

Als die letzten französischen Regimenter auf Befehl aus Paris den Rückzug antraten und de Gaulle Nordafrika seinem Schicksal auslieferte, mußten diese Desperados wohl oder übel in ein »Mutterland« flüchten, das den meisten von ihnen fremd war. Dabei waren sie noch bevorzugt im Vergleich zu jenen Algeriern – das waren nicht wenige –, die auf französischer Seite gegen die »Fellaghas« gekämpft hatten. Diese »Harkis« hatten nur in seltenen Fällen die Chance, dem Massaker zu entrinnen, das die Mudschahidin der entfesselten Befreiungsfront unter ihnen anrichteten.

*

Die in Afrika beheimateten europäischen Siedler haben auf das plötzliche Ende der Kolonialherrschaft und ihrer privilegierten Sonderstellung sehr unterschiedlich reagiert. Die Portugiesen in Angola und Mosambik verhielten sich ähnlich wie die Algier-Franzosen. Sie hatten zur Abwehr der schwarzen Unabhängigkeitsbewegung Milizen gegründet und streckten die Waffen erst, als die Nelken-Revolution der eigenen Armee die alt angestammten Besitzungen im Schwarzen Erdteil preisgab. In Südrhodesien, das heute Simbabwe heißt, hatten sich die britischen Pflanzer, obwohl sie in verschwindender Minderheit waren, unter dem Kommando des ehemaligen Royal-Air-Force-Piloten Ian Smith zu einem bemerkenswerten Widerstand zusammengeschlossen, der sich von 1968 bis 1979 hinzog. Mit diskreter Hilfe des Apartheid-Regimes Südafrikas, aber im wesentlichen auf sich selbst gestellt, behaupteten sich die weißen Behörden von Salisbury, heute Harare, erstaunlich lange gegen die erdrückende schwarzafrikanische Masse, die nur begrenzte Kampftauglichkeit an den Tag legte. Am Ende kam es sogar zu einem Kompromiß zwischen dem Schotten Ian Smith und dem Aufstandsführer Robert Mugabe aus dem Stamme der Shona. In Südrhodesien lag das Zahlenverhältnis zwischen schwarz und weiß bei dreißig zu eins, während in Südafrika immerhin ein Weißer gegen fünf Schwarze stand.

Am Ostersonntag 1977 hatte ich mir einen persönlichen Eindruck von der unübersichtlichen Kampfsituation im heutigen Simbabwe verschafft, als ich ganz allein am Steuer eines Mietwagens von Salisbury nach Nordosten gestartet war und ohne nennenswerte Behinderung in ein paar Stunden über Mukoto bis zum Flecken Nyamapanda, das heißt bis an die Grenze der Volksrepublik Mosambik gelangte. Jenseits der Schranke herrschte das Frelimo-Regime von Maputo, das sich zur roten Weltrevolution bekannte und im Verein mit den Ostblock-Verbündeten die aufständischen Nationalisten Südrhodesiens aktiv unterstützte.

In Amerika und Europa sollte sich heute niemand darüber wundern, daß der schwarze Nationalist Mugabe, der sich als Präsident von Simbabwe nach und nach zum furchterregenden, tyrannischen Häuptling entwickelte, allen Gesetzen der Ökonomie und sogar den wohlverstandenen Interessen seines bis dahin blühenden Agrarlandes zum Trotz die rund fünftausend britischen Siedler zu enteignen begann. Sie besaßen etwa siebzig Prozent des fruchtbaren Ackerlandes Südrhodesiens, hatten es vorbildlich bewirtschaftet, dabei jedoch die Ur-Bevölkerung in wenig ertragreiche Regionen abgedrängt. Mit seinen Zwangsmaßnahmen hat Mugabe seine Republik ins Elend gestürzt, aber eine Alternative besaß er in Wirklichkeit gar nicht, wenn er am Ende nicht vom schwarzen Volkszorn als Verräter verflucht werden wollte. Bei den Überfällen auf die Tabakpflanzungen wurden sieben weiße Kolonisten umgebracht.

Bemerkenswert ist die Diskrepanz der Entwicklung zwischen Südrhodesien und der Republik Südafrika. Als ich mich das letzte Mal im Jahr 2000 in Transvaal aufhielt, waren laut offizieller Erhebung in der gesamten Republik bereits 1200 weiße Pflanzer von unkontrollierten afrikanischen Marodeuren ermordet worden. Heute dürfte die Zahl wesentlich höher liegen. Aber niemand redet über Südafrika, und jeder entrüstet sich über Mugabe und Simbabwe. Ich habe für die weißen Südafrikaner, zumal für die Buren, niemals Sympathie empfinden können. Wie protzig hatten sie doch die Muskeln spielen und jedermann wissen lassen, daß sie sich gegen einen Aufruhr der Bantu in ihren »Wagenburgen« bis zur letzten Kugel wehren würden. Doch die Nachkommen des Ohm Krüger waren offenbar nicht aus dem gleichen harten Holz geschnitzt wie ihre Vorfahren, die den Zulu wie auch den Engländern erfolgreich widerstanden. Heute kann man den Buren schwerlich vorwerfen, daß sie die hilfreiche und versöhnliche Chance eines gewaltlosen Übergangs, die ihnen Nelson Mandela gewährte, nicht genutzt haben, wie immer dieses Experiment auch ausgehen mag. Aber es war wenig rühmlich, wie sie sich von einem Tag zum anderen aus einer Pose heldischer Untergangsbereitschaft und bösartiger Rassenarroganz zur Unterordnung unter die bislang verachteten und drangsalierten Schwarzen bereit fanden.

Der angekündigte Kampf um die »Wagenburg« hat also nicht stattgefunden. Die »white supremacy« über Südafrika, die die burischen »Verkrampte« notfalls bis zum bitteren Ende verteidigen wollten, ist im Februar 1990 nach der Regierungsübernahme durch Frederik de Klerk wie ein Kartenhaus zusammengefallen. Die Folgen sind bekannt. Bei den ersten nicht-rassischen und demokratischen Wahlen von 1994 wurde der Nationalheld Nelson Mandela zum ersten schwarzen Staatsoberhaupt und Regierungschef der Republik Südafrika gewählt. Seine Partei, der »African National Congress«, erhielt 62,4 Prozent der Stimmen. Ein Erdrutsch hat sich ereignet, und die Weißen – vor allem die Buren holländischer oder französisch-hugenottischer Abstammung – wissen seitdem nicht, ob sie durch die Akzeptierung der Rassengleichheit, des Prinzips »one man – one vote«, eine brüchige Rettungsplanke bestiegen oder sich langfristig für den kollektiven Suizid entschieden haben. Glorreich war die Kapitulation dieser angeblichen »die-hards« jedenfalls nicht.

Mehrfach habe ich versucht, im Gespräch mit weißen »Afrikaanern« den Schlüssel zu dieser plötzlichen Nachgiebigkeit zu finden, den psychologischen Auslöser ihres radikalen Sinneswandels, ihrer unverhofften Unterwürfigkeit gegenüber dem schwarzen Mehrheitswillen zu entdecken. Sie hüllten sich stets in abweisendes Schweigen. Nur wenn sie unter sich seien, so erfuhr ich, und wenn reichlich Alkohol die Zungen gelockert habe, brächen Wut, Enttäuschung und eine aufkeimende Verzweiflung bei den um ihre Zukunft betrogenen Buren durch. Ich mußte an einen alteingesessenen deutschen Landeskenner denken, der mich schon 1977 auf eventuelle geistige Kurzschlüsse dieser verkapselten Minderheit verwies: »Die Buren sind zu lange in Afrika geblieben. In mancher Hinsicht sind sie tatsächlich Bestandteil dieses Kontinents geworden. Sie erleben hier intellektuelle Fehlleistungen, Fälle krasser Borniertheit, absurde Reaktionen, die kein Außenstehender nachvollziehen kann. Wissen Sie, wann den Buren die ersten Zweifel an der Haltbarkeit ihres Rassentrennungssystems gekommen sind? Nicht nach den blutigen Unruhen von Soweto, nicht nach der einstimmigen Verurteilung durch die Vereinten Nationen und auch nicht beim Absacken des Goldkurses. Nein, der sportliche Boykott hat diese Rugby-besessene Nation zutiefst getroffen. Die Weigerung des neuseeländischen Teams ›All Blacks‹, gegen eine südafrikanische Mannschaft anzutreten, wurde hier als nationale Katastrophe empfunden.« – So widersprüchlich hat sich der weiße Niedergang zwischen der Mittelmeerküste des Maghreb und dem Kap der Guten Hoffnung vollzogen.

*

Kehren wir an die französische Côte d'Azur zurück. Dort haben sich ja nicht nur Wanderarbeiter und Migranten aus Nordafrika niedergelassen. In aufwendigen Palästen lebt dort eine beachtliche Zahl Orientalen, die mit prächtigem Ausblick auf das Mittelmeer ihre Zeit mit Luxus und Müßiggang verbringt. Andere wickeln milliardenschwere Geschäfte ab. Sehen wir einmal von den saudischen Prinzen und den verwöhnten Sprößlingen der Emirate ab, so kann man auf zwei wohlsituierte Gruppen zurückgreifen, um nützliche Einblicke in die Intrigen und Machtumschichtungen des Nahen und Mittleren Ostens zu gewinnen: Die Perser und die Libanesen. Die Iraner sind oft Angehörige der gehobenen Feudalschicht und ehemalige Günstlinge der Pahlevi-Dynastie. Sie stehen in engem Kontakt zu ihren emigrierten Landsleuten, die sich, etwa eine halbe Million, im Umkreis von Los Angeles konzentriert haben. Von dort wird sogar ein komplettes, wohldotiertes Fernsehprogramm der Mullah-feindlichen Opposition in Richtung Heimat ausgestrahlt.

Was mich bei dieser opulenten, aristokratisch auftretenden Exilgruppe beeindruckt, ist der ungebrochene Patriotismus, dem auch die Verbannung nichts anhaben kann. In diesen Kreisen zwischen Cap Ferrat und Antibes blickt man mit Geringschätzung auf die Kampforganisation der »Volks-Mudschahidin«, die sich unter Führung des Ehepaars Radjavi bereit fand, im Troß des Irakers Saddam Hussein gegen das eigene Vaterland zu kämpfen und heute die Amerikaner mit Zielangaben für eventuelle »preemptive strikes« der US Air Force gegen iranische Atomanlagen beliefert.

Wer zusätzliche Hintergrundkenntnisse über die sukzessiven Krisen des Nahen Ostens gewinnen will, kann sich in den Villen der Côte d'Azur an die dort etablierten Libanesen, überwiegend christliche Maroniten, wenden, die jede Vibration in der eigenen Zedern-Republik und darüber hinaus in Syrien, Jordanien und Israel aufmerksam registrieren. Diese Finanziers und Oligarchen der Levante wissen mehr über die wirklichen Machtproben, die sich hinter der Ermordung Rafiq Hariris, Pierre Gemayels und anderer libanesischer Politiker verbergen, als die oft fehlgeleiteten Ermittler des Internationalen Gerichtshofs von Den Haag.

Karolingische Träume

Rhöndorf, im Sommer 2007

Es fällt mir schwer, einer Gestaltung Europas begeistert zuzustimmen, die sich unter Verwerfung seines karolingischen Kerngehaltes vollzöge, das will ich gern eingestehen. Eine Ausweitung in alle Himmelsrichtungen klingt verlockend, aber wenn es zum Schwur kommt, zur Frage des Überlebens, dann wäre es von geringem Nutzen, den Rahmen der Europäischen Union in Estland bis in die Nachbarschaft von Sankt Petersburg, in Zypern bis an die Küste Syriens vorgeschoben zu haben. Wie dichtete einst Ernst Moritz Arndt: »Ach nein, ach nein, das Vaterland muß größer sein!« Gott bewahre das Abendland vor zusätzlichen Verzerrungen und Überdehnungen, wie sie in Brüssel bereits anvisiert werden.

Begonnen hat der kontinentale Zusammenschluß nun einmal mit der diskreten Komplizenschaft von drei Männern – Konrad Adenauer, Robert Schuman, Alcide de Gasperi –, die auf dem Boden des kurzlebigen Zwischenreiches Lotharingien beheimatet waren. Dort hatte jenseits der Nationalitäten eine vage, beinahe mythische Vorstellung von der Einheit des Okzidents überlebt. Der Name Lotharingien bezieht sich auf Lothar, den Enkel Karls des Großen, der Anspruch auf die Kaiserkrone besaß, aber dessen Territorien – von den Niederlanden bis Mittelitalien allzu eng hingezogen – die Aufteilungsabsichten seiner ost- und westfränkischen Nachbarn geradezu ermunterten.

Als Winston Churchill die Einigung des Kontinents nach Kriegsende predigte, von der er Großbritannien wohlweislich ausnahm, dachte er in erster Linie an Frankreich und Deutschland. Ähnlich plante auch Präsident Truman. Von Saarbrücken aus, wo Ministerpräsident Johannes Hoffmann für die Autonomie des Saarlandes in Wirtschaftsunion mit Frankreich eintrat und insgeheim auf eine europäische Zielsetzung dieser provisorischen Loslösung vom »Reich« hoffte, konnte ich – noch bevor ich dort die Funktion des

Regierungssprechers übernahm – die entscheidende erste Phase dieser Versöhnung aus unmittelbarer Nähe beobachten.

Der Mann der Stunde hieß Robert Schuman, ein Deutsch-Lothringer aus dem Metzer Raum, in Luxemburg geboren, zutiefst verhaftet im abendländischen Katholizismus, der ungeachtet seines unbestreitbaren französischen Patriotismus von der verlorengegangenen karolingischen Einheit träumte . Dieser einsilbige Junggeselle gehörte einem katholischen Laien-Orden an, mutmaßten die Pariser Beobachter. Sein Landhaus von Scy-Chazelles, unweit von Metz, war klösterlich gestimmt. Hinter der scheinbaren Schüchternheit Robert Schumans verbargen sich große Visionen und ein hohes Maß an Kühnheit. In seiner Eigenschaft als Außenminister, dann sogar als Ministerpräsident der Vierten Republik, mußte er sich im Palais Bourbon den Sarkasmen und Haßausbrüchen seiner Gegner stellen. »Sortez le boche!« brüllten die Kommunisten, aber Schuman ertrug alle Anfeindungen mit der Abgeklärtheit christlicher Demut.

Im Mai 1950 kündigte er gemeinsam mit Konrad Adenauer und dem gleichgestimmten Trentiner Alcide de Gasperi die Gründung der Europäischen Gemeinschaft für Kohle und Stahl an. Durch die Zusammenlegung, die Koordinierung dieses entscheidenden Rüstungspotentials sollte jeder Krieg zwischen Deutschland und Frankreich für alle Zeit gebannt werden. Natürlich war dieser Pool für Kohle und Stahl nur als Vorstufe gedacht, als Anfangsphase für den wirtschaftlichen und politischen Zusammenschluß des Abendlandes. Die Schlagworte »Europäische Integration« und »Supranationalität« waren damals in aller Munde, zwei Begriffe, die mit dem Credo tausendjähriger kapetingischer Tradition in Frankreich nicht zu vereinbaren waren.

Auf Drängen der Amerikaner, die der stalinistischen Bedrohung eine kompakte Militär-Allianz in Westeuropa entgegenstellen wollten, kam es sogar zum futuristischen Projekt der »Europäischen Verteidigungsgemeinschaft«. Aber damit hatte Robert Schuman die Grenzen seiner Einwirkungsmöglichkeiten überschritten. Jetzt stieß er nicht nur auf den engagierten Widerstand der Moskau-Freunde und einiger ewig Gestriger der »Action Française«, nun stieß er auch auf die kategorische Weigerung der gaullistischen Parlamentsfraktion, und diese stand weiterhin unter dem Einfluß ihres Mentors, der sich nach seinem Rücktritt im Januar 1946 als Einsiedler auf seinen Landsitz von Colombey-les-Deux-Eglises zurückgezogen hatte.

Es gab auf französischer Seite triftige Gründe, die EVG, wie sie von Robert Schuman präsentiert wurde, zu verwerfen. Man vergesse nicht, daß in jenen Nachkriegsjahren jeder Schritt in Richtung auf eine europäische Union die eben aus Ruinen und nationaler Schmach erstandene Bundesrepublik mit originären Souveränitätsrechten ausstattete, während Frankreich diese gleichen nationalen Attribute, die es über Krieg und Niederlage hinübergerettet hatte, auf dem Altar der abendländischen Einigung preisgeben sollte.

Der zornige General von Colombey war nicht gewillt, unter dem Vorwand einer Europa-Armee, in der die nationale Identität der Mitgliedsstaaten nur noch auf Bataillons-Ebene überlebte, für alle Zeiten ein amerikanisches Oberkommando zu akzeptieren. Darauf lief das integrierte Befehlssystem nämlich hinaus. Vor allem war er eisern entschlossen, Frankreich zur Nuklearmacht zu machen. Mit diesem Vorhaben stand er nicht allein. Der Sozialist Guy Mollet, ja Pierre Mendès-France, Friedensstifter in Indochina und Idol der intellektuellen Linken, hatten bereits eine französische »force de frappe« geplant. Washington würde für einen solchen nuklearen Alleingang kein Verständnis haben und diese Proliferation unter Berufung auf die EVG-Strukturen wirkungsvoll zu durchkreuzen suchen. Schließlich taumelte Frankreich im Sommer 1954 gerade aus seinem Vietnam-Debakel heraus. Schon am 1. November 1954 fanden Überfälle der »Algerischen Befreiungsfront« in den Schluchten der Kabylei und des Aurès-Gebirges statt. Die nationalen französischen Streitkräfte – so wurde argumentiert – würden für die Wahrung der »Algérie française« weiterhin zwingend benötigt.

In einer halbstündigen Fernseh-Dokumentation habe ich Ende 1963 das Lebenswerk und die lautere Persönlichkeit Robert Schumans unter dem Titel »Europäer von Geburt« gewürdigt. Der Lothringer selbst stand mir leider nicht mehr zur Verfügung. Er war am 4. September gestorben. Dennoch war er mir deutlich präsent, mit seiner gespielten Naivität, seiner hintergründigen List und einer stillen Gläubigkeit, die offenbar Berge versetzte. Er hatte so gar nicht zur Fauna der Vierten Republik gepaßt.

Im Winter 1952 hatte mir ein befreundeter Diplomat in Washington von der Bestürzung der französischen Botschaft erzählt. Robert Schuman hatte dort mit sichtlicher Begeisterung über die Abschaffung der französischen Armee referiert. Nur an einem blau-weiß-roten Ärmelschild würden die französischen Bataillone der integrierten Europa-Streitkräfte zu unterscheiden sein. Die Italiener hatten sich für ihre Bersaglieri wenigstens die Beibehaltung der Hahnenfedern ausbedungen. Vom US-Außenminister Dean Acheson sei Robert Schuman fasziniert gewesen, so kolportierten damals die Franzosen von Washington, aber dabei unterschätzten sie wohl den Eigensinn des Lothringers.

Charles de Gaulle hat sich niemals negativ über Robert Schuman geäußert. Er bewies Gespür für die Grenzmentalität der französischen Ost-Départements. Nach der »Machtergreifung« des Generals im Jahr 1958 haben sich die beiden Männer nur einmal kurz getroffen. De Gaulle soll zu dem bereits physisch erschöpften Schuman gönnerhaft gesagt haben: »Ich war mit manchem nicht einverstanden, was Sie gemacht haben, aber es hätte viel schlimmer kommen können.«

Was de Gaulle an Robert Schuman vielleicht am meisten störte, war die einflußreiche Figur im Hintergrund, Jean Monnet. Schon während der Kriegsjahre war die pro-amerikanische Haltung Jean Monnets auf die strikte Distanz des Generals gegenüber Franklin D. Roosevelt geprallt. In den Augen des Generals war Jean Monnet der geheime »Inspirator«, der gefährliche Manipulator aus der Groß-Finanz, der im Auftrage Washingtons die Fäden zog und die europäische Staatengemeinschaft der Zukunft zu einem formlos verschmolzenen Magma, zu einem Anhängsel angelsächsischer Hegemonie hätte verkommen lassen. Harmlos war er gewiß nicht, dieser Jean Monnet, erster Präsident der Hohen Behörde der Montan-Union.

Im Herbst 1963 war der kleine, fröstelnde Mann – farblos, fast unbeholfen – in unser Studio an den Champs-Elysées gekommen, um einen persönlichen Beitrag für den Gedächtnisfilm zu Ehren Robert Schumans zu leisten. Die Aufnahmen dauerten lange, mußten mehrfach wiederholt werden, so gering war die Eloquenz dieser europäischen Vatergestalt. Bevor die Kameras eingeschaltet wurden, gestand Jean Monnet mit entwaffnender Ehrlichkeit und auch mit einem Schuß Eitelkeit, daß er meine Frage nach der Gründung der Montan-Union nur zögernd beantworte. Denn er allein – Jean Monnet – habe die Idee der Europäischen Gemeinschaft für Kohle und Stahl konzipiert. Er habe Robert Schuman in allen Phasen dieses Unternehmens beraten, ja anleiten müssen.

Von Anfang an war die deutsch-französische Sonderallianz, von der heute keiner mehr sprechen will, eine Frage der Persönlichkeiten gewesen. Wer in Paris und in Bonn jeweils regierte, entschied durch seine Zuneigung oder seine Distanzierung, ob die Beziehungen zwischen Franzosen und Deutschen, das hieß, ob der Zusammenschluß Europas voranschritt oder stagnierte. Endgültig wurde der Weg für die dauerhafte Zweisamkeit erst frei, als Charles de Gaulle, in seiner Eigenschaft als Chef der Résistance gegen die deutsche Besatzung und als »Befreier Frankreichs«, das gemeinsame Werk bejahte und auf seine Schultern nahm. An einem Septembertag des Jahres 1958 hatte ich mit einer ganzen Kohorte von Journalisten vor der hohen Steinmauer von »La Boisserie«, dem lothringischen Landhaus des Generals, gestanden, als Konrad Adenauer auf dessen Einladung nach Colombey-les-deux-Eglises aufgebrochen war.

Der Bundeskanzler war mit bangen Erwartungen in die ostfranzösische Provinz gereist. Seine außenpolitischen Ratgeber – noch ganz in der supranationalen Europa-Vorstellung Robert Schumans, Jean Monnets und Walter Hallsteins befangen – hatten ihm den einstigen Rebellen der »France Libre« als unverbesserlichen Chauvinisten, als Deutschenhasser und Totengräber der keimenden europäischen Einigung beschrieben. Allen voran hatte der damalige Botschafter Bonns in Paris, Herbert Blankenhorn, ein vernichtendes, gehässiges Portrait von dem Mann entworfen, der vom Putsch der Algerien-Armee und von der Selbstauflösung der Vierten Republik mit einem Schlag und ohne nennenswerten Widerspruch an die Spitze Frankreichs befördert worden war.

Niemand hatte dem Patriarchen aus Rhöndorf rechtzeitig erklärt, welch ungewöhnliche Auszeichnung es für ihn bedeutete, als erster und einziger ausländischer Staatsmann im Privatdomizil des Generals empfangen zu werden und dort zu übernachten. Die Begegnung von Colombey wurde zum historischen Akt. Der Funke sprang über zwischen den beiden alten Abendländern. Schon an diesem ersten Nachmittag wurden die präferentielle deutsch-französische Zusammenarbeit und das Konzept des Elysée-Vertrages entworfen. Adenauer verließ die Boisserie als glücklicher, beschenkter Mann. Der hier geschlossene Männerbund, die gegenseitige Hochachtung sollten sich bis zum Ende bewähren. Die Unterschiedlichkeit der Charaktere wurde durch einen Satz de Gaulles illustriert, den der deutsche Dolmetscher Hermann Kusterer aus einer späteren Konversation überliefert: »Ich bewundere und beneide Sie«, hatte der General zum rheinischen Kanzler gesagt. »Sie glauben, daß die Wirklichkeit wirklich ist; ich habe dabei meine Schwierigkeiten.«

Fast dreißig Jahre später habe ich La Boisserie, die nach dem Tod de Gaulles in eine Gedenkstätte umgewandelt wurde, auch von innen besichtigen können. Vergeblich habe ich nach jenem Spruch Friedrich Nietzsches gesucht, der angeblich zu Lebzeiten de Gaulles gerahmt auf der Schreibtischplatte lag und möglicherweise erst nach seinem Tod entfernt wurde: »Alles ist leer, alles ist gleich, alles war«. De Gaulle hatte diesen Satz während der zwölfjährigen »Durchquerung der Wüste«, jener Jahre zwischen seinem Rücktritt 1946 und seiner Neuberufung im Jahre 1958, in Gesprächen mit unverzagten Compagnons auf Französisch umformuliert: »Et puis, rien ne vaut rien«.

*

In der euphorischen Stimmung des deutsch-französischen Freundschaftsvertrages, der im Elysée-Palast zwischen Adenauer und de Gaulle mit einem Bruderkuß besiegelt wurde, hatte mich der Westdeutsche Rundfunk beauftragt, das erste Studio des deutschen Fernsehens in Paris zu eröffnen und zu leiten. Ich galt als »Gaullist« und werde heute noch oft als solcher bezeichnet. Das ehrt mich, aber ich bin mir auch der Bemerkung André Malraux', eines der wenigen Vertrauten des Generals, bewußt: »Le Gaullisme sans de Gaulle, c'est idiot – Gaullismus ohne de Gaulle macht keinen Sinn«.

Jedenfalls geriet ich sehr bald zwischen die Fronten einer Auseinandersetzung von Atlantikern und Gaullisten, die sich in der Bundesrepublik formierte und bis auf den heutigen Tag nicht ganz abgeklungen ist. Die Atlantiker, zumal nach dem Regierungsantritt Ludwig Erhards und unter dem Einfluß des damaligen Außenministers Gerhard Schröder, waren in Bonn stets im Vorteil und sind es heute in Berlin noch viel nachhaltiger. Ich muß dem Intendanten des WDR Klaus von Bismarck hoch anrechnen, daß er meinen Standpunkt, der dem breiten Konsens westdeutscher Politik und Publizistik eindeutig widersprach, voll respektierte und daß er gar nicht daran dachte, mich an die Kandare zu nehmen oder gar zu zensieren. So konnte ich ungehemmt dem Fernsehpublikum der Bundesrepublik die französischen Beweggründe erläutern, als am 7. März 1966 die düsterste Stunde schlug und die junge Freundschaft aufs Äußerste strapaziert wurde.

De Gaulle hatte den Auszug Frankreichs aus der NATO, aus der integrierten Organisation des Atlantik-Paktes, verfügt. »Dies ist die letzte große Schlacht meines Lebens«, so hatte er den Ministerrat informiert. Vorher hatte er außer Premierminister Georges Pompidou nur zwei Kabinettsmitglieder ins Vertrauen gezogen, Außenminister Couve de Murville und Armeeminister Pierre Messmer. »Das Schiff des Staates geht schweren Brechern entgegen«, fuhr der Präsident fort, »ich hoffe, Messieurs, daß Sie nicht seekrank werden.« Wer mit seiner atlantischen Politik nicht einverstanden sei, solle es jetzt offen sagen und daraus die Konsequenz

271

ziehen. Persönlich würde er das niemandem übelnehmen. Aber die Minister stimmten einmütig zu. Landwirtschaftsminister Edgar Faure, der unter der Vierten Republik zu den Mitbegründern des Atlantik-Paktes und der NATO gehört hatte, meldete sich zu Wort: »Ich verleugne mein Kind nicht, aber heute gebe ich Ihnen recht, mon Général. Der Vertrag ist in seiner jetzigen Form überholt.« Nur einmal hatte de Gaulle in ähnlich feierlicher Prozedur den Konsens des Kabinetts eingeholt: Bevor er Algerien die Unabhängigkeit gewährte.

Die Zeitungs- und Rundfunkredaktionen in Deutschland brauchten zwei Tage, ehe sie begriffen, was wirklich in Gang gekommen war. Dieses Mal spielte der französische Staatschef nicht um taktische Einsätze wie in den verschiedenen Krisen der Wirtschaftsgemeinschaft. Hier ging es an den Nerv seiner außenpolitischen Konzeption. Er rüttelte am Nachkriegs-Status-quo in Europa. De Gaulle lüftete plötzlich die Maske. Die Rückfragen beim Quai d'Orsay, die ersten Kontakte mit hohen Beamten ließen keinen Zweifel an der Entschlossenheit des Präsidenten. Frankreich forderte die Räumung der im eigenen Land befindlichen amerikanischen Luftstützpunkte, die bisher weitgehend der französischen Souveränität und Kontrolle entzogen waren, innerhalb eines Jahres. Ungefähr hunderttausend Mal im Jahr seien amerikanische Militärmaschinen von Frankreich aus gestartet. Auf dem Höhepunkt der Kuba-Krise sei über die US-Basen die höchste Alarmstufe verhängt worden, ohne jede Konsultation des französischen Partners, tönte es aus Regierungskreisen. Das könne sich die Fünfte Republik in Zukunft nicht mehr bieten lassen.

Es ging nicht um eine Einschränkung dieser Flüge oder um eine Ausweitung der nationalen Lufthoheitsrechte. Ziel war die totale Räumung der militärischen Infrastruktur der US Air Force in Frankreich und der Abzug von rund 27 000 GIs, deren Präsenz zwanzig Jahre nach Kriegsende die Integration Frankreichs in das Atlantische Verteidigungssystem wirksamer garantierte als die mehr symbolischen denn effektiven Kommandostäbe der NATO in der Ile-de-France. An dem gemeinsamen Luftwarn- und Radarsystem, das natürlich auch der französischen Verteidigung zugute kam, wollte Frankreich festhalten. Die Evakuierung der amerikanischen Flugplätze und Nachschublager hingegen könnte allenfalls durch zweiseitige Verhandlungen zwischen Washington und Paris um ein paar Monate hinausgezögert werden. De Gaulle hatte die Frist eines Jahres gesetzt, und der Wortlaut der Kündigungsklausel in den bilateralen Geheimverträgen kümmerte ihn wenig.

Er holte zum Schwerthieb gegen den Gordischen Knoten der atlantischen Integration aus. Schon am 1. Juli 1966 würden die französischen Militärs aus den Stäben der Allianz ausscheiden und durch Verbindungsoffiziere ersetzt werden. Den beiden großen atlantischen Hauptquartieren, Shape in Rocquencort und Europa-Mitte in Fontainebleau, wurde – dieses Mal unter Respektierung der einjährigen Kündigungsfrist – mitgeteilt, sie hätten bis zum 1. April 1967 Frankreich zu verlassen. Der Bundesrepublik wurde avisiert, daß die in Deutschland stationierten französischen Truppen in Höhe von etwa 70 000 Mann ab 1. Juli 1966 dem integrierten NATO-Kommando entzogen und dem nationalen französischen Befehl unterstellt würden. Paris sei bereit, über ihren künftigen Einsatz und ihren Rechtsstatus auf der Basis des Truppenvertrages von 1954 mit Bonn direkte Gespräche zu führen. Der Alleingang de Gaulles erhielt mit dieser knappen Terminsetzung einen ultimativen Charakter. Die Konsternation, die Entrüstung waren groß bei den vierzehn atlantischen Verbündeten der Fünften Republik.

In Paris hatte der *Canard Enchaîné* ob dieses einsamen Entschlusses nicht den Witz verloren. Das satirische Blatt brachte eine Karikatur, die de Gaulle im Kreise seiner beifallspendenden Getreuen vor einer Breit-Leinwand zeigte: »Er läßt sich den Film ›The longest day‹ im Rücklauf vorführen«, stand darunter. Auf dem Schirm sah man eine Armee von GIs, die fast alle die Züge des damaligen US-Präsidenten Johnson trugen, in wilder Auflösung und Flucht auf die Atlantikküste zustürmen, während jenseits der Dünen Charles de Gaulle mit der Geste des siegreichen Feldherrn die gebieterische Weisung erteilte: »Go home!« Der deutsche Kanzler

Erhard, mit einer Pickelhaube versehen, versuchte vergeblich, einen dieser ausrückenden »Johnsons« am Brotbeutel festzuhalten.

Würde de Gaulle nicht nur der atlantischen Organisation und Integration, würde er auch der eigentlichen Allianz den Rücken kehren, fragte man damals in Bonn. Die Beteuerung aus dem Elysée-Palast klang formell: Frankreich respektiere seine Bündnisverpflichtungen und beabsichtige, auch nach 1969 im Atlantischen Verteidigungspakt zu bleiben. Trotzdem wurde in Europa der Verdacht geäußert, de Gaulle sei drauf und dran, an die Stelle der atlantischen Partnerschaft einen französischen Neutralismus zu setzen.

In Wirklichkeit war der Wille de Gaulles, im Bündnis zu bleiben, eindeutig, nachdem er die ihm verpönten Fesseln des gemeinsamen Oberkommandos abgestreift hatte. Es würde eines regelrechten atlantischen Kesseltreibens, einer systematischen Anhäufung amerikanischer und deutscher Fehlgriffe bedürfen, um Frankreich vollends aus der Allianz hinauszukeln. Die Frage, die alle Pariser Beobachter beschäftigte, lautete anders: Warum hatte de Gaulle so überstürzt gehandelt? Warum hatte er mit der Aufkündigung der integrierten Organisationsform des Paktes nicht bis 1969 gewartet, bis die gültige Vertragsperiode ohnehin ablief?

Die Antwort hatte de Gaulle selbst gegeben. Der alte Mann spürte, daß ihn seine Kräfte schon bald verlassen könnten. Die Zeit drängte. Niemand wagte vorauszusagen, wie die kommenden Wahlen ausgehen, ob dann die Gaullisten noch das Parlament beherrschen würden. Auch wenn de Gaulle einen ihm genehmen Nachfolger fände, er würde ihm nicht zutrauen, diesen Nervenkrieg gegen den erdrückenden transatlantischen Verbündeten und dessen ergebene Partner durchzustehen. Nur er selbst fühlte sich dieser Auseinandersetzung gewachsen.

Daß die Luft dünn würde zwischen Paris und Bonn, war deutlich spürbar, als de Gaulle den 50. Jahrestag von Verdun auf dem Schlachtfeld zelebrierte. Die Deutschen waren ebensowenig eingeladen worden wie die Amerikaner. In Verdun wollte de Gaulle offenbar Frankreichs späten »jour de gloire« in patriotischer Intimität begehen, als sei er sich bewußt, daß er einen Schlußstrich unter die kriegerische Geschichte seines Landes zog. Er wollte in nationaler Einsamkeit diese letzte Seite patriotischer Größe umblättern.

»Franzosen und Deutsche«, rief de Gaulle über die Gräber, »haben hier den Gipfel ihres Ruhmes erreicht, aber sie mußten erkennen, daß die Frucht dieser gewaltigen Anstrengungen am Ende nur Leiden war.« Er forderte die Deutschen auf, jenen Vertrag des Jahres 1963 nicht verdorren zu lassen, der die Zusammenarbeit Frankreichs mit Deutschland als »unmittelbare und privilegierte« Partner postulierte. »Unmittelbar und privilegiert«, so hieß das Angebot damals, als der Weg noch in Richtung auf eine deutsch-französische Union der Zukunft offenzustehen schien. An dieser historischen Stätte von Verdun, erinnerte de Gaulle, habe sich vor tausendeinhundertdreiundzwanzig Jahren das Reich Karls des Großen gespalten, die getrennte Geschichte Deutschlands und Frankreichs ihren Ausgang genommen. Die karolingischen Erben, die das große Vermächtnis verspielten, hießen auf westlicher Seite Karl der Kahle und im östlichen Reichsteil Ludwig der Deutsche. Wie anders hätte dieser Erinnerungstag von Verdun gestaltet werden können, wenn die deutsch-französische Versöhnung in den letzten drei Jahren ausgereift wäre, wenn Charles de Gaulle und Ludwig Erhard diesem Festakt der Toten gemeinsam eine zukunftweisende Bedeutung verliehen hätten. Aber das waren wohl Träume in Douaumont.

Hatte de Gaulle einst auf eine unausweichliche nationale Rückbesinnung der Deutschen spekuliert, um die Bundesrepublik aus ihrer Unterwerfung unter die amerikanische Hegemonie zu lösen, so hatte er sich gründlich getäuscht. Der tatsächliche psychologische Umschwung jenseits des Rheins wurde durch den Vietnamkrieg ausgelöst. Die Bundesbürger hatten das militärische Engagement der USA in Südostasien anfangs fast einhellig begrüßt und keinen Zweifel am Sieg der GIs aufkommen lassen. Mit den ersten Rückschlägen der Amerikaner im Partisanenkrieg kamen Bedenken auf. Sie wurden geschürt durch die tägliche Ausstrahlung von Fernsehbildern brennender Dörfer, verstümmelter Zivilisten, sinnloser Vergeltungsschläge. Der Funke der Anti-Kriegs-Stimmung sprang von den kalifornischen Universitäten auf die deutschen Studenten über. Wenige Jahre zuvor noch unvorstellbar: Im Protest untergehakte junge Westdeutsche stürmten zum Ruf »Ho-Ho-Ho-Tschi-Minh!« durch die Straßen der Bundesrepublik und West-Berlins. Sie verbrannten die Flagge mit den »stars and stripes«.

Es war moralische Entrüstung, gewiß, die dieser deutschen Friedensbewegung der späten sechziger Jahre ihren Elan verlieh, aber es klang schäbiger Opportunismus mit. Die bedingungslose proamerikanische Gläubigkeit hatte so lange gedauert, wie der transatlantische Gigant unerschütterlich und unbesiegbar auftrat. Jetzt wirkte er wie ein Koloß auf tönernen Füßen. Bei einer Fraktion deutscher Jugendlicher stellte sich die Neigung zum Pazifismus und Neutralismus ein, zumal die neuen NATO-Thesen von der »flexible response« den beiden deutschen Staaten im europäischen Konfliktfall eine nukleare Apokalypse zu verheißen schienen. Frankreich hat von diesem Sinneswandel östlich des Rheins in keiner Weise profitiert.

*

Auf de Gaulle war Georges Pompidou im Elysée-Palast gefolgt. Dieser ehemalige Studienrat, der an Pariser Gymnasien während der deutschen Besatzung Latein und Griechisch unterrichtete, hatte das Vertrauen de Gaulles genossen, bis es während der Mai-Unruhen von 1968 zum schroffen, irreparablen Bruch kam. Yvonne de Gaulle ging so weit, den Sarg ihres Mannes schließen zu lassen, bevor der neue Präsident Pompidou in La Boisserie zum Kondolenzbesuch eintraf. Den Elysée-Vertrag hatte der Nachfolger von Anfang an skeptisch beurteilt. Der Jugend- und Sportminister de Gaulles, Maurice Herzog, hatte mich einmal darauf aufmerksam gemacht, daß die engagiertesten Befürworter einer engen deutsch-französischen Allianz sich erstaunlicherweise bei den Veteranen des französischen Widerstandes gegen die deutsche Besatzung fänden. Pompidou gehörte eben nicht zur Résistance. Im übrigen fühlte er sich in den Schatten gestellt, überflügelt von Willy Brandt, einem sozialdemokratischen Kanzler, der die Schranken des Kalten Krieges in Europa zu überwinden suchte, der mit seinem Kniefall am Ehrenmal des Warschauer Ghettos Gespür für die Macht der Symbolik bekundet hatte und verdientermaßen mit dem Friedensnobelpreis ausgezeichnet wurde. Um diese deutsche Dynamik einzuengen, griff Pompidou auf die Entente Cordiale, auf die britische »Connection« zurück und hatte das Glück, in der Person des Prime Ministers Edward Heath einen gleichgestimmten Partner anzutreffen. Mit den Deutschen wußte Pompidou ebensowenig anzufangen wie Ludwig Erhard mit den Franzosen.

Von einer präferentiellen Beziehung Deutschlands zu Frankreich konnte erst wieder die Rede sein, als Helmut Schmidt die Kanzlerschaft übernahm und in dem damaligen französischen Staatspräsidenten Giscard d'Estaing einen verständnisbereiten Partner, ja einen Freund entdeckte. Es waren durchaus unterschiedliche Naturen, die da zueinanderfanden, auf der einen Seite der Hamburger Sozialdemokrat, der seine proletarischen Ursprünge betonte, auf der anderen Seite ein elitärer Vertreter des französischen Geldadels, der ausgerechnet für den Bourbonen Ludwig XV., »le bien aimé« genannt, Bewunderung empfand. Der Motor Europas wurde von diesen beiden Männern in Gang gebracht, die sich – wie gespottet wurde – »auf Englisch duzten«. Für Deutschland war diese Orientierung des Hanseaten Schmidt, der von sich sagte, er sei von Geburt anglophil, aus dem Zeitgeist heraus pro-amerikanisch und als Kanzler aus Überzeugung frankophil, von besonderer Bedeutung. Dieses Mal entsprach nämlich der deutsch-französische Sonderbund nicht der politischen Vorstellungswelt eines Rheinländers und Katholiken, sondern eines protestantischen Norddeutschen, der sich zu den preußischen Tugenden bekannte.

Der Zufall spielt in der Geschichte gelegentlich die Rolle eines Kobolds. Wäre Bundeskanzler Schmidt in seiner Amtszeit auf François Mitterrand als Partner angewiesen gewesen, dann wäre es vermutlich – auf Grund einer tiefen gegenseitigen Abneigung – zur totalen Entfremdung gekommen, obwohl beide Politiker an den Treffen der Sozialistischen Internationale teilnahmen. Statt dessen kam es zu dem Duo Kohl-Mitterrand. Auch dieses Mal schien die Gegensätzlichkeit der Charaktere Voraussetzung für gedeihliche Kooperation und – was man dem Franzosen gar nicht zutraute – für sentimentale Gleichstimmung zu sein. Anfang September 1986 war François Mitterrand zu den endlosen Gräberfeldern von Verdun gepilgert. Er zollte dem letzten großen Abwehrsieg Frankreichs seinen Tribut. Es waren zwar keine deutschen Gäste zugegen, aber jedem französischen Teilnehmer dieser Gedenkstunde wurde eine Plakette angeheftet, auf der sich ein deutscher und ein französischer Soldat in der Uniform von 1916 umarmten.

Dieser nationalen Feier war zwei Jahre zuvor unter grauen Wolken und Regenschauern das Treffen am Fort Douaumont mit Bundeskanzler Kohl vorausgegangen: Es kam dabei zu jener unerwarteten Szene der Verbrüderung, als die beiden Staatsmänner vor der Narbenlandschaft der Stahlgewitter Hand in Hand verharrten. Die Initiative zu dieser pathetischen Geste, die an das gemeinsame Te Deum Adenauers und de Gaulles in der französischen Krönungskathedrale von Reims anknüpfte, so hat Helmut Kohl mir versichert, war von Mitterrand ausgegangen. Man wird noch lange rätseln über das seltsame Band, das den kraftvollen, allzuoft unterschätzten Kurfürsten von der Pfalz mit dem in Intrigen und Irreführungen geübten Regenten Frankreichs einte, den manche mit dem ränkesüchtigen Kapetinger Ludwig XI. verglichen.

Die späteren Begegnungen zwischen Jacques Chirac und Gerhard Schröder entbehrten jeder historischen Hintergründigkeit und Symbolik. Chirac, der sein Etikett »Neo-Gaullist« zu Unrecht trug, hatte in seiner zweiten Amtszeit sein Land in einen Zustand der Immobilität versetzt. Bundeskanzler Schröder wiederum dürfte seine Affinität zu Paris erst entdeckt haben, nachdem sein Versuch, mit »New Labour« und Tony Blair gleichzuziehen, gescheitert war. Die Gemeinsamkeit, die die Deutschen und Franzosen in ihrer dezidierten Absage an den Irak-Krieg George W. Bushs zusammenschweißte, ging – so wird behauptet – weniger auf die klare strategische und geopolitische Analyse des Bundeskanzlers zurück, der nach Nine Eleven die Vereinigten Staaten seiner »bedingungslosen Solidarität« versichert hatte, als auf sein instinktives Gespür für die Stimmung und die Neigungen der deutschen Wählerschaft, die dieses militärische Abenteuer mehrheitlich ablehnte. Von Karolingischer Schicksalsgemeinschaft war in der sich überstürzt auf 27 Mitglieder erweiternden Europäischen Union ohnehin nicht mehr die Rede. Die präferentielle Sonderbeziehung zwischen Paris und Berlin wurde zum Stein des Anstoßes.

Als dennoch im April 2003 der Versuch unternommen wurde, bei einem Brüsseler Treffen ein Minimum an strategischer Koordination zwischen Frankreich, Deutschland, Belgien und Luxemburg außerhalb der strikten Gleichschaltung durch die maßlos »out of area« operierende NATO zu realisieren, wurde die Veranstaltung als »Pralinen-Gipfel« verunglimpft. Dabei hätte diese Staaten-Assoziation über eine vergleichbare Bevölkerungsmasse verfügt wie die zwischen Ostsee und Pazifik durch ihre geographische Weite überanstrengte Russische Föderation, ganz zu schweigen von der eindeutigen Überlegenheit auf industriellem und wirtschaftlichem Gebiet. Der luxemburgische Regierungschef Jean-Claude Juncker, der anläßlich des »Pralinen-Gipfels« von Brüssel unziemlich verspottet wurde, verlor darüber nicht seine Gelassenheit. Einem baltischen Politiker, der ihn zur Solidarität der Kleinstaaten Europas aufrief, hat er angeblich erwidert: »Ich bin nicht der Repräsentant eines Kleinstaates, ich bin der Premierminister eines Großherzogtums.«

An der Irakpolitik der Bush-Administration, am NATO-Engagement in Afghanistan hat sich bei uns der alte Streit wieder entzündet zwischen eingefleischten Atlantikern einerseits und jenen Verfechtern einer gewissen Verselbständigung Europas andererseits, die man heute nicht mehr als »Gaullisten« bezeichnen möchte. In diesem Zusammenhang sei eine Anekdote erzählt, die der aktuellen Bedeutung nicht entbehrt. Ich war 1998 zum 40. Jahrestag des Saarländischen Journalisten-Verbandes nach Saarbrücken gereist, einer Veranstaltung, der auch der damalige Minister-

präsident Oskar Lafontaine beiwohnte. In meiner kurzen Festan-
sprache erwähnte ich einen Artikel Friedrich Dürrenmatts in der
Süddeut-schen Zeitung, der den Besuch Erich Honeckers in seinem
Heimatort Wiebelskirchen schilderte und Lafontaine dabei als
einen »etwas verbummelten Hamlet« beschrieb. Dem widersprach
ich. Mir erscheine Lafontaine eher als ein zeitgenössischer Jakobiner, und er hätte recht gut in die Reihen der Grande Armée Napoleons gepaßt.

Im Anschluß an die Feier waren wir gemeinsam in das damalige
Haus Oskars am Rothenbühl gefahren. Nach der dritten Flasche
eines vorzüglichen roten Bordeaux fragte ich, ob er mir den Vergleich übelgenommen habe. Er wehrte heftig ab. In dieser Grenzzone, wo einst die Freiheitsbäume der Französischen Revolution
errichtet wurden, sei es durchaus kein Makel, als Jakobiner dazu-
stehen. Im Gegenteil, man könne sich etwas darauf einbilden. Und
was die Grande Armée betrifft, so geht der Name Lafontaine auf
einen jener zahlreichen französischen Soldaten zurück, die der
Sonnenkönig in das Festungs-Glacis des Lilienreiches zwischen
Zweibrücken – Deux-Ponts – und Saarlouis abkommandiert hatte.

Bei den französischen Spitzenpolitikern stand der saarländische
Ministerpräsident nicht im Ruf der Heiligkeit. Seine Kampagne
gegen die Kernenergie, gegen die Nachrüstung, seine engagierte
Teilnahme an den Kundgebungen der Friedensbewegten, seine
allzu freundlichen Kontakte mit Ost-Berlin hatten ihn an der Seine
in Verruf gebracht. Deutschen Pazifisten traute man nicht in Paris,
auch wenn sie einen französischen Namen trugen, bei den Jesuiten
zur Schule gegangen waren und in ihrem Lebensstil eine unbe-
schwerte Frankophilie an den Tag legten. In der Umgebung Jacques
Chiracs war mein Versuch, Lafontaine in einem nuancierten Licht
darzustellen, auf Ablehnung gestoßen. Die Franzosen hegten weiterhin die Befürchtung, er sei ein Neutralist. Das teilte ich ihm mit.
Aber Lafontaine wies den Verdacht mit brüsker Handbewegung
von sich: »Ich bin doch kein Neutralist; ich bin Gaullist.«

»Die mächtigste Frau der Welt«

Berlin, im Sommer 2007

In der Uckermark hört niemand die Pferde Lotharingiens durch die gewittrige Nacht galoppieren. So hatte der saarländische Schriftsteller Johannes Kirschweng die mythische Vision seines Romanhelden beschrieben in seinem Buch »Der Neffe des Marschalls«, des napoleonischen Marschalls Ney aus Saarlouis versteht sich. Auf dem G8-Gipfel von Heiligendamm – zu Zeiten der DDR wäre einem Rheinländer diese baltische Gegend Deutschlands als »ultima Thule« erschienen – tat sich ein neues, ein zunehmend auf preußische Normen ausgerichtetes Deutschland kund. Die Europäische Union hatte ihren Ritt nach Osten bis an die Ufer des Bug und des Dnjestr vorgetrieben.

Viel erreicht wurde bei der Monsterveranstaltung in Vorpommern nicht, aber eine Umschichtung der europäischen Kräfte wurde hier spürbar. Angela Merkel fühlt sich an dieser Küste zu Hause. Sie drückte dem Treffen der wichtigsten Staatsmänner als Präsidentin eines sich mühsam zusammenstrampelnden Kontinents ihren persönlichen Stempel auf. Die Bundeskanzlerin gab sich als starke Frau Europas zu erkennen und genoß offensichtlich ihre Rolle. Das amerikanische Magazin *Forbes* verlieh ihr sogar den Titel »Mächtigste Frau der Welt«.

Die neue Konstellation von Heiligendamm ruht auf historischen Reminiszenzen. Im Anschluß an die Tagung befaßten sich die deutschen Medien intensiv mit dem 200. Jahrestag der preußischen Reformen von 1807. Bei allem Respekt vor den Verdiensten der Erneuerer Stein und Hardenberg, Humboldt und Scharnhorst kam bei diesen Rückblicken stets eine unbequeme Wahrheit zu kurz, daß es nämlich Napoleon Bonaparte war, der durch die Vernichtung der im friderizianischen Ruhm erstarrten Armee Preußens den Weg freigemacht, die unentbehrliche Voraussetzung geschaffen hatte für die längst fällige Abkehr von den morschen Feudalstrukturen der Hohenzollern-Monarchie. Viele Deutsche neigen dazu – im Gegensatz zu den Zeitgenossen Hegel, Goethe oder Heine – in Napoleon nur den machthungrigen Tyrannen zu erblicken. Doch dem Korsen kommt das Verdienst zu, Europa radikal umgekrempelt und die Errungenschaften der Französischen Revolution in imperiales Erz gegossen zu haben. Damit hat er ihnen Dauerhaftigkeit verliehen.

Wer weiß schon, welches die europäischen Ambitionen Angela Merkels sind? Im Modethema des Klimaschutzes dürften sie sich schwerlich erschöpfen. Ihr ökologischer Ausflug nach Grönland erhöhte ihre Popularität, entbehrt jedoch jeder außenpolitischen Bedeutung. Ein paar Wochen lang hat sich Deutschland tatsächlich als gewichtiger Zentralfaktor des Kontinents präsentiert. Die Kanzlerin, die bei Ausbruch von »Iraqi freedom« den USA zugestimmt und sich von Gerhard Schröder distanziert hatte, genießt weiterhin höchstes Wohlwollen bei George W. Bush. Im Gegenzug zögerte sie nicht, in Samara an der Wolga dem Zaren Wladimir Putin wegen seines autokratischen Regierungsstils die Leviten zu lesen. Sie huldigte damit einer Menschenrechts-Theologie, die bei den deutschen »Gutmenschen« vorzüglich ankommt. An der dynamischen Entwicklung Polens schien sie stärker interessiert zu sein als an der müden Selbstgefälligkeit Frankreichs unter Chirac.

Für unvoreingenommene Beobachter ist diese Frau schwer einzuschätzen. Der Verdacht kommt auf, die raffinierte Taktik des Machterhalts ersticke jeden Anflug gestalterischer Vision. Haben die trüben Erfahrungen, der intellektuelle Mief, mit denen sie im »Deutschen Arbeiter- und Bauernstaat« aufwuchs, bei ihr eine solche Allergie hinterlassen, so fragt man in Paris, daß sie allzu gutgläubig den Ritualen des parlamentarischen Demokratismus erlag, daß sie sich die wirtschaftlichen Thesen von Neo-Liberalen zu eigen machte? Bei ihren Parteifreunden heißt es, Frau Merkel habe die Modell-Unfähigkeit des amerikanischen Gesellschaftsstils für andere Kulturkreise mit dem ihr eigenen Pragmatismus erkannt. Sie habe sich auch auf ökonomischem Gebiet den Einflüsterungen Paul Kirchhofs, des »Heidelberger Professors«, oder Heinrich von

Pierers, des umstrittenen Siemens-Vorsitzenden, entzogen. Aus zweckdienlichen Erwägungen neigt sie wohl wieder dem moderaten »rheinischen Kapitalismus« zu, der sich nicht nur auf die marktwirtschaftlichen Prinzipien Ludwig Erhards, sondern auch auf die katholische Soziallehre gründet.

Schon werden die engen Grenzen deutscher Außenpolitik sichtbar. In Warschau haben die Zwillinge Kaczyński der Kanzlerin mit ihrer antideutschen Kampagne jede Einwirkungsmöglichkeit versperrt. Mit Wehmut gedenkt man heute des kurzlebigen »Weimarer Dreiecks« – Frankreich-Deutschland-Polen. Wieviel leichter gelang es Österreich, dem zweiten deutschen Staat, in seinem traditionellen Einflußbereich an der Donau und an der Save wieder Fuß zu fassen und in diskreter Anlehnung an die erloschene K.-u.-k.-Dynastie alte Bindungen neu zu beleben. Angela Merkel kann nicht verantwortlich gemacht werden für die betrübliche Mediokrität des politischen Personals in ihrer Republik. Anderenorts in Europa sieht es ja keineswegs besser aus. Aber im Rückblick gewinnt die massive Gestalt Helmut Kohls ein erdrückendes Profil. Ob er manchem allzu agilen CDU-Politiker gelegentlich als »steinerner Gast« im Traum erscheint?

An der Spitze der großen Koalition verfügt die Regierungschefin über große Popularität – angeblich achtzig Prozent Zustimmung –, die sich von der weitverbreiteten Verwerfung der politischen Parteien durch die Wählermassen wohltuend abhebt. Auf diplomatischem Feld fällt ihr die Führung zu, nachdem die Ära Chiracs glanzlos erlosch und die irrlichternde Hektik Tony Blairs durch den drögen Mißmut seines Schatzkanzlers Gordon Brown abgelöst wurde. Ist sie dieser Herausforderung gewachsen?

Man darf Angela Merkel schwerlich einen Vorwurf daraus machen, daß ihr Spielraum eingeengt bleibt. Um ihren Vorschlag, ein amerikanisch-europäisches Wirtschafts-Konglomerat zu gründen, womit sie die mißlungene Fusion Daimler-Chrysler ins Gedächtnis rief, ist es still geworden, seit die USA in der Immobilienkrise stecken. Die volle deutsche Souveränität wurde – entgegen anderslautenden Behauptungen – seit dem Fall der Mauer nicht wiederhergestellt, bleibt durch zahllose Bevormundungen der Eurokraten aus Brüssel und auch durch Auflagen der Atlantischen Allianz, die für die Bundesrepublik stringenter sind als für andere Bündnispartner, relativiert. Der Anstand und die Loyalität gegenüber den amerikanischen Verbündeten sollten verhindern, daß die Forderung nach rapider Räumung der US-Luftstützpunkte auf die Agenda des Bundestags gesetzt wird. Allzulange haben die Deutschen deren Schutz genossen und waren auf ihn angewiesen. Noch heute profitieren sie von den Warnungen des amerikanischen Nachrichtendienstes. Aus Washington – nicht aus London oder Paris – kam tatkräftige Unterstützung in der kritischen Phase der Wiedervereinigung Germaniens. Daraus sind Verpflichtungen erwachsen. Die Nutzung von US-Basen für unkontrollierte, teils anrüchige Zwischenlandungen der CIA beim Transport politischer Gefangener sollte man jedoch den Polen oder Rumänen überlassen.

Auf Dauer ist es mit dem nationalen deutschen Standpunkt auch nicht vereinbar, daß ein beachtliches Nuklear-Arsenal der USA auf dem Boden der Bundesrepublik verbleibt, über dessen Verfügung und Einsatzplanung nicht die geringste Abstimmung mit dem deutschen Verteidigungsminister vorliegt. Um es kraß auszudrücken: Eine deutsche Außenpolitik, die diesen Namen verdient, gibt es ebensowenig wie ein deutsches strategisches Konzept. Die Schuld daran ist nicht nur den in Berlin agierenden Parteien und Politikern anzulasten. Die überstürzte Ausweitung der Europäischen Union auf 27 Mitglieder mit extrem divergierenden Interessen hat den Kontinent und somit auch Deutschland jeder resoluten Handlungsfähigkeit beraubt. Im militärischen Bereich ist der Atlantischen Allianz mit dem Zusammenbruch der Sowjetunion der Gegner abhanden gekommen. Seitdem hat sich die NATO »out of area« in eine zeitlich und räumlich unbegrenzte Phantomjagd auf den internationalen Terrorismus eingelassen.

Die Chance einer »pax americana«, die nach dem Ende des Kalten Krieges durchaus bestand, ist durch den blinden Bellizismus der Bush-Administration endgültig verspielt worden. Heute gilt es für die Deutschen, endlich den Unterschied zu erkennen zwischen dem Nordatlantischen Bündnis Europas mit Amerika, das den existentiellen Bedürfnissen beider Kontinente und ihrer kulturellen Affinität entspricht, und der konkreten Struktur dieser Allianz – »North Atlantic Treaty Organisation« –, die seit Beilegung des Ost-West-Konflikts obsolet wurde und sich für die europäischen Partner zunehmend negativ auswirkt.

Als flagrantes Beispiel dieser Fehlentwicklung läßt sich die Absicht Washingtons zitieren – ohne Information und Konsultation der übrigen Verbündeten –, in Polen und Tschechien einen vorgeschobenen Raketenabwehrschirm beziehungsweise ein hochentwickeltes Radarsystem einzurichten. Die Behauptung, diese Dislozierung an Weichsel und Moldau diene ausschließlich dem Zweck, das Territorium der USA angesichts der sich steigernden ballistischen Kapazität der Islamischen Republik Iran zu schützen, ist absurd und widerspricht zudem dem Geist atlantischer Solidarität. Die Staaten der Europäischen Union dürften ja viel eher in die Reichweite nuklearer Sprengköpfe geraten, die aus dem Orient abgefeuert würden, als das durch die Weiten der Ozeane geschützte Amerika.

Da George W. Bush trotz gelegentlicher Beschwichtigung an die europäische Adresse am Unilateralismus der US-Politik festhält und die wirklich relevanten Staaten frei nach Nietzsche als »kälteste aller Ungeheuer« auftreten, wirken die Beteuerungen von Nibelungentreue, wie sie aus dem Berliner Reichstag über den Atlantik klingen, naiv und unzeitgemäß. Wer kann es Wladimir Putin verübeln, daß er den Aufbau neuer Lenkwaffenstellungen an seiner Westgrenze, der mit einem von Warschau geschürten »Drang nach Osten« der NATO und der EU gekoppelt ist, als Provokation empfindet und adäquate Gegenmaßnahmen trifft? Hat bei den patentierten Kreml-Kritikern niemand bedacht, wie wohl die amerikanische Öffentlichkeit reagieren würde, wenn russische Ingenieure ihre Raketensysteme – unter welchem Vorwand auch immer – in Venezuela, Nicaragua oder gar Kuba einbetonierten?

Hier offenbart sich ein grundlegendes Dilemma der aktuellen deutschen Außenpolitik. Wie soll eine diplomatische Leitlinie für 27 Mitgliedsstaaten der EU getroffen werden, wenn die osteuropäischen Beitrittsländer weit mehr auf Washington als auf Brüssel ausgerichtet sind? Die Konvergenz zwischen Deutschland und Rußland, die – unabhängig von Schröder und Putin – einer historischen Tradition und vor allem einer zwingenden ökonomisch-industriellen Komplementarität entspricht, stößt auf das Mißtrauen der Vereinigten Staaten, die sich jeder Verselbständigung Berlins von der exklusiven atlantischen Einbindung diskret, aber nachhaltig entgegenstemmen. Andererseits beunruhigt sie die ehemaligen Sowjet-Satelliten, denen die Annäherung zwischen Berlin und Moskau beziehungsweise Sankt Petersburg allzuoft zum Verhängnis wurde. Kein Wunder, daß das Interesse Osteuropas an der Europäischen Union sich im wesentlichen auf die Überwindung bestehender finanzieller Engpässe und die Verheißung ökonomischer Prosperität beschränkt. Machtpolitik, wie es die Stunde erheischt, gemeinsame Einflußnahme auf die globalen Entwicklungen lassen sich mit einem so bunt karierten Haufen nicht bewirken.

Die Tragödie des Abendlandes besteht darin, daß der Schwund amerikanischer Glaubwürdigkeit in Verteidigungsfragen einhergeht mit einer selbstverschuldeten militärischen Kastration der Europäer. Seit sich neben Israel und Indien auch die extrem labile Islamische Republik Pakistan in den Atom-Club drängte, wird das Fortschreiten der nuklearen Proliferation auf Dauer gar nicht zu verhindern sein. Auch dieser Realität muß man ins Auge blicken. Wie wird die deutsche Bevölkerung reagieren, wenn ihr Staat in den Sog jenes »Clash of civilizations« gerät, dem Europa – die eigene Identität verleugnend und die eigene Wehrkraft vernachlässigend – gar nicht entrinnen kann? Was geschieht, wenn in Berlin oder Hamburg die Bomben von Terroristen explodieren oder die Europäische Union aus ihrem südlichen oder östlichen Umfeld massiver Erpressung und Einschüchterung ausgesetzt wäre?

Bis dahin sollte die Bundeswehr sich von den überalterten NATO-Schablonen gelöst haben und über die Mittel verfügen, notfalls im nationalen Alleingang, am besten aber im engen Verbund mit den französischen Schicksalsgefährten, diesen Gefahren mit vernichtenden Gegenmaßnahmen, im Notfall auch mit gezielten »preemptive strikes« zu begegnen. Dabei kommt es nicht auf die Masse an, sondern auf die kriegerische Eignung einer hochtrainierten Truppe und ihrer speziellen Eingreifkommandos. Diejenigen europäischen Partner, die sich als Vasallen Amerikas behandeln lassen und die kontinentale Einigung lediglich als eine Art Freihandelszone zu akzeptieren bereit sind, würden dann ihrem eigenen Hang zum Rückfall in Zwist und Mißgunst überlassen.

Es bleibt dabei, unser Schicksal heißt Amerika. Daß die globale Mission Washingtons bis zum Wahltermin im Herbst 2008 in den Händen George W. Bushs liegt, ist für die meisten Amerikaner inzwischen ebenso beunruhigend wie für die europäischen Partner. Der Präsident ist – der dortigen Terminologie zufolge – ein »lame duck«, eine lahme Ente, aber er fühlt sich offenbar nicht als solche. Nicht die jüngsten Truppenverstärkungen der US-Army im Irak, die sogenannte »surge«, geben Anlaß zu Bedenken, sondern die vehemente Frontstellung des Commander in Chief gegen eine mutmaßliche schiitische Bedrohung.

Gewisse Insider in Washington vermuten, daß George W. Bush es darauf anlegt, seinen Nachfolger oder seine Nachfolgerin – wer immer das sei – unwiderruflich auf die von ihm vertretene Strategie in Irak und Afghanistan sowie auf eine harte Linie gegen Iran festzunageln. Der nächste US-Präsident soll gezwungen sein, dort fortzufahren, wo die jetzige Administration die Weichen stellte. Dabei schreckt er nicht davor zurück, flagrante Fehlanalysen aufzutischen. Es gehört schon einige Unverfrorenheit dazu, wenn George W., der sich vor seiner Wehrpflicht in Vietnam gedrückt hatte und dank familiärer Beziehungen Verwendung in der zu jener Zeit heimatgebundenen Nationalgarde fand, plötzlich vor einer Versammlung von Veteranen mit der Behauptung herausrückt, die USA hätten ihr kriegerisches Engagement in Indochina ad infinitum fortsetzen müssen. Durch den andauernden Verbleib der US-Streitkräfte hätte man die Völker Vietnams und Kambodschas vor der Versklavung durch den Kommunismus und vor schrecklichem Leid bewahrt.

Lassen wir einmal den Fall Südvietnam beiseite, das nach der von

Hanoi diktierten Wiedervereinigung zweifellos Schlimmes erlitten hat, ehe es zwanzig Jahre später zu beachtlichem Wohlstand und zu politischer Entspannung fand. Im Rückblick dürfte die dortige Bevölkerung ein Ende mit Schrecken bei weitem jenem Schrecken ohne Ende vorgezogen haben, für den George W. Bush jetzt plädiert. Was Kambodscha betrifft, dessen tragische Entwicklung ich an Ort und Stelle miterlebte, so wären die fürchterliche Machtergreifung der »Roten Khmer« und der Horror der »killing fields« diesem einst idyllischen Land erspart geblieben, wenn CIA und Pentagon nicht den Putsch des Generals Lon Nol gegen das paternalistische, im Volk tief verwurzelte Regime des Prinzen Sihanuk angezettelt hätten. Der Untergang Kambodschas hatte 1970 mit dem Grenzübertritt amerikanischer Einheiten begonnen, die im Dschungel vergeblich nach COSVN, dem Hauptquartier des Vietcong suchten, und mit den wahllosen Bombardements der US Air Force. Der selbstbewußte Neutralismus des Prinzen Sihanuk hatte beim damaligen Präsidenten Richard Nixon eigenartige Haßreaktionen ausgelöst. Auch Henry Kissinger trug schwere Verantwortung am Sturz Kambodschas ins Bodenlose. Vier Jahre vor dem Coup Lon Nols war Charles de Gaulle in Phnom Penh mit unvergleichlichem Pomp und höchsten Ehren empfangen worden. Der Appell, den er an die Vereinigten Staaten richtete, ihre sinnlosen Aktionen in Vietnam zu beenden, hatte die Aversion Washingtons gegen Sihanuk, den man verächtlich »Snooky« nannte, zusätzlich verstärkt.

In Heiligendamm war von diesen Gewittern der Vergangenheit nicht die Rede. Es ging ja primär um Klimaschutz, um die Nöte Afrikas und für das Berliner Kanzleramt um die Demonstration einer privilegierten Sonderstellung Deutschlands. Ob die Temperaturschwankungen und die Naturkatastrophen, denen der Erdball seit einigen Jahren ausgeliefert ist, wirklich durch CO_2-Ausstoß und Pollution verursacht werden, ob es in Menschenhand liegt, die globale Erwärmung um zwei Grad herabzuschrauben, wie die Kanzlerin das verlangt, oder ob man – angesichts außerterrestrischer Einwirkungen – nicht besser daran täte, die Gnade Gottes anzurufen, bleibt dahingestellt. Noch im März 2007 hatte ich mich an Bord eines russischen Eisbrechers in die Antarktis begeben. Dort werden – im krassen Gegensatz zur Eisschmelze, die am Nordpol und in Grönland stattfindet – ungewöhnlich starke Schneefälle und als deren Folge das Entstehen gewaltiger neuer Gletschermassen registriert.

Ein peinlicher Begleitumstand sei am Rande des Gipfels von Heiligendamm vermerkt. Hier, wie bei allen Reisen ins Ausland, beansprucht der Präsident der Vereinigten Staaten ein ungeheuerliches Sicherheitsaufgebot. In der Regel werden Tausende Mann zusätzlicher bewaffneter Verbände angefordert. Gewiß, in der Vergangenheit ist es immer wieder zu tödlichen Anschlägen auf amerikanische Staatschefs gekommen. Die Ermordung Abraham Lincolns und John F. Kennedys haben sich besonders eingeprägt. Doch diese Untaten fanden stets auf heimatlichem Boden und nicht in der Fremde statt. Der mächtigste Mann der Welt, der seine jugendlichen Mitbürger den feindlichen Kugeln und Bomben in allen Teilen der Welt aussetzt, erscheint durch die krampfhafte Sicherung des eigenen Lebens in einem wenig glorreichen Licht. Es ist gar nicht so lange her, daß die Monarchen und Staatslenker Europas sich höchstpersönlich auf die Schlachtfelder begaben. Man denke nur an den Schwedenkönig Gustav Adolf, der in Lützen den Tod fand, an Friedrich II. von Preußen, an Napoleon Bonaparte, die sich inmitten ihrer Soldaten den Kartätschen des Gegners aussetzten.

»Sarko est arrivé!«

Paris, im September 2007

Das träge Gleichgewicht, in dem die Europäische Union ihre Erfüllung sucht, ein Zustand, der von Angela Merkel meisterlich genutzt wurde, steht seit dem 6. Mai 2007 unter plötzlicher Schockeinwirkung. Die Herausforderung aus Westen trägt den Namen

Nicolas Sarkozy. Dem neuen französischen Präsidenten bin ich nicht persönlich begegnet. Deshalb fällt es mir leicht, unbefangen über ihn zu schreiben. Immerhin weiß ich von Wolfgang Clement, dem Wirtschaftsminister der Regierung Schröder, der mit Sarkozy ein paarmal joggte, welch ungeheure Bündelung an Energie von diesem kleingewachsenen Mann ausgeht. Seine Karriere ist einmalig. Der Geburt in Frankreich und dem »jus soli« verdankt Sarkozy seine französische Staatsangehörigkeit. Sein Vater ist ungarischer Adliger. Aber wer ist in Ungarn nicht adlig? Seine Mutter stammt aus Saloniki. Daß die französische Rechte, die konservative Bourgeoisie diesen Zuwanderer vom Balkan – der beginnt nämlich für die Gallier schon in der panonischen Tiefebene – voll akzeptierte und ihn auf den Schild hob, stellt für jemanden, der sich in Frankreich auskennt, eine sensationelle psychologische »Ouverture« dar. Wäre er noch wenigstens aus Rumänien gekommen, das in der Vorstellung der Pariser Salons als entfernte lateinische Schwester gilt. Die reaktionären Kräfte, die sich zur Zeit der Dritten Republik unter dem Einfluß von Charles Maurras und seiner »Action française« entfalteten, hätten einen solchen Usurpator als »métèque« geschmäht, als »Zigeunerbaron« gehänselt. In unseren Tagen jedoch empfindet sogar der nationalistische Polterer Jean-Marie Le Pen eine Spur von Sympathie für den kleinen »Sarko«.

Wer an der Seine auf sich hält, hat das Buch Yasmina Rezas gelesen. »L'aube le soir ou la nuit – Das Morgengrauen, der Abend oder die Nacht«. Auch ich habe es zur Hand genommen. Sehr viel schlauer bin ich nicht geworden. Eines ist sicher, dieser rastlose, maßlos ambitionierte Egomane wird der kränkelnden Fünften Republik seinen Stempel aufdrücken. Die Meinungsumfragen ergeben, daß er quer durch die gesellschaftlichen Schichten einen »bilan globalement positif« verbuchen kann. So fulminant ist der Aufstieg Nicolas Sarkozys und mit solcher Ausschließlichkeit übt er seine Prärogativen aus, daß manche Schwärmer in ihm einen neuen Napoleon Bonaparte erblicken. Der konnte ja nur französischer Artillerie-Offizier werden, weil kurz zuvor die Republik Genua seine korsische Heimat an das Königreich Frankreich abgetreten hatte. Doch zwischen Korsika und Ungarn liegen Welten, und Sarkozy verfügt nicht über den Ruhm der Schlachten, den Bonaparte an seine Fahne heftete. Die Omnipräsenz des neuen Präsidenten, der sich ausgerechnet im langweiligsten Feine-Leute-Viertel von Neuilly als Bürgermeister durchgesetzt hatte, die »neogaullistische« Partei Chiracs unter seine Kontrolle brachte, als Innenminister an den Schalthebeln der Macht saß und die intimsten Geheimnisse der politischen Klasse erfuhr, könnte – weit trivialer als in der Studie Yasmina Rezas – mit dem Refrain eines französischen Chansons der sechziger Jahre beschrieben werden: »Zorro est arrivé!«

Schon vergleicht man seine kapriziöse Frau Cécilia mit Napoleons Gattin Joséphine. Andere Auguren erwähnen in diesem Zusammenhang die Impératrice Eugénie, deren Launen und Vorurteile zum Niedergang Napoleons III. beitrugen. Sarkozys blitzähnliche Entscheidungsfähigkeit, seine strategische Kühnheit erinnern tatsächlich an den Regierungsstil des großen Korsen. Mit einem gravierenden Unterschied allerdings. Der Sohn eines ungarischen Landedelmanns zeigt sich fasziniert vom üppigen Leben der Milliardäre, deren wirtschaftlichen Einfluß er sich zunutze macht. Seine Vorliebe für protzige Gadgets könnte einem Parvenu imponieren. Eine stets zitierte Passage aus dem Buch Yasmina Rezas erzählt, wie sich die Aufmerksamkeit Sarkozys beim Überfliegen einer politischen Zeitschrift nicht den Leitartikeln widmete, sondern der Reklame für eine goldene Rolex-Uhr am unteren Rand der Seite. Die bewunderte er hellauf. Napoleon hingegen, wenn er nicht gerade im Krönungsornat auftrat, begab sich in schlichter Uniform unter seine Soldaten, begnügte sich mit der legendären »redingote grise«.

Ich könnte am Rande erwähnen, daß ich in meinem südfranzösischen Dorf ein paar Monate lang der unmittelbare Nachbar Cécilia Sarkozys war, als sie noch mit dem überaus populären Showmaster Jacques Martin verheiratet war. Dessen kitschiges Kinderprogramm am Sonntagnachmittag hat mich stets zum sofortigen Abschalten der Glotze veranlaßt. Die Ehe Cécilias mit diesem feisten, selbstgefälligen TV-Star war übrigens von dem damaligen Bürgermeister von Neuilly, Nicolas Sarkozy, amtlich beurkundet worden, und in dieser Stunde schon, so heißt es, hat er seine Leidenschaft für seine spätere Gattin entdeckt.

Genug des Gesellschaftstratsches! Die Kernfrage, die sich uns beim Amtsantritt Sarkozys stellt, lautet: Wie hält er es mit Deutschland? Wie zwischen beiden Ländern üblich, hat er unmittelbar nach der Vereidigung der deutschen Kanzlerin seinen ersten Besuch abgestattet. Dann räumte er gemeinsam mit Angela Merkel den lästigen Streit um EADS und Airbus beiseite, der die gegenseitigen Beziehungen zu vergiften drohte. In Sachen Europa zeigte er sich kooperativ, als er – nach dem Scheitern der europäischen »Verfassung« – das neue Konzept des Europa-Vertrages voranbrachte. Wie er über den Gipfel von Heiligendamm insgeheim urteilte, wo die Bundesrepublik Deutschland als kontinentale Vormacht auftrat, hat er niemandem verraten. Aber seine Ferienreise in die USA, sein plötzliches Auftauchen inmitten der Bush-Familie in Kennebunkport deuten darauf hin, daß er Berlin keine privilegierte Rolle im Gespräch mit Washington zugestehen will.

Wenn Deutschland auf seine zentrale Position im Herzen des Kontinents pocht, so verfügt Frankreich mit seiner langgestreckten Atlantikküste über das unentbehrliche geographische Bindeglied einer jeden Kooperation mit der Neuen Welt. Schon spottet der *Canard Enchaîné*, George W. Bush habe – nach dem Abgang Tony Blairs – einen neuen »Pudel« gefunden. Gewisse Äußerungen Sarkozys klingen verdächtig angepaßt, so seine Erklärung, die Sanktionen gegen Iran müßten – notfalls auch ohne Resolution des Weltsicherheitsrates – drastisch verschärft werden. Aber eine solche Konzession an Washington bezweckt aus Sicht des Elysée-Palastes nicht nur Zwangsmaßnahmen gegen die nukleare Aufrüstung Persiens, sondern vor allem die Verhinderung einer einseitig beschlossenen Bombardierung der iranischen Atomanlagen durch die US Air Force.

Gewiß, die Erklärung des französischen Außenministers Bernard Kouchner, der Bau einer iranischen Atombombe könne den Krieg,

»la guerre«, rechtfertigen, hat aufgeschreckt und Zweifel an der Seriosität der Pariser Diplomatie aufkommen lassen. Nun ist Kouchner ein Mann der Linken. Er hatte, wie so mancher Pariser Intellektuelle und pazifistischer Schöngeist, den amerikanischen Feldzug gegen Saddam Hussein gutgeheißen. Bei seiner Polemik gegen die Nuklearrüstung Teherans, die von Israel als Damokles-schwert empfunden wird, ist zu berücksichtigen, daß die Eltern des Außenministers in Auschwitz ermordet wurden. Inzwischen ist er von Sarkozy zurückgepfiffen worden und formuliert mit cartesia-nischer Klarheit, die sonst nicht zu seinen Eigenschaften zählt, eine für alle unerträgliche Alternative: Entweder der Bombenbesitz der Mullahs oder ein amerikanisch-israelischer Bombenkrieg gegen Iran mit unabsehbaren, katastrophalen Folgen. Vielleicht macht es sogar Sinn, diese doppelte Gefährdung hochzuspielen und somit auf die Planung eines amerikanischen »preemptive strike«, die möglicherweise weiter gediehen ist, als viele ahnen, warnend und vorbeugend einzuwirken.

In dieser Situation extremer internationaler Anspannung sollten die Politiker und Strategen Israels bedenken, daß der schiitische Machtzuwachs, der mit der Erstarkung der libanesischen Hizbul-lah die unmittelbare Nachbarschaft Galiläas erreicht hat, für das Überleben des Judenstaates auf Dauer vielleicht weniger bedroh-lich ist als das trügerische sunnitische Umfeld. Die Schiiten der »Partei Gottes« empfinden nicht die geringste Sympathie für die palästinensischen Unruhestifter, die ihnen einst im Südlibanon im Nacken saßen. Die Perser wiederum, die in der Phalanx der »Partei Alis« die führende Rolle einnehmen, betrachten sich als In-doeuropäer. Der Schah trug den Titel »Aria Mehr, Leuchte der Arier«. Im Gegensatz zu den semitischen Arabern und Nachkom-men Ismails sind die Iraner nicht in den fatalen »Erbstreit im Hause Abraham« verwickelt, der der gegenseitigen Ausschließlich-keit der Juden und ihrer semitischen Vettern im Heiligen Land, auch »Filistin« genannt, zugrunde liegt.

*

Der französische Staatschef hat einige Trümpfe im Ärmel, die der deutschen Regierungschefin versagt sind. Er besitzt das Veto-Recht im Weltsicherheitsrat. Er kommandiert eine »force de dissuasion nucléaire«, eine Atomstreitkraft, die in Zeiten der unkontrollierbaren Proliferation zur »ultima ratio« der Landesverteidigung wird. Er übt persönlich den Oberbefehl über die französischen Eingreiftruppen aus und ist in der Lage – im Gegensatz zu den endlosen, peinlichen Verteidigungsdebatten des Bundestages – von einem Tag zum anderen militärisch zu intervenieren, wann immer das im nationalen Interesse Frankreichs oder im fundierten strategischen Kalkül der Allianz liegt. Kritisch äußern sich die vergreisten Traditions-Gaullisten über die Neigung des neuen Präsidenten, die Beziehung zu den multinationalen NATO-Stäben, die schon unter Chirac aktiviert wurde, weiter zu vertiefen. Sarkozy kann darauf erwidern, daß eine gewisse Reintegration, auf Grund mangelnder Transportkapazität und Logistik der französischen Armee zur Zeit unentbehrlich ist, dem Pariser Partner gesteigerten Einfluß auf die Beschlüsse der Allianz sowie gleichberechtigte Mitsprache verschaffen müsse. Ob das gelingen kann?

Tatsächlich ist die heutige Weltlage nicht mehr mit dem Kräfteverhältnis zu vergleichen, das vor vierzig Jahren zum Zeitpunkt des von de Gaulle befohlenen NATO-Austritts vorherrschte. Blinde Prinzipientreue wäre töricht. Zwar wurde Frankreich durch den Ausbau seiner »force de dissuasion« nicht zur Rolle einer Weltmacht verholfen. Aber auf dem transatlantischen Ufer des Bündnisses, in Amerika, haben sich mittlerweile Kräfteverschleiß und Prestigeverlust eingestellt. Der territoriale Mißbrauch der NATO-Struktur »out of area« hat die Bündnisorganisation in einem Maße ausgelaugt und ausgefranst, daß das US-Oberkommando Autorität und Kompetenz eingebüßt hat. Auf die Bildung einer »rapid response force« der NATO – eine »sich selbst finanzierende Fremdenlegion der Europäer im Dienste der USA«, wie Kritiker warnten – wurde mangels Masse, mangels adäquater Finanzierung und vor allem mangels ausreichender Mannschaftsbestände verzichtet.

Der Raum wäre also frei für die Ausweitung und Aufrüstung einer rein europäischen Interventionstruppe, die sich nunmehr – allen bisherigen Behinderungen, ja Sabotageversuchen aus Washington zum Trotz – als unabhängige, effiziente »force de projection« konstituieren und bewähren müßte. Darauf scheint jedenfalls die neue französische Verteidigungsdoktrin hinzuzielen. Wie viele Staaten sich an dieser »European Deployment Force« beteiligen würden, steht noch in den Sternen. In Berlin scheinen das Überleben der Eisbären am Nordpol, die Aufstellung landschaftsverschandelnder Windspargel im Zeichen einer Pseudo-Ökologie und jener Unterwerfungsreflex, der gerade bei den domestizierten Pseudorevoluzzern der 68er Bewegung seltsame Blüten treibt, den Vorrang zu genießen vor der strategischen Selbsterhaltung der Nation und des Kontinents. Daß das europäische Verteidigungskonzept Sarkozys nur in enger Verflechtung mit der Bundeswehr reüssieren kann, müßte der deutschen Regierung bekannt sein. Aber ein solches Engagement überanstrengt wohl deren Vorstellungsvermögen, ist unvereinbar mit der vorherrschenden politischen Indolenz.

Es hat nur weniger Kontakte zwischen dem Weißen Haus und dem Elysée-Palast bedurft, um die Vergiftung der gegenseitigen Beziehungen zu entsorgen oder zu relativieren. Die Franzosen mögen vielen Amerikanern entsetzlich auf die Nerven gehen, im Gegensatz zu den Deutschen, die ihnen psychologisch viel näher stehen. Doch die Geschichte der Vereinigten Staaten ist so kurz, daß das Wissen um die kriegsentscheidende Rolle, die die französischen Regimenter des Marschalls de Rochambeau in der Schlacht von Yorktown spielten, schnell wieder auflebt.

*

Wir wollen uns nicht in den Mäandern französischer Innen- und Sozialpolitik verirren. Erwähnt sei der Husarenstreich Sarkozys, mit dem er die rivalisierende Sozialistische Partei ihrer besten Köpfe beraubte und diese in seine eigene Mannschaft eingliederte. Mit Bernard Kouchner ist ihm ein solcher Coup gelungen, wobei sich allerdings herausstellt, daß Sarkozy den Quai d'Orsay an der kurzen Leine führt und anstelle Kouchners, des Gründers von »Médecins sans frontières«, dessen hektisches Geltungsbedürfnis dem seinen kaum nachsteht, lieber Hubert Védrine, den ehemaligen Außenminister François Mitterrands, ernannt hätte.

Védrine, der den Ausdruck »Hyperpower« erfand, um den globalen Anspruch der USA zu kritisieren, wurde von Sarkozy beauftragt, ein außenpolitisches Programm zu entwerfen, das – weil es unverzüglich veröffentlicht wurde – den profunden Absichten des Präsidenten nahekommen dürfte. Aus dieser Studie geht hervor, daß Frankreich dem konfusen Konglomerat von 27 Staaten der EU keine eigene Diplomatie und schon gar keine gemeinsame Verteidigungspolitik zutraut. Entweder, so könnte man vorwegnehmen, findet der wirtschaftlich geeinte Kontinent in den existentiellen Fragen von Krieg und Frieden zu einem harten Kern Gleichgesinnter zurück, oder die stärkeren Staaten besinnen sich auf die Wahrung ihrer eigenen, nationalen Interessen. Großbritannien hat diese Position von Anfang an bezogen.

Da ist die Rede von der »tentation européiste et occidentaliste«, von der Versuchung einer gewissen Pariser Elite, sich mit der Ausschließlichkeit einer europäischen und westlichen Zuwendung zu begnügen. Statt dessen, so Védrine, müsse sich Frankreich stärker auf die arabischen und afrikanischen Länder konzentrieren, ohne sich dabei von Washington abhängig zu machen. Die Globalisierung, auf Französisch »la mondialisation«, ist ein wichtiges Thema dieser Etude. Dazu hat Sarkozy sich selbst geäußert: »Wer die Globalisierung fürchtet, dem mangelt es an Selbstvertrauen; meine Einstellung dazu ist offensiv. Meine Absicht ist es, mich solidarisch zu zeigen, um Einfluß auf die Beschlüsse zu gewinnen, die wir gemeinsam mit unseren Alliierten treffen; andererseits gilt es jedoch die eigene Unterschiedlichkeit zu betonen, um einen unabhängigen Dialog mit fremden Partnern zu führen.«

Hubert Védrine erklärt das Mißtrauen in Sachen Mondialisation mit einer weitverbreiteten moralischen Abneigung seiner Landsleute gegen hemmungslose Marktwirtschaft und gegen deren Motor, den Profit. Er verurteilt nicht nur den neo-liberalen »Katechis-

mus einer glücklichen Globalisierung«, der die öffentliche Meinung nicht überzeugt, sondern auch die Torheit der Globalisie-
rungsgegner, die zur Ohnmacht verurteilt bleiben. Die Staaten
müßten wieder mit Verantwortlichkeit ausgestattet werden, und
man solle endlich aufhören, jeden Gedanken an einen »europäischen Patriotismus« oder an ein unentbehrliches Maß an Protek-
tionismus mit Schreien der Entrüstung zu übertönen. Frankreich
selbst wiederum, so fährt der ehemalige Außenminister fort, solle
Abschied nehmen von der arroganten Vorstellung seiner universalen Berufung. Er warnt vor einer »Heiligen Allianz« des Okzidents
unter Führung der USA, die mit dem Hinweis auf den islamischen
Terrorismus gegen alle nicht westlichen Zivilisationen frontal an-
trete.

Einen Teil dieser theoretischen Betrachtungen hat Sarkozy bereits in die Tat umgesetzt. Vielleicht weiß er gar nicht, daß de
Gaulle dem deutschen Kanzler Ludwig Erhard seinerzeit vorgeschlagen hatte, gemeinsam einen weltweit konkurrenzfähigen Kon-
zern zur Förderung und Vermarktung von Erdöl und Erdgas zu
schaffen. Weil dieses Konzept sich auf staatlichen Dirigismus
stützte, vor allem aber, weil aus Washington heftig abgewinkt
wurde, blieb das Projekt schon in seinen Anfängen stecken. Vielleicht sind die Deutschen tüchtigere Organisatoren und verläßli-
chere Handelspartner als die Franzosen, aber die wesentlichen In-
novationen auf dem Sektor moderner Technologie sind von Paris
ausgegangen, ob es sich um die Trägerrakete Ariane handelt, oder
den Airbus, der dem US-Riesen Boeing Konkurrenz macht. Auch
die Hochgeschwindigkeitszüge »trains à grande vitesse« und das
Satellitenprojekt Galileo gehören dazu. In Rekordzeit hat der
Mann aus Ungarn neben »Total« für Petroleum, EDF für Elektri-
zität, AREVA für die Kerntechnik durch Verschmelzung von Gaz
de France und der Compagnie de Suez einen vierten nationalen
»Champion« für Gasversorgung auf die Beine gestellt. Diesen Unternehmen kommt weltweite Bedeutung zu.

In der Gewinnung von Atomenergie liegen die Franzosen weit
vorn und betrachten mit Verwunderung die theologischen Debat-

ten, die in Deutschland zu diesem Thema geführt werden. Sobald die Proliferation von Nuklearwaffen in unmittelbarer Nachbarschaft Europas zum Durchbruch kommt, werden die lediglich konventionell gerüsteten Staaten diesen Instrumenten der Bedrohung und der Erpressung ziemlich wehrlos ausgeliefert sein. Vielleicht wird man dann in Berlin die Existenz der französischen »force de dissuasion« anders bewerten als heute. In den Medien mag man sich über meine nüchterne Feststellung noch so sehr erheitern. In wenigen Jahren wird die deutsche Verteidigungspolitik vor folgende Alternative gestellt: Entweder beteiligt sich die Bundeswehr organisch an einem europäischen, das heißt deutsch-französischen Nuklear-Deterrent, oder sie wird im nationalen Alleingang auf diese unentbehrliche Form der Abschreckung zurückgreifen müssen, um das deutsche Volk vor unermeßlichem Schaden zu bewahren.

Unmittelbar nachdem ich diese Zeilen zu Papier gebracht habe, erfahre ich aus dem *Spiegel*, daß der Tausendsassa aus Paris Angela Merkel und ihrem Außenminister Frank-Walter Steinmeier im Gästehaus der Bundesrepublik den überraschenden Vorschlag unterbreitet hat, sich an der atomaren Abschreckungskraft Frankreichs politisch zu beteiligen, die »force de dissuasion« auch für Deutschland zu nutzen. Angeblich waren Merkel und Steinmeier »sprachlos«. Dazu bestand aber wirklich kein Anlaß. Schon in den Anfängen der Bundesrepublik hatte Verteidigungsminister Franz Josef Strauß die Franzosen bedrängt, auf nuklearem Gebiet eine strategische Gemeinsamkeit herzustellen. De Gaulle hatte das damals aus guten Gründen abgelehnt. Noch viel später – unter Kohl und Mitterrand – haben zumindest Gespräche über eine begrenzte nukleare Abstimmung zwischen dem deutschen Generalinspekteur Naumann und dem französischen Generalstabschef Lanxade stattgefunden. Sehr weit hat das nicht geführt. Einem solchen Sonderweg stand die pro-atlantische Ausrichtung Naumanns, aber auch die Sorge Helmut Kohls entgegen, er könne damit in Moskau unnötiges Mißtrauen wecken und die sich abzeichnende Lockerung der Beziehungen zwischen den beiden deutschen Staaten belasten.

Heiliger Krieg in Herrensohr

In diesem Zusammenhang denke ich an ein Gespräch zurück, das ich wenige Wochen vor der US-Offensive »Iraqi freedom« mit Tàriq Aziz, dem stellvertretenden Regierungschef und Vertrauensmann Saddam Husseins in Bagdad führte. Tariq Aziz, der heute in irgendeinem Gefängnis schmachtet, ist chaldäischer Christ, gehört also der katholischen Kirche an. Als Mitglied einer bedrängten konfessionellen Minderheit wußte er, wovon er sprach. »Ich verstehe die Europäer nicht«, hatte Tariq Aziz, der einem weißhaarigen Fuchs glich, begonnen. »Glauben Sie um Gottes Willen nicht, daß ich die Europäer bedrohen oder bevormunden möchte.« Aber ein Blick auf die Weltkarte spreche doch Bände. Die geographische und somit strategische Positionierung der Amerikaner und der Europäer sei grundverschieden. Gehe man einmal von einem militärischen Scheitern der US-Streitkräfte im Orient aus, dann könnten sie sich dank ihrer totalen See- und Luftherrschaft immer noch in wichtigen Bastionen – Kuweit, Bahrein, den Emiraten oder Jordanien – festkrallen und dank einer hemdsärmeligen Wirtschaftspolitik ihre essentiellen Petroleum-Interessen durchsetzen. Im schlimmsten Falle seien die USA vor feindlichen Übergriffen durch die Weltmeere des Atlantik und des Pazifik, durch riesige Entfernungen geschützt.

Aber wie stehe es mit Europa? Es verfüge über ein unzureichendes Verteidigungspotential. Eine supranationale Koordinierung sei nicht in Sicht. Vor allem aber befinde sich Europa in unmittelbarer Nachbarschaft zu allen nur denkbaren Krisenherden des Nahen und Mittleren Ostens sowie Nordafrikas. Wenn man schon von den globalen Gefahren des radikalen Islamismus spreche, denen das säkulare Baath-Regime Saddam Husseins ja ebenfalls ausgesetzt war, so sollte man sich bewußt sein, daß auf dem Balkan zwei muslimische Völker – Albaner und Bosniaken – beheimatet sind, vor allem aber, daß Millionen Korangläubige sich in den großen Industriestaaten des alten Kontinents niedergelassen haben, ein

Potential ethnisch-religiöser Zersetzung, ja des mörderischen Terrorismus, das über kurz oder lang aktiviert werden könne.

*

Diese Voraussage hat sich inzwischen auf kuriose, grotesk-schauerliche Weise bestätigt. Dem Zufall, den vertraulichen Warnungen der CIA, der Wachsamkeit der deutschen Sicherheitsbehörden, aber auch der mangelnden Professionalität der Attentäter war es zu verdanken, daß die Bundesrepublik Anfang September 2007 vor monströsen Sprengstoffanschlägen einer gewissen »Islamischen Jihad-Union« verschont blieb.

Mit der Illusion, Deutschland genieße eine Sonderstellung, bleibe dank tief verwurzelter Sympathien vor der Tollwut der Extremisten verschont, ist es jetzt endgültig aus. Es reicht eben nicht, daß die Dorfältesten am Hindukusch den seltenen deutschen Besuchern versichern, man stehe sich doch so nahe, man gehöre ja der edlen Völkergemeinschaft der »Arier« an. Auch die Berufung auf die deutsche Frontstellung in zwei Weltkriegen gegen die traditionellen Feinde der afghanischen Unabhängigkeit, die Briten und die Russen, verfängt nicht mehr. Im Sommer 2002 hatte ich an Gulbuddin Hekmatyar, dessen Truppe ich 1981 während der sowjetischen Besatzung »auf den Pfaden Allahs« begleitet hatte, schriftliche Interview-Fragen gerichtet. Es dauerte etwa zehn Tage bis mich die Antwort aus irgendeiner Höhle von Nuristan, wo Hekmatyar sich aufhält, in Kabul erreichte.

Der Kommandeur der Hezb-e-Islami äußerte sich wie folgt über die Anwesenheit der Bundeswehr am Hindukusch: »Während die Truppen der USA und ihrer Verbündeten gegen das afghanische Volk einen ungerechten Krieg führen und täglich Dutzende wehrloser Afghanen ihr Leben verlieren, spielt die sogenannte ›International Security Assistance Force‹ die Rolle einer schmerzlindernden Tablette. ISAF legitimiert die verbrecherischen Ziele amerikanischer Kriegführung. Die amerikanischen Einheiten bezeichnen sich ebenfalls als Friedenstruppe. Die Afghanen sind zu dem Ergebnis gekommen, daß die Präsenz ausländischer Soldaten in ihrem Land keinerlei Garantie für Frieden und Sicherheit bietet, daß sie Unfrieden und Unsicherheit stiftet. Die Funktion von ISAF, an der die Deutschen maßgeblich beteiligt sind, dient der Konsolidierung einer verräterischen Räuberbande, die ihre Willkürherrschaft über das afghanische Volk ausübt.«

Es bedurfte wohl der mörderischen Verschwörung der »Islamischen Jihad-Union«, die sich nur vage auf El Qaida beruft, um der deutschen Öffentlichkeit die grausame Wirklichkeit vor Augen zu führen. Es handelt sich bei diesen neuen »Assassinen« nämlich vorwiegend um junge Deutsche aus bürgerlichen Verhältnissen, die zum Islam konvertiert waren und nun die eigenen Landsleute sowie amerikanische Einrichtungen auf dem Boden der Bundesrepublik in die Luft sprengen wollten. Zusätzliche Besorgnis erregt die Beteiligung türkischer Gesinnungsgenossen an diesen Komplotten, über deren wirkliches Ausmaß noch wenig bekannt ist. Bislang war man davon ausgegangen, daß die Migranten aus Anatolien immun seien gegen extreme Formen religiöser Hysterie. Schließlich kam zutage, daß das Ausbildungslager dieser Fanatiker sich in der pakistanischen Randregion Waziristan befand und daß dort auch usbekische Islamisten stark vertreten sind. In Taschkent kann sich der autoritäre Staatschef Usbekistans, Islam Karimow, auf diese Kunde als Rechtfertigungsargument für seine schonungslose Repression berufen.

Der Fall dieser deutschen Jihadi hat mich stutzig gemacht, stammt einer von ihnen, Daniel S., doch aus dem braven, zutiefst banalen Ortsteil Herrensohr der Kleinstadt Dudweiler, den der saarländische Volksmund freundlich als »Kaltnackich« auf die Schippe nimmt. Da ich die rechtschaffenen Menschen von Herrensohr wirklich gut kenne und dort als Redakteur der *Saarbrücker Zeitung* vorübergehend eine kleine Wohnung gemietet hatte, gibt mir das unvorstellbare Abgleiten des jungen Daniel S. aus dieser friedlich harmlosen Umgebung in die grausame Unterwelt eines entarteten »Heiligen Krieges« schwer lösbare Rätsel auf. Der Terrorist aus Herrensohr bewegt sich nämlich an den Antipoden jenes schönen Lebensgefühls, das Ludwig Harig in seinem Buch »Die saarländische Freude« besungen hat.

Der Bombenleger aus »Kaltnackich«, so lautet eine Erklärung, habe als Kind unter der Trennung seiner Eltern gelitten. Aber wenn es danach ginge, wären die zum Islam konvertierten jungen Terroristen in Deutschland überhaupt nicht mehr zu zählen. Ein anderer Umstand erscheint schwerwiegender. Daniel S. ist als frommer Katholik aufgewachsen, aber die Kirche konnte ihm offenbar nicht jene Gewißheiten vermitteln, deren er bedurfte und die ihm der Islam erschloß.

Ich greife auf meine Erfahrung als Internatsschüler zurück. Beim Abschied von Saint Michel gab mir der Präfekt, ein strenger, väterlicher Geistlicher, den Rat auf den Weg: »Restez fidèle à vos pratiques religieuses – bleiben Sie Ihren religiösen Praktiken treu«. Zwar fühle ich mich nicht zur Heiligkeit berufen, aber ich wäre bestimmt ein frommerer Katholik geblieben, wenn der Vatikan selbst nicht dem Zeitgeist verfallen wäre und wesentliche Grundlagen des bisherigen Religionsverständnisses, vor allem auch die überlieferten Riten, in Frage gestellt hätte. Die Sakramente wurden vulgarisiert. Die Liturgie geriet oft zum Spektakel. Der Priester wendet sich beim Gebet nicht mehr dem Herrgott zu und jener Himmelsrichtung, aus der das Licht des Glaubens erstrahlte. Das Fundament der Dogmen wurde erschüttert und die schöne Sprache der Psalmen aus dem Gottesdienst verbannt. Welcher Prediger wagt heute noch auszusprechen, daß die Welt ein »Tal der Tränen« ist und daß das Böse uns auf Schritt und Tritt begleitet?

Keine Sekunde habe ich in meinem Leben jemals daran gedacht, zum Islam überzutreten. Aber das wuchtige Gebäude der koranischen Lehre hat trotz aller Anfeindungen den Kern seiner Botschaft integral gewahrt. Welcher Imam käme beim Freitagsgebet auf den Gedanken, Zustimmung heischend auf die Gesichter der Gläubigen zu blicken, statt sich auf die »Qibla«, die Kaaba von Mekka auszurichten? Die Lehre Mohammeds befiehlt strikte Disziplin, in der das Weltliche vom Göttlichen nicht zu trennen ist. Mag der fromme Muslim auch Leiden und Widrigkeiten ausgesetzt sein, auf die Frage nach seinem Zustand wird er stets antworten: »el hamdullillah – gepriesen sei Gott«. Während bei den Christen die Jungfrauengeburt Mariae zum Gegenstand von Scherzen wird, gehört diese Überlieferung, die im Koran ausdrücklich festgehalten ist, zum unveräußerlichen Glaubensgut der Umma.

Räumen wir ein, daß der Papst niemals die Abtreibung gutheißen kann. Doch der katholische Klerus wäre gut beraten, den Schwerpunkt seines Lehramtes nicht dem Verbot von Verhütungsmitteln zu widmen oder die Lebensverlängerung von Todgeweihten um jeden Preis zu gebieten, wo doch die Kirche des Mittelalters einen solchen Eingriff in den Ratschluß des Herrn als Frevel empfunden hätte. Noch immer scheint der Heilige Stuhl nicht begriffen zu haben, daß die allzu häufige Stellungnahme seiner Bischöfe zugunsten von Repressionsregimen der Botschaft Christi widerspricht und daß die kategorische Verwerfung der Befreiungstheologie, zumal in Lateinamerika, irreparablen Schaden angerichtet hat.

Wer redet noch von Fasten in der vor-österlichen Zeit, während die Muslime, selbst die moderaten unter ihnen, in der Einhaltung des Ramadan eine heilige Verpflichtung sehen? Der Islam – so habe ich es vor allem in engem Kontakt mit den Mudschahidin feststellen können – vermittelt ein Gefühl von Geborgenheit in Gott und von Brüderlichkeit unter den Gläubigen. »Derjenige, der glaubt«, so lehrt der Koran, »dessen Herz ruht in der Anrufung Gottes – tatmainnu qulubuhnm fi dhikr Illah«.

Hat diese inbrünstige Zuversicht den jungen Daniel S. dazu bewegt, im Islam eine Gewißheit, eine Kraft zu suchen, die ihm die eigene Konfession nicht mehr gewährte? Auch der Heilige Augustinus hatte lange vor Mohammed das fast identische Gebet formuliert: »inquietum cor nostrum donec requiescat in te Domine – unruhig ist unser Herz, bis es ruht in Dir, oh Herr«. Aber welcher Christ findet darin noch Trost? In Wirklichkeit wohl war es krampfhafter Vermessenheit, einem fanatischen und unentschuldbaren Geltungswahn zuzuschreiben, daß Daniel S. sich in die Rotte von Mördern einreihte, um einen Islamischen Gottesstaat herbeizubomben. Es bleibt das furchterregende Phänomen, daß die »Rache Gottes« mit ihren unerbittlichsten Exzessen ausgerechnet auf den Ortsteil Herrensohr im Saarland übergegriffen hat.

*

Haben sechzig Jahre Frieden die Deutschen kriegsuntauglich gemacht? Ich erinnere mich an die berechtigte Wut eines Bundeswehrgenerals, als man ihm den Titel eines abscheulichen Londoner Massenblattes präsentierte: »Die Deutschen müssen wieder töten lernen!« Tatsache ist, daß zumindest die öffentliche Meinung in Deutschland, die beim Ende des Ost-West-Konfliktes die Friedens-Dividende kassieren wollte, vor jeder ernsthaften Erörterung militärischer Unternehmungen zurückschreckt, den Einsatz deutscher Waffen in Eigenverantwortung ablehnt und die Entscheidung am liebsten an UNO oder NATO abschiebt. Die Bundeswehr ist weltweit präsent und verzettelt. Es hat schmerzliche Verluste gegeben. In ein wirkliches Gefecht geschweige denn in eine Schlacht ist sie bisher nie verwickelt worden.

In der Kosovo-Stadt Prizren wurden die »short comings« dieser Truppe bloßgelegt, als es darum ging, auf die Randale eines Mobs albanischer Zivilisten angemessen, das heißt mit der nötigen Härte zu reagieren. Zwangsläufig kommen im Zeichen des asymmetrischen Krieges Anforderungen auf die konventionellen Streitkräfte zu, die leider von Polizeimaßnahmen kaum zu unterscheiden sind. Dann müssen sie aber auch mit den unentbehrlichen Werkzeugen eines solchen Auftrages – Tränengas, Wasserwerfer, Plastik- oder Gummigeschosse – ausgestattet sein. Nicht nur auf dem Balkan wird vom »Bürger in Uniform« eine Form des »robusten Vorgehens« gefordert, auf die die Planer der ersten Nachkriegsphase nicht eingestellt waren.

Was soll man zudem von einem Bundestag halten, der eine Aufstockung der deutschen Afghanistan-Präsenz beschloß und die Unterstellung von ISAF unter NATO-Kommando ohne ernsthafte Debatte verabschiedete, sich jedoch in moralischen Vorwürfen gegen die eigenen Soldaten erging? Im deutschen Parlament wurde

Wie bei einer Wiedergeburt des karolingischen Reiches erklang das Te Deum in der französischen Krönungskathedrale von Reims, wo Charles de Gaulle und Konrad Adenauer die Versöhnung ihrer Länder besiegelten.

Zwei grundverschiedene Staatsmänner, Helmut Kohl und François Mitterrand, fanden auf dem Schlachtfeld von Verdun in einer fast brüderlichen Stimmung zusammen.

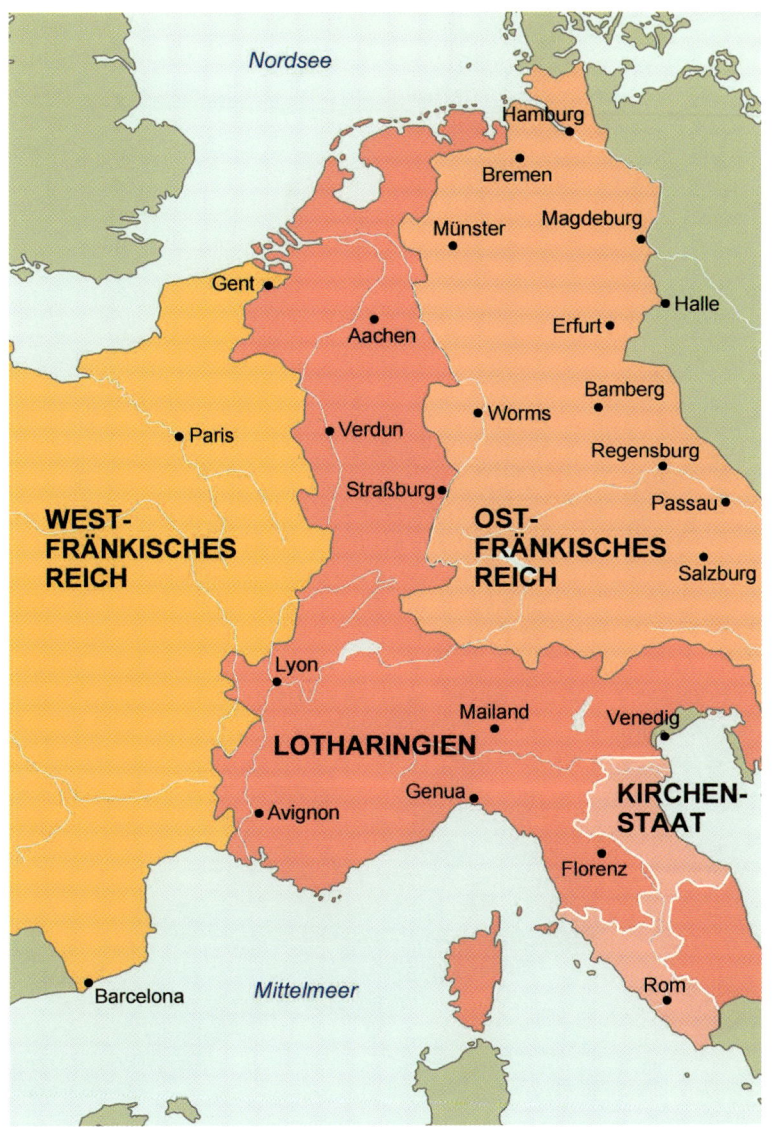

Das längst vergessene Zwischenreich Lotharingien, das kurzlebig aus der Teilung des karolingischen Erbes hervorgegangen war, beschwört bis heute den Gedanken an die Einheit des Abendlandes herauf.

Im Jahr 732 waren die Sarazenen des Emir Abdurahman bis zur Loire vorgesto-
ßen, ehe sie von dem fränkischen Feldherrn Karl Martell besiegt wurden. Heute
hat sich eine neue Form der islamischen Zuwanderung der großen Städte Europas bemächtigt.

Auf dem G8-Gipfel in Heiligendamm – umgeben von den Großen der Welt –
konnte sich Angela Merkel, wie das US-Magazin Forbes schrieb, als mächtigste
Frau der Welt feiern lassen.

Der neue, überaus dynamische Präsident Frankreichs, Nicolas Sarkozy, ergriff
zum französischen Nationalfeiertag die Initiative, Truppenkontingente aus
sämtlichen Staaten der Europäischen Union auf den Champs-Elysées defilieren
zu lassen.

Der russische Präsident Wladimir Putin im Gespräch mit dem Autor in seiner Residenz in Sotschi am Schwarzen Meer.

In Afghanistan, so heißt es, entscheidet sich das Schicksal der NATO. Wird dort die Sicherheit Deutschlands verteidigt oder das zentralasiatische Glacis der Russischen Föderation?

Als Zeichen eindringlicher Mahnung erhebt sich das Lothringer Kreuz über der
Landschaft von Colombey-les-deux-Eglises.

zum ersten Mal über das Thema Afghanistan diskutiert, als der läppische Streit über ein paar Gebirgsjäger aufkam, die in törichter Unbekümmertheit mit Totenschädeln hantierten. Heute wird noch über den Fall des recht dubiosen Deutsch-Türken Kurnaz gestritten und die Elitetruppe KSK auf die Anklagebank gezerrt. Dabei sollte man sich – statt Kurnaz aufzuwerten – dafür schämen, daß die parlamentarischen Wehrbeauftragten ihrer Fürsorgepflicht nicht nachkamen. Die Angehörigen des besagten Spezialkommandos, die harte Kampferfahrung im Massiv von Tora-Bora sammeln sollten, wurden nämlich vom US-Kommando in Kandahar als »KZ-Wächter« – der Ausdruck stammt von einem der prominentesten Minister der Kohl-Regierung – eines von CIA und US-Army eingerichteten Gefangenen-, Verhör- und Folterzentrums mißbraucht.

Häufig habe ich die Beschwerde deutscher Piloten darüber vernommen, daß die paar Hubschrauber, über die sie verfügen, für den Einsatz in der norddeutschen Tiefebene taugen, aber nicht für die Sandstürme am Hindukusch. Die Umstellung von einer schwerfälligen Verteidigungsstrategie – ausgestattet mit wuchtigen Panzern und einer technisch überlegenen Luftwaffe – auf eine lockere, geschmeidige Partisanenbekämpfung ist von den meisten Entscheidungsträgern psychologisch noch längst nicht vollzogen worden. Die Briten und die Franzosen haben sich auf Grund einer ganzen Serie von Interventionen in Übersee viel früher auf die Methoden des asymmetrischen Krieges einstellen, sich ihnen anpassen müssen.

Man erspare mir den Vorwurf, die Zustände Galliens zu verklären. Nicolas Sarkozy mag sich als begnadeter Schauspieler aufführen, die wirkliche Probe aufs Exempel steht ihm noch bevor. Was nun die »Armée française« betrifft, so habe ich dort zu viele Klagen über mangelhaftes Material und personelle Engpässe gehört, als daß ich ihr ungeteiltes Lob zollen kann. Überdies ist die Fünfte Republik vom Pfad der »vertu gaullienne« Schritt um Schritt abgewichen und hat sich dem NATO-Verbund in bedenklicher Weise angenähert.

Dennoch ist es interessant, in einer internen Heeres-Anleitung zu blättern, in der sich das Umdenken des französischen Oberkommandos ausdrückt. Da wird unter anderem dem berühmten Lawrence of Arabia das Wort erteilt und seine Schrift »Guerilla in the desert« zitiert: »Die Rebellion hat es in der Regel mit einer feindlichen Besatzungsarmee zu tun, die extrem komplex strukturiert ist, deren Mannschaftsbestände nicht ausreichen, um weitflächige Absicherung vorzunehmen, der es immer weniger gelingt, von ein paar befestigten Stützpunkten aus zur effektiven Kontrolle des Terrains auszuholen … Man kann einen Aufstand zum Erfolg führen, wenn lediglich zwei Prozent der Bevölkerung am aktiven Partisanenkrieg teilnehmen, unter der Voraussetzung, daß sie über eine breite Masse passiver Sympathisanten verfügen. Den Kämpfern wird dabei extreme Beweglichkeit, Ausdauer und Unabhängigkeit von Versorgungswegen abverlangt … Die Rebellen müssen dort aktiv werden, wo der Feind sich nicht befindet …«

Folgende Prinzipien werden aus der neuen Situation abgeleitet: Nicht mehr das offene Land, sondern die Städte bieten den Freischärlern den besten Schutz. Als Beispiele werden Sarajevo, Grosny, Beirut, Bagdad, Mitrovica, Basra, Abidjan, Kabul und Bint Jbeil erwähnt. Mehr denn je bewahrheitet sich die These von Clausewitz, wonach Zufall und Ungewißheit jede militärische Aktion stärker bestimmen als eine noch so ausgeklügelte Planung. Das Schwergewicht bei der Partisanenbekämpfung fällt wieder dem terrestrischen Einsatz, dem Bodenkrieg, dem »combat au sol« zu. In der derzeitigen Phase des asymmetrischen Krieges kommt der »sophistication«, der technischen Überlegenheit, nur noch begrenzte Bedeutung zu. Von einem erdrückenden Aufwand feindlicher Mittel bedroht, wird eine Aufstandsbewegung ihr Heil in der Zerstreuung ihrer Kampfgruppen suchen und darauf verzichten, feste Stellungen zu verteidigen. Dabei sollte auch die Fähigkeit von Partisanen nicht unterschätzt werden, mit Innovationsgabe eigene mechanische Kapazitäten des Widerstandes zu entwickeln. Schließlich wird der Nachrichtenbeschaffung, der intimen Kenntnis eines schwer faßbaren Gegners, der absolute Vorrang eingeräumt. Dabei geht es nicht so sehr darum, durch technisch perfektionierte Aufklärung eine Masse an Informationen und »Wissen« zu sammeln, sondern den Gegner zu »begreifen«, in seine Psychologie einzudringen, seine Motivation nachzuempfinden, was ohne »human intelligence«, also unmittelbaren Kontakt vor Ort nicht zu erreichen ist.

Lügen am Hindukusch

Es mag eine Folge langer Lebenserfahrung und eine »déformation professionelle« sein, daß ich immer wieder auf die strategischen Zwänge zu sprechen komme, die der Globalisierungs-Euphorie schon so manchen Dämpfer versetzten. Die irenischen Illusionen zerstoben eine nach der anderen, und schon heißt es wieder: »Mars regiert die Stunde.« Nun reichen ein paar Sprengstoffkomplotte auf deutschem Boden, drei oder vier Überfälle auf deutsche Soldaten am Hindukusch oder diverse Geiselnahmen in Irak und Afghanistan glücklicherweise nicht aus, um bei der breiten Bevölkerung Panik und Hysterie auszulösen. Dem Terrorismus, der unweigerlich und unvermeidbar auf uns zukommt, begegnet man am besten mit kalter Entschlossenheit und – soweit es geht – mit Gelassenheit. Beunruhigend ist hingegen der Mangel an Kompetenz, der medienbezogene Konformismus, die bündnisfixierte »political correctness«, die die parlamentarische Debatte in Berlin so realitätsfern erscheinen läßt.

Man könnte absurde Kombinationen anstellen und darüber diskutieren, ob es nicht vorteilhafter gewesen wäre, ein deutsches Kontingent für »Iraqi freedom« nach Mesopotamien zu schicken, statt eine Truppenpräsenz der Bundeswehr in Afghanistan zu zementieren. Aus dem Irak haben die meisten internationalen Verbände der »coalition of the willing« – Spanier, Italiener, Südkoreaner und andere – ihre Heimkehr angetreten. Dabei ist kein Eklat, keine irreparable Verstimmung mit Washington aufgekommen. Sogar die britischen Vorzugsverbündeten haben sich auf den befestigten Flugplatz von Basra zurückgezogen. Premierminister Gordon Brown läßt kaum einen Zweifel bestehen, daß auch deren Evakuierung bevorsteht. Dann geriete das Pentagon allerdings in arge Bedrängnis. Der Hafen von Basra und die dortige Ausfallstraße nach Kuwait könnten sich als unentbehrlich erweisen, falls eines Tages auch die US-Army sich anschickt, ihre 160 000 GIs aus dem Zweistromland herauszuholen.

Wer jedoch in Deutschland dafür eintritt, für den eigenen, extrem fragwürdigen Einsatz in Afghanistan einen Räumungstermin zu erwägen, setzt sich dem Vorwurf des Defätismus, ja des Verrats an der Atlantischen Allianz aus. Niemand hat bissigere Kritik am Versagen der amerikanischen Führungsmacht geübt als der britische General Sir Michael Jackson, der legendäre Chef des »Special Air Service«. Seltsamerweise hält die Londoner Regierung, die im Begriff steht, dem Irak den Rücken zu kehren, an ihrem Engagement am Hindukusch, speziell in der Provinz Helmand, fest.

Dabei müßten die Briten wissen, daß man keinen Krieg in Afghanistan gewinnt. Gewiß, das Desaster von 1842, als die aus Kabul ausbrechende Garnison Ihrer Majestät mitsamt Familien und Hilfskräften in den Schluchten des Hindukusch durch Stammeskrieger massakriert wurde, gehört einer anderen Epoche an. Das Ereignis war immerhin so sensationell, daß Theodor Fontane dem einzigen Überlebenden, einem Militärarzt, der bis Jalalabad gelangte, eine Ballade widmete: »Mit Dreizehntausend der Zug begann; einer kam heim aus Afghanistan.«

Wer nicht so weit zurückgreifen will, hätte sich zumindest zum Erfahrungsaustausch an die russischen Veteranen wenden sollen. Nach zehnjähriger Okkupation durch 130 000 Sowjetsoldaten mitsamt einem Aufgebot von Hunderten, vielleicht Tausenden von Panzern waren sie dem Zermürbungskrieg der Mudschahidin erlegen. Wer in den Felsschluchten des Panjir die Vielzahl der zerstörten sowjetischen Tanks gesehen hat, der kommt auch nicht auf die kuriose Idee, es am Hindukusch mit dem deutschen Leopard II zu versuchen, der für die norddeutsche Tiefebene, aber nicht einmal für eine Verwendung im Kosovo taugt.

Die Absicht deutscher Politiker, die Bundeswehr auf mindestens weitere zehn Jahre in Afghanistan zu belassen und deren Engagement eventuell auf den heiklen Süden auszuweiten, mutet recht merkwürdig an, während gleichzeitig im amerikanischen Präsidentschafts-Wahlkampf die Rückführung der US-Truppen aus dem Irak zum zentralen Thema der Kandidaten wurde. In Deutschland optiert die Mehrheit der Bevölkerung für eine baldige Räumung Afghanistans, aber neuerdings ist es bei Parlamentariern und Publizisten Mode geworden, die Meinung des Bürgers geringzuachten, gemäß der vulgären Redensart von einst: »vox populi, vox Rindvieh«. Dabei hatten die Wähler, die Gerhard Schröder im Amt bestätigten, als er sich weigerte, am Feldzug »Iraqi freedom« teilzunehmen, mehr gesunden Menschenverstand bewiesen als die »kriegslustigen« Intellektuellen und Politprofis.

Mit grimmiger Heiterkeit kann ich feststellen, daß ausgerechnet jene früheren Wortführer eines utopischen Ultra-Pazifismus sich heute als Bellizisten in die Brust werfen. Unter den Journalisten plädieren vor allem diejenigen für einen unbegrenzten und verstärkten Einsatz deutscher Truppen, die niemals ihren Fuß auf afghanischen Boden setzten oder sich allenfalls unter massivem Schutz zu einer Stippvisite aufrafften. Ein deutscher General erklärte vor laufender Kamera, wenn Deutschland nicht in Afghanistan verbleibe, dann komme Afghanistan zu uns. Er täte gut daran, einen Blick auf die Landkarte zu werfen. Was sich zur Stunde im Irak, im Nahen Osten, demnächst auf dem Balkan und übermorgen in Nordafrika abspielt, ist für Europa unendlich wichtiger als die Behauptung von isolierten Stützpunkten im hintersten Winkel Zentralasiens.

Die deutsche Öffentlichkeit unterliegt einer permanenten Desinformation. Wer will denn schon zur Kenntnis nehmen, daß das abscheuliche Attentat von Nine Eleven nicht das Werk afghanischer Freischärler, sondern saudi-arabischer Studenten war. Al Qaida ist keine afghanische, sondern eine saudische Organisation. Finanziert wird sie – so berichten US-Medien – zu einem wesentlichen Teil durch den Trust »Dar-el-Maal el Islami« des hoch angesehenen Prinzen Mohammed el Faisal und seinesgleichen. Vergessen wir nicht, daß Osama Bin Laden seine »grüne Fremdenlegion« in enger Zusammenarbeit mit der CIA rekrutierte, um sie gegen die sowjetische Besatzung Afghanistans einzusetzen. Sogar an der Aufstellung der Taleban-Horden des Mullah Omar waren amerikanische und pakistanische Geheimdienstler maßgeblich beteiligt. Viel zu spät entdeckten sie, daß sie sich mit unheimlichen Gesellen eingelassen hatten.

In der Bundesrepublik ist die Diskussion darüber entbrannt, ob eine säuberliche Trennung zwischen »Enduring freedom«, ISAF-Auftrag und Tornado-Einsatz der deutschen Militärpräsenz weiterhin das Wohlwollen der afghanischen Bevölkerung gewähren könnte. Aber wie soll ein einfacher Paschtune diese Differenzierungen wahrnehmen? Die am Hindukusch befindlichen Truppen sind dem Oberbefehl der NATO, das heißt de facto dem amerikanischen Kommando untergeordnet. In diesem Feldzug, der sich auf abenteuerliche Weise »out of area« abspielt, könnte die ohnehin obsolete Bündnisstruktur vollends zu Bruch gehen. Was die bevorzugte Sonderstellung der Deutschen bei den Afghanen betrifft, so muß mit Ernüchterung festgestellt werden, daß amerikanische Dienste, die sich durch Tarnung mit deutschen Fähnchen und Nummernschildern einen gewissen Schutz vor den Taleban versprachen, diese Praxis inzwischen aufgegeben haben.

Eine zusätzliche Täuschung der Öffentlichkeit findet statt, wenn der Tod von Bundeswehrsoldaten in Kundus und die Entführung von zwei deutschen Ingenieuren in der Provinz Wardak zu Schicksalsfragen hochgespielt werden. Natürlich kann die Berliner Regierung nicht ein strategisches Projekt aufgeben, weil dabei Soldaten ums Leben kommen. Das gehört leider zu jeder kriegerischen Aktion. Erst recht darf sie sich nicht durch kriminelle Banden erpressen und zu einer politischen Kursänderung drängen lassen, weil deutsche Zivilisten auf schändliche Weise als Geiseln mißbraucht werden. Diese zutiefst schmerzlichen Vorfälle berühren jedoch nicht den wesentlichen Punkt, nämlich die Frage, ob der

NATO-Einsatz am Hindukusch überhaupt Sinn macht. Die Antwort kann nur ein deutliches Nein sein.

Gewisse Propagandisten reden immer wieder von einer erfolgreichen Stabilisierung und Pazifizierung mit Hilfe gut ausgebildeter afghanischer Armee- und Polizeikräfte. Aber bleiben wir konkret. Im Umkreis von Kundus habe ich mich im Juni 2005 noch mit einem Gefühl großer Sicherheit im Privatauto fortbewegt und konnte bis zur tadschikischen Grenze am Amu Daria fahren. Heute werden die dortigen Patrouillen der Bundeswehr auf einen engen Radius begrenzt. Von ein paar Ausnahmen abgesehen, finden sie nur noch in gepanzerten Fahrzeugen statt. Das fördert nicht den Kontakt zu den Einheimischen. Die Kommandeure sollten zudem bedenken, daß auch ein »Dingo« keinen Schutz gegen Panzerfäuste vom Typ RPG-7 bietet, die bei den Aufständischen in großer Zahl vorhanden sind.

Die Straße Kabul-Kundus ist nur noch im gesicherten Konvoi zu befahren. Was nun die Verbindung Kabul-Kandahar betrifft, so befand sie sich vor vier Jahren in einem miserablen Zustand, aber sie war sicher. Heute ist sie frisch asphaltiert, aber permanenten Überfällen der Aufständischen ausgesetzt. In der Provinz Wardak habe ich vor ein paar Jahren noch in Begleitung eines afghanischen Weggefährten aus der Zeit der sowjetischen Besatzung die Gastlichkeit der Stammesältesten genossen und bei ihnen übernachtet. Heute warnt mich der gleiche Freund, dessen stattliches Schulgebäude für Jungen und Mädchen durch irreguläre Banden vernichtet wurde, dringend vor jedem Ausflug nach Wardak. Im Jahr 2006 bin ich ohne jeden Schutz mit dem Kamerateam von Kabul nach Mazar-e-Scharif gerollt. Auf der ganzen Strecke, für die wir etwa acht Stunden brauchten, die über den eminent wichtigen Salang-Paß und dessen strategischen Tunnel führte, haben wir nicht einen einzigen Soldaten der westlichen Allianz entdeckt, sondern allenfalls ein paar afghanische Polizisten, deren Bestechlichkeit und Unzuverlässigkeit notorisch sind.

Es gibt keine NATO-Kontrolle über Afghanistan, weder im umkämpften Süden und Osten noch im relativ ruhigen Norden, wo

die Bundeswehr ihre Schutzburgen ausgebaut hat. Von den Soldaten, die dort gewissenhaft ihren Dienst versehen, existiert in der
Heimat meist ein falsches Bild. Diese mit Logistik und Versor-
gungseinrichtungen überfrachtete Truppe, die sogar ihre gesamte
Verpflegung aus Deutschland einfliegen läßt, als ob es in Afghanistan kein vorzügliches Hammel- oder Rindfleisch sowie herrliche
Früchte gäbe, sind in ihren jeweiligen Basen regelrecht eingesperrt.
Geradezu privilegiert sind die mobilen Einheiten, die Patrouillen
durchführen. Für die übrigen Mannschaften gibt es keinen einzigen Ausflug. Zu Beginn ihrer Dienstzeit werden sie am Flugplatz
abgeholt und im gepanzerten Mannschaftswagen mit geschlosse-
nen Luken zum nahen Camp gefahren. Dann folgen mehrere Monate eintönige Isolierung.

»Unsere Stärke heißt Entsagung«, las ich an der Wand eines
»Erholungsraums«. Nennenswerte militärische Ertüchtigung oder
Erfahrung wird hier nicht gewonnen. Was im Ernstfall passieren
würde, falls sich auch im Norden die Stämme gegen die Präsenz
bewaffneter Ungläubiger erheben, weiß keiner der verantwortlichen Offiziere vor Ort. Es gibt weder ein »worst case scenario«
noch eine plausible »exit strategy«. Mit einer plötzlichen Verschär-
fung der Lage muß jedoch jederzeit gerechnet werden, zumal in
Faizabad in der fernen Nordostprovinz Badaghshan. Dort blühen
die Mohnfelder. Der Handel mit Opium und Heroin steigert sich
von Jahr zu Jahr fast um die Hälfte. Wehe den alliierten Garnisonen, wenn sie energisch gegen das Rauschgiftgeschäft vorgingen,
das inzwischen auf neunzig Prozent der Weltproduktion angewachsen ist. Dann könnten die Warlords und Stammesfürsten, die
sich am Drogenhandel bereichern, wirklich böse werden. Eine Basis wie Faizabad, die während des Winters in Nebel und Schnee
versinkt, bleibt auf das Wohlwollen der Regionalherrscher, in diesem Falle eines gewissen Nasir Mohammed, angewiesen. Unter
Granatbeschuß und gegen den massiven Ansturm von Insurgenten
wäre die Stellung nicht zu halten.

Die Garnison von Mazar-e-Scharif müßte im Extremfall den
Versuch unternehmen, sich bis zur Grenze Usbekistans durchzu-

schlagen oder bei den Aufständischen den freien Abzug in harter Währung zu erkaufen. Auf dem Luftwege ließe sich eine Evakuierung kaum durchführen. Kein verantwortlicher Truppenführer der NATO sollte vergessen, daß der Verbleib der Sowjetunion in Afghanistan unhaltbar wurde, als bei den Mudschahidin hocheffiziente Boden-Luft-Raketen vom Typ »Stinger« auftauchten. Sie wurden der sowjetischen Helikopter-Flotte zum Verhängnis. Wie lange wird es noch dauern, bis ähnliche Geräte auch im Kampf gegen die NATO verfügbar sind?

Die Vorstellung einer Demokratisierung Afghanistans im westlichen Sinne ist inzwischen sogar von realistischen Entscheidungsträgern in den USA aufgegeben worden. Seit den Erfahrungen, die Washington mit der freien Ausübung des Stimmrechtes »one man, one vote« im Irak, in Palästina und zu einem gewissen Grad auch in der Türkei gemacht hat, weiß man dort, daß im ganzen »Broader Middle East« die islamischen Parteien auf ganz legalem Wege an die Macht gelangen würden. Von ähnlichen Experimenten in Ägypten, Jordanien oder gar Saudi-Arabien nimmt man tunlichst Abstand, was nicht ausschließt, daß man diese tyrannischen Staatsgebilde mit modernen Waffenlieferungen aus den USA geradezu überschüttet.

Der Schwerpunkt des deutschen Einsatzes solle überwiegend auf humanitäre Aufgaben und – so es denn um militärische Betätigung geht – auf die Ausbildung von Armee und Polizei konzentriert werden, demnächst auch im umkämpften Süden, so hört man neuerdings. Die Amerikaner haben sich von Anfang an dieser Aufstellung von Hilfswilligen-Verbänden gewidmet. Ein Unterschied zwischen Infanterie- und Polizei-Ausbildung wurde dabei nicht gemacht. In beiden Fällen war die Methode rudimentär, das Ergebnis kläglich. Vereinzelte deutsche Instrukteure in Konfliktzonen zu entsenden, käme in vielen Provinzen einem Todesurteil gleich. Mag sein, daß viele Afghanen, die tadschikische Volksgruppe und die Hazara zumal, den überwiegend paschtunischen Taleban mit Widerwillen und Feindschaft gegenüberstehen. Das heißt aber nicht, daß sie die westlichen Besatzer lieben.

Man hüte sich vor Fehlinterpretationen. So stellte ein durchaus couragierter Reporter im sunnitischen Dreieck des Irak unlängst fest, daß die arabische Einwohnerschaft der Stadt Ramadi normale, fast freundliche Beziehungen zu den US-Marines aufgenommen habe und daß dortige Stammesführer sogar sunnitische Kampfgruppen aufstellen, die mit den Soldaten des US-Generals Petraeus locker kooperieren. Man kann es nicht oft genug betonen. Dieser scheinbare Sinneswandel läßt sich jedoch wie folgt erklären: Die sunnitischen Iraker betrachten bereits die Präsenz der amerikanischen Okkupanten als ein zeitlich engbegrenztes Übergangsphänomen, während sie in der sich abzeichnenden Machtübernahme der Schiiten eine dauerhaft konsolidierte Vorherrschaft dieser »Ketzer« als unerträgliche Demütigung empfänden. Längst sind die Schiiten zum Hauptobjekt der sunnitischen Anschläge geworden. Aufgewiegelt und finanziert werden die »Jihadi« des Irak durch ihre wahhabitischen Glaubensbrüder in Saudi-Arabien, und bei denen wiederum spielt im Untergrund der Geheimbund El Qaida eine gewichtige Rolle. Der Teufelskreis schließt sich. Amerika kehrt – ohne es zu ahnen – zur Komplizenschaft mit der unduldsamsten Form des sunnitischen Islam zurück. Der Januskopf der saudischen Zweideutigkeit droht sich in ein Medusenhaupt zu verwandeln.

Wir haben es in Afghanistan mit einer speziellen Facette des asymmetrischen Krieges zu tun. Die Briten, die oft die strategischen Vordenker sind, haben verzweifelt nach einem Präzedenzfall gesucht, wo ein moderner Partisanenkrieg, eine Guerilla – denn darum geht es ja – erfolgreich niedergekämpft wurde. Sie zitieren gern das Beispiel des Generals Templer in Malaya. Nun ist der Autor dieser Zeilen so alt, daß er sogar über Erinnerungen an diesen südostasiatischen Feldzug verfügt, an »the war of the running dogs«, wie es vor einem halben Jahrhundert hieß. Beim kommunistischen Aufstand auf der Halbinsel von Malakka, die von jeder auswärtigen Unterstützung abgeschnitten war, handelte es sich um die Revolte einer radikalen chinesischen Minderheit, während die Masse der malaisch-muslimischen Bevölkerung sich auf die Seite der Engländer schlug und auch die wohlhabenden, arrivierten Chinesen Kuala Lumpurs sich gegen die Einführung eines maoistischen Zwangsregimes sträubten.

Von der naiven Hoffnung, in Afghanistan »hearts and minds – Herzen und Gemüter« der drangsalierten Bevölkerung zu gewinnen, sollte Abstand genommen werden. Auf diesem Feld operierten sogar die Sowjets erfolgreicher. Bei den kommunistischen Parteien Afghanistans »Khalq« und »Parcham« konnten sie auf relativ zuverlässige einheimische Genossen und deren Kampfeinheiten zurückgreifen. Nach dem Abzug der Sowjet-Armee hat sich dort das Regime des kommunistischen Diktators Nadjibullah immerhin drei Jahre lang behauptet. Von den Amerikanern verlassen, würde der heutige Präsident Karsai nicht einmal drei Tage überleben.

Man verzichte endlich auf die übliche Schönfärberei. Der einzige Wiederaufbau in Kabul, der mir ins Auge fiel, beschränkt sich auf eine riesige Freitags-Moschee, auf eine umfangreiche islamische Hochschule, die zwangsläufig zur Brutstätte religiöser Eiferer wird, und auf die extrem luxuriösen, geschmacklosen, aufs schärfste bewachten Luxusvillen der Drogenbarone und Kriegsgewinnler. Daneben dehnen sich die erbärmlichen Elendshütten von mindestens zwei bis drei Millionen Entwurzelten. Die Kontrolle über diese »shanty-towns« ist den Behörden und den Besatzern längst entglitten.

Mehr und mehr erinnern mich die deutschen Sozialdemokraten und Grünen, die für den bewaffneten Verbleib am Hindukusch plädieren, an den französischen Regierungschef Guy Mollet, einen Sozialisten, der die Hauptverantwortung trug für das tragische, endlose Engagement der Vierten Republik in Algerien. Wer heute deutsche Verstärkungen für Kabul anfordert, sollte an Frankreich denken, das einst jede Verhandlung mit den Rebellen der »Nationalen Befreiungsfront« in Algerien kategorisch ablehnte und eine halbe Million französische Soldaten, überwiegend Wehrpflichtige, zur »Pacification« der nordafrikanischen Départements über das Mittelmeer verfrachtete. Trotz eines unbestreitbaren Befriedungserfolges und einer gelungenen Stabilisierung, von denen die Alliierten in Afghanistan nur träumen können, hat Charles de Gaulle – in klarer Erkenntnis der politischen Ausweglosigkeit – die Verhandlung mit dem Feind gesucht. Zum Wohle Frankreichs hat er die äußerst schmerzliche Preisgabe Algeriens auf sich genommen.

Am Ende werden auch die NATO-Alliierten Afghanistan sich selbst überlassen müssen. Wird es dann zu Chaos, zum Stammeskrieg, vielleicht zur Aufspaltung kommen? Was kann der Westen schon daran ändern? Die Behauptung, El Qaida würde wieder über eine ideale Plattform für seine weltweite terroristische Aktivität verfügen, ignoriert die Tatsache, daß die Arroganz der arabischen Freiwilligen, die einst auf Empfehlung der Amerikaner ins Land kamen, bei den Afghanen in schlechter Erinnerung bleibt. Wenn trotzdem die Überlebenden der »grünen Fremdenlegion« – vermutlich auch Osama Bin Laden – im afghanisch-pakistanischen Grenzgebiet Zuflucht finden, so ist das dem zwingenden Gebot der Gastlichkeit zu verdanken, das im Ehren-Kodex der Paschtunen verankert ist. Das gleiche Brauchtum, das »Paschtunwali« schreibt allerdings auch die Blutrache als unerbittliches Gesetz vor, so daß jede Hoffnung, im Umkreis der bombardierten Dörfer die »Herzen und Gemüter« zu gewinnen, eine Schimäre bleibt.

Natürlich können die rund 3000 Deutschen der ISAF-Truppe nicht überstürzt und ohne Rücksicht auf die Verbündeten aus dem gemeinsamen Einsatz ausscheren. Die Berliner Regierung hat aber lange genug »Feigheit vor dem Freund« praktiziert. Sie muß endlich von der amerikanischen Führung ernsthaft und zwingend eine Erklärung verlangen, welches ihre langfristige Planung ist und wie sie sich die Weiterführung dieser »mission impossible« am Hindukusch vorstellt. Wer möchte schon darauf warten, daß die US-Verbände plötzlich und ohne Vorwarnung den Rückzug antreten wie 1994 nach den Rückschlägen in Mogadischu während der UNO-Aktion in Somalia. Damals mußte das Bundeswehr-Kontingent, das in der Nähe der äthiopischen Grenze kampierte, sich beeilen, um rechtzeitig den Einschiffungshafen zu erreichen. Sollte das benachbarte Pakistan, das zudem über Atombomben verfügt, in revolutionäre Wirren abgleiten, wird Afghanistan vollends sekundär und allenfalls zu einem Nebenkriegsschauplatz.

Warum ich dem deutschen Einsatz am Hindukusch einen solchen Raum im Rahmen einer Betrachtung über die Fragmentierung Europas gewidmet habe? An dieser Stelle könnte die neuerdings wieder selbstgefällige Bundesrepublik, die ihre außenpolitischen Richtlinien in der Ökologie und im Humanitätsdusel zu suchen vorgibt, von der Nemesis geschichtlicher Unerbittlichkeit eingeholt werden. Für die große Koalition von Berlin droht Afghanistan eines Tages den gleichen negativen Stellenwert zu gewinnen wie der Irak-Feldzug für die Bush-Administration in Washington. Kein Geringerer als Brent Scowcroft, der frühere Sicherheitsberater des Präsidenten Bush senior, fragt sich bereits, ob die NATO an diesem Einsatz in Zentralasien zerbrechen wird.

Was ist von Hamid Karsai zu halten, den die verbündeten Amerikaner und Europäer vor sechs Jahren bei ihrer Tagung auf dem Petersberg bei Königswinter zum Präsidenten des »freien Afghanistan« proklamierten? Ohne den Schutz seiner US-Söldner der Privatfirma »Blackwater« wäre er längst ein toter Mann. Plötzlich hat sich dieser Sproß einer angesehenen Paschtunen-Sippe und erfolgreiche Businessman zu einer Geste der Versöhnung aufgerafft, die ihm niemand zugetraut hätte.

In seiner Verzweiflung hat Karsai sich an seine beiden grimmigsten Gegner gewandt, an den ominösen Mullah Omar, den »Emir« der Taleban, sowie an Gulbuddin Hekmatyar, den Kommandeur der Hezb-e-Islami. Er hat ihnen nicht nur einen Waffenstillstand angeboten, sondern sie auch eingeladen, Minister in seinem Kabinett zu werden. Die Erwiderung war schroff und negativ. Über einen Ausgleich könne erst verhandelt werden, wenn die bewaffneten Ungläubigen der US-Army und der NATO-Kontingente Afghanistan verlassen hätten. – Wie heißt es beim Ecclesiasten: »Ich sehe alles Tun, das unter der Sonne geschieht, und siehe, es war alles eitel und Haschen nach Wind.«

Fata Morgana an der Wolga

Kazan, im September 2007

Der Tagungsort ist gut gewählt, voll symbolischer Bedeutung. Unsere internationale Politologengruppe des »Club Valdai« ist mit dem Nachtzug von Moskau nach Kazan an die Mittlere Wolga gerollt. An dieser Stelle hat Iwan der Schreckliche im Jahr 1552 nach seinem Sieg über die Tataren der fast dreihundertjährigen asiatischen Fremdherrschaft über Rußland ein Ende gesetzt. Mit dem Kreuz der heiligen Orthodoxie durchbohrte er den Halbmond des Islam; für die maßlose Expansion des Moskowiter Zarentums sprengte er die Pforten nach Sibirien.

Heute ist Kazan Hauptstadt der Autonomen Republik Tatarstan innerhalb der Russischen Föderation. Rund um den Kreml, den die Zaren mit goldenen Kuppeln ihres christlichen Glaubens schmückten, teilt sich die Bevölkerung etwa zu gleichen Teilen in Tataren und Russen. Die gesamte Autonome Republik, die 1992 die Auflösung der Sowjetunion nutzen wollte, um voreilig ihre Unabhängigkeit zu proklamieren, zählt 3,8 Millionen Einwohner, und auf deren Gebiet verfügen die turk-stämmigen Asiaten über ein deutliches Übergewicht. Das traurige Schicksal des verwüsteten Tschetscheniens ist Tatarstan erspart geblieben. Nach einem Rausch der Freiheit, dem sich vor allem die tatarische Jugend mit der Entfaltung der grünen Fahne des Islam und des blauen Banners Dschingis Khans in dröhnenden Veranstaltungen hingab, haben sich jene Verantwortlichen der Republik, die bereits in der Kommunistischen Partei der Sowjetunion wichtige Funktionen ausübten, mit ihrem Kurs der Mäßigung durchgesetzt. Weitgehende Autonomie wurde Tatarstan zugestanden und eine immer noch unzureichende Beteiligung an seinen Mineralreichtümern.

Vor allem fand sich Moskau auf religiösem Gebiet zu beachtlichen Konzessionen bereit. Der Islam behauptet sich heute gleichberechtigt neben der orthodoxen Kirche Rußlands. Dieser Wiedergeburt des koranischen Glaubens wurde ein eindrucksvolles Denkmal gesetzt. Hoch über den Sakralbauten der Christenheit bohren sich weiße Minaretts in den regenschweren Himmel. Die blaue Kuppel der Kul-Scharif-Moschee beherrscht nunmehr die Kreml-Silhouette von Kazan. Überall werden neue muslimische Gebetsstätten gebaut, die alten renoviert.

Vom Zusammenprall der Kulturen soll an der Mittleren Wolga nicht die Rede sein. Beharrlich predigt der tatarische Präsident Mintimer Shaimijew Harmonie und Brüderlichkeit der Rassen und Konfessionen. Er selbst ist dem Aussehen nach von einem Russen kaum zu unterscheiden, aber damit gleicht er einer Vielzahl seiner Landsleute, die durch Jahrhunderte ethnischer Vermischung – beginnend mit den Harems der muslimischen Eroberer – ihre asiatische Typologie eingebüßt haben. Andererseits fließt ja auch in den Adern zahlreicher Russen mongolisches oder türkisches Blut gemäß der Feststellung des Marquis de Custine im 19. Jahrhundert: »Grattez le Russe et vous trouvez le Tartare – Kratzt den Russen an, und ihr findet den Tataren«.

Das Wappen Tatarstans, ein geflügelter Schnee-Leopard, ist überall neben dem russischen Doppeladler vertreten. Die grünrote Fahne der Autonomen Republik weht neben der weiß-blau-roten Unionsflagge. Gemessen an den kühnen Sezessionsvorstellungen von 1991, deren fröhlicher Tumult mich seinerzeit beeindruckte, scheint es keine nennenswerte nationalistische Agitation in Tatarstan zu geben. Von der Besinnung auf die ethnische Eigenart – symbolisiert durch Berufung auf das Erbe des mongolischen Welteroberers Dschingis Khan – hat sich die tatarische Identitätssuche offenbar auf die Betonung des religiösen Bekenntnisses verlagert. Dabei kommt den lokalen Kompromiß-Politikern zugute, daß die islamische Erneuerung von Kazan schon im 19. Jahrhundert aus der gemäßigten Reform-Bewegung des »Djadidismus« hervorgegangen war, die den Koran recht liberal interpretierte.

Dennoch werden die ausländischen Politologen gezielt desinformiert, wenn bei einem Treffen im Kreml der offizielle Vorsitzende der islamischen Gemeinde, mit anderen Worten der Mufti, Gusman Khazrat, im Einklang mit dem orthodoxen Erzbischof Anastassi eine Idylle perfekter Zweisamkeit präsentiert und jeden Gedanken eines eventuellen Übergreifens des militanten Islamismus auf die kleine autonome Wolgarepublik weit von sich weist. Das luxuriöse Hotel, in dem wir in Blickweite der Kul-Scharif-Moschee untergebracht sind, trägt den Namen »Mirage«, was aus dem Französischen mit »Bespiegelung« übersetzt werden kann, im übertragenen Sinne jedoch auch eine »Fata Morgana« in der Wüste beschreibt.

Beim flüchtigen Besuch der Freitags-Moschee komme ich mit dem dort amtierenden Imam, einem noch jungen Mann, kurz ins Gespräch. Ich frage nach der in Tatarstan vorherrschenden koranischen Rechtsschule, und er bestätigt, daß die moderate »madhhab« der Hanefiten tonangebend ist. Er selbst jedoch, so betont er, hat sein religiöses Studium an der Grabstätte des Propheten in Medina, also im Königreich Saudi-Arabien absolviert. Die dortigen Rigoristen der Wahhabiten-Bewegung erkennen lediglich die intolerante, zum Extremismus neigende Rechtsschule der Hanbaliten an.

Am Rande unserer Konferenz erfahre ich, daß bei den jungen Tataren, zumal in den ländlichen Bezirken, die Hinwendung zu den strengen Vorschriften der »Salafiya« an Boden gewinnt. Aus Saudi-Arabien sind nicht nur Spenden für den Bau der Kul-Scharif-Moschee geflossen. Über den Kaukasus sind Prediger der reinen, kämpferischen Lehre nach Tatarstan gelangt. Die türkischen Bauunternehmer sowie deren anatolisches Personal, die sich mit den Einheimischen in den verwandten Sprachen verständigen können, gebärden sich neuerdings als engagierte Muslime, seit in Ankara Recep Tayyip Erdogan mit seiner sunnitischen AKP-Bewegung die Regierungsgeschäfte führt.

Der Mufti hütet sich, eine eigene Meinung zum tragischen Schicksal seiner nordkaukasischen Glaubensbrüder zu äußern. Aber jedermann weiß, daß sich der Schwerpunkt des ethnisch-religiösen Aufruhrs von Tschetschenien in das benachbarte Inguschien verlagert und daß die Russen in der Autonomen Republik Dagestan mit einer Situation am Rande der Anarchie konfrontiert sind. Was Tschetschenien betrifft, so hat Wladimir Putin in der Person des jungen Präsidenten Ramsan Kadyrow einen brutalen und extrem effizienten Vasallen gefunden. Kadyrow hatte einst auf Seiten der Rebellen gekämpft, ehe er das Lager wechselte. Doch seine bullige Kriegernatur erinnert zu sehr an den von Tolstoi meisterhaft beschriebenen »Hadschi Murad«, als daß Moskau sich in dem aus Ruinen auferstandenen Grosny seiner Sache sicher sein könnte. Auf Initiative Kadyrows geht in Grosny der Bau einer gigantischen Moschee der Vollendung entgegen. Verwunderung löste der lokale Präsident durch seinen jüngsten Erlaß aus, der Miniröcke und jede Entblößung weiblicher Reize verbietet. Seinen Tschetscheninnen hat er sogar das Tragen des »Hijab«, zumindest eines Kopftuches, befohlen.

»Das XXI. Jahrhundert wird religiös sein oder es wird nicht sein – Le vingt-et-unième siècle sera religieux ou ne sera pas«, hatte der französische Schriftsteller André Malraux schon vor einem halben Jahrhundert vorausgesagt. Er war damit auf Spott und Skepsis gestoßen. Heute bewahrheitet sich seine Botschaft. Es sind ja nicht nur die 20 bis 25 Millionen Muslime, die zwischen der Moskwa und dem Baikal-See in der gesamten Russischen Föderation verstreut leben und zum Glauben der Väter zurückfinden. Die orthodoxe Kirche ist wieder zu einer Säule der weltlichen Macht geworden, verleiht dem russischen Nationalismus eine sakrale Salbung. Keine öffentliche Veranstaltung kommt mehr ohne die gewichtige Anwesenheit vollbärtiger Popen aus. Wladimir Putin bekreuzigt sich, wann immer sich ein Anlaß bietet. Der religiöse Fundamentalismus hat sich ja nicht nur der kollektiven Psychologie Rußlands bemächtigt. In anderer Form prägt er ebenso nachhaltig das Bewußtsein der nordamerikanischen Christen, bei denen sich der bigotte Bible-Belt bis nach Minnesota und Oregon ausweitet.

Im Konferenzsaal des Hotel Mirage treffen sich die Teilnehmer des Valdai-Clubs zu einem Gespräch »Rußland zwischen Ost und

West«. Der Prospekt fügt die erläuternde Angabe hinzu: »Choice and Identity – Russia at the crossroads«. Um welche Weggabelung handelt es sich? Immer noch überlebt die alte Neigung der »Zapadniki«, die sich dem Westen – heute nicht mehr Europa, sondern Amerika – angleichen wollen. Aber da kommen auch Vorschläge einer Äquidistanz zwischen dem dekadenten Okzident und der neuen Dynamik Asiens zu Wort und der Wille, einen eigenen russischen Weg einzuschlagen. Im alten Tataren-Bollwerk von Kazan, wo Leo Tolstoi, Maxim Gorki und Wladimir Iljitsch Lenin studierten, lebt – im Gefolge Dostojewskis und im Gleichklang mit Solschenizyn – der Anspruch Rußlands auf die Einzigartigkeit seiner Menschen wieder auf sowie die mythische Berufung Moskaus als »Drittes Rom«. Ganz ohne Phantasmen kommt man wohl nicht aus in der endlosen, menschenarmen Weite zwischen Smolensk und Wladiwostok.

Königsberg – ein Stück »russischer Erde«

Moskau, im September 2007

Auch in Moskau erwarten uns Regengüsse und Windstöße. Die gigantischen neuen Wohnkasernen – immerhin ansehnlicher als die Platten-Architektur der Chruschtschow-Breschnew-Ära – verwandeln sich bei solchem Wetter in Asyle menschlicher Traurigkeit. Unsere Gruppe bemerkt das kaum, denn wir werden pausenlos von einer Veranstaltung zur anderen gekarrt. Die Wahlen zur Duma stehen bevor. Der Reihe nach werden uns führende Politiker präsentiert. An erster Stelle steht Oleg Morozow, der redegewandte Chef von »Gerechtes Rußland«, der von einem erfahrenen Kollegen aus der ehemaligen DDR als vertrauter Typ einer Block-Partei erkannt wird. Morozow richtet sich eng auf die Linie der Putin-Partei »Einiges Rußland« aus. Bei einem ukrainischen Mittagessen läßt Gennadi Zyuganow, Vorsitzender der Kommunistischen Partei, seiner trockenen Apparatschik-Rhetorik freien Lauf. Den meisten von uns ist der redliche Mann mit dem mächtigen Schädel aus den Wahlschlachten der frühen neunziger Jahre bekannt. Es folgt der bunt-schillernde Außenseiter Wladimir Zhirinowski von der Liberal-Demokratischen Partei, und jeder erhofft sich von diesem ultranationalistischen Polterer ein paar fröhliche Gags. Doch Zhirinowski, der einst in der Duma den Präsidentschaftskandidaten Alexander Lebed als »Neandertaler in Generalsuniform« attackierte, ist es sichtlich leid, ständig den Provokateur und Polit-Clown zu spielen.

Enttäuschend ist auch die Darbietung Grigori Yavlinskis, der als Sprecher der liberalen Yabloko-Fraktion die Sympathie des Westens genießt und sich als unerschrockener Verfechter von Demokratie und Marktwirtschaft, wie man sie sich in Washington und Brüssel vorstellt, zu erkennen gibt. Aber Yabloko macht seine Rechnung ohne das russische Volk, dem noch das Elend und die nationale Demütigung der Gorbatschow-Jelzin-Ära in den Knochen stecken. Die Zustimmungsquote für Yavlinskis Thesen ist äußerst niedrig. 26 Prozent der Bevölkerung wünschen sich laut Umfrage hingegen einen starken und sozial orientierten Staat, 16 Prozent ein starkes und marktwirtschaftlich orientiertes Regime, zwölf Prozent möchten den Kommunismus wiederhaben. Alle anderen politischen Tendenzen erreichen nicht einmal fünf Prozent. Man hat es mit einer »Ideologie-aversiven« Gesellschaft zu tun, was das Regieren nicht unbedingt erleichtert.

*

Der große Auftritt bleibt dem späten Abend vorbehalten. Das Wetter ist freundlicher geworden, als wir das Prachtgebäude aus zaristischer Zeit betreten, in dem Sergej Iwanow, der stellvertretende Premierminister Rußlands, die Geschäfte führt. Der Rahmen ist festlich. Über dem hohen Saal und seiner schneeweißen Stuck-Dekoration schweben anmutige Landschaftsfresken. Iwanow, der unlängst noch Verteidigungsminister war, als Nummer zwei hinter Putin rangierte und sogar neben dem Ökonomen Dmitrij Medwedew etwas voreilig als potentieller Nachfolger des amtierenden Präsidenten gehandelt wurde, war in seiner früheren Funktion als Verfechter eines harten, unversöhnlichen Kurses gegenüber den »Provokationen« des Westens aufgefallen.

Seit Übernahme des relativ farblosen Amtes eines Vize-Premiers legt Sergej Iwanow Wert auf Eleganz und weltmännisches Auftreten. Er hat sich einen heiteren Umgangston zugelegt. Auf die Fragen, die an diesem Abend auf ihn einprasseln, antwortet er mit Humor und einer Unverblümtheit, die in Moskau immer noch selten ist. Der 54jährige, glatt gescheitelte Mann überrascht die Versammlung zunächst mit der Meldung, daß Wladimir Putin am gleichen Nachmittag den Rücktritt des bisherigen Premierministers Michail Fradkow entgegengenommen und bereits dessen Nachfolger, den bisherigen Ober-Finanzkontrolleur Viktor Zubkow, berufen hat.

Niemand weiß mit dem Namen Zubkow etwas anzufangen, aber auch sein Vorgänger Fradkow war ja bis zuletzt ein blasser Technokrat geblieben. Dafür brilliert jetzt Sergej Iwanow mit seinen vorzüglichen englischen Sprachkenntnissen, seiner Jovialität und teils bissigen, teils munteren Aussagen. Er nimmt kein Blatt vor den Mund. Er nutzt den Hinweis auf ein dilettantisches britisches Spionagekomplott in Moskau, um seine eigene Erfahrung als Beamter der auswärtigen Nachrichtenbeschaffung im früheren KGB zu »outen«. Um im System Putin eine bedeutende Rolle zu spielen, ist es nützlich, fast unentbehrlich, wie das auch für Iwanow der Fall ist, aus dem inneren Leningrader Kreis zu stammen. Dort hatte einst Wladimir Putin nach seinem vorübergehenden Ausscheiden aus dem Geheimdienst die Tätigkeit des stellvertretenden Bürgermeisters unter dem verstorbenen, weiterhin hochgeachteten Anatoli Sobtschak ausgeübt.

Noch wichtiger ist es für jeden Entscheidungsträger, daß er jenem Elite-Korps von rund einer halben Million Beamter und Agenten des früheren KGB angehört, das heute unter dem Namen FSB, »Föderales Sicherheitsamt« operiert. Über die dramatischen

Wechsel hinweg hat hier offenbar eine verschworene Gemeinschaft überlebt, im Volksmund die »Silowiki«, die »Kerle der Macht« genannt. Sie bilden das Rückgrat des Staates und haben ihren Einfluß längst auf einträgliche Wirtschaftszweige ausgedehnt. Böse Zungen behaupten, diese exklusive Geheimherrschaft knüpfe an die »Opritschnina«, die gefürchtete Verfügungstruppe Iwans des Schrecklichen an, die für den Zusammenhalt des unter dem »Ersten allrussischen Zaren« expandierenden Imperiums unentbehrlich war. Doch das FSB von heute, das vor der Beseitigung von Überläufern und allzu gefährlichen Feindagenten nicht zurückschreckt, erweist sich als verläßlicher Faktor der Staatssicherheit und verfügt dank seiner intensiven Auslandserfahrung über kosmopolitische Umgangsformen, die man in den übrigen Amtsstuben Moskaus vermißt.

Natürlich wird Iwanow mit der Frage bedrängt, wer wohl im Jahr 2008 auf Putin folgen werde, nachdem der Staatschef erklärt hat, er werde sich an die Verfassung halten und kein drittes Mal kandidieren. Der Vize-Premier gesteht ganz offen, daß auch er nicht die geringste Kenntnis besitzt, obwohl sein Name in diesem Zusammenhang häufig zitiert wurde. Der Präsident sei ein junger, fünfundfünfzigjähriger Mann mit hervorragender physischer Kondition. Putin werde auch nach 2008 bestimmt nicht in Untätigkeit verfallen und angeln gehen. Er sei sich ja bewußt, daß er – auch wenn ihm charismatische Ausstrahlung abgeht – laut Meinungsumfrage mindestens 65 Prozent der Wählerstimmen auf sich vereinigen würde. »Sie treffen doch übermorgen mit Putin zusammen«, schließt Iwanow die Spekulationen über die Machtvakanz ab. »Dann fragen Sie ihn doch eindringlich, pressen Sie ihn aus – squeeze him!« ermuntert er seine Zuhörer.

Schonungslos hat der zweite Mann Rußlands die Mängel aufgezählt, unter denen sein Land leidet: Die katastrophal unterentwickelte Infrastruktur, fehlende Verbindungswege, die allgegenwärtige Korruption, die Behördenträgheit, der weitverbreitete Alkoholismus. Beängstigend sei vor allem die Demographie, der permanente Rückgang der slawisch-europäischen Bevölkerung.

Dennoch strahlt dieser im Geheimdienst geschulte, brillante Politiker Zuversicht aus. Die neue Ära der Konfrontation mit Amerika bereitet ihm offensichtlich Spaß, und von der Europäischen Union hält er nicht viel. Die kuriose Vorstellung der Gorbatschow-Ära, man könne Rußland eines Tages in die Strukturen des Atlantischen Bündnisses und der EU eingliedern, findet er grotesk. Rußland bedürfe keiner solchen Verflechtung, und man stelle sich doch einmal vor, wie die Deutschen reagieren würden, wenn sie im Bündnisfall gezwungen wären, die russische Grenze gegenüber Nordkorea zu verteidigen. Damit hat er natürlich nicht den winzigen Gebietsstreifen von zwanzig Kilometern gemeint, wo Moskau und Pjöngjang sich in Fernost berühren, sondern die endlose Grenze von 4000 Kilometer Länge, die im Falle eines Konflikts mit China zur Frontlinie Rußlands würde. Doch eine solche Eventualität wagt man gar nicht auszusprechen.

Zu den vordringlichsten Aufgaben der Stunde zähle die Gesundung der maroden russischen Streitkräfte, räumt der ehemalige Verteidigungsminister ein. Bei der Generalität hatte er sich als ehemaliger KGB-Funktionär keiner besonderen Beliebtheit erfreut. »Wir werden nicht den Fehler der Sowjetunion wiederholen«, meint Iwanow. »Wir werden nicht vierzig Prozent unseres Budgets in gigantischen Rüstungsprojekten verpulvern.« Gemessen am exorbitanten amerikanischen Verteidigungshaushalt werde Rußland mit asymmetrischer Methodik vorgehen und sich jenen Sektoren widmen, die sich dem überlegenen materiellen Aufwand der USA entziehen.

Ganz ungefragt und spontan nennt er als dringliche Erneuerungsaufgabe die Sanierung und Förderung des Bezirks Kaliningrad, mit anderen Worten, des nördlichen, von Stalin annektierten Teils Ostpreußens mit Königsberg. Dort werde Rußland dem unerträglichen Zustand der Verwahrlosung ein Ende setzen, große Bauprojekte unternehmen, Voraussetzungen für Forschung und Wissenschaft schaffen. Kaliningrad solle sich zum wirtschaftlichen Schwerpunkt an der Ostsee entwickeln. Zur Sicherung bleibe dort eine Brigade der russischen Armee stationiert. Um sich von den

Schikanen der Nachbar- und Transitländer – Litauen und Polen – unabhängig zu machen, müsse die Exklave an die geplante Pipeline durch die Ostsee angeschlossen werden, die die Region von Sankt Petersburg mit einem Hafen der ehemaligen DDR unmittelbar verbinden soll. Kaliningrad sei integraler Bestandteil Rußlands, ein »Stück russischer Erde«, das prioritäre Förderung verdiene. Was Iwanow da formuliert, klingt wie eine klare Absage an alle Projekte einer Freihandelszone oder gar eines deutsch-russischen Kondominiums über Königsberg und Umgebung. Mit der Betonung dieses exklusiven Anspruchs wird wohl den Zuhörern vermittelt, daß es mit den Beziehungen zwischen Moskau und Berlin nicht zum allerbesten bestellt ist.

Zur Situation in Afghanistan äußert sich Sergej Iwanow eindeutig. Unter keinen Umständen sei Rußland bereit, sich noch einmal am Hindukusch zu engagieren. »Wir werden doch keinen Selbstmord begehen.« Im Westen habe man offenbar vergessen, daß der Blitzkrieg der verbündeten Streitkräfte im Jahr 2001 nur gelingen konnte, weil Moskau die tadschikische Widerstandsbewegung gegen die Taleban im äußersten Nordosten von Badaghshan unterstützt hatte. Nach dem Anschlag auf das World Trade Center habe Rußland den amerikanischen Streitkräften bei ihrer Intervention auf Seiten der »Nord-Allianz« Verbindungsrouten und Luftstützpunkte in Zentralasien zur Verfügung gestellt. Dieses Entgegenkommen sei schlecht gedankt worden. Wenn es in der überwiegend tadschikischen Nordregion Afghanistans, die der deutschen ISAF-Kontrolle untersteht, bemerkenswert ruhig bleibt, so liege das an der Abneigung der dortigen Bevölkerung gegen die überwiegend paschtunische Bewegung der Taleban. Zweifellos fühle sich auch Rußland tangiert durch das sich am Hindukusch abzeichnende Chaos, weit mehr sogar als die europäischen Staaten. Die seien durch keine Verpflichtungen an die GUS-Republiken Zentralasiens gebunden und befänden sich weit vom Schuß. In Wirklichkeit sei nicht Afghanistan das brennende Problem der Region, sondern die Islamische Republik Pakistan, ein traditioneller Verbündeter der USA, der über Atomwaffen verfügt und jederzeit in islamistischen Extremismus, in Aufspaltung und Bürgerkrieg abgleiten könne. – Mit Händedruck und strahlendem Lächeln verabschiedet sich Sergej Iwanow. Er ist sich seiner Wirkung bewußt.

*

Unter Putin hat Rußland zu Selbstbewußtsein zurückgefunden. Das äußert sich neuerdings durch martialische Gebärden. Der Präsident weiß, daß er bei der robusten Abwehr westlicher Übergriffe das Volk auf seiner Seite hat. Als London in der zwielichtigen Vergiftungsaffäre des Spions Litwinenko vier russische Diplomaten auswies, tauchten strategische Bomber vom Typ Tupolew 95 vor den Küsten Schottlands auf. Die Anklage des georgischen Staatschefs Saakaschwili, in seinem Land sei eine russische Rakete niedergegangen, erwiderte Moskau mit Truppenbewegungen. In der Rekordzeit von 18 Monaten wurde bei Sankt Petersburg eine Radaranlage ausgebaut, die sich angeblich für die Überwachung des Luftraums zwischen Arktis und Südafrika eignet. Der angekündigten Einrichtung des amerikanischen Raketenschildes in Polen werde das russische Oberkommando notfalls mit der Dislozierung von Lenkwaffen in der Umgebung von Kaliningrad begegnen. In diesem Zusammenhang wird auch die Kündigung des Vertrages über konventionelle Streitkräfte in Europa erwähnt.

Vor kurzem wurde der einzige Flugzeugträger »Kusnezow« wieder in Dienst gestellt. Die russische Admiralität will Präsenz im Mittelmeer zeigen. Die Nutzung einer Flottenbasis im syrischen Hafen Lattaquié würde an eine Praxis des »Kalten Krieges« anknüpfen. Große Publizität genoß die Verankerung einer russischen Flagge auf dem Meeresboden des Nordpols, womit Moskau seinen Anspruch auf die dort vermuteten riesigen Vorkommen an Erdöl und Erdgas anmeldet. In Beantwortung der globalen amerikanischen Luftpräsenz läßt der Kommandeur der strategischen Luftwaffe, General Androssow, seine atomar bestückten Bomber wieder über den Ozeanen und der Arktis kreisen.

Im Pentagon regten sich Argwohn und Nervosität, als an den

südlichen Ausläufern des Ural unter russisch-chinesischer Regie das Manöver »Friedensmission 2007« stattfand. Die »Shanghai-Organisation für Zusammenarbeit« (SOZ) hatte unweit der Stadt Tscheliabinsk 6500 Soldaten aufgeboten, Artillerie, Luftwaffe und Hubschrauber eingesetzt, um einen gemeinsamen Einsatz gegen »terroristische Banden« zu proben. China hatte 1700 Mann für diese Übung abgeordnet. Die zentralasiatischen Mitgliedsstaaten der SOZ – Kasachstan, Kirgistan, Tadschikistan, Usbekistan – waren mit symbolischen Kontingenten vertreten. Im Verlauf der Aktion wurde das Dorf Sashino unter Beschuß genommen und die dort verschanzten »Terroristen« vernichtet. Große Zufriedenheit wurde ausgedrückt.

Wichtig war nicht so sehr der militärische Aspekt, sondern die übergreifende geostrategische Bedeutung dieser eigenartigen Waffenbrüderschaft zwischen Russen und Chinesen. Vor zwei Jahren wurden ja bereits im westpazifischen Raum zwischen der chinesischen Halbinsel Shandong und dem russischen Hafen Wladiwostok gemeinsame Flotten- und Landmanöver abgehalten.

Die Auswahl des geographischen Schauplatzes von »Friedensmission 2007« war nicht zufällig. In der Gegend von Tscheliabinsk reduziert sich das rein russische Territorium am Rande des Ural auf einen engen Korridor. Nördlich davon befindet sich die Autonome Republik Baschkortostan, die im Westen nahtlos in die Autonome Wolga-Republik Tatarstan übergeht. Beide sind mehrheitlich von islamischen Turk-Völkern besiedelt. Im Süden des Schlauchs von Tscheliabinsk erstreckt sich – zum Greifen nah – die unendliche Steppenweite der unabhängigen Republik Kasachstan, deren Urbevölkerung ebenfalls der turanischen Rasse angehört und sich, bislang noch sehr moderat, zum Islam bekennt.

In der kirgisischen Hauptstadt Bischkek kamen die sechs Staatschefs der Shanghai-Organisation zusammen. Die Russen veranstalteten eine Vorführung moderner Waffensysteme und versprachen sich davon Rüstungsaufträge. In Bischkek, wo eine von der CIA geschürte Agitation – gestützt auf die unvermeidlichen NGOs – noch vor zwei Jahren den Sturz des kirgisischen Staatschefs Akajew betrieb und das Land vorübergehend der Anarchie auslieferte, einigten sich die Präsidenten auf eine gemeinsame Erklärung, die den Ausschluß amerikanischer Militärpräsenz im zentralasiatischen Raum fordert. Die Gewährung der Sicherheit, so heißt es im Kommuniqué, sei dort ausschließliche Aufgabe der Shanghai-Gruppe.

Noch verfügt die US Air Force über den Stützpunkt Manas in Kirgistan. Im wirklich relevanten Land Zentralasiens, in Usbekistan, das 25 Millionen Einwohner zählt, wurde jedoch die strategische Kooperation mit Washington aufgekündigt. Staatschef Islam Karimow, der seine Karriere in der KPdSU begann, ließ den US-Luftstützpunkt nahe Taschkent schließen. Karimow regiert seinen Staat mit harter Hand. Nicht von ungefähr hat er den Eroberer Tamerlan oder Timur Lenk zum Nationalhelden Usbekistans proklamiert, jenen »Amir-el-kabir«, der den ganzen Orient verwüstet und mit grausigen Schädel-Pyramiden übersät hatte.

Dem sunnitischen Mufti von Taschkent und den offiziell registrierten Imamen schreibt Karimow den Text ihrer Freitagspredigten vor. Im Mittelalter glänzten die heute usbekischen Städte Buchara und Samarkand als weltweit berühmte Zentren koranischer Frömmigkeit und Gelehrsamkeit. Nach der russischen Oktoberrevolution hatten dort die muslimischen Aufständischen, »Basmatschi« genannt, der weit überlegenen Roten Armee und dem gottlosen Kommunismus bis in die frühen dreißiger Jahre bewaffneten Widerstand geleistet. Heute erschallt vor allem im fruchtbaren Fergana-Tal der Ruf nach Schaffung eines islamischen Gottesstaates, ja eines neuen Kalifats, das mit den autoritären und säkularen Vorstellungen Karimows unvereinbar ist. Als in Andijan eine lokale Revolte ausbrach und die usbekische Armee unter dem Vorwand der Terrorbekämpfung ein Blutbad anrichtete, war der amerikanische Botschafter beim usbekischen Staatschef vorstellig geworden. Der Verdacht kam in Taschkent auf, Washington wolle Karimow ein ähnliches Schicksal bereiten wie dem gestürzten Präsidenten Akajew im benachbarten Kirgistan.

Seitdem sind die Beziehungen zu den Vereinigten Staaten eingefroren. Zur Konsolidierung seiner Macht, die er durch den revolutionären Islamismus gefährdet sieht, stützt sich der Präsident Usbekistans wieder auf die Russen, die ihm aus der Sowjetzeit vertraut sind, teilweise auch auf die Chinesen, die – eingedenk früherer Aufstandsbewegungen bei den eigenen Muslimen der »Westmark« Xinjiang – jedem Aufflackern des Heiligen Krieges in ihrer Nachbarschaft resolut entgegenwirken.

Usbekistan geht auch Deutschland und die deutsche Truppenpräsenz in Afghanistan unmittelbar an. Der Bundeswehr hat Karimow immerhin konzediert, daß sie die unentbehrliche Nachschubbasis Termes am Nordufer des Amu Daria weiterhin nutzen darf. Die Pachtgebühren sind wohl drastisch erhöht worden. Die deutsche Regierung befindet sich an dieser Stelle in der Abhängigkeit eines zentralasiatischen »Emirs«, dessen Regime allen Vorstellungen von Demokratie und Menschenrechten Hohn spricht. Wie seltsam sich gewisse Kraftlinien überschneiden! Ist es nicht verblüffend, daß jene deutschen Konvertiten, Anhänger einer »Islamischen Jihad-Union«, deren Bombenanschläge knapp verhindert wurden, in ihren pakistanischen Ausbildungslagern von Waziristan gemeinsam mit usbekischen Freiwilligen und Karimow-Gegnern an der Waffe und in der Herstellung von Sprengstoff trainiert wurden? Die vier GUS-Staaten Zentralasiens bilden mit Rußland und China eine Art »Heilige Allianz«, um die Komplotte einer neuen Generation islamistischer Fanatiker rechtzeitig zu zerschlagen.

An der afghanischen Nordgrenze wird nicht nur die Macht von vier oder fünf zentralasiatischen Potentaten durch die Shanghai-Organisation konsolidiert und geschützt. Auch die Russische Föderation beugt dort in ihrem südlichen Glacis der GUS-Republiken einer radikalen religiösen Aufsässigkeit vor, die eines Tages auf die beachtliche Masse turkstämmiger Muslime in ihrem eigenen Staatsgebiet übergreifen könnte. Moskau ist sich der Gefahren am Hindukusch bewußt. Aus russischer Sicht besteht kein Grund, gegen die Operation »Enduring freedom«, gegen den NATO-Einsatz ISAF oder die deutschen Tornados zu protestieren oder deren Abzug zu verlangen. Die Verzettelung, der »overstretch« der Atlantischen Allianz kommt Russen und Chinesen gelegen.

Um es kraß auszudrücken: Durch die Präsenz der Bundeswehr in Afghanistan wird nicht Deutschland am Hindukusch verteidigt, sondern die Russische Föderation und deren Klienten. Die russische Generalität mag mit grimmiger Genugtuung beobachten, wie das westliche Bündnis sich in einer ähnlichen Situation verfängt, wie einst die sowjetischen Soldaten, die nach zehnjähriger Okkupation zum schmählichen Abzug aus Afghanistan gezwungen waren. Ein Verharren, ein Versacken der NATO in Afghanistan entspricht den objektiven Interessen Moskaus. – An die Adresse der unbelehrbaren Strategen des Westens richtete ein enger Berater Putins die grobe Aufforderung: »You'll have to eat your own shit.«

Putin und das Goldene Vlies

Sotschi, im September 2007

Zuerst erscheinen zwei Leibwächter, unauffällig, dezent gekleidet, keine Muskelprotze. Dann kommt Koni, ein schöner, schwarzer Labrador. Es folgt Präsident Wladimir Wladimirowitsch Putin, Zar aller Reußen. Die Szene spielt sich in Sotschi am Schwarzen Meer ab, in einem schmucklosen Presseraum, wo Computer aufgereiht sind und alkoholfreie Getränke serviert werden.

Die Teilnehmer der Diskussionsrunde Valdai haben sich aufgereiht. Es sind überwiegend Amerikaner und Engländer. Neben vier Deutschen und zwei bevorzugt behandelten Franzosen sind auch zwei chinesische Rußland-Experten und ein Japaner geladen. Putin reicht jedem die Hand und schaut ihm in die Augen. Der Mann ist nicht hochgewachsen, aber auch nicht klein. Sein Blick kommt irgendwie forschend von unten. Er trägt einen grauen Anzug und verzichtet auf jedes herrschaftliche Gehabe. Was mich an dem ganzen Abend beeindrucken wird – wir verbringen immerhin dreieinhalb Stunden in seiner Gesellschaft –, ist die direkte, einfache Art und sein Selbstbewußtsein, das keiner Demonstration bedarf.

Beim intensiven Studium dieses undurchdringlichen, recht banalen Gesichts, das in einer Menge von Passanten nicht auffiele, bemerke ich die Kinnpartie, die wie im Trotz nach vorne geschoben ist. Ich weiß nicht, wie George W. Bush zu dem Schluß kam, es handele sich beim russischen Staatschef – so ähnlich wurde es ausgedrückt – um eine »ehrliche Haut«. Nach den langen Ausführungen, zu denen er sich beim ausgedehnten Abendessen und anschließend in intimer Runde auf der Aussichtsterrasse am Schwarzen Meer bereit findet, kann ich in ihm auch keinen »lupenreinen Demokraten« entdecken, wie ihm Gerhard Schröder lobhudelte. In dem großen Refektorium, einem provisorisch wirkenden Neubau, beantwortet Putin jede Frage, die an ihn gerichtet wird. Teilweise werden sie provokativ formuliert, aber seine Stimme bleibt stets ruhig und spröde. Gefühlsregungen zeigt er nicht. Er befleißigt sich einer Höflichkeit, die man von einem Autokraten kaum erwartet. Seinen Gästen gegenüber verhält er sich beinahe kollegial.

Große Erleuchtungen hat uns der Präsident nicht vermittelt. Der Schwerpunkt des Interesses konzentriert sich natürlich auf die Frage seiner Nachfolge, die schon im kommenden März 2008 ansteht, falls die Verfassung respektiert wird. Putin versichert, er werde niemals zulassen, daß eine Marionette mit dem Schicksal Rußlands betraut werde, vielmehr bedürfe der Staat einer starken und qualifizierten Führungspersönlichkeit. Den Schleier über seiner wirklichen Entscheidung lüftet er an diesem Abend nicht, obwohl die Zeit allmählich drängt. Jedenfalls wird er bis zum letzten Tag die volle Kontrolle ausüben, und jedermann weiß, daß er seinen Erben – falls es denn einen solchen gibt – selbst bestimmen will.

In Moskau war ich auf einen Artikel gestoßen, den der Direktor des Instituts für nationale Strategie, Stanislaw Belkowski, am Tag vor unserer Abreise nach Sotschi veröffentlicht hatte. Der Autor versichert, daß er in vielen Fragen als Kritiker des Präsidenten aufgetreten sei. »Im August 1999, als Wladimir Putin russischer Pre-

mierminister und designierter Nachfolger von Boris Jelzin wurde«,
so schreibt Belkowski, »haben viele den ›graumäusigen Oberstleutnant‹ belächelt. Schwach und unsicher schien er im Vergleich zu
den schillernden politischen Führungsfiguren jener Jahre – Alexander Lebed, Jewgenij Primakow, Jurij Luschkow, sogar Sergej Ste-
paschin – zu sein. Würde dieser Putin etwa die Wahlen gewinnen
können, fragte sich das politische Publikum. Würde er in der Lage
sein, Rußland zu führen? Heute, acht Jahre später, ist Putin der einzig überzeugende russische Politiker. Die potentiellen ›Erben‹ aus
seinem Lager genießen nicht einmal im Kreis ihrer unmittelbaren
Untergebenen die erforderliche Wertschätzung. Der Punkt ist dabei weniger, ob unter den Bedingungen der totalen Kontrolle des
Kreml über das Fernsehen nicht auch ein Äffchen zum Präsidenten Rußlands gewählt werden kann. Kann es. Aber dieses Äffchen
wird die heikelsten Probleme der nationalen Entwicklung zu lösen
haben, die Wladimir Putin, um sein sagenhaftes Rating nicht zu
pulverisieren, großzügig ignoriert hat. Von der Modernisierung
der Infrastruktur (der Stromnetze, Rohrleitungen und so weiter),
die seit Breschnews Zeiten nicht grundlegend erneuert worden ist,
bis hin zur Konsolidierung der Armee, die das äußerste Stadium
des Zerfalls erreicht hat, was jeder unvoreingenommene Militärex-
perte bestätigen wird. Von der Abwendung eines neuen Gewaltaus-
bruchs im Nordkaukasus, wo eine Generation junger und psychologisch völlig selbständiger Rebellen herangewachsen ist, bis zur
Rettung Sibiriens und des Fernen Ostens als russische Gebiete, die
sich Millionen chinesischer Immigranten erwehren müssen. Ein
Spielzeug-Präsident wird diese Probleme noch nicht einmal ge-
danklich erfassen, geschweige denn, sich an ihre Lösung machen
können … In dieser Situation ertappe sogar ich mich gelegentlich
bei dem Gedanken: Vielleicht wirklich – eine dritte Amtszeit?«

*

Bei der Beurteilung des russischen Staatschefs erweist sich der Rückblick auf seine Vorgänger und die persönliche Begegnung mit ihnen als überaus nützlich. Das Ansehen, das Nikita Chruschtschow mit seiner Destalinisierungs-Kampagne vor einem halben Jahrhundert im Westen gewonnen hatte, wurde schnell verspielt. Auf einer Pressekonferenz am Trocadéro von Paris ließ er 1959 eine Gipfelkonferenz mit Präsident Eisenhower platzen und erging sich in Wutausbrüchen gegen die Spionagetätigkeit amerikanischer U-2-Flugzeuge, von denen seine Luftabwehr gerade eines abgeschossen hatte. Im April 1960 ließ er sich bei einer ausgedehnten Frankreich-Tournee von der überwiegend kommunistischen Arbeiterschaft des Hafens Marseille mit überschäumendem Jubel und einem roten Fahnenmeer feiern, als befände er sich in Odessa oder Rostow.

In der Umgebung der Schlachtfelder von Verdun hatte er sich als Rüpel aufgeführt. Seinem französischen Gastgeber de Gaulle gab er sehr deutlich zu verstehen, daß der ernstzunehmende Partner der Sowjetunion Amerika hieß. Er ließ durchblicken, daß Rußland vom Lebensstandard und der industriellen Produktionskapazität der Vereinigten Staaten fasziniert sei, daß Frankreich ihm hingegen reichlich verstaubt, altmodisch, verspielt und kleinbürgerlich vorkomme.

Über die französische Fähigkeit, eine eigene Atomstreitmacht aufzustellen, äußerte sich Chruschtschow noch abfälliger als die Amerikaner. Laut Überzeugung des sowjetischen Ministerpräsidenten und Ersten Sekretärs des ZK der KPdSU würden die Deutschen die Führung in Europa über kurz oder lang an sich reißen, es sei denn, die amerikanisch-sowjetische Direktverständigung hinderte sie daran. Die Franzosen waren in seinen Augen die ahnungslosen Komplizen bei der Wiedergeburt deutscher Machtentfaltung. Im Sommer 1965 hielt ich mich beim Staatsbesuch in Brasilien in der Nähe de Gaulles auf, als diesem die Nachricht vom Sturz Chruschtschows mitgeteilt wurde. Der General wandte sich an den Apostolischen Nuntius, der gerade neben ihm stand und sagte: »Sic transit gloria mundi«.

Die Nachfolger dieses ukrainischen Grobians waren keineswegs erfreulicher. Auf seiner Rußlandreise hatte es de Gaulle zwei Jahre später mit der Troika Kossygin, Breschnew, Podgorny zu tun, und keiner von ihnen war nach seinem Geschmack. Damals zeichnete sich jedoch schon ab, daß der kraftstrotzende Leonid Breschnew seine farblosen Rivalen an die Wand drücken würde. Doch die dynamische Phase dieses Generalsekretärs der KPdSU, die mit Freude an Luxus und glänzenden Autokarossen einherging, endete in Siechtum und physischem Zusammenbruch.

Im Oktober 1975 hatte sich der französische Staatschef Giscard d'Estaing enttäuscht und beunruhigt gezeigt, als der Kreml-Chef ihn in Moskau tagelang auf eine Audienz warten ließ und zu keinem vertieften Sachgespräch fähig war. Vier Jahre später war Giscard erneut nach Moskau gereist. Er stieß dort auf eine tragische Situation, auf einen todkranken Breschnew. Im Weißen Saal des Kreml wurde ich Zeuge einer gespenstischen Szene. Ein Dutzend Protokolle wurden vom Generalsekretär der KPdSU und vom Präsidenten der Fünften Republik feierlich unterzeichnet. Der Franzose hatte diese Routine-Übung längst absolviert, als der moribunde Breschnew mit steifen, zitternden Fingern erst seine dritte Signatur zu Ende brachte. Auf zwei Palastwächter gestützt, ohne ein Wort artikulieren zu können, entfernte sich dann der mächtigste Mann des Ostblocks mit den Bewegungen eines Roboters. Die Zeit des Übergangs, der Vakanz, war über Moskau hereingebrochen.

Die Hoffnung, daß Juri Andropow mit seiner früheren Erfahrung als KGB-Chef dem morschen Staatsschiff zu neuer Fahrt verhelfen könnte, verblaßte schnell. Der hochbegabte neue Generalsekretär war auf Grund schwerer Erkrankung auf ständige Dialyse angewiesen. Ich erinnere mich an das ernste Gesicht Helmut Kohls nach einer Delegationssitzung mit Andropow im August 1983. Der Kanzler, der in diplomatischen Dingen Diskretion wahrte, befürchtete wohl, daß der Zustand Andropows seine politische Entschlußkraft und sein Urteilsvermögen lähmen könnte. Der totale Tiefpunkt war erreicht, als die Kreml-Oligarchen zur Neutralisierung ihrer internen Rivalitäten Konstantin Tschernenko an die Spitze von Partei und Staat beförderten. Dieser ermattete Apparatschik war nicht in der Lage, einen zusammenhängenden Satz zu formulieren und verstarb bald.

Da blühten Hoffnung und Zuversicht auf, als ein völlig neuer Typus Sowjetmensch, als Michail Gorbatschow die Macht übernahm. Wer hätte in dieser ersten Phase radikaler politischer und wirtschaftlicher Erneuerung geahnt, daß das Perestroika- und Glasnost-Experiment mit einem fürchterlichen Desaster enden würde? Die beiden erbitterten Gegner Gorbatschow und Jelzin mögen zwar im Westen weithin bewundert werden. Für die russischen Patrioten werden sie als Reichszerstörer in die Geschichte eingehen, die die »Rodina« an den Rand einer neuen Zeit der Wirren, einer neuen »Smuta« abgleiten ließen. Unter Berücksichtigung dieser Vorgeschichte, die so viele offenbar ignorieren, erscheint der autokratische, aber dezidierte Regierungsstil Wladimir Putins in einem positiveren, für viele seiner Landsleute strahlenden Licht.

*

Von dem langen Austausch mit Putin, der an diesem Abend in Sotschi stattfand, seien nur ein paar Eckpunkte festgehalten. Die neue Ära der Konfrontation mit den USA scheint auch ihn nicht zu schrecken, könnte sogar zur internen Konsolidierung, ja zur Bildung einer instinktiven patriotischen Abwehrfront beitragen. Die großen Konflikte der Gegenwart beobachtet er mit betonter Gelassenheit. Er pflegt eine Attitüde, die Mitterrand als »force tranquille« beschrieb. Der Präsident läßt sich nicht zu dramatischen Äußerungen hinreißen. Im Irak geht es für ihn darum, die Spaltung des Landes in einen kurdischen, einen schiitischen, einen sunnitischen Staat zu verhindern. Die Lage in Afghanistan sei natürlich für Moskau beunruhigend, aber die Forderung nach Abzug der NATO-Truppen erhebt auch er nicht, erteilt allenfalls den Rat, der Stabilisierung und Selbständigkeit der lokalen Politik den Vorrang einzuräumen.

In Sachen Iran warnt er vor voreiligen und scharfen Sanktionen. Wenn Amerika schon die Bedrohung durch Interkontinentalraketen und nukleare Aufrüstung befürchte, wie sehr müsse sich dann Rußland sorgen, das in unmittelbarer Nachbarschaft Persiens lebt. Den Verdacht eines chinesischen Delegierten, das enge Verhältnis Peking-Moskau könne sich unter seinem Nachfolger trüben, läßt er nicht gelten. Hier handele es sich um eine solide Interessengemeinschaft.

Dem Westen, so scheint es, begegnet er ohne wirkliche Animosität, aber mit tiefem Mißtrauen, und davon sind die Deutschen neuerdings nicht mehr ausgenommen. In einem persönlichen Gespräch im Pavillon betont er, daß seine Beziehungen zu Angela Merkel gut und unproblematisch seien – eine andere Aussage hätte verwundert. Dabei unterstreicht Putin demonstrativ seine Freundschaft mit Ex-Bundeskanzler Schröder. Akuter Konfliktstoff mit der Atlantischen Allianz sammelt sich vor allem auf dem Balkan an, wo Rußland gegen eine einseitige Unabhängigkeitserklärung der Kosovo-Albaner keine dramatischen Schritte unternehmen will, die formelle, völkerrechtliche Anerkennung dieser Staatsgründung durch den Westen jedoch mit verstärkter Hinwendung zu dem serbischen Verbündeten konterkarieren würde. Der Vorwurf liegt in der Luft, daß die Europäer auf unverantwortliche Weise den muselmanischen Kosovaren den Vorzug vor ihren christlichen Glaubensbrüdern in Belgrad einräumen.

Die lockere, distanzierte Haltung des Kreml gegenüber dem Iran, das hatte ich in Gesprächen mit Moskauer Experten bereits erfahren, gründet sich auf die Erkenntnis, daß es sich bei den militanten Mullahs von Teheran um eine schiitische Form des »Jihad« handelt. Die in Rußland lebenden Muslime gehören jedoch fast ausschließlich dem sunnitischen Zweig des Islam an, wie auch die aus dem Zerfall der Sowjetunion hervorgegangenen zentralasiatischen Republiken. Dort wurden einst, vor der zaristischen Eroberung, die Gläubigen der »Partei Alis« als Abtrünnige vom wahren koranischen Glauben, als »Kuffar« verfolgt und von den Turkmenen als Sklaven verkauft. Der uralte Gegensatz zwischen den indoeuropäischen, den »arischen« Persern und den Turk-Völkern, die mythische Feindschaft zwischen Iran und Turan, wirkt bis in die Gegenwart fort.

Lediglich die iranische Bevölkerung Tadschikistans, aus der der berühmte persische Dichter Rudaki hervorging, reiht sich nicht in diese ethnische und konfessionelle Frontstellung ein, obwohl auch die Tadschiken Sunniten sind. Die überwiegend schiitische Republik Aserbeidschan im Südkaukasus stellt in diesem Zusammenhang einen Sonderfall dar. Baku könne sich als Handicap für die zunehmend wahhabitisch, das heißt extrem-sunnitisch orientierten Eiferer erweisen, die in den autonomen Zwergrepubliken der russischen Föderation am Nordrand des Gebirgszuges an Einfluß gewinnen. Im Klartext: Die Gefährdung, die eines Tages von den fanatisch sunnitischen Taleban in Afghanistan ausgeht, dürfte sich im zentralasiatischen Vorfeld Moskaus weit bedrohlicher auswirken als ein Machtzuwachs der Mullahkratie von Teheran, deren konfessionelle Ausstrahlung in diesem Raum eng begrenzt bleibt.

»Squeeze him!«, hatte Sergej Iwanow seine Zuhörer aufgefordert und sie ermutigt, Putin eine klare Aussage über seine Sukzessionsvorstellungen abzuringen. Darauf konzentriert sich die Debatte im Präsidentensitz von Sotschi, aber am Ende ist man so klug wie zuvor. Das Gerücht geht um, Wladimir Putin lasse sich neuerdings von amerikanischen Public-Relations-Experten beraten. Er hatte es von Anfang an verstanden, seine sportliche Leistungsfähigkeit – sei es beim Joggen, beim Skifahren, beim Reiten – ins rechte Licht zu rücken. Das gipfelte mit dem Auftritt im chinesischen Shaolin-Tempel und der Vorführung seiner Karate-Meisterschaft als »schwarzer Gürtel«. Unlängst trat er bei einem Jagdausflug im Altai-Gebirge mit nacktem, muskulösem Oberkörper auf. »Jetzt hat er auch noch die Schwulen für sich gewonnen«, wurde in Moskau gespottet. Bei seinen ausgedehnten Provinzreisen gibt er zu verstehen, daß er nach 2008 keineswegs an einen Rückzug ins Privatleben denkt. Das Volk amüsiert sich darüber, daß er nicht nur Kinder streichelt, sondern Hunde und Katzen liebkost und in Landwirtschaftsbetrieben sogar die Kühe tätschelt. Schaden kann das nicht, viel nützen wird es auch nicht. Sein Prestige ist auch ohne Popularitätshascherei fest etabliert.

*

Am frühen Morgen dieses Freitags waren wir aus Moskau mit einer altertümlichen Boeing-Sondermaschine vom Flugplatz Domodedovo gestartet. Bei Ankunft in Sotschi und beim Betreten der präsidialen Park-Residenz am Schwarzen Meer waren die Sicherheitskontrollen auf ein Minimum beschränkt. Der ländliche Airport von Sotschi liegt etwa fünfzig Kilometer von der Küste landeinwärts, ganz nahe an den waldigen Ausläufern des Kaukasus. In dieser Gegend soll 2014 die Winter-Olympiade ausgetragen werden. Die Grenze Abchasiens, jenes Autonomen Gebiets der südkaukasischen Republik Georgien, das sich mit bewaffneter Unterstützung Moskaus aus dem Staatsverband mit Tiflis löste, ist hier höchstens zwanzig Kilometer entfernt. Der Sezessionskrieg der muslimischen Abchasen, die mindestens 200 000 christliche Georgier aus ihrer Heimat vertrieben, schwelt weiter. Die formelle Anerkennung einer unabhängigen Republik Kosovo auf dem Balkan durch Washington könnte Moskau dazu veranlassen, die Eigenstaatlichkeit der bislang georgischen Regionen Abchasien und Südossetien sowie die Abtrennung des absurden Grenzstreifens Transnistrien von Moldowa zu offizialisieren. So verworren spinnen sich die Fäden geopolitischer Intrigen.

Das Ferien- und Erholungsressort Sotschi ist durch die plumpen Bauten der Sowjetzeit entstellt. Was jetzt an neuen Hotelburgen in aller Eile hochschnellt, trägt leider zur Verschandelung dieser reizvollen Landschaft und ihrer subtropischen Vegetation bei. Das russische Ferienpublikum, das dicht gedrängt auf den stets verstopften Straßen promeniert, kleidet sich im gleichen Freizeit-Look wie die Urlauber des Westens. Als Erholungs- und Freizeitziel kann man Sotschi kaum empfehlen, aber welcher touristische Rummelplatz weltweit eignet sich noch dafür?

Die geräumige Residenz Putins entbehrt jeden imperialen Glanzes. Die Möbel sind häßlich, die graue Tapezierung wirkt deprimierend. Nach dem Dinner sind wir vom Konferenzsaal zum Aussichtspavillon am Strand hinabgestiegen. Der Präsident mischt sich unter die Besuchergruppe, als wäre er einer von uns. Bevor er sich ohne jedes Zeremoniell verabschiedet, geraten wir beim Ausblick auf das Schwarze Meer in den Bann einer grandios unheimlichen Abendstimmung. Natur und Historie dieser verfemten Küste von Colchis verleihen unserer an sich banalen Begegnung mit dem russischen Staatsoberhaupt plötzlich eine zusätzliche Dimension.

Der Regen hat endlich nachgelassen. Über dem Pontus Euxinus des Altertums öffnet sich ein Spalt grünlichen Himmels. Der blutrot sinkende Sonnenball wird durch eine schwarze Wolke wie eine klaffende Wunde aufgerissen. Die Seebrise hüllt uns in purpurfarbene, bedrohliche Dämmerung. Wie sollte ich nicht an eine grausige Episode aus der hellenischen Sagenwelt zurückdenken? Vor grauen Zeiten war in Colchis der Held Jason mit seinen Argonauten an Land gegangen. Hier entbrannte er in Leidenschaft zur Magierin Medea, die später, in einem gräßlichen Racheakt, die gemeinsamen Kinder ermordete. An diesem Gestade eroberte Jason das »Goldene Vlies«, das Kaiser Karl V. zum höchsten Hausorden Habsburgs, zum Symbol einer verschworenen christlichen Ritterschaft stilisierte.

Wo immer ich mich an den Küsten des Schwarzen Meeres aufgehalten habe, sei es im bulgarischen Varna, im rumänischen Constanza, im ukrainischen Mariupol, stets ist mir die endlose Wasserfläche – mochte die Sonne noch so hell scheinen – dumpf und traurig vorgekommen. Niemals färbten sich die Fluten blau oder gar »azur«. Bestenfalls hellen sie sich zu trüber Tönung auf. Der römische Dichter Ovid, der von seinem Kaiser in dessen fernste Provinz Dakien, an die Küste des Pontus Euxinus verbannt wurde, schildert in den Klagegesängen, den »Pontica«, seine verzweifelte Entfremdung, sein Grauen vor dieser feindseligen Umwelt. Bei Nacht vernahm der einst so verwöhnte Epikureer das Gebrüll furchterregender Horden, das bis zu den Mauern seines belagerten »Oppidum« drang. – Welcher Wahn, welche Ignoranz müssen in den Hirnen europäischer Politiker hausen, wenn sie den Einschluß Georgiens, des antiken Colchis, der Heimat Medeas in die fragile Union ihres Kontinents erwägen. – Am Rande des Kaukasus wird der Reisende aus dem Westen von der beklemmenden Fragestellung Paul Valérys eingeholt: »Was ist Europa schon mehr als ein Kap Asiens?«

Querelles allemandes

Paris, im Herbst 2007

Ich will diese bunte Folge von »Essays« nicht am tristen Gestade von Colchis abschließen. Mit einem ganz anderen Vorsatz – ausgerichtet auf das gemeinsame Fernsehprojekt mit Gero von Boehm – war ich seinerzeit angetreten. Nun ist ein dicker Band aus der Chronik »Zwischen den Fronten« erwachsen, aus dem Rückgriff auf persönlich »erlebte Weltgeschichte«. – »Habent sua fata libelli«, hieß es im alten Rom: »Auch die Bücher haben ihr eigenes Schicksal«.

Vor zwei Wochen bin ich aus Moskau nach Paris zurückgekehrt, da erfahre ich, daß Wladimir Putin seine Karten aufgedeckt hat und die Thronfolge in seinem Sinn zu regeln gedenkt. Bei der bevorstehenden Wahl zur Duma will er als parteiloser Abgeordneter kandidieren. Gestützt auf die ihm ergebene Fraktion »Einiges Rußland«, die wohl über eine Zweidrittelmehrheit in der Kammer verfügen wird, ließe er sich zum Premierminister wählen. Er wäre dann in der Lage, die Verfassung Rußlands auch ohne Plebiszit dahingehend zu ändern, daß dem Regierungschef – also ihm selbst – die eindeutige Priorität, eine beherrschende Machtposition gegenüber der stark verminderten Rolle des Staatspräsidenten zufiele.

*

Bei der Lektüre der heutigen *International Herald Tribune*, der besten europäischen Zeitung, wie ich immer wieder feststelle, lese ich folgende Kolumne: »Der strategische Trend, den zur Zeit noch keiner wahrnehmen will, ist der Verlust des Pazifischen Ozeans, der sechzig Jahre lang dank totaler Beherrschung durch die US-Navy als ›amerikanischer See‹ definiert wurde. ... Allmählich dürfte sich auch der Irak als Signal des militärischen Niedergangs Amerikas erweisen.« Ich überfliege einen Bericht über die Entschuldigung, die ein amerikanischer Spielwarenkonzern an seine chinesischen Lieferanten richtet, nachdem diese zu Unrecht der Verletzung der in den USA geltenden Hygiene-Vorschriften beschuldigt wurden. An anderer Stelle wird das Ansteigen des Euro auf den Gegenwert von 1,40 US-Dollar behandelt. Auf meinen jüngsten Reisen nach Asien und Afrika habe ich die Erfahrung gemacht, daß der »greenback« als Zahlungsmittel nur noch ungern angenommen wird, während der Euro sich allgemeiner Wertschätzung erfreut. Das mag für deutsche Währungsexperten nicht sonderlich aufregend klingen, reflektiert jedoch den Prestige-Schwund einer Weltmacht, die ihre Geldscheine mit dem Spruch »In God we trust« versieht.

Vergänglichkeit der Imperien! Das sollte das Leitmotiv dieser globalen Betrachtung sein. Vom Balkon meiner Pariser Wohnung schweift der Blick auf die hohe Fassade des Palais de Chaillot und auf den nahen Eiffelturm. Jenseits des Champ de Mars dehnt sich in architektonischer Harmonie die École Militaire. Ob man in den Lehrgängen dieser Akademie den neuen Erfordernissen des Krieges gerecht wird, ist keineswegs sicher. Zumindest hat dort aber der Directeur de recherche, Konteradmiral Jean Dufourcq, die Schablonen des trägen, überlieferten Konformismus, der allzuoft »l'art militaire« belastet, resolut in Frage gestellt.

In der gestrigen Abendzeitung *Le Monde* hat Dufourcq ein paar knappe Thesen aufgestellt, die gewiß nicht ohne Genehmigung des Elysée-Palastes publiziert wurden. »Bei den Analysen der Risiken und Bedrohungen«, so schreibt der Konteradmiral, »muß endlich die Wahrheit gesagt werden«. Die offenbart sich ihm folgendermaßen: Die nukleare Proliferation ist auf Dauer nicht aufzuhalten und wird das seit vierzig Jahren bestehende Sicherheitssystem radikal und besorgniserregend verändern. – Der »Demokratismus«, wie er es nennt, die zum Kultobjekt erhobene Parlaments- und Parteienherrschaft, besitzt nicht jene universalen Tugenden, die für die Wahrung von Freiheit und Recht in einem sich ständig erweiternden Umfeld von Korruption und Clan-Wirtschaft unentbehrlich wären. – Die vielgepriesene »Multiethnizität«, das Nebeneinander unterschiedlicher, ja konträrer Völkerschaften und Kulturen, bietet keinen geeigneten Nährboden für irgendwelche politische Lösungen. – Von der liberalen Wirtschaft kann man nicht die Überwindung von Elend oder Unterentwicklung erwarten. – Die Vereinten Nationen verfügen über keine magischen Auswege aus den diversen Krisensituationen. – Die Verteidigung der Menschenrechte kann nicht als Religionsersatz herhalten. – Zur Ausübung seiner Verantwortung soll sich der Kontinent nicht auf die Struktur der Europäischen Union beschränken.

Nun soll man die Meinungsäußerung eines Offiziers der »Royale«, wie man die französische Marine früher nannte, nicht überbewerten. Aber sie deutet ein Umdenken an, ein an der Seine weitverbreitetes Konzept, das in krassem Widerspruch zur »werteorientierten Außenpolitik« Angela Merkels steht. Mit Klimaschutz und moralisierendem Zureden kann man in Deutschland Wählerstimmen und Popularität gewinnen. In der globalen Auseinandersetzung unserer Zeit wirken solche Betulichkeit und humanitäre Gestikulation zutiefst provinziell. Da mag in der Vollversammlung der Vereinten Nationen beim Stichwort »Ökologie« noch so stürmischer Beifall aufkommen.

Die deutsche Vorrangstellung in Europa hat nur einen Sommer gedauert, und an der Seine heißt es schon wieder – in Ermangelung europäischer Perspektiven: »La France d'abord«. Vieles ist zu beanstanden an der Hektik, am Geltungsbedürfnis, an der »Schaumschlägerei«, wie seine Gegner sagen, des neuen französischen Präsidenten. Aber er gibt dem Kontinent seinen eigenen Rhythmus vor. Beim Durchblättern der deutschen Magazine stelle ich fest, daß die Polit-Gurus Germaniens die russische Autokratie verurteilen, die wirtschaftliche Expansion Chinas kleinreden, die Polen schelten und Nicolas Sarkozy – mit einem Unterton von Mißgunst – »durch den Kakao ziehen«. Sogar die Vereinigten Staaten von Amerika sind vor Kritik nicht mehr ganz gefeit. Die neo-wilhelminische Überheblichkeit, die dieses Mal im Namen hehrer menschlicher Prinzipien auftritt, findet offenbar die Zustimmung des Volkes.

Einhelliges Lob wird der Kanzlerin zuteil, wenn sie die »Kühnheit« aufbringt, den Dalai Lama zu empfangen. Damit hat sie gewiß auf der Beliebtheitsskala einen Punkt hinzugewonnen; ob sie staatsmännisch – pardon, staatsfraulich – gehandelt hat, steht auf einem anderen Blatt. Vielleicht wäre es für die Vorsitzende einer Christlichen Partei angebrachter gewesen, sich der Misere der eigenen Glaubensbrüder anzunehmen, die diversen Formen der Verfolgung, denen die Christen des Orients ausgesetzt sind, scharf zu verurteilen, statt sich für den stets lächelnden asiatischen Gottkönig zu erwärmen. Wer weiß denn schon, daß die tantrische Auslegung der Lehre Gautamas, die in Tibet vorherrscht, im Schamanentum wurzelt und in entsetzlichen Dämonenängsten verharrt?

*

Der vorliegende historische Rückblick soll nicht in betrüblichen Zwistigkeiten deutscher Innen- und Koalitionspolitik, in den »querelles allemandes« versanden. Davon habe ich mich mein ganzes Leben lang fernzuhalten gesucht. Verglichen mit dem Palais Bourbon in Paris, wo die Mehrheitspartei des Präsidenten den Protest der Opposition mühelos abwürgen kann, erhitzt sich der Berliner Reichstag ja immerhin noch in heftigen Kontroversen. Aber auf welchem Niveau!

Ich komme nicht umhin, ein paar flagrante und bewußte Irreführungen aufzugreifen, denen sich deutsche Abgeordnete aller Parteien – unter Verdrängung der ihnen vorliegenden objektiven Fakten – in zunehmendem Maße schuldig machen. Der Sinn steht mir nicht nach Polemik. Wenn ich schon jeden Anflug von »Alters-

345

milde« von mir weise, so hüte ich mich ebenso vor »Alterszorn«. Willkürlich greife ich ein paar Vorgänge auf, denen in den deutschen Gazetten des Tages die Schlagzeilen gewidmet sind. Es geht da im wesentlichen um den byzantinischen Disput über deutsche Sicherheitspolitik.

Klingt es nicht grotesk, wenn die Berliner Parlamentarier sich über die Zulässigkeit der Online-Überwachung zerfetzen, wo doch jedermann wissen sollte, daß die amerikanischen Dienste diese Kontrolle längst bei uns ausüben? Man kann ihnen nicht einmal einen Vorwurf daraus machen. – Geradezu makaber mutet die jüngste Diskussion über den virtuellen Abschuß einer von Terroristen gekaperten Passagiermaschine an. Wer will einem Piloten der Bundeswehr eigentlich zumuten, entgegen dem vorliegenden Richterspruch aus Karlsruhe einen Hinrichtungsbefehl an hundert oder mehr eigenen Landsleuten zu vollstrecken? Bei den unkalkulierbaren Situationen, die auf uns zukommen, bleibt jede Entscheidung über Leben und Tod auf persönliche Abwägung und blitzschnelle Improvisation angewiesen. – Da erklingt aus dem Innenministerium plötzlich die apokalyptische Warnung, die Bundesrepublik werde jenseits von TNT- oder Semtex-Sprengstoff schon bald durch die »schmutzige Bombe« gefährdet. Die Verseuchung von Kläranlagen oder U-Bahn-Schächten durch radioaktive Substanzen würde mit Sicherheit eine Panik auslösen, die die Reaktionen auf Nine Eleven weit überträfen. Warum, so lautet die Frage, wird das nukleare Schreckgespenst ohne aktuellen Bezug plötzlich plakatiert? Mit dieser extremen Form des Schreckens muß doch schon seit Ende des Kalten Krieges gerechnet werden.

Wenn Frankreich über Nacht wieder interessant wird, während Deutschland langweilt, liegt es wohl an der Unfähigkeit maßgeblicher deutscher Politiker, den brennenden Herausforderungen der Stunde anders als mit verlegenen Ausflüchten zu begegnen. In den Talk-Shows über Afghanistan offenbart sich eine skandalöse Diskrepanz zwischen den nüchternen, meist pessimistischen Aussagen all derer, die sich an Ort und Stelle aufhielten und in engem Kontakt mit der Bevölkerung lebten – darunter befinden sich auch die Repräsentanten des Internationalen Komitees vom Roten Kreuz –, und einer Riege von besserwisserischen, beschwichtigenden Politikern jeder Couleur, die sich krampfhaft an getürkte Statistiken und folgenschwere Fehleinschätzungen klammert. Die traurige Realität am Hindukusch wird in Berlin konsequent negiert. Die große Koalition führt sich nicht viel rühmlicher auf als die Bush-Administration, die im Jahr 2003 alle berechtigten Einwände gegen den Feldzug »Iraqi freedom« – soweit sie der eigenen Voreingenommenheit widersprachen – vom Tisch fegte.

Noch ein gravierender Hinweis auf dieses Gemisch aus Selbstüberschätzung und Ignoranz sei erwähnt. Es ist reale Gefahr im Verzug, wenn der außenpolitische Sprecher einer großen Koalitionspartei behauptet, der asymmetrische Krieg und das Auftreten von »illegal combatants« seien eine originäre, völlig neue Entwicklung unserer Tage. Diese Kampfweise ist in Wirklichkeit so alt wie David und Goliath. Was Amerika als verbrecherischen Terrorismus brandmarkt, war von jeher die Grundregel eines jeden Partisanenkampfes, einer jeden Guerilla und der meisten Befreiungskriege.

Die Methodik, die technische Kapazität des Widerstandes haben sich jedoch – parallel zu den atemberaubenden Rüstungsfortschritten der regulären Streitkräfte in den USA – gründlich gewandelt. Die Kämpfer des Untergrundes verfügen jetzt ebenfalls über gesteigerte Vernichtungskraft und ausgeklügelten Erfindergeist. Die israelischen Wehrexperten räumen ein, daß der Sprengstoffgürtel eines Selbstmordattentäters eine ähnlich vernichtende Wirkung haben kann wie der Einsatz eines F-16-Kampfflugzeugs. Man verschone uns mit der Vokabel »feiger Mord«, wenn ein verzweifelter Kamikaze sich selbst in die Luft sprengt, während der ihm nachstellende Bomberpilot aus 10 000 Meter Höhe seine tödliche Ladung ausklinkt und absolute persönliche Sicherheit genießt. Den perfektionierten Gadgets der schwer gepanzerten Heereselemente begegnen die Freischärler neuerdings mit »explosively formed penetrators«, denen weder die Panzerung eines Abrams-Panzers, eines Merkavas noch eines Leo II standhält.

Die resignative Formel »mundus vult decipi – die Welt will betrogen werden«, muß allzuoft als Regierungsrezept herhalten. Wann werden die deutschen Politiker auf die erwiesenermaßen falsche Argumentation verzichten, die exakte Planung, die präzise Ausführung von Nine Eleven seien in den Höhlen des Hindukusch erfolgt. Mag sein, daß Osama Bin Laden, der bis 1991 als Rekrutierungs-Agent der CIA in diesem Raum tätig war, nach seiner plötzlichen, religiös motivierten Kehrtwendung gegen die USA den Auftrag zur Zerstörung des World Trade Center erteilte. Das hätte er aber auch von jedem beliebigen Punkt der Erde aus tun können. In den vielgenannten El-Qaida-Lagern Afghanistans fand nicht viel mehr statt als infanteristische Grundausbildung und eine rudimentäre Anleitung zum Bau von Sprengsätzen. Das Spezialtraining der überwiegend saudischen Todeskandidaten als Piloten vollzog sich ausschließlich in den USA, und nur dort konnten die Flugpläne eingesehen und koordiniert werden, die den Todesengeln den Zeitplan vorgaben. Im übrigen läßt sich die übliche Behauptung nicht aufrechterhalten, beim 11. September 2001 habe es sich um eine bislang unvorstellbare, infernalische Premiere gehandelt. Schon 1993 hatten die Komplizen des Scheich Omar Abdurrahman, eines blinden ägyptischen Predigers, der – im Besitz der »green card« – ebenfalls die Werbetrommel für islamische Freiwillige im Kampf gegen die sowjetische Besatzung Afghanistans gerührt hatte, mit unzulänglichen Mitteln versucht, das Fundament des gleichen New Yorker Wolkenkratzer-Komplexes zu sprengen. Dafür büßt Scheich Omar heute in den USA eine lebenslange Haftstrafe ab.

Wenn unsere maßgeblichen Parlamentarier außerstande sind, die jüngsten Ereignisse zu deuten und statt dessen gezielten Fälschungen erliegen, wie verhält es sich dann erst bei ihrer Bewertung weiträumiger geschichtlicher Vorgänge. Auf welches Augurenspiel der Zukunftserkundung lassen sie sich dann ein? Am Ende zahlloser Vorträge, die ich in allen Gegenden der Bundesrepublik hielt, pflegte ich meine festlich gestimmten Gäste gern mit einem Satz des bereits erwähnten französischen Denkers Paul Valéry aufzuschrecken: »Dans le gouffre de l' histoire, il y a de la place pour tout le monde – Im Abgrund der Geschichte ist Platz für alle«. Angesichts der Prekarität der »conditio humana« und des erlöschenden Willens europäischer Selbstbehauptung neige ich neuerdings dazu, die düstere Botschaft Valérys durch den voluntaristischen Leitsatz Wilhelms des Schweigers aus dem Hause Oranien zu ergänzen. Dem Brauch seiner Epoche gemäß, hatte der Oranier diese Devise auf Französisch formuliert: »Il n'est pas nécessaire d'espérer pour entrependre ni de réussir pour persévérer – Es ist nicht notwendig, Hoffnung zu hegen, um Großes zu unternehmen, noch bedarf es des Erfolges, um in diesem Vorsatz auszuharren«.

»… Die Wälder jenseits des Fensters«

Juvanzé, im Herbst 2007

Auf eine Pilgerfahrt nach Colombey-les-Deux-Eglises habe ich in diesem Herbst verzichtet. Ich möchte das verlorene lothringische Dorf mit der Grabstätte de Gaulles so in Erinnerung behalten, wie es zu seinen Lebzeiten dahindämmerte. In früheren Fernsehdokumentationen habe ich die Bilder dieser herben Landschaft stets mit dem Leitmotiv von Wagners Parzival unterlegt.

Allzu vieles hat sich verändert seit den sechziger Jahren, als ich häufig das Wochenende bei meinem verstorbenen Freund David Daure im Landhaus seiner Eltern am Flüßchen Aube verbrachte. In diesem Herzstück des Abendlandes stoßen die Grenzen der Champagne, Burgunds und Lothringens aufeinander. Der Ultranationalist Maurice Barrès hatte geschrieben, hier seien die Toten mächtiger als die Lebenden.

David entstammte einer calvinistischen Familie Frankreichs, die im »désert«, in der »Wüste« der Cévennen die Verfolgungen und Dragonnaden des Allerchristlichsten Königs von Versailles überlebt

hatte. In der normannischen Stadt Bayeux hieß sein Vater den heim-
kehrenden de Gaulle als erster Bürgermeister des befreiten Frankreichs und in seiner Eigenschaft als »Résistant« willkommen. Der
nationalen Pflicht folgend, hatte David als Leutnant in Algerien gedient. Er dachte mit Bitterkeit an diesen verfehlten, unrühmlichen
Feldzug zurück. Vorzeitig zog er sich an das mit Trauerweiden bestandene Ufer der Aube unweit des Dörfchens Juvanzé zurück. Seinem Naturell entsprechend, versenkte er sich grübelnd in diese
karge Landschaft. Colombey lag ja nur wenige Kilometer entfernt.

Am Rande von Juvanzé zeigten die Bauern noch auf einen Acker,
wo eine versprengte Tausendschaft Hunnen vernichtet und unter-
gepflügt wurde. Sie hatten die Schlacht auf den Katalaunischen
Feldern, wo die Heerscharen Attilas im Jahr des Herrn 451 durch
ein verzweifeltes Aufgebot gallo-romanischer Legionen und frän-
kisch-germanischer Kriegerscharen die entscheidende Niederlage
erlitten, nur um ein paar Stunden überlebt. – Später hat in dem ab-
weisenden Gehölz, das den merkwürdigen Freimaurer-Namen Fo-
rêt-du-Grand-Orient trägt, der Heilige Bernhard von Clairvaux
sein Eremiten-Dasein geführt und seine Ordensreform vorberei-
tet, ehe er, vom Willen Gottes berührt, die abendländische Ritterschaft, die sich in sinnlosen Bruderkriegen erschöpfte, zur Befreiung des Heiligen Grabes aufrief. So mächtig und begeisternd klang
die Stimme des Predigers, daß bei seinem Nahen die Bauersfrauen
Männer und Söhne einsperrten, damit sie nicht den Ruf des Kreu-
zes hörten und sich dem großen Zug gen Orient anschlossen. – In
dieser sagenumwobenen Landschaft, im Flecken Domrémy, hatte
das Mädchen Johanna die Stimmen vernommen, die sie zur Rettung des Königs und zur Befreiung Frankreichs aufforderten. Nach
der Zerschlagung des burgundischen Großreiches Karls des Kühnen mitsamt seinen Verheißungen versank das Land zwischen Verdun und Langres im lotharingischen Zwischenschlaf. – Wenige
Meilen von der Klause de Gaulles entfernt finden sich in dem
Städtchen Brienne die Ruinen der ehemaligen Artillerie-Schule,
wo ein junger Korse, Napoleon Bonaparte, zum Subaltern-Offizier
der Bourbonen-Monarchie ausgebildet wurde – eine rauhe und

kalte Durchgangsstation für diesen feingliedrigen Sohn des Mittelmeers –, ehe ihn der Strudel der Revolution mitriß. Vor knapp hundert Jahren klang bei Nordost-Wind der gedämpfte Lärm der Materialschlacht von Verdun wie ein dumpfes Stöhnen herüber. – Hoch über dieser verwaisten Bühne der Weltgeschichte ragt heute das riesige Lothringer Kreuz.

In meiner Pariser Wohnung am Champ de Mars habe ich die »Antimémoires« André Malraux' aus dem Regal geholt und aufgeblättert. Die Szene, die der Schriftsteller beschreibt, ist auf den 11. Dezember 1969 datiert, ein halbes Jahr nach dem Rücktritt des Generals. Sie gibt ein langes Gespräch am Kaminfeuer der Boiserie wieder. Zwei alte Männer dialogisieren in Gegenwart der Katze Grigri über den Sinn und den Unsinn alles Seins, alles Handelns, über die »grandeur«, immer wieder über die »grandeur«, erdrückende Wiederholung und Besessenheit, und über den Tod natürlich.

Über dem Dorf Colombey-les-deux-Eglises und dem Wald, den die gaullistische Hagiographie stets als »forêt gauloise«, als gallischen Wald beschreibt, fällt der Schnee, den Malraux in seiner dichterischen Eingebung als »merowingisch«, also germanisch, empfindet. Unter der Feder des Autors der »Condition Humaine« wird die Anekdote zur Legende, die Erinnerung zur »antimémoire«, die Wahrnehmung zum »imaginären Museum«. Aus diesem winterlichen Dialog bleibt die bittere Ironie de Gaulles erhalten: »Nach meinem Tod wird man ein großes Lothringer Kreuz errichten auf dem Hügel, der die anderen überragt. Alle Welt wird es sehen können. Aber da niemand kommen wird, wird niemand das Kreuz sehen. Es wird die Waldkaninchen zum Widerstand anregen.«

Was ist in diesem Kamingespräch die Erfindung Malraux', was wirkliche Aussage de Gaulles? Doch da steht – wie in Granit gemeißelt – die eindringliche, fast verzweifelte Mahnung des Generals an seine Nachbarn jenseits des Rheins: »Wenn die Geschichte Frankreichs uns die Ehe mit Deutschland – le mariage avec l'Allemagne – auferlegt, so sei es denn!« Und dann folgt die Klage des

Einsiedlers von Colombey: »Wir sind die letzten Europäer Europas ... nach dem Christentum ... Frankreich wird Europa nicht schaffen können, und der Tod Europas ist für Frankreich die Gefahr des Todes.«

Draußen fällt der »merowingische Schnee«. – Und Malraux fügt hinzu: »Was war denn schon Europa zu Zeiten Alexanders? ... Die Wälder jenseits des Fensters.«

PERSONENREGISTER

BILDNACHWEIS

Peter Scholl-Latour
Rußland im Zangengriff

Mit 16 Seiten Farbabbildungen

ISBN 978-3-548-36979-2
www.ullstein-buchverlage.de

Seit der Implosion der Supermacht Sowjetunion haben sich die Gewichte der Welt nachhaltig verschoben. Zwar hat das russische Imperium unter Putin zu innerer Stabilität zurückgefunden, doch an seinen Außengrenzen brodelt es. Peter Scholl-Latour hat die russischen Grenzgebiete von Minsk bis Wladiwostok bereist. In gewohnt souveräner Manier schildert er seine Eindrücke und macht deutlich, wie sehr die Vorgänge in diesen Konfliktregionen uns unmittelbar betreffen.

»Auf ganz unpolitologische Weise kommen scharfe politische Analysen zustande, die sich so spannend und anregend wie ein Abenteuerbericht lesen.«
Frankfurter Allgemeine Zeitung

ullstein

Jörg Friedrich
Yalu

AN DEN UFERN DES
DRITTEN WELTKRIEGS

624 Seiten | Gebunden mit Schutzumschlag
ISBN 978-3-549-07338-4

Nur fünf Jahre nach dem Ende des Zweiten Weltkrieges sind die
Sieger von 1945 Todfeinde geworden. Sie türmen Nuklearwaffen auf, die den Erdball in Brand setzen können. US-Planer
entwerfen Szenarien mit sechzig Millionen Ziviltoten in Russ-
land. Stalin aber lotst die Westmächte in einen Krieg mit dem
kommunistischen China. Austragungsort ist Korea. Der drei-
jährige Krieg der UNO vernichtet jeden dritten Nordkoreaner.
MacArthur fordert Atombomben gegen chinesische Städte.
Am Grenzfluß zu China, dem Yalu, entscheidet sich das
Schicksal der Zivilisation.

»Mehrere Tausend Zeithistoriker sind in unserem Lande tätig.
Aber wer von ihnen macht sich durch die Behandlung eines
vernachlässigten Themas auffällig? Jörg Friedrich ließe sich
nennen.«   JOACHIM FEST

PROPYLÄEN VERLAG
www.propylaeen-verlag.de